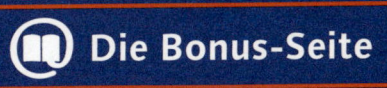
Die Bonus-Seite

Ihr Vorteil als Käufer dieses Buches

Auf der Bonus-Webseite zu diesem Buch finden Sie zusätzliche Informationen und Services. Dazu gehört auch ein kostenloser **Testzugang** zur Online-Fassung Ihres Buches. Und der besondere Vorteil: Wenn Sie Ihr **Online-Buch** auch weiterhin nutzen wollen, erhalten Sie den vollen Zugang zum **Vorzugspreis**.

So nutzen Sie Ihren Vorteil

Halten Sie den unten abgedruckten Zugangscode bereit und gehen Sie auf **www.galileocomputing.de**. Dort finden Sie den Kasten **Die Bonus-Seite für Buchkäufer**. Klicken Sie auf **Zur Bonus-Seite / Buch registrieren**, und geben Sie Ihren **Zugangs- code** ein. Schon stehen Ihnen die Bonus-Angebote zur Verfügung.

Ihr persönlicher Zugangscode

vbu6-t9px-z37k-edf5

Torsten T. Will

C++11 programmieren

60 Techniken für guten C++11-Code

Galileo Press

Liebe Leserin, lieber Leser,

die C++-Welt hat lange auf den neuen Sprachstandard warten müssen, und jetzt ist er da!

Sie sind natürlich gespannt auf die Weiterentwicklungen und neuen Möglichkeiten; Sie wünschen eine kompakte Übersicht und darüber hinaus wirklich praktische Hinweise und viel Code. Denn Sie sind es ja, die die neuen Konzepte verstehen und einsetzen müssen.

Wir möchten Sie mit diesem Buch in die Lage versetzen, C++11 theoretisch und praktisch zu erfassen. Sie können dabei jeweils wählen, wie tief Sie sich einarbeiten möchten. So folgen die Kapitel einem strengen Aufbau (siehe Abschnitt »Beispielkapitel«), der es ermöglicht, Kapitel in Teilen zu lesen und dennoch rundum informiert zu sein. Ich darf versprechen: Das Buch ist wie gute Software. Immer verständlich und ohne Schnörkel, einfach und wenn nötig auch komplex und hoffentlich nahezu fehlerfrei...

Es wurde mit großer Sorgfalt geschrieben, begutachtet, lektoriert und gedruckt. Wenn sich doch einmal Fehler eingeschlichen haben sollten, so freuen wir uns über eine Meldung. Selbstverständlich sind Kritik und Lob auch jederzeit willkommen.

Viel Freude beim Lesen wünscht

Ihre Judith Stevens-Lemoine
Lektorat Galileo Computing

judith.stevens@galileo-press.de
www.galileocomputing.de
Galileo Press · Rheinwerkallee 4 · 53227 Bonn

Auf einen Blick

Der Name Galileo Press geht auf den italienischen Mathematiker und Philosophen Galileo Galilei (1564–1642) zurück. Er gilt als Gründungsfigur der neuzeitlichen Wissenschaft und wurde berühmt als Verfechter des modernen, heliozentrischen Weltbilds. Legendär ist sein Ausspruch *Eppur si muove* (Und sie bewegt sich doch). Das Emblem von Galileo Press ist der Jupiter, umkreist von den vier Galileischen Monden. Galilei entdeckte die nach ihm benannten Monde 1610.

Lektorat Judith Stevens-Lemoine
Fachgutachten Heiner Steven, Scharmede
Korrektorat Annette Lennartz, Bonn
Typografie und Layout Vera Brauner
Herstellung Norbert Englert
Satz Torsten T. Will
Einbandgestaltung Nils Schlösser, Siegburg
Druck und Bindung Bercker Graphischer Betrieb, Kevelaer

Dieses Buch wurde gesetzt aus der Linotype Syntax Serif (9,25/13,25 pt) in LaTeX.

Gerne stehen wir Ihnen mit Rat und Tat zur Seite:
judith.stevens@galileo-press.de bei Fragen und Anmerkungen zum Inhalt des Buches
service@galileo-press.de für versandkostenfreie Bestellungen und Reklamationen
britta.behrens@galileo-press.de für Rezensions- und Schulungsexemplare

Bibliografische Information der Deutschen Nationalbibliothek
Die Deutsche Nationalbibliothek verzeichnet diese Publikation in der Deutschen National-bibliografie; detaillierte bibliografische Daten sind im Internet über *http://dnb.d-nb.de* abrufbar.

ISBN   978-3-8362-1732-3

© Galileo Press, Bonn 2012
1. Auflage 2012

Besonderer Dank geht an

Galileo, infinity und Stackoverflow,
Heiner, Katha, Tesche
und Karen.

Inhalt

TEIL I: Elementare Konzepte aus C++03

C++

TEIL II: Neue Sprachmechanismen

Initialisierung

Typinferenz

Syntax

Lambdas und Funktoren

Attribute

Verschiebesemantik

Designfragen

Templates

Sprachfeatures

Zeichenketten

TEIL III: Neues zu Containern, Pointern und Algorithmen

Neue Container

Zeigertypen

Hilfsmittel für Bekanntes

Änderungen für Container

TEIL IV: Neues in der Standardbibliothek

Multithreading

Spezielle Bibliotheksaufgaben

Zufallszahlen

Fehlerbehandlung

Anhang

Vorwort

Mehr als zehn Jahre Arbeit haben die Mitglieder des Komitees mit dem illustren Namen »JTC1/SC22/WG21 — The C++ Standards Committee« in die Fertigstellung des neuen C++-Standards gesteckt. Und es ist wahrlich eine Generalüberholung geworden. Weil der neue Standard irgendwann in der 2000er-Dekade erscheinen sollte, war der Arbeitstitel »C++0x«. Nun, wo der Standard 2011 beschlossen wurde, verabschieden sich die Beteiligten langsam von diesem Namen, und es setzt sich »C++11« durch. Der komplette offizielle Name lautet »ISO/IEC 14882:2011, Information technology – Programming languages – C++«.

Das neue Werk umfasst gut 1.300 Seiten. Und diese sind keineswegs leicht verdauliche Lektüre — vielleicht für manche Seelen dennoch unterhaltsam, aber dazu bedarf es schon einer gewissen Vorliebe für knappe, präzise Formulierungen und Querverweise. Für die Praxis benötigt man mehr, um über die neue Sprache zu lernen.

Um dem schieren Umfang Herr zu werden, kann man mit einer Aufteilung beginnen. In dem Komitee haben sich Arbeitsgruppen mit unterschiedlichen Schwerpunkten beschäftigt:

▶ Die *Core Working Group* hat sich den Neuerungen in der Sprache selbst verschrieben.

▶ Die *Library Working Group* hat Änderungen und Erweiterungen in der Standardbibliothek erarbeitet. Ein großer Teil der Arbeit der *Library*-Gruppe war das Umsetzen dessen, was sich aus den anderen Gruppen ergab.

▶ Manches fällt auch in den Bereich der *Evolution Working Group*. Die hat sich vor allem zu Beginn mit den richtungweisenden Veränderungen der Sprache und ihrer Konzepte beschäftigt. Nach dem Festklopfen der Eckpfeiler hat sich dann meist die *Core*-Gruppe dieser Themen angenommen.

Designprinzipien des neuen Sprachstandards

Die Arbeitsgruppen haben sich bei der Auswahl der Neuerungen und bei deren Design einige Grundsätze auf die Fahnen geschrieben. Es galt das »Zero-Overhead Principle« — ein Programmautor, der ein neues Feature nicht nutzen möchte, darf zur Laufzeit keine Performanceeinbußen hinnehmen müssen. Sehr wichtig ist, dass bestehender C++-Code immer noch übersetzt oder zumindest mit sehr wenig Aufwand modernisiert werden kann. Vor allem deswegen hielt man sich bei der Einführung neuer Schlüsselwörter extrem zurück. Stattdessen findet man, dass vorher nicht mögliche Syntaxkonstrukte mit einer Bedeutung belegt sind.

Das neue C++ sollte sowohl für systemnahe Programmierung verbessert werden, als auch neue Möglichkeiten bei Abstraktion und Programmdesign schaffen.

Weniger konkret formulierbar ist die Absicht, die neue Sprache nicht nur für Experten, sondern auch leichter lern- und lehrbar zu gestalten. Die Strategie, um das zu erreichen, war, dass ein neues Feature *unbedingt* mit bestehenden und neuen interagieren können musste — damit keine »Inselfeatures« entstünden, die nur bestimmte Personenkreise benutzen würden.

Dieses Buch bemüht sich, genau diese Interaktion der Neuerungen der Sprache hervorzuheben. In den einzelnen Kapiteln wird hauptsächlich jeweils ein spezieller Aspekt besprochen. Dieser wird dann anhand von Erklärungen und Beispielen vernetzt und verwoben mit anderen Aspekten — hauptsächlich den neuen. Außerdem wird versucht, eher auf das »Warum« einzugehen, denn mit dem kann man sich das »Wie« meist besser merken oder selbst erarbeiten.

Die Kapitel sind in der Regel kurz gehalten, stehen aber in den allermeisten Fällen für sich. Bei der Lektüre eines Kapitels werden Sie anhand der Beispiele die neuen Syntax- und Bibliotheksfeatures erfassen können. Eben weil in C++11 alles miteinander verwoben ist, empfiehlt es sich, die Dinge auszuprobieren und eine genaue Referenz zu Rate zu ziehen. Weitere Einstiegspunkte liefern die Verweise am Ende jedes Kapitels.

Über Sie, den Leser

Wenn Sie sich einen Überblick verschaffen wollen, was das neue C++11 bringt, dann halten Sie auf jeden Fall das richtige Buch in den Händen. Es könnte für Sie spannend sein, das Ineinandergreifen der verschiedenen Neuerungen zu sehen, auf dessen Darstellung wir hier besonderen Wert legen.

Die Idee bei der Unterteilung jedes Kapitels in *Überblick*, *Hintergrund und Beispielcode*, *Mantra* und *Verweise* ist, dass Sie in einer ersten Iteration oder dem Hin- und Herspringen im Buch vielleicht zunächst einmal nur den groben Inhalt erfassen möchten. Dazu dient vor allem der *Überblick*. Finden Sie im Beispielkapitel ab Seite 17 dazu eine genauere, weiter reichende Erklärung. Nach der Lektüre von *Hintergrund und Beispielcode* haben Sie viel zum »Wie« und »Warum« erfahren, zu dem das *Mantra* der Anker sein soll. Weiteren Nachforschungen und Quellen dient der Abschnitt *Verweise*.

Führt man sich die vielen während des Designprozesses entstandenen Arbeiten des Komitees zu Gemüte, dann liegt es in der Natur der Sache, dass ein Feature häufig mit wenig Interaktion mit den anderen besprochen wird. Wir möchten diese Fäden zusammenführen und Ihnen für die Zukunft — wenn Sie die vielen Beispiele dieses Buches gesehen haben — eine gewisse Vertrautheit damit vermitteln.

Da wir auch auf die Hintergründe, auf das »Warum«, eingehen, kann auch der detailverliebte Sprachfetischist in diesem Buch fündig werden. Der hat vielleicht nur am Rande von C++ gehört und ist mit seiner Lieblingssprache der Version 6 oder 7 viel vertrauter. Doch schauen sich die Programmiersprachen schon immer Dinge voneinander ab, und so hat C++ nichts dagegen, wenn sich die Entwicklungen hier auch in andere Sprachen ausbreiten. Auch wenn es die pauschale *Garbage Collection* nicht nach C++11 geschafft hat, sind Verwandtschaften zu modernen Konzepten im neuen C++ durchaus zu finden. Daher wird auch der Neugierige die einleitenden Erklärungen, aber auch die eingehenden Diskussionen in den Kapiteln dieses Buches interessant finden.

Wenn Sie die meisten Kapitel durchgelesen haben, sollten Sie einen guten Überblick haben und einen zuhauf gefüllten Werkzeugkasten, mit dem Sie — einen entsprechenden Compiler vorausgesetzt — produktiv mit C++11 loslegen könnten. Sie werden dann vielleicht das eine oder andere Kapitel zum Nachlesen wieder aufschlagen und einen Blick auf eines der Beispiele werfen. Für knifflige Fragen sowie eine vollständige Referenz der Methoden, Klassen und Templates müssen wir dann doch auf Bücher verweisen, die dicker sind als dieses. Die 1.300 Seiten des neuen Standards werden auch nicht die einzigen sein, die man über C++11 lesen könnte. Sehr bald wird es Referenzen und umfassende Besprechungen zu Teilaspekten geben. Die werden sehr in die Tiefe gehen, in der man sich hoffentlich ob des Umfangs nicht verirrt. Sollten Sie sich dann etwas verloren fühlen, kehren Sie doch noch einmal zu diesem Buch zurück, und holen Sie sich die Motivation, das Feature wirklich auszuprobieren.

Aufteilung in diesem Buch

Wir haben die neuen Features in diesem Buch wie folgt aufgeteilt:

▶ Im ersten Teil frischen wir die wichtigsten Konzepte von C++ auf. Dies soll beim Verständnis der Neuerungen helfen, die diese Konzepte weiterführen und erweitern.

▶ Der zweite Teil geht auf die neuen Syntaxelemente ein, die häufig mit völlig neuen Konzepten der Sprache einhergehen.

▶ Diese neuen Konzepte werden in der Standardbibliothek genutzt. Wir besprechen Standardcontainer und Pointerklassen im Teil III dieses Buches, den man auch »Neuigkeiten der Standard Template Library (STL)« betiteln könnte.

▶ Was wir nicht der STL zugeordnet haben, wird in Teil IV über die restliche Standardbibliothek besprochen.

▶ Im Anhang haben wir ergänzende Übersichten und Tabellen untergebracht, die im Hauptteil stören würden.

Wiederkehrende neue Programmierelemente

Damit Sie nicht zuerst den kompletten Teil I lesen müssen, wollen wir an dieser Stelle kurz zusammenfassen, was Sie erwartet. Wahrscheinlich haben Sie schon einiges über manche der neuen Features gelesen.

▶ Zur vereinheitlichten Initialisierungssyntax, die frei von Mehrdeutigkeiten ist, finden Sie ab Kapitel 5, »Vereinheitlichte Initialisierung«, Beispiele und Begründungen.

▶ Lesen Sie etwas zur neuen `for`-Schleifensyntax, die wir in Kapitel 11, »Das neue Range-For«, besprechen.

▶ Es gibt lokal definierbare Funktoren, an deren Spitze die *anonymen Funktionen* (*Lambda-Ausdrücke*) stehen, die in Kapitel 16, »Lambdas: anonyme Funktionen«, besprochen werden.

▶ Typinferenz mit `auto` bei der Initialisierung findet sich hauptsächlich in Kapitel 8, »Typinferenz bei der Initialisierung mit auto«.

▶ Ein `nullptr` für den einen Nullpointer erklären wir in Kapitel 12, »nullptr ist das neue NULL«.

▶ Templates mit variabler Anzahl von Argumenten finden Sie hauptsächlich in Kapitel 32, »Templates mit variabler Argumentanzahl«.

▶ Eine Semantik für das Übertragen von Objektzuständen (*Verschiebesemantik*, engl. *Move Semantics*) ist eng mit *RValue-Referenzen* verknüpft und füllt ab Kapitel 22, »Kopieren, Verschieben und Weiterleiten«, einige Seiten.

▶ Zur Übersetzungszeit berechenbare Ausdrücke ganz ohne Template-Magie sind mit `constexpr` möglich.

▶ Die lange erwarteten *Concepts* haben es nicht in den neuen Sprachstandard geschafft.

▶ *Concepts* bilde(te)n eine »Metasprache«, um die Zusammenhänge und Bedingungen von Templates zu formalisieren. Das Thema war zu groß und zu komplex, so dass man sich in letzter Sekunde gegen die Aufnahme in den Standard entschied. Wir werden in der Zukunft aber sicher noch etwas von diesem Feature hören, das vor allem vom C++-Erfinder Bjarne Stroustrup vertreten wird.

Umfangreiche Standardbibliothek

Auch zum Sprachkern — weniger auffällig, aber dennoch tiefgreifend — gehört, dass C++ nun explizit für ein *Multithreaded Maschinenmodell* entworfen ist. Das erfreut hauptsächlich Hardwaredesigner und Compilerbauer, die sich bei der

Implementierung diverser Features nun auf eine genaue Spezifikation berufen können. Die Programmierer bekommen das vor allem durch eine umfangreiche Unterstützung von *Threads*, *Mutexen* und *Atomics* schon in der Standardbibliothek mit. Während wir in diesem Buch die theoretischen Grundlagen weniger beleuchten, werden wir die praktischen Aspekte in den entsprechenden Kapiteln in Teil III über die Standardbibliothek besprechen.

Diese nimmt vom Umfang her nämlich etwa die Hälfte der Seiten des neuen Sprachstandards ein. Und in der Tat ist dort auch enorm viel hinzugekommen.

▶ In Kapitel 40, »Ungeordnete Container«, lesen Sie etwas über ungeordnete, *hashende Container*, bei denen bei sorgfältiger Programmierung die Zeit fürs Speichern eines Elements nicht von der Anzahl der Elemente im Container abhängt.

▶ Den `unique_ptr` stellen wir in Kapitel 42, »unique_ptr statt auto_ptr«, und den `shared_ptr` in Kapitel 43, »Smarte Pointer«, vor — `auto_ptr` gilt als »veraltet« und soll durch die neuen Zeigertypen ersetzt werden.

▶ Wie erwähnt, finden Sie ein umfangreiches API für Threads und deren Synchronisation ab Kapitel 49, »Parallel arbeiten«.

▶ Eine ganze Teilbibliothek über Zufallszahlen wird ab Kapitel 59, »Der richtige Würfel«, beleuchtet.

▶ Allgemein gibt es eine durchgehende Unterstützung der *Verschiebesemantik* durch die Standardbibliothek, vor allem in den Containern; Datentypen werden durchgehend verschoben statt kopiert, wenn sie dafür vorgesehen sind.

In aller Kürze

Ein paar Kleinigkeiten nehmen so wenig Raum ein, dass wir ihnen kein eigenes Kapitel spendieren. Wahrscheinlich haben sie diese Details über das neue C++ ohnehin schon gehört.

▶ Zwei aufeinanderfolgende > als Klammern von Templates sind nun kein Problem mehr. Die meisten Compiler kamen mit `map<string<vector<int>>` ohnehin schon klar und interpretierten >> nicht als *shift-right*.

▶ Der Datentyp `long long` ist in den Varianten `signed` und `unsigned` nun nicht nur in C Teil des Standards, sondern nun auch in C++. Das Gleiche gilt für `%z` zum Formatieren eines `size_t` in `printf`.

▶ Eine `union` hat nun weniger Beschränkungen für ihre Elemente, unter anderem müssen Varianten nun keine eindeutigen Namen mehr haben.

▶ Die Definition *Plain Old Data* *(POD)* wurde erweitert, und so ist es in ein paar Fällen mehr möglich, mit C-Interfaces Daten auszutauschen.

▶ Der Operator `sizeof` kann auf mehr Datentypen und Ausdrücke als zuvor angewendet werden.

C++11-Programmierern

Noch ein letztes Wort, bevor Sie loslesen: Unter *http://cpp11.generisch.de/* finden Sie sowohl Neuigkeiten als auch alle Listings des Buches. Für eventuelle Errata können Sie auch auf die Webseite von Galileo Computing *http://www.galileocomputing.de/2824* schauen.

Nun bleibt mir nur noch, Ihnen, dem Leser, viel Spaß bei der Lektüre dieses Buches zu wünschen und viel Erfolg bei der Aufnahme all der neuen Dinge von C++11. Ich glaube, dass die neue Version von C++ uns eine bessere Sprache beschert. Es wird sicher einige Zeit dauern, bis die nützlichsten Dinge in den allgemeinen Gebrauch übergegangen sind. Ich hoffe, mit den Ihnen vorliegenden Seiten einen kleinen Beitrag dazu geleistet zu haben, indem *Sie* für sich entscheiden, was Sie in Ihrem Programmieralltag einsetzen werden.

Torsten T. Will
torsten.t.will@googlemail.com

0 Beispielkapitel

[intro.notation] Jedes Kapitel beginnt mit der Beschreibung des Themas in wenigen klaren Worten, zwischen einer halben bis ganzen Seite lang. Der Zweck dieser Abschnitte ist, dass Sie das Buch einmal »querlesen« können, indem Sie nur diese kurzen Zusammenfassungen sichten. Da die Themen des Buches sich gegenseitig bedingen und sich daher schwer in eine Reihenfolge bringen lassen, ist es gut, Sie wissen vorne schon einmal in etwa über die hinteren Kapitel Bescheid.

Um ein Thema zu vertiefen, führen Sie sich den Rest des Kapitels zu Gemüte. Als höchste Steigerungsform der Vertiefung bildet die Liste der Verweise den Abschluss eines jeden Kapitels.

Hintergrund und Beispielcode

Hier folgen die genaue Erklärung, Hintergründe, Für und Wider, aber vor allem Beispiele.

```
#include <iostream>
using namespace std;
int main() {                  // 1. Kommentar
  cerr << "Blopp" << endl;    // hervorgehoben
  Typ feh-ler(args);          // Zeile mit einem Fehler #1
}
```

Listing 0.1 Ein kleines Formatbeispiel

Verwendeter Schriftsatz:

▶ Im Text wird `code` in dieser Art gesetzt.

▶ Eine *textuelle Hervorhebung* ist *kursiv* dargestellt.

▶ Auch ein *Begriff* ist *kursiv*.

▶ Verweise auf eine bestimmte Textzeile in einem Programmbeispiel sind selten, sehen dann aber so #1 aus.

Weitere Kapitelstruktur

Die einzelnen Kapitel sind thematisch gruppiert. Doch bauen sie insofern nicht aufeinander auf, als Sie das erste Kapitel nicht vor dem letzten lesen müssen. Nahe beieinanderliegende Kapitel behandeln ähnliche Themen. Das ist zum Beispiel insbesondere für Kapitel 5, »Vereinheitlichte Initialisierung«, und Kapitel 22, »Kopieren, Verschieben und Weiterleiten«, so: Das erste Kapitel einer solchen Gruppe erklärt die Grundzüge des Konzepts, während die anderen Kapitel Teilaspekte beleuchten. Ansonsten sind die Kapitel aber eher als gleichwertig zu verstehen, und nach einem Überblick über die Thematik können Sie überall dort tiefer einsteigen, wo es Sie besonders interessiert (Abbildung 0.1).

Um die einzelnen Kapitel weiter zu gliedern, verwenden wir Zwischenüberschriften. Dadurch gibt es eine weitere thematische Aufteilung, die auch dem späteren Auffinden von Stichpunkten dienen kann.

Der vertiefende Erklärungsteil beginnt jeweils mit der allgemeinen Besprechung des Themas. Die darauf folgenden Zwischenüberschriften steigen dann tiefer in die Materie ein und behandeln die eher speziellen Fälle oder weisen auf Stolperfallen hin.

Abbildung 0.1 Das Buch kann man zunächst horizontal lesen und dann vertikal vertiefen.

Manchmal ist auch das Für und Wider des Entscheidungsprozesses der Sprachdesigner interessant. So wird einige Male am Ende eines Kapitels auf die Zwischenschritte eingegangen, die vor der finalen Version der Sprachspezifikation standen. Mitunter hilft »ein Blick hinter die Kulissen«, die Dinge noch besser zu verstehen und sich dadurch einzuprägen.

C++11 in Beispielcode

Wenn wir Beispiele präsentieren, dann versuchen wir absichtlich schon einen Stil mit mehreren C++11-Elementen zu verwenden. Zum einen sollen Sie, der Leser, im Laufe der Zeit — sozusagen »en passant« — ein paar nützliche Sprachelemente aufnehmen. Zum anderen war es eine der hervorgehobenen Absichten des Standardisierungsteams, dass die einzelnen neuen Features nicht für sich allein stehen, sondern mit allen anderen zusammen verwendet werden können — und sollen.

Ob man dieses oder jenes neue Sprachfeature nun tatsächlich in sein persönliches Repertoire aufnimmt, bleibt natürlich jedem selbst überlassen. Wir wollen mitnichten propagieren, dass man überall die neuen C++11-Notationen verwenden muss. Sie sollen das tun, *wenn es sinnvoll ist*. In diesem Buch haben wir uns dafür entschieden, dass es sinnvoll ist, Ihnen den neuen Stil *eher häufiger* zu zeigen.

Damit Sie aber nicht von der teilweise doch ziemlich veränderten Syntax überrannt werden und womöglich nicht mehr wissen, »wo hinten und vorne ist«, hier eine Zusammenfassung der immer wiederkehrenden Sprachelemente der Beispiele:

▶ **Vereinheitlichte Initialisierung**
Immer wenn Sie etwas *initialisieren*, können Sie neuerdings geschweifte Klammern verwenden. Bei der einfachen Variablendefinition `int i{5}`, Initialisierung mit Listen `vector<int> vec = { 1,2,3,4,5 }`, auch bei dynamischem Speicher `new Ship{"Enterprise", NCC1701D}`.

▶ **Typinferenz**
Bei der Initialisierung einer Variablen können Sie statt des konkreten Typs `auto` verwenden: `auto it = vec.begin();`. Der Compiler findet den Typ der neuen Variablen anhand des Typs des Initialisierungsausdrucks selbst heraus und legt ihn genauso fest, als hätten Sie ihn ausgeschrieben — Sie sparen sich nur die Arbeit, und der Compiler kennt den Typ sowieso.

▶ **RValue-Referenzen**
Dieses enorm mächtige Feature taucht als `&&` nach Typnamen auf, meistens als Argument von Funktionen und Methoden. Zum Beispiel können Klassen wie `Fisch` nun auch einen *Verschiebekonstruktor* haben, dessen Signatur `Fisch::Fisch(Fisch&&)` ist. Mit Funktionen dieser Art können Sie das Kopieren vermeiden und so die Performance Ihres Programms steigern, insbesondere wenn Sie viel mit den Containern der Standardbibliothek arbeiten.

▶ **Lambda-Ausdrücke**
Eine Funktion ohne Namen, die Sie einfach als Argument übergeben können. Der hintere Teil von `for_each(b, e, [](Elem &x){cerr<<x;});` entspricht in etwa `void func(Elem &x){cerr<<x;}` — nur halt ohne den Namen `func`.

▶ **Alternative Funktionssyntax**
Statt `double func(int i, int j)` können Sie neuerdings auch `auto func(int i, int j) -> double` schreiben (*nachgestellter Rückgabetyp, trailing Return Type*). Das ist besonders im Umgang mit Templates interessant, weil der Rückgabetyp lang werden und dann vorne den Blick aufs Wesentliche verschleiern kann. Damit der Compiler die beiden Syntaxvarianten besser unterscheiden kann, ist zusätzlich zum `-> double` das Schlüsselwort `auto` vorne notwendig.

▶ **Range-For**
In einer `for`-Schleife können Sie nun direkt eine Liste von Elementen angeben.

Zum Beispiel `for(int i : {1,2,3,4})`. Sie können sogar einen Container verwenden und müssen sich weniger mit Iteratoren herumschlagen. `for(int i : data)` läuft über die Elemente eines `vector<int> data`.

▶ **Freie Iteratorfunktionen**

`begin()` und `end()` gibt es jetzt als freie Funktionen und erlauben so zusätzliche Anpassungsmöglichkeiten für spezielle Container. Statt `v.begin()` und `v.end()` können Sie nun durchgehend `begin(v)` und `end(v)` verwenden.

▶ **Using als Typedef**

Mit `using` lassen sich nun einige Template-Argumente vorbelegen. Sie können auch alle vorbelegen, womit es zur Alternative zu `typedef` wird. Aus `typedef vector<int> Cont` wird `using Cont = vector<int>`.

In einem einzigen Stück Quellcode untergebracht, ist das eine Menge Neues. Bei der Lektüre der einzelnen Kapitel wird Ihnen sicherlich einiges klar.

```cpp
struct Fish {
  int len_;
  string name_ = "Nemo";          // Default-Memberinitialisierung
  Fish() : Fish{0} {};            // Konstruktor-Delegation
  Fish(int len) : len_{len} {}
  Fish(const Fish& o)
    : name_{o.name_+"2"} {}        // Initialisierung mit {}
  Fish(Fish&& o);                 // Verschiebekonstruktor
  Fish& operator=(const Fish&)
    = delete;                     // Zuweisung verboten
};
using Data = vector<int>;         // using als typedef
auto sum(Data &data) -> int {     // alternative Fct-Syntax
  int r{0};                       // int mit {} initialisieren
  for(auto e : data) r+=e;        // Range-For auf Container
  return r;
}
constexpr int sq(int n) {         // evtl. zur Übersetzungszeit berechnen
  return n*n;
}
int main() {
  Data vec{1,2,3,4,5,6};          // einheitliche Initialisierung
  for_each(begin(vec), end(vec),  // freie Funktionen begin()/end()
    [](int&e) { e = sq(e); });    // Lambda, anonyme Funktion
  auto result = sum(vec);         // Typinferenz
  cout << result << endl;
}
```

Listing 0.2 Viele neue Syntaxfeatures

Wir haben auch noch einige andere, kleinere neue Features versteckt, die wir nicht weitverbreitet einsetzen, sondern hauptsächlich in eigenen Kapiteln erklären und verwenden:

▶ **Default-Memberinitialisierung**
Erlaubt, für Membervariablen einen Wert »vorzuschlagen«, wenn ein Konstruktor sie nicht in der Initialisierungsliste aufführt.

▶ **Konstruktor-Delegation**
Ein Konstruktor kann einen anderen Konstruktor Teile der Initialisierungsarbeit erledigen lassen.

▶ **Konstanter Ausdruck**
`constexpr` ist ein stärkeres `const`, das der Compiler eventuell schon zur Übersetzungszeit auswerten kann. Kann er dies nicht, meldet er — anders als bei `const` — einen Fehler.

Wir haben hier nicht alle neuen Sprachelemente aufgelistet, denn es bleibt noch genügend Neues für den Rest des Buches übrig!

Buchstil der Beispiele

Eigentlich präferieren wir, möglichst wenig `using namespace xyz` zu verwenden.[1] Texteditoren sind heutzutage in der Lage, mehr als als 72 Zeichen in der Breite anzuzeigen, und so sollte ein `std::` vor dem einen oder anderen Bezeichner mehr Klarheit schaffen als stören. Es macht nachfolgenden Generationen, die mit den diversen verwendeten Modulen nicht in- und auswendig vertraut sind, das Verstehen umso leichter. Im vorliegenden Buch ist das nicht so — hier wären viele störende Zeilenumbrüche die Folge. Wir verwenden der Prägnanz halber deswegen ein implizites `using namespace std` und setzen ebenso ein paar Standard-Includes wie `iostream` und `algorithm` voraus. Sollte darüberhinaus ein Include benötigt werden, das anders heißt als die im Beispiel vorkommenden Datentypen, dann werden wir das selbstverständlich nennen. Ein `#include <map>` werden wir uns also sparen, aber ein `#include <functional>` werden wir nennen, wenn `bind()` verwendet wird.

Wir empfehlen also explizit *nicht*, den knappen Stil der Beispiele, was `include` und `using namespace` angeht, zu übernehmen — andere Fragen des Programmierstils schon eher. Jedoch ist das häufig eine Geschmacksfrage, und deshalb wollen wir hier nicht noch weitere Worte darüber verlieren, sondern sehen Sie bitte wohlwollend auf unseren gut gemeinten Stil.

---

1 Oder `import *` in Java oder Python, wo wir schon gerade dabei sind.

Eben weil wir dem, was wir uns bezüglich `using` selbst als Rat geben würden, in diesem Buch nicht folgen, wollen wir hier kurz eine Anregung für eine *bessere* Verwendung von `using` geben:

▶ `using namespace irgendwas` niemals global in einen Header schreiben.

▶ `using namespace std` auch nicht global in einer Cpp-Datei verwenden. Verschiebt oder kopiert man ein Codestück zwischen Dateien, pflanzt sich ein globales `using namespace std` leicht durch den gesamten Quelltext fort.[2]

▶ Bevorzugen Sie stattdessen eine Liste `using std::string`, `using std::map`, etc. — am besten direkt nach dem `#include`, das den Bezeichner importiert, oder wohlsortiert, zum Beispiel zuerst alle Standard-Includes, dann alle Standard-`using`s, dann die selteneren Includes (`<functional>`), dann die dazugehörigen `using`s.

▶ Lokal sind Nicht-Namespace-`using`s manchmal sogar nötig, um sie für *Argument Dependent (Name) Lookup (ADL)* verfügbar zu machen, typisch zum Beispiel `using std::swap` oder (neu in C++11) `using std::begin`, Kapitel 11, »Das neue Range-For«, und siehe Kapitel 48, »Die Verwendung von swap«.

▶ Lokal ist auch `using namespace` harmloser, sowohl für `std` als auch für eigene Namensräume. Da hängt es vom persönlichen Stil und Geschmack ab, ob Sie es verwenden.

Als Faustregel gilt, dass ein Leser spätestens mit einer Suche nach einem bestimmten Bezeichner in der Datei einen Hinweis darauf erhalten sollte, wo er herkommt. Ein `#include <vector>` ist für sich genommen schon klar genug, denn da steckt der importierte Bezeichner schon im Namen des Includes. Sucht der Leser aber nach `bind` oder `for_each`, sollte er durch ein `using std::bind` und `using std::for_each` schon mal auf den richtigen Namespace verwiesen werden. Haben Sie dann hinter `#include <algorithm>` auch noch einen Kommentar `// for_each` hinterlassen, wird das Verstehen des Quellcodes auch für Neulinge der C++-Standardbibliothek fast zur Freude.

In C++ sind mit `struct` oder `class` definierte Datentypen bis auf den Umstand identisch, dass in einem `struct` die Standardsichtbarkeit `public` und bei `class` `private` ist. In den Beispielen ist die Sichtbarkeit selten relevant, weswegen wir häufiger zu `struct` greifen (und so eine Zeile einsparen). Im eigenen Code empfehlen wir, sich auf eine andere Richtlinie zu einigen — zum Beispiel `struct` dort, wo die Daten wichtiger sind, und `class`, wo es um das Verhalten geht. Mit `struct` alles pauschal `public` zu machen, ist in Projekten keine gute Idee.

---

2 Ein Freund und Kollege hat mir gesagt, ich soll besonders diesen Punkt noch einmal hervorheben. Wahrscheinlich ist er diesbezüglich leidgeprüft. . .

Mantra	[+]

In einer solchen Box am Kapitelende steht ein Merksatz für ein Kapitel. Er fasst das Wichtigste noch einmal in einem Satz zusammen.

Für dieses Kapitel können Sie zum Beispiel mitnehmen, dass Sie für einen Überblick zuerst die einleitenden Absätze der Kapitel lesen könnten.

Verweise

Die Liste der Verweise hat erstens den Zweck, auf Stellen zu verweisen, die uns als Grundlage für dieses Buch gedient haben, zum zweiten sind sie nützliche Einstiegspunkte zu noch mehr Hintergrund für die besonders Interessierten, die noch tiefer in die besprochene Thematik des Kapitels einsteigen wollen.

Wenn wir uns auf den Text des C++11-Standards beziehen, dann meinen wir damit [2]. Meistens verweisen wir jedoch auf einem bestimmten Abschnitt darin und verwenden dazu in der Liste der Verweise dann eine kürzere Form, wie Sie unter [3] sehen. Dafür ist dort dann Nummer und Titel des Abschnitts angegeben; inklusive eines *Identifizierers* in eckigen Klammern, der auch Neunummerierungen zu anderen Versionen überstehen kann — eine Idee, die wir für dieses Buch übrigens übernommen haben.

Während des Standardisierungsprozesses entstehen viele Dokumente. Diese werden innerhalb der Arbeitsgruppe mit einer vierstelligen Nummer versehen und so zum Beispiel mit »N3291« bezeichnet. Wenn wir auf ein solches Dokument verweisen, verwenden wir ebenfalls diese Schreibweise. Die allermeisten dieser Dokumente sind auf der Website des Standardisierungskomitees [4] öffentlich zugänglich.

[1] **Hier steht eine Liste von Verweisen für das aktuelle Kapitel**, *http://www.galileo-press.de/*

[2] **Information technology – Programming languages – C++**, ISO/IEC, 14882:2011(E), Third Ed. 2011-09-01

[3] **1 General [intro]**, C++11

[4] **C++ Standards Committee Papers**, *http://www.open-std.org/jtc1/sc22/wg21/docs/papers/*

TEIL I
Elementare Konzepte aus C++03

Diese Kapitel sind zum Warmwerden und sollen die Erinnerung an das, was C++ ausmacht, auffrischen. Sie enthalten Beispiele dessen, was C++ zu einer modernen und fortschrittlichen Programmiersprache macht. Der Fokus dieses Teils liegt darauf, was die Praxis der Programmierung mit C++ von anderen verbreiteten Sprachen unterscheidet. Interessierten soll es einen schnelleren Umstieg ermöglichen.

Viele Dinge des neuen Standards haben ihren größten Nutzen im Zusammenspiel mit den altbekannten Kernkonzepten von C++. Sie zu kennen und einzusetzen holt das Beste aus der Sprache heraus — und fördert auch den Einsatz der in C++11 neuen Features.

1 Resource Acquisition Is Initialization

[intro.raii] *RAII* heißt, beim Erzeugen eines Objekts — einer Ressource — auch dessen Initialisierung zu erledigen. In C++ geschieht das im Konstruktor. Wichtig ist, beim Verlassen des Konstruktors *immer* ein *gültiges* Objekt zurückzulassen.

Das heißt insbesondere, dass auch ein Fehler kein ungültiges Objekt herumliegen lassen darf. Tritt während der Initialisierung des Objekts im Konstruktor ein Fehler auf, dürfen Sie keine Datenstrukturen halb erzeugt herumliegen lassen oder noch Ressourcen blockieren. Ressource kann hier vieles bedeuten, zum Beispiel einen Pointer auf schon reservierten Speicher, eine geöffnete Datei oder ein *Lock* für den gegenseitigen Ausschluss mehrerer Prozesse.

Im Fehlerfall sollte der Konstruktor mit einer *Exception* beendet werden, damit höhere Ebenen ebenfalls ihre Ressourcen wieder freigeben können, zum Beispiel angeforderten Speicher. Doch auch die Exception will sorgfältig ausgelöst werden: Zuvor angeforderte Ressourcen müssen vorher (oder in einem eigenen `catch` mit *rethrow*) wieder freigegeben werden, da die aktuelle Instanz nach dem `throw` (normalerweise) nicht mehr die Kontrolle zurückerhält.

Ein Aspekt von »gültig« ist, dass der zugehörige Destruktor das Objekt *in jedem Fall* komplett selbsttätig wieder entfernen können muss und alle noch bestehenden Ressourcen auch wieder freigegeben werden. Zusammengenommen implementieren Sie so sehr effektiv »Stack-based Ressource Management«[4].

Hintergrund und Beispielcode

Eine typische C-Programmierschnittstelle (Application Programming Interface — API) verlagert Verwaltungsaufgaben häufig in den Programmcode, der das API verwendet. Ein Dateiobjekt oder eine Datenbankverbindung muss geöffnet und mit einem symmetrischen Aufruf wieder geschlossen werden. *Handles* zu Schriftarten, Pinseln oder Audio-Video-Codecs werden geholt und explizit wieder freigegeben. Wird der freigebende Aufruf nicht durchgeführt — sei es durch ein unvorhergesehenes Ereignis oder durch schlichtes Vergessen — werden die damit verbundenen Ressourcen nicht wieder freigegeben. Die Datei bleibt geöffnet, die Datenbankverbindung wird nicht geschlossen, die Handles auf Pinsel und Schriften gehen aus.

Dazu passend wird in der C-Welt häufig mit speziellen Rückgabewerten gearbeitet, die einen Fehler darstellen sollen. Als Zeichen dafür, dass der Client die Verwendung der Ressource unterlassen soll, verwenden viele Funktionen bestimmte Fehlercodes. Zum Beispiel liefert `mktime` [1] statt der angeforderten Konvertierung im Fehlerfall eine -1 zurück. Und den Rückgabewert von `malloc` müssen Sie gegen den *Nullpointer* prüfen [2]. Üblicherweise ist der Fehlerfall bei der Prüfung das *selten erwartete* Ergebnis. Fast könnte man die Prüfung weglassen, weil dieser Fall »sowieso nicht auftritt«.[1] Dann kann man nur hoffen, dass der Code nicht irgendwann einmal in sicherheitskritischem Umfeld eingesetzt wird.

Und wenn es *selten erwartet* ist, wären wir bei der *Ausnahme*: In der C++-Welt stehen für solche Fehler Exceptions zur Verfügung. Der Rückgabewert braucht nicht überprüft zu werden, da ein Konstruktor ein Objekt nur in einem *gültigen Zustand* hinterlassen darf. Wird der Konstruktor per Exception verlassen, wird der vorbelegte Speicher vom Compiler wieder freigegeben. Passiert die Exception dabei mehrere Konstruktoren im *Stack* (die Liste der aktuellen Funktionsaufrufe) aufwärts, ohne per passendem `catch` gefangen zu werden, dann werden alle bisherigen Konstruktionen rückgängig gemacht. Nur *genau dann*, wenn ein Konstruktor komplett durchlaufen wurde, gilt das Objekt als gültig und vollständig erzeugt.

Eine kleine schlanke Beispielklasse, die nur einen Zeichenpuffer kapseln soll, könnte so aussehen:

```
struct Puffer {
  const char *data;
  explicit Puffer(size_t sz): data(new char[sz]) {}
  ~Puffer() { delete[] data; }
  Puffer(const Puffer&) = delete;
  Puffer& operator=(const Puffer&) = delete;
};
```

Listing 1.1 Eine RAII-Zeichenpufferklasse

Es sei erwähnt, dass — ganz nach dem Motto »Sixteen ways to stack a cat« [5] — die gleiche Aufgabe in C++11 besser durch `unique_ptr<char[]>` zu erledigen wäre; dies soll nur ein einfaches Beispiel sein.

In C stünde hier meist ein `malloc` und der (sorgfältige oder paranoide[2]) Programmierer müsste den Rückgabewert darauf hin prüfen, ob der Speicher korrekt alloziert wurde. Wenn nicht, dann muss der Vorgang irgendwie abgebrochen werden. In C++ liefert `new` immer einen gültigen *Pointer* oder wirft eine Exception `bad_alloc`.[3] Es gibt also zwei mögliche Ausgänge aus dem Konstruktor:

---

1 Achtung: Ironie!
2 Was oft das Gleiche ist.
3 Viele Compiler können angewiesen werden, ganz ohne Exceptions zu arbeiten. Laut Standard ist dies korrektes Verhalten. Dies kommt vor allem im Embedded- und Realtime-Bereich vor.

▶ **normaler Durchlauf**

Der Speicher für `data` wurde angefordert, und der Pointer ist gültig. Das `Puffer`-Objekt gilt als korrekt erzeugt, und wenn es weggeräumt werden soll, erledigt der Destruktor dies vorbildlich.

▶ **Exception bad_alloc**

Der Speicher wurde nicht alloziert, die Exception verlässt den Konstruktor. Damit gilt der `Puffer` als nicht erzeugt, und es werden auch keine belegten Ressourcen zurückgelassen. Weil das Objekt nicht erzeugt wurde, wird der Destruktor *in keinem Fall* aufgerufen. Auch wenn `data` also uninitialisiert ist und damit ein `delete[]` äußerst gefährlich wäre — es tritt niemals auf.

Die mit = `delete` gelöschten Methoden — etwas neues in C++11 — sorgen dafür, dass der Puffer nicht aus Versehen kopiert wird und dann die interne Datenstruktur mehrfach freigegeben wird: ein weiterer Grund, besser `unique_ptr` zu verwenden. Zum Löschen von Methoden lesen Sie mehr in Kapitel 27, »Methoden per delete und default«.

Raw-Pointer

In komplexen Objekthierarchien dürfen Sie nicht vergessen, dass Sie auch darauf vorbereitet sein müssen, dass die Initialisierung von Objektvariablen (*Membervariablen*) mit einer Exception fehlschlagen kann. Auch wenn Sie sie nicht per `catch` behandeln und verschlucken, sondern die Ausnahme eigentlich durchlassen möchten, müssen Sie gegebenenfalls zuvor gemachte Initialisierungen rückgängig machen, bevor die Exception den aktuellen Konstruktor verlässt.

Anders als bei der obigen `Puffer`-Klasse sieht es bei `StereoImage` nicht so einfach aus:

```
struct StereoImage {
  Image *left, *right;
  StereoImage()
  : left(new Image)
  , right(new Image) // Gefahr!
  { }
  ~StereoImage() {
    delete left;
    delete right;
  }
};
```

Listing 1.2 Wirft »right« eine Exception, entsteht mit »left« ein Leck.

Schlüge hier die Erzeugung von `right` mit einer Exception fehl, dann würde der Speicher, der für `left` schon alloziert wurde, nicht freigegeben. Da der Konstruktor mit einer Exception verlassen wurde, gilt das `StereoImage` als nicht erzeugt, und dessen Destruktor wird nicht aufgerufen werden. Wohl würde der Compiler die erfolgreiche Initialisierung von `left` rückgängig machen können, indem dessen Destruktor aufgerufen wird, doch ist dies hier ein *Raw-Pointer* ohne Destruktor! Ein anderer Mechanismus muss her — ein `catch` mit einem *rethrow*, oder etwas anderes als ein Raw-Pointer für die Felder von `StereoImage`.

Hier ein Beispiel (unter vielen), wie Sie diese Schwachstelle umgehen können:

```
#include <memory> // unique_ptr
struct StereoImage {
  std::unique_ptr<Image> left, right;
  StereoImage()
  : left(new Image)
  , right(new Image)
  { }
};
```

Listing 1.3 Korrektes RAII für »StereoImage«

Schlägt nun die Initialisierung von `right` mit einer Exception fehl, gilt Stereo-Image — wie bisher — als nicht erzeugt. Der Destruktor von `StereoImage` wird nicht aufgerufen. Nun hat `left` aber einen vollwertigen Destruktor und der Compiler kann diesen bei der Rückabwicklung aufrufen. Und der wiederum gibt den Speicher von `left` frei.

Der Raw-Pointer belegt hier die Ressource »Speicher«. Gesagtes gilt aber für alle Arten von Ressourcen ebenso: *Dateihandles*, *Sockets*, *Mutexe* und *Semaphoren* etc.

Von C nach C++

Wie zu Beginn des Kapitels schon bemerkt, wird ein C++-Entwickler auch häufig C-APIs verwenden. Typisch ist das paarweise *Anfordern* und *Freigeben* einer Ressource über jenes API. Verwenden Sie zum Beispiel das serverlose Datenbankinterface *Sqlite*, dann könnte ein Codefragment vereinfacht so aussehen [3]:

```
#include <sqlite3.h>
void dbExec(const string &dbname, const string &sql) {
  sqlite3 *db;
  int errCode = sqlite3_open(dbname.c_str(), &db);   // Acquire
  if(errCode) {
    throw runtime_error("Fehler beim Öffnen der DB.");
  }
  errCode = sqlite3_exec(db, sql.c_str(), NULL, NULL, NULL);
```

```
   if(errCode) {
     throw runtime_error("Fehler SQL-Exec.");  // Nicht gut!
   }
   errCode = sqlite3_close(db);    // Release
}
```

Listing 1.4 C-API in C++-Code

Hier wird mit `sqlite3_open` die Ressource *Datenbank* geholt, mit `sqlite3_close` wieder freigegeben und dazwischen mit `sqlite3_exec` auf ihr operiert. Hier ist es natürlich keine gute Idee, die Funktion mit einer Exception zu verlassen:

▶ Die erste Exception ist korrekt, denn wenn `sqlite3_open` nicht erfolgreich war, muss auch `sqlite3_close` nicht aufgerufen werden.[4]

▶ Die zweite Exception verhindert jedoch, dass `sqlite3_close` aufgerufen wird, und die Ressource würde blockiert — oder zumindest nicht freigegeben —, was je nach Art der Ressource unterschiedliche Auswirkungen haben kann.

Man könnte natürlich das gesamte API von Sqlite3 in ein C++-API umwandeln, aber das ist sicherlich ein großes Unterfangen. Abgesehen davon hat diese Arbeit für ein populäres API wie *Sqlite3* sicher schon jemand gemacht — der wird dann hoffentlich auch die Pflege übernehmen, wenn sich im C-API etwas ändert.

Zu Recht möchte man sich aber nicht eine weitere Abhängigkeit einhandeln. Eine kleinere Lösung tut es vielleicht auch. Eine einfache Standardmethode, solchen Code in RAII-Code zu transformieren, ist, die Ressource in eine Wrapper-Klasse »einzuwickeln«:

```
#include <sqlite3.h>
class DbWrapper {
  sqlite3 *db_;
public:
  // acquire resource
  DbWrapper(const string& dbname)
    : db_{NULL}
  {
    const int errCode = sqlite3_open(dbname.c_str(), &db_);
    if(errCode)
      throw runtime_error("Fehler beim Öffnen der DB."
                    );         // verhindert sqlite3_close
  }
  // release resource
```

---

4 Um genau zu sein, steht in der Dokumentation, dass man es »sollte« – aber nicht »muss«. Wir nehmen das Beispiel exemplarisch für den häufigen Fall bei der Ressourcenverwaltung, bei der nur dann weggeräumt werden soll, wenn das Anfordern erfolgreich war.

```
~DbWrapper() {
  sqlite3_close(db_);    // Release
}
// access Resource
sqlite3* operator*() { return db_; }
// Keine Kopie und Zuweisung
DbWrapper(const DbWrapper&) = delete;
DbWrapper& operator=(const DbWrapper&) = delete;
};
void dbExec(const string &dbname, const string &sql) {
  DbWrapper db { dbname };
  const int errCode = sqlite3_exec(*db, sql.c_str(), NULL,NULL,NULL);
  if(errCode)
    throw runtime_error("Fehler SQL-Exec.");  // Jetzt geht es!
}
```

Listing 1.5 C-API mit einfachem RAII

Mit diesem Wrapper kann ohne Probleme die Exception nach `sqlite3_exec` geworfen werden. Beim Verlassen des Gültigkeitsbereichs von `db` — per Exception oder normal — wird der Destruktor aufgerufen und damit `sqlite3_close`.

Wird die Exception im Konstruktor ausgelöst, gilt das Objekt als nicht erzeugt, und deswegen wird der Destruktor mit `sqlite3_close` nicht aufgerufen. Eine gute, einfache RAII-Lösung.

Mit den letzten beiden Zeilen = `delete` verhindern wir, dass versehentlich Zuweisungen und Kopien angelegt werden, die eine mehrfache Freigabe der gleichen Ressource `db_` verursachen würden.

In C++11 können Sie sich nun sogar noch die Definition von `DbWrapper` selbst sparen, weil genau die besprochenen Aufgaben `unique_ptr<>` von Haus aus erledigen kann. Ein ausführliches Beispiel dazu gibt es in Kapitel 42, »unique-ptr statt auto-ptr«, wenn wir *Custom Deleter* diskutieren.

Es muss nicht immer eine Exception sein

Auch wenn wir uns bei der Besprechung von RAII in diesem Kapitel hauptsächlich um Exceptions kümmern, ist RAII nicht zwangsläufig mit dem Auslösen von Exceptions verknüpft. Wir möchten nur die wichtigen Prinzipien in Erinnerung rufen, und die Fußangeln sind besonders beim Umgang mit Exceptions vorhanden.

Es ist durchaus möglich, RAII ohne `throw` zu implementieren und stattdessen den Benutzer nach dem Konstruieren den Erfolg der Initialisierung prüfen zu lassen — zum Beispiel mit einem *Cast* nach `bool`:

```cpp
#include <sqlite3.h>
class DbWrapper {
  sqlite3 *db_;
public:
  DbWrapper(const string& dbname)
    : db_{NULL}
  {
    const int errCode = sqlite3_open(dbname.c_str(), &db_);
    if(errCode) db_ = NULL;    // als 'nicht erfolgreich' markieren
  }
  explicit operator bool() const {
    return db_ != NULL;        // Markierung auswerten
  }
  ~DbWrapper() {
    if(db_) sqlite3_close(db_);
  }
  // ... Rest wie zuvor ...
};
bool dbExec(const string &dbname, const string &sql) {
  DbWrapper db { dbname };
  if(db) {                     // prüfe auf erfolgreiche Initialisierung
    const int errCode = sqlite3_exec(*db,sql.c_str(),NULL,NULL,NULL);
    if(errCode)
      return false; // immer noch korrektes RAII
  }
  return (bool)db;
}
```

Listing 1.6 C-API mit einfachem RAII, ohne »throw«

Entscheidend ist, dass Sie alle Tätigkeiten des Konstruktors im Destruktor wieder rückgängig machen können — egal, ob die Initialisierung erfolgreich war oder nicht. Das wird hier durch db_ = NULL und den Check im Destruktor sichergestellt. Und mit Hilfe des operator bool() lässt sich auch von außen prüfen, ob die Initialisierung Erfolg hatte. Im Beispiel ist dieser zusätzlich mit explicit markiert — bei Casts in C++11 etwas Neues, siehe Kapitel 31, »Explizite Konvertierung«. In der Standardbibliothek funktionieren zum Beispiel die *Streams* auf diese Weise, doch dazu gleich mehr.

Mehrere Konstruktoren

Es ist auch darauf zu achten, dass alle Wege, das Objekt zu erzeugen, eine gültige Instanz hinterlassen müssen. In der Standardbibliothek ist ostream ein Beispiel dafür:

- ► `ostream os` erzeugt einen Datenstrom zu einer noch nicht festgelegten Datei,
- ► `ostream os {"file.txt"}` öffnet die Datei, wenn möglich.

Auf jeden Fall kann der Destruktor den Stream wieder wegräumen. Operationen, zum Beispiel via `<<`, landen bei der zweiten Variante im Nirvana, wenn es beim Öffnen der Datei einen Fehler gab. Daher ist vor der Verwendung geschwind per `if(!os)` zu prüfen, ob der Stream wirklich fürs Schreiben bereit ist. Des Pudels Kern ist hier jedoch, dass `os` in jedem Fall zugewiesen, nachträglich geöffnet und vor allem wieder korrekt weggeräumt werden kann. Als alternative Designentscheidung hätte hier in der Variante `ostream os{"file.txt"}` im Fehlerfall eine Exception geworfen werden können. So müssen Sie das *C-Pattern* verwenden: zunächst den Rückgabewert prüfen. Das wird auch prompt häufig vergessen und führt dann zu Überraschungen beim nächsten `<<`.

Mehrphasige Initialisierung

Manchmal empfiehlt sich eine noch stärkere Abweichung von der reinen RAII-Lehre. Häufig ist es besser, ein Objekt in mehreren Phasen zu initialisieren. Typischerweise sind Fenster-APIs so zu benutzen, dass im ersten Schritt — im Konstruktor — die nicht sichtbaren Dinge erzeugt werden, und dann in einer `init()`-Methode die tatsächliche Visualisierung stattfindet. Zwischen diesen beiden Phasen werden Fenster und Komponenten miteinander verknüpft, in Layoutmanager eingebettet und häufig weitere dynamische Aufgaben erledigt.

Aber egal, ob nur der Konstruktor und noch *kein* `init` oder Konstruktor *und* `init` ausgeführt wurde: Der Destruktor muss das Objekt *immer* vollständig wegräumen können.

Nothrow new

Es soll nicht verschwiegen werden, dass es in manchen Fällen durchaus sinnvoll und erwünscht sein kann, *keine* `bad_alloc`-Exception bedenken zu müssen. Zum Beispiel gibt es Umgebungen und Compiler, die ganz ohne Exceptions auskommen müssen. Dies ist im Embedded- und Realtime-Bereich verbreitet, auch wenn diese Sonderbehandlung dort in den vergangenen Jahren abgenommen hat. Und manchmal ist man sich ja durchaus *sicher*, dass hier keine Exception geworfen werden kann, zum Beispiel weil man seine eigene Speicherverwaltung geschrieben hat oder genau weiß, dass die Speicheranforderung nicht fehl schlägt.

Zu diesem Zweck können Sie mit einer besonderen Form des `new` das `nullptr`-Verhalten erzwingen:

```
string *ps = new(nothrow) string{};
if(ps == nullptr) {
    cerr << "Die Speicheranforderung ging schief" << endl;
    return SOME_ERROR;
}
```

Listing 1.7 Nothrow-new wirft kein »bad_alloc«, sondern liefert möglicherweise »nullptr« zurück.

Ein new, das auf diese Weise aufgerufen wurde, wirft niemals eine Exception (der aufgerufene Konstruktor eventuell schon). Stattdessen liefert es im Fehlerfall einen nullptr zurück — die in C++11 neue und typsichere Variante von NULL.

Mantra	[+]
Präferiere RAII beim Design deiner Objekte; schreibe Programmstücke, die RAII nutzen.	

Verweise

[1] **man mktime**, *http://www.cplusplus.com/reference/clibrary/ctime/mktime/*

[2] **man malloc**, *http://www.cplusplus.com/reference/clibrary/cstdlib/malloc/*

[3] **Sqlite**, *http://www.sqlite.org/*

[4] **The Annotated C++ Reference Manual**, Margaret A. Ellis, Bjarne Stroustrup, Addison-Wesley 1990

[5] **Sixteen Ways to Stack a Cat**, Bjarne Stroustrup,
http://www2.research.att.com/~bs/stack_cat.pdf

2   Sicherheit durch Typen

[intro.typesafe] Die meisten C-Programme sind auch C++-Programme, und ein C-Programmierer kann schnell beginnen, C++-Code zu produzieren. Einer der Unterschiede, von denen er sehr zügig Nutzen ziehen sollte, ist der, dass C++ mehr *Typsicherheit* (*Type Safety*) erlaubt.

Hintergrund und Beispielcode

Durch *typsicheres Programmieren* kann der Compiler in C++ viele Fehlerquellen für Sie aufdecken.

In C ist es recht üblich, typunsichere Operationen einzusetzen und sie so zu akzeptieren. Man findet in alltäglichem C-Code allerlei typunsichere Konstrukte [3]:

▶ `printf("%d", 12)` funktioniert, aber wenn man aus Versehen `printf("%s", 12)` schreibt, ist ein Absturz wahrscheinlich.[1]

▶ Üblicherweise wird in C Speicher mit `malloc` angefordert, das einen `void*` zurückliefert. Der muss in C++[2] dann erst einmal gecastet werden. Weil `malloc` auch die Größe des anzufordernden Speicherbereichs wissen muss, ist Codeduplikation die Folge, zum Beispiel `(struct foo *) malloc(sizeof(struct foo))`.

Wenn Sie C++ richtig einsetzen, ist es typsicherer als C. Als Erstes und Oberstes bedeutet das den Verzicht auf `void*` und das Umwandeln (*Casten*) von einem Pointertyp in den anderen.

Einige Kernelemente aus C++, die einen bei der typsicheren Programmierung unterstützen, sind folgende:

▶ Der `new`-Operator liefert einen Pointer mit dem gewünschten Typ zurück, gegenüber einem `void*` von `malloc`.

▶ Der meiste Code, der in C mit `void*` implementiert werden muss, kann in C++ durch die Verwendung von Templates typsicher gemacht werden, aber dennoch seine Variabilität behalten.

▶ `#define`-Konstanten haben keinen Typ und können in C++ so gut wie immer durch typisierte `const` (und `constexpr`) ersetzt werden.

---

1 Wegen der Häufigkeit dieses Problems prüfen manche Compiler speziell bei der Funktion `printf` und Verwandten selbst, ob die Argumente zum Formatstring passen.
2 In C werden Casts von `void*` automatisch durchgeführt.

▶ #define-Makroprozeduren können in C++ ebenso häufig durch inline- (und constexpr-)Funktionen ersetzt werden. Templates und Überladen erlauben sogar mehr Flexibilität.

▶ Während C nur eine Art des Type-Casts hat, bietet C++ mehrere Optionen, um den Zweck der Typumwandlung genauer anzugeben oder weiter gehende Möglichkeiten anzubieten.

Und noch viel weiter

Den Mechanismus der Typsicherheit kann man sehr weit treiben und auch für Dinge nutzen, auf die man vielleicht nicht direkt käme. Scott Meyers liefert mit der »Dimensionsanalyse« ein beeindruckendes Beispiel, wie eine wissenschaftliche Anwendung durch typsichere Programmierung häufige Fehler vermeiden kann [4]. In einer Anekdote sagt er, der Verlust eines Satelliten hätte vermieden werden können, wenn man *statische Dimensionsanalyse* verwendet hätte [5].

Dabei wird überprüft, ob eine Berechnung wie

```
entfernung / (zeit * zeit) - beschleunigung
```

überhaupt korrekt ist oder ob der Programmierer vielleicht mit

```
entfernung / zeit - beschleunigung
```

einen Flüchtigkeitsfehler gemacht hat. Das ist möglich, weil Größen dieser Art auf den Standardeinheiten für *Masse (g)*, *Entfernung (m)* und *Zeit (s)* basieren und sich nur bestimmte *Potenzen* von ihnen kombinieren lassen. So haben viele von uns in der Schule schon gelernt, dass man ein Ergebnis grob überprüfen kann, indem man die Berechnung auf den Einheiten statt den Zahlen durchführt. Und genau dies können Sie dem Compiler überlassen.

Scott Meyers beschreibt eine Template-Klasse Units<M,D,T>, von der sich alle diese Standardgrößen ableiten. Er nutzt das C++-Typsystem, um nur die Berechnungen zuzulassen, die auch ein korrektes Ergebnis liefern können.[3] Zum Beispiel:

```
// Sei Units<> gegeben, mit geeigneten operators + - * /
typedef Units<1, 0, 0> Mass;
typedef Units<0, 1, 0> Distance;
typedef Units<0, 0, 1> Time;
typedef Units<0, 1,-2> Acceleration;
// einige nützliche Definitionen:
const Mass kilogram {1};
const Distance meter {1};
const Time second {1};
```

---

3 Scott Meyers war weder der erste, noch der einzige, der dies beschrieben hat, doch wir verwenden hier der Anschaulichkeit halber sein vereinfachtes Beispiel.

```
const Time minute {60 * second};
// Erlaubt Berechnungen:
Time t = 3.5 * second;
Distance d = 16 * meter;
Acceleration a = 9.81 * meter / (second * second);
```

Listing 2.1 Typsicherheit durch Dimensionsanalyse

Dazu müssen natürlich die nötigen `operator` für `Unit` korrekt definiert sein, aber das geht letzten Endes systematisch, wenn auch nicht trivial.

Und so wird dann ein Ausdruck wie `d/(t*t)-a` vom Compiler abgenickt, während `d/t-a` mit einer Fehlermeldung quittiert wird! Und das schon zur Übersetzungszeit, ohne negative Auswirkungen auf die Laufzeit wohlgemerkt. In der letzten Zeile hätte der Compiler zum Beispiel die folgenden Fehler bemängelt:

▶ `Acceleration a = 9.81 * (meter * meter) / second);` quadriert `meter` statt `second`

▶ `Acceleration a = 9.81 * second / (meter * meter);` `second` und `meter` vertauscht.

▶ `Time t = 9.81 * meter / (second * second);` falsche Zieleinheit

Und wollen Sie das gesamte SI-System [8] unterstützen, reichen sieben gleichförmige Template-Parameter aus. Es gibt mehrere Bibliotheken, die dies umgesetzt haben. Eine davon ist *Units* aus Boost [7]. Und in C++11 ist mit `<ratio>` und `<chrono>` die Grundidee in einer Dimension umgesetzt worden, siehe Kapitel 57, »Rechnen mit Zeiteinheiten«.

Const-Korrektheit

Ein verwandter und auf Dauer sehr hilfreicher Aspekt ist, sich die korrekte Verwendung von `const` anzugewöhnen. Von C (oder Java) kommend, heißt das wahrscheinlich, mehr davon zu verwenden. In der C++-Welt angekommen, kann der Compiler mit `const` an den richtigen Stellen schon so manchen *logischen Fehler* im Programmcode aufdecken — wo etwas verändert wurde, was nicht zur Veränderung gedacht war [10].

Der zweite Aspekt ist die Dokumentation. Ein `const` sagt dem nachfolgenden Programmierer[4], zu was dieser Wert gedacht ist. Dient die Variable der Berechnung oder nur der Zwischenspeicherung? Ist sie ein Eingabeparameter oder ein Ausgabeparameter?

---

4 allzu häufig man selbst

In C++ können Sie const an den verschiedensten Stellen einsetzen. Ob als Parameter übergeben, als lokale Variable oder als Datenfeld einer Klasse, hier eine (nicht erschöpfende) Erklärung, was durch ein const als »nicht veränderbar« deklariert wird:

▶ `int const val` — der Wert `val`

▶ `Klasse const &obj` — die Instanz `obj`

▶ `int const * p_int` — der int-Wert, auf den der Pointer zeigt

▶ `int * const p_int` — der Pointer `p_int` selbst, der int-Wert ist veränderbar

▶ `char const * const cstr` — Inhalt und Pointer

Als Eselsbrücke könnte man sagen, dass das const immer die Entität als unveränderbar markiert, *hinter* der es steht. Bei der viel verbreiteteren Notation, bei der das const zuallererst genannt wird, müssen Sie das führende const in Gedanken »um eins nach rechts rücken«. Die folgenden Schreibweisen sind äquivalent:

▶ `const int val` ⇔ `int const val`

▶ `const Klasse &obj` ⇔ `Klasse const &obj`

▶ `const int * p_int` ⇔ `int const * p_int`

▶ `const char * const cstr` ⇔ `char const * const cstr`

Konstante Instanzen und Iteratoren für Konstantes

Hinzu kommen noch andere Stellen, an denen die Unveränderbarkeit eines Wertes angezeigt werden kann:

▶ `void Klasse::func() const` — Die Instanz `*this` wird durch den Aufruf von `func()` nicht verändert.

▶ `Container::const_iterator` — Ein Verweis in einen Container der Standardbibliothek, der die Elemente darin nicht verändert.

Dabei ist ein `Container::const_iterator` so ähnlich zu betrachten wie ein `int const*`: Der *Wert* kann nicht verändert werden, der *Verweis* schon. Somit ist es etwas Unterschiedliches zu einem const `Container::iterator`, was mit einem `int *const` vergleichbar ist: Der Iterator selbst bleibt fest.

```
struct MyClass {
  bool isFound(const map<int,string> &dict,// unveränderbarer Eingabeparam.
               const int &key,             // ebenso
               string &result              // Ausgabeparameter: kein const
               ) const                     // Instanz von MyClass const
  {
```

```
const map<int,string>::const_iterator where // weder Verweis, noch Wert
  = dict.find(key);
if(where == end(dict)) {
  return false;
} else {
  result = where->second;
  return true;
  }
  }
};
```

Listing 2.2 »const« mit Containern

find liefert einen iterator zurück. Der kann aber implizit in einen const_
iterator umgewandelt werden. Andersherum würde das nicht implizit gehen.

Wenn Sie Ihr Programm von Anfang an mit so vielen const wie möglich [10]
— oder nötig [11] — ausrüsten, dann kann der Compiler schon während der
Entwicklung viele Tippfehler, logische Fehler und manchmal sogar Designfehler
aufdecken.

Das Interface von Klassen und Funktionen ist mit const aber ohne eine explizite
Dokumentation schon rudimentär beschrieben. Im Programmcode dankt es der
spätere Leser, weil const beim Verstehen hilft, was zur Veränderung gedacht war
und was nicht.

Ein Projekt von Anfang an *Const-korrekt* zu machen ist bei Weitem weniger aufwändig, als dies im Nachhinein zur Fehlersuche tun zu müssen.

Typsicherheit zur Laufzeit

Es gibt auch Programmiersprachen, die unterstützen die Typprüfung zur Laufzeit
— vielleicht zusätzlich zur strikten Typprüfung zur Übersetzungszeit. Solche Systeme haben andere Vorteile, eventuell verhindern sie eine Kompromittierung des
Systems durch böswillige Angreifer etc.

```
void evil(Pencil const *pencil, Battleship *battleship) {
  // BÖSER CODE: Unsicher, schrecklich und
  // geht sehr wahrscheinlich auch sofort schief.
  // Einfach falsch:
  memcpy(battleship, pencil, sizeof(*battleship));
}
```

Listing 2.3 Laufzeittypprüfung, die C++ nicht unterstützt

Sollte die Transformation eines `Battleship` in ein `Pencil` gelingen, wird ein C++-Programm mit dem Ergebnis weiterarbeiten, so gut es kann. Programmiersprachen wie *Java* machen es einem hier schwerer, und in *Lisp* kann man einen solchen Unsinn nicht einmal hinschreiben [1].

In die gleiche Kategorie wie das obige `memcpy` fällt der `reinterpret_cast<>`, den Sie »extrem sparsam« (bis zur Abstinenz) einsetzen sollten. Eine gewisse Form von Laufzeit-Typsicherheit könnten Sie in C++ mit `dynamic_cast<>` finden. Doch weil man die in C++ zum Beispiel mit den gezeigten Mechanismen umgehen kann, bleibt das Argument der Verfechter der Laufzeit-Typsicherheit, dass C++ nicht wirklich typsicher wäre. Der Grund, warum C++ dies zulässig ist, dass C++ als *Multi-Paradigmen-Sprache* es erlaubt, »mehr als einen Programmierstil zu verwenden, jeweils nach seinem besten Nutzen«[5][4].

Die *Laufzeit-Typsicherheit* mag ihre Vorteile haben, wir wollen diese aber nicht betrachten. Wir propagieren in diesem Buch deshalb (logischerweise) die Vorteile der *Übersetzungszeit-Typsicherheit* von C++ und meinen diese, wenn wir von *typsicher* reden.

Mantra	[+]
Programmiere typsicher. C++ hat ein mächtiges Typsystem zur Fehlervermeidung. Nutze die Fähigkeiten von C++ auf Typen zur Übersetzungszeit zu operieren und mit ihnen zu rechnen.	

Verweise

[1] **The Truth about Type Safety in Programming Languages**, Gene Michael Stover, 2008-04-20, *http://cybertiggyr.com/tat/* [2011-07-17]

[2] **What is 'multiparadigm programming'?**, Bjarne Stroustrup, *http://www2.research.att.com/~bs/bs_faq.html#multiparadigm* [2011-07-17]

[3] **Type Safety**, Wikipedia, *https://secure.wikimedia.org/wikipedia/en/wiki/Type_safety* [2011-07-17]

[4] **Dimensional Analysis in C++**, Scott Meyers, 2002-10-11, *http://www.aristeia.com/presentations.html* [2012-01-15]

[5] **The Case for C++ in Embedded Systems**, Scott Meyers, MISRA Day 2010, *http://www.aristeia.com/presentations.html* [2012-01-15]

[6] **Applied Template Metaprogramming in SIunits**, Walter E. Brown, 2001

[7] **Units**, *http://www.boost.org/doc/libs/1_38_0/doc/html/boost_units/Units.html*

[8] **International System of Units**, Wikipedia, *http://en.wikipedia.org/wiki/International_System_of_Units* [2011-08-29]

---

5 »Programming using more than one programming style, each to its best effect.«

[9] **Const Correctness**,
http://www.cprogramming.com/tutorial/const_correctness.html

[10] **Item 3: Use const whenever possible**, Scott Meyers, Effective C++, 3rd Ed., Addison Wesley 2005

[11] **Item 43: Const-Correctness**, Herb Sutter, Exceptional C++, Addison Wesley 2000

[12] **The C++ 'const' Declaration: Why & How**, Andrew Hardwick, 2001,
http://duramecho.com/ComputerInformation/WhyHowCppConst.html [2011-09-20]

3 Erinnerung: Exception Safety

[intro.excsaf] »Guten« C++-Code zu schreiben, kann vieles bedeuten: Performant, sicher, portabel, schnell zu tippen, leicht zu lesen, gut zu warten usw. Es gibt viele Qualitätsmerkmale. Ein Weg, Code mit möglichst vielen dieser Merkmale zu produzieren, ist, sich über die *Exception Safety* Gedanken zu machen — also über das Verhalten im Falle von Ausnahmen.

Das heißt nicht, dass Sie immer und in jedem Fall oder nie eine Exception werfen oder behandeln müssen — sondern *dass Sie sich darüber Gedanken machen* und dann die Entscheidung, wie sich der eigene Code verhalten soll, in Ihr Design einfließen lassen, bewusst fällen und kommunizieren.

Hintergrund und Beispielcode

In die Betrachtung, wie sich der eigene Code in Anwesenheit von *Exceptions* verhält, fließen mehrere Aspekte ein:

▶ Verursacht der eigene Code selbst Exceptions?

▶ Verursacht verwendeter Code Exceptions, die man behandeln oder durchlassen muss?

▶ Wenn man *Templates* schreibt: Verursachen die Parametertypen Exceptions?

Der erste Punkt ist der leichteste — zumindest, wenn Sie Ihren eigenen Code noch lesen können. Ob dieser Exceptions verursacht, können Sie im Groben daran erkennen, ob Sie dort ein `throw` verwendet haben. Die verwendeten Objekte verraten in ihren Interfacebeschreibungen hoffentlich, ob und wann sie Exceptions werfen. So sagt `iostream::open()` zum Beispiel, dass es *keine* Exception wirft [5]. Eventuelle Fehler werden anders behandelt, bei `open` über die Fehlerflags wie `failbit`.

Wenn sie jedoch welche werfen können, steht die Entscheidung an, ob Sie sie überhaupt mit einem `try-catch` fangen möchten, oder ob Sie sie transparent durchlassen sollten.

Und wenn Sie sie fangen, müssen Sie entscheiden, was für Verwaltungsaufgaben Sie selbst erledigen müssen, damit das eigene Objekt in einem *korrekten Zustand* bleibt. Das erledigt, haben Sie die Optionen,

▶ die Exception zu »verschlucken«, also als komplett behandelt nicht nach außen weiterzugeben,

▶ nach der eigenen Behandlung die Exception mit einem `throw;` unverändert weiterzuwerfen,

▶ eine ganz neue Exception mit `throw NeueException...;` zu werfen

▶ oder die Exception mit der in C++11 neuen `nested_exception`-Klasse per `throw_with_nested` zu verpacken und weiterzuwerfen [9][8].

Jede davon kann in unterschiedlichen Situationen Sinn machen [6].

Exception-Safety-Kategorien

Die hauptsächliche Betrachtung dessen, wie sich das Stück Programmcode verhält, dient der Beantwortung der Frage: »Wie verhält sich die Funktion nach außen?« Dies ist besonders von Interesse, wenn das Programmstück *generisch* ist, also mit unterschiedlichen Objekten arbeiten kann — sei es über *polymorphe Vererbung* oder Templates.

Dabei kann es helfen, ein Stück C++-Code in eine der folgenden Stufen der Exception Safety einzuordnen. Kennen Sie diese, genügt oft ein kurzer Kommentar in der Interfacebeschreibung, um das Mindeste des Verhaltens des Codes zu dokumentieren [3]:

▶ **No-throw-Garantie**
Es wird garantiert, dass der Code keine Exception wirft. Das neue Schlüsselwort `noexcept` ist dafür gedacht, dem Compiler diese Garantie mitzuteilen [12]. Die alte Notation `throw()` dient *nicht* dazu. Siehe dazu den Abschnitt weiter unten und das Kapitel 35, »Keine Exceptions bei noexcept«.

▶ **Starke Garantie**
Wenn die Operation nicht erfolgreich ausgeführt werden konnte, ist der Status des Objekts nach der Exception *unverändert*.

▶ **Einfache Garantie**
Das Status des Objekts bleibt in jedem Fall *gültig*, und keine Ressourcen gehen unwiederbringlich verloren. Der Zustand des Objekts kann sich aber verändert haben.

▶ **Exception Unsafe**
Alles, was nicht in eine der vorgenannten Kategorien gehört, fällt hierunter.

Ein Stück Code der zuletzt genannten Art zu schreiben sollte immer eine bewusste Entscheidung sein. Das kann aus Performancegründen geschehen oder auch weil es zum Design passt. Sie sollten das dann sauber dokumentieren und für den

Tag übrig lassen, an dem es wichtig wird. Wenn Sie *Exception Safe* als optimalen Zustand auffassen, heißt das nicht, dass Sie den von Anfang an erreichen müssen — andere Qualitäten sind möglicherweise wichtiger, und deshalb gilt auch hier, »nicht zu früh optimieren«[1][4].

In manchen Quellen wird die Starke Garantie auch *No-change-Garantie* genannt. Auch wird manchmal unterhalb der Einfachen Garantie noch die *Minimale* oder *No-leak-Garantie* eingeschoben: Der Objektzustand ist eventuell zerstört, jedoch gehen keine Ressourcen verloren [13].

Exception Neutral

Meistens wird außerdem erwartet, dass eine vom Typ-Parameter eines Templates geworfene Exception beim Aufrufer unverändert ankommt. Dies bezeichnet man als *Exception Neutral*.

Wenn zum Beispiel eine `sort`-Funktion einen Vergleichsoperator als Parameter hat, dann sollte eine Exception, die dort geworfen wird, auch beim Aufrufer von `sort` unverändert ankommen. Welche der Exception-Safety-Kategorien der `sort`-Implementierung entspricht, ist ein getrenntes Thema: *Exception Unsafe* wäre sie, wenn die Exception in der Vergleichsoperation die zu sortierende Datenstruktur kaputt hinterlässt, zum Beispiel mit Duplikaten. Denkbar wäre die Einhaltung der Einfachen Garantie, wenn zum Beispiel schon Elemente umsortiert sind, aber kein Objekt verloren ging. Die Starke Garantie könnte ebenso eingehalten werden, wenn die Eingabestruktur nach der hypothetischen Exception noch unverändert vorliegt.

```
template<typename E, typename LT>
void strongSort(vector<E*> &data, LT lt) {  // arbeitet auf Pointern
    vector<E*> temp { data };               // Kopie anlegen
    sort(temp.begin(), temp.end(), lt);     // 'lt' könnte werfen
    std::swap(temp, data);                  // sicher, wirft nicht
}
int main() {
    vector<int*> data {new int(3), new int(7), new int(2), new int(5)};
```

---

1 Donald E. Knuth sagte schon 1974: »Wir sollten die kleinen Effizienzen in etwa, sagen wir 97 % aller Fälle vergessen: Vorzeitige Optimierung ist die Wurzel allen Übels«. Da hat er im Kern recht — heutzutage wird daraus wohl ein 80-20-Regel-Buzzword. Doch schreibt er dies in einem Paper mit dem Titel »Structured Programming with Go-to statements«, weswegen mir bei dem Zitat auch immer ein kalter Schauer den Rücken herunterläuft. Doch Ehre dem Pionier, auch er plädierte dafür, Go-To aus der Verwendung von High-Level-Programmiersprachen zu verdammen.

```
    strongSort( data, [](int *a, int *b){ return *a<*b;} );
    for(auto e : data) cout << *e << " ";
}
```

Listing 3.1 Kopie und Swap für ein »sort« mit Starker Garantie und Neutralität

Unter der Annahme, dass LT die E*-Elemente vergleicht (doch nicht verändert), aber eine Exception werfen könnte, verhält sich strongSort Exception Neutral und liefert die Starke Garantie der Exception Safety. Denn die temp-Kopie könnte bad_alloc werfen, aber das verändert data nicht. swap kann als sicher angesehen werden [10][11]. Wenn nun also sort bei der Verwendung von LT eine Exception auslöst, ist data noch unverändert, und die Ausnahme wird transparent nach außen weitergereicht.

Das hier gezeigte *Paradigma* »Kopie und Swap« findet man häufiger, wenn die Starke Garantie gegeben werden soll.

noexcept und throw()

Das neue Schlüsselwort noexcept wurde eingeführt, damit der Compiler die Möglichkeit hat, einige nötige Verwaltungsaufgaben in Anwesenheit von Exceptions, die sich zur Laufzeit des Programms auswirken, herauszuoptimieren [12]. Mehr dazu in Kapitel 35, »Keine Exceptions bei noexcept«.

Das heißt, Funktionen, die mit noexcept markiert sind, geben effektiv die No-throw-Garantie. Diese Angabe wird im Standard *Ausnahmespezifikation* (*Exception Specification*) genannt [7].

Die gilt jedoch nicht für das nun als veraltet angesehene throw(...) und somit auch throw(). Dies nennt man *Dynamische Exception Specification* (*Dynamic Exception Specification*): Sie dient dazu, zur Laufzeit zu unterscheiden, wenn eine bestimmte Exception geworfen wurde, ob diese als »erwartet« oder »unerwartet« angesehen werden kann — und damit, welche Handlerfunktion dann zuständig ist. Seit der Einführung dieser Variante hat die Praxis gezeigt, dass eine Optimierung zur Übersetzungszeit hiermit nicht möglich ist [2].

[+]

> **Mantra**
>
> Mache dir bewusst, wie sich dein Code zu Exceptions verhält, und dokumentiere dies. Berücksichtige Exception Safety schon während der Designphase.

Verweise

[1] **Exception Safety Issues and Techniques**, Herb Sutter, Exceptional C++, Addision Wesley 1999, S. 38

[2] **Exception Handling: A False Sense of Security**, Tom Cargill, zuerst erschienen in C++ Report 1994/11-12/Vol.5/Num.9,
     http://ptgmedia.pearsoncmg.com/images/020163371x/supplements/Exception_Handling_Article.html
     [2011-05-21]

[3] **Exception-Safety in Generic Components; Lessons Learned from Specifying Exception-Safety for the C++ Standard Library**, Dave Abrahams,
     http://www.boost.org/community/exception_safety.html [2011-05-21]

[4] **Structured Programming With Go To Statements**, Donald E. Knuth, 1974,
     http://pplab.snu.ac.kr/courses/adv_pl05/papers/p261-knuth.pdf

[5] **27.9.1.9 Class template basic_ifstream [ifstream]**, C++11

[6] **15.1 Throwing an exception [except.throw]**, C++11

[7] **15.4 Exception specifications [except.spec]**, C++11

[8] **18.8.6 nested_exception [except.nested]**, C++11

[9] **Exceptions Inside Exceptions In C**, Stackoverflow,
     http://stackoverflow.com/questions/6577513 [2011-08-07]

[10] **20.2.2 swap [utility.swap]**, C++11

[11] **Conservative use of noexcept in the Library**, Meredith, Lakos, N3279,
     http://www.open-std.org/jtc1/sc22/wg21/docs/papers/2011/n3279.pdf

[12] **noexcept Prevents Library Validation**, Meredith, Lakos, N3248,
     http://www.open-std.org/jtc1/sc22/wg21/docs/papers/2011/n3248.pdf

[13] **Exception Handling**,
     https://secure.wikimedia.org/wikibooks/en/wiki/C++_Programming/Exception_Handling [2011-08-07]

4　C++-Standardbibliothek als Lösung

[intro.stl] Die *Standardbibliothek* ist Teil von C++. Sie wird exzellent gepflegt und enthält eine immense Zahl cleverer Datenstrukturen und Algorithmen, die man vielfältig verwenden und kombinieren kann.

```
void sort_uniq(vector<int> &data) {
  sort(begin(data), end(data));
  auto newend = unique(begin(data), end(data));
  data.erase(newend, end(data));
}
```

Listing 4.1 Zusammenstecken von Funktionen

Hier werden die drei Funktionen `sort`, `unique` und `erase` kombiniert, um das von Unix bekannte `sort | uniq` nachzubilden: Das sortierte Ergebnis enthält jedes Element nur noch einmal. Auf `vector<int> vec { 1,2,0,4,4,8,4,1,6,7,2 }` angewendet lautet das Ergebnis zum Beispiel 0 1 2 4 6 7 8.

Eine Verallgemeinerung von `vector<int>` auf einen beliebigen Standardcontainer ist leicht, denn die Funktionen sehen immer identisch aus.

Hintergrund und Beispielcode

Die Standardbibliothek enthält schon lange Lösungen für viele immer wieder auftretende Probleme des Programmierens. Die Datenstrukturen und Algorithmen sind sehr generell und lassen sich — richtig eingesetzt — sehr frei zu speziellen Lösungen kombinieren.

Die Vorteile sind vielfältig. Die Standardbibliothek ist eine der am meisten durchdachten Bibliotheken der Programmierwelt — wenn nicht gar *die* am meisten durchdachte Bibliothek: Jahrzehntelang haben sich hunderte von Experten aus aller Welt und von allerlei Vereinigungen und Firmen über alles Mögliche darin Gedanken gemacht, über Konzepte *und* Details. Die Umsetzung haben dann wieder andere Experten übernommen — und tun es immer noch —, und die Erfahrungen der Benutzer werden zur Verbesserung in den meisten Implementierungen stetig eingearbeitet. Wieso sollte man einen solchen Schatz an Erfahrungen ignorieren? Zwei Gründe könnten dem Zögernden einfallen:

▶ Die Standardbibliothek ist groß. Der Umfang der Bibliothek hat seit C++03 enorm zugenommen. Wie in jedem API dauert es eine Zeit, die Werkzeuge im Kasten auch nur vom Namen her zu kennen. Dieser Umfang kommt aber natürlich auch mit viel Funktionalität.

▶ Überall kommen Templates vor, und die zu verstehen ist schwer. Aber der erste Schritt zu ihrem *Verständnis* führt über die *Verwendung* — bis man sich in die Tiefen der Metaprogrammierungsecken der Bibliothek begibt, darf ruhig etwas Zeit vergehen. Und irgendwann schreibt man sein erstes Template selbst und möchte bald die spitzen Klammern nicht mehr missen.

Allgemeingültig

Mit wenig Mühe könnte man das einleitende Beispiel allgemeingültig implementieren. Mit dem folgenden Template funktioniert `sort_uniq` für alle Standardcontainer mit allen Elementtypen:

```
template<typename CNT, typename IT>
void erase_to_end(CNT &cnt, IT from) {
  cnt.erase(from, end(cnt));
}
template<typename CTN>
void sort_uniq(CTN &data) {
  sort(begin(data), end(data));
  auto newend = unique(begin(data), end(data));
  erase_to_end(data, newend);
}
```

Listing 4.2 Verallgemeinerung per Template

Der Methodenaufruf `erase` wurde in die freie Funktion `erase_to_end` ausgelagert. Alle anderen Funktionen wie `sort()`, `unique()`, `begin()` und `end()` funktionieren mit kompatiblen Containern oder können mit Adaptern angepasst werden, siehe Kapitel 11, »Das neue Range-For«. Für ausgefallene Container können Sie `erase_to_end`-Spezialisierungen hinzufügen, damit `sort_uniq` auch mit ihnen funktioniert.

Ein Wort zu erase

Wir haben dieses Beispiel für `sort | uniq` bewusst gewählt, weil es für Benutzer manchmal überraschend ist, warum man in der Standardbibliothek nach `sort()` und `unique()` noch ein `erase()` nachschieben muss. Im Unterschied zum Unix-Kommando `uniq` *löscht* die Funktion `unique()` die Elemente noch nicht, sondern verschiebt sie nur ans Ende des Containers — der Rückgabewert ist ein Iterator auf das erste Element in diesen »ungültigen« Bereich. Alle dort gelandeten Elemente (von `newend` bis `end`) können Sie dann durch einen containerspezifischen Aufruf tatsächlich entfernen. Bei `vector` ist dies die Memberfunktion `erase()`.

Bausteine zusammenstecken

Um das Prinzip des Zusammensteckens einfacher Bausteine weiter zu veranschaulichen, möchten wir ein Codefragment aus der »wirklichen Welt« präsentieren. Es stammt aus einer Funktion, die aus einem Container allerlei statistische Daten errechnet, unter anderem die Standardabweichung. Um die zu berechnen, gibt es in der Standardbibliothek keine fertige Funktion. Aber Funktionen, aus <algorithm> kombiniert, lösen das Problem — und das Ergebnis ist allgemeingültiger Code, der beinahe unabhängig von Container- und Elementtyp arbeitet:

```cpp
#include <algorithm>
#include <iomanip>   // setw, fixed, setprecision
template<typename CONTAINER, typename STAT_TYPE>
void stats(ostream &os, CONTAINER& values, const STAT_TYPE) {
    // helpers, abbrevs
    typedef STAT_TYPE stat_t;     // may be float, may be int
    typedef const STAT_TYPE cstat_t;
    const auto begin = values.begin();
    const auto end =   values.end();
    // count
    const size_t n = values.size();
    cstat_t amin = n==0 ? 0 : *min_element(begin, end);
    cstat_t amax = n==0 ? 0 : *max_element(begin, end);
    // sum
    cstat_t sum = accumulate(begin, end, 0);
    // mean
    cstat_t mean = n ? sum / n : 0; // Achtung, Rundung!
    // median -- put n/2'th element in the middle, if size() is odd
    nth_element(begin, begin + n/2, end);
    stat_t median = n ? *(begin + n/2) : 0;
    // std deviation -- NOTE: overwrites original values! do it last.
    // - substract mean from each value
    transform(begin, end, begin, bind2nd(minus<stat_t>(),mean) );
    // - fold
    cstat_t sumsqdev = inner_product(begin, end, begin, 0);  // sum(x*x)
    const double stddev = n ? sqrt(sumsqdev / n) : 0.0;
    // output
    os << "  count:" << setw(8) << n
       << "   mean:" << setw(8) << mean
       << " median:" << setw(8) << median
       << " stddev:" << setw(12)<< fixed << setprecision(3) << stddev
       << "    min:" << setw(8) << amin
       << "    max:" << setw(8) << amax
       << std::endl;
}
```

```
int main() {
  vector<long> data { 1,2,3,1,2,4,10,5,2,9 };
  stats(cout, data, 0L);
} // Ausgabe: count:10 mean:3 median:3 stddev:3.162 min:1 max:10
```

Listing 4.3 Arithmetische Statistiken mit Mitteln der Standardbibliothek

Die *Standardabweichung* wird also in mehreren Schritten berechnet:

▶ Die Anzahl der Elemente n wird mit size() ermittelt.

▶ Mittelwert und Summe werden mit accumulate berechnet.

▶ Mit transform und dem minus-Funktor wird von jedem Element der Mittelwert abgezogen. In dieser Implementierung wird dabei der Container überschrieben.

▶ inner_product berechnet die Summe der Quadrate der Elemente.

▶ Aus dem Ergebnis wird mit sqrt die Wurzel gezogen.

Und weil hier durchweg generische Standardcontainer und -algorithmen verwendet werden, würde der Code auch einen Umzug auf eine andere Plattform überstehen. Seine Performance wird für große Datenmengen nicht degradieren, weil auf die Garantien der eingesetzten Komponenten vertraut werden kann: Der Algorithmus arbeitet in O(n) Zeit, was sich nur durch geschickte Parallelisierung reduzieren ließe.[1]

Beispiel: equal

Haben Sie den Schritt gewagt, den einen oder anderen Datentyp der Standardbibliothek zu benutzen, sollten Sie auch in gewissem Maße darauf vertrauen, dass die Implementierung »den besten Weg« wählt.

Zum Beispiel kommt es vor, dass man zwei Vektoren auf ihre exakte Gleichheit hin testen möchte. Dazu kann man operator== oder std::equal() verwenden. Hier zum Beispiel der (konstruierte) Fall, dass man in va die Elemente 0 bis 4 mit den Elementen 2 bis 6 von vb vergleichen möchte (jeweils einschließlich) — wie bei Iteratoren üblich, ist das »bis« jeweils um eins *hinter* das letzte Element zu setzen:

---

1 Der Median ist nicht ganz korrekt berechnet: Für eine gerade Anzahl an Elementen sollte der Durchschnitt der beiden mittleren Elemente berechnet werden. Das haben wir uns der Einfachheit halber hier gespart.

```
int main() {
  vector<unsigned char> va{'a','b','d','e','f','g','h','i'};
  vector<unsigned char> vb         {'d','e','f','g','h','i','j','k'};
  return equal(va.begin(), va.begin()+5, vb.begin()+2)
    ? EXIT_SUCCESS : EXIT_FAILURE ;
}
```

Listing 4.4 Wenn man »equal« mit »char« verwendet, gibt es schnellere Implementierungen, als die einzelnen Elemente in einer Schleife zu vergleichen. Man sollte der Standardbibliothek vertrauen, dass sie diese einsetzt.

Möchten Sie die Elemente selbst vergleichen, können Sie am einfachsten eine for-Schleife programmieren. Es wird wohl in etwa das Gleiche herauskommen, was die Standardbibliothek wahrscheinlich für den allgemeinsten Fall einsetzen würde:

```
template<class IT1, class IT2>
bool equal(IT1 it1, IT1 last1, IT2 it2) {
  for(; it1 != last1; ++it1, ++it2) {
    if(!(*it1 == *it2)) return false;
  }
  return true;
}
```

Listing 4.5 In etwa die Default-Implementierung von »equal«

Mit dem genauen Wissen, wie ein vector<unsigned char> aufgebaut ist, können Sie das aber besser und schneller. Microsoft verwendet in VC11[2] zum Beispiel eine Spezialisierung, die auf ein memcmp hinausläuft[3] — und das ist wahrscheinlich optimal schnell [1][2].

```
template<class IT1, class IT2>
bool equal(IT1 it1, IT1 last1, IT2 it2) {
  return memcmp(it1, it2, last1-it1) == 0;
}
```

Listing 4.6 Dies könnte die optimale Lösung für »unsigned char« sein.

Der Vorteil, sich im Normalfall darauf zu verlassen, dass die Standardimplementierung schon das Richtige tut, ist der, dass man sich als Programmierer des

---

2 VC11 ist der Arbeitstitel des bei »Microsoft Visual Studio 11 Developer Preview« mitgelieferten Compilers — die 11 bezieht sich aber nicht auf C++11 oder das Jahr 2011.

3 Wer das eine tolle Anregung findet, um seinen Array-of-double schneller zu vergleichen, sollte das lieber lassen. double hat +0 und -0, die mit == verglichen true ergeben. Mit memcmp sind sie aber verschieden. Ein weiterer Grund, sich lieber auf die Standardbibliothek zu verlassen ...

Clientcodes über solche Details keine Gedanken machen muss und dennoch wahrscheinlich guten bis optimalen Code erhält. Sie können und sollten unabhängig von den Elementen im Vektor einfach immer den gleichen Code schreiben. Sie können davon profitieren, dass die Autoren der Standardimplementierung sehr viel Arbeit investiert haben, um eine gute Lösung zu finden.

Traits

Wenn man in erster Stufe wie selbstverständlich `std::string` verwendet, kommt man vielleicht irgendwann darauf, dass es sich dabei ja eigentlich nur um ein `std::basic_string<char>` handelt. Ja, und `std::wstring` ist eigentlich ein `std::basic_string<wchar_t>`. Angenommen man würde sich eine Bedeutung herleiten können, kann man dann nicht vielleicht auch ein `std::basic_string<double>` machen? Was ist dafür nötig?

Hier verwendet die Standardbibliothek eine »Indirektion« durch sogenannte *Traits*: Die kleinen Operationen, die auf einem Typ nötig sind, um Algorithmen und Datenstrukturen implementieren zu können, sind in einer Template-Klasse zusammengefasst. Statt die Operation den Typ selbst durchführen zu lassen, wird vom Trait verlangt, dass er sie anbietet. Oder wie es in [7] formuliert ist:

> *Ein Trait ist ein praktischer Weg, verwandte Typen, Werte und Funktionen durch einen Template-Parametertyp zu verbinden, ohne dass es nötig ist, dass diese ein Member des Typs sind.*[4]

Zum Beispiel ist für `basic_string<char>` der fragliche Typ `char`. Wenn zwei Stringelemente verglichen werden sollen, wird nicht einfach `c==d` verwendet, sondern stattdessen `char_traits<char>::eq(c,d)`. Dort ist es dann mit `==` implementiert. Durch diese Indirektion ermöglicht die Standardbibliothek dem Benutzer mächtige Erweiterungen und Anpassungen.

Alles, was für `std::basic_string<double>` nötig ist, um ihn wie jeden anderen String zu verwenden, ist, dass Sie das `template<> char_traits<double> {...}` spezialisiert mit Leben füllen. Zugegeben, zwei Handvoll von Funktionen, aber alle recht atomar und in diesem Fall einfach zu implementieren. Andere Traits der Standard-Templates enthalten weniger Elemente, manche mehr und manche Funktion ist vielleicht nicht ganz so einfach zu implementieren. Doch die prinzipielle Erweiterbarkeit ist gegeben.

Traits werden in der Standardbibliothek noch an vielen anderen Stellen verwendet. Aus C++03 sind schon bekannt [8]:

---

4 »A trait provides a convenient way to associate related types, values, & functions with template parameter type without requiring that they be defined as members of the type.«

▶ `char_traits`
Operationen auf Sequenzen von Zeichen, vor allem für Dateien und Strings

▶ `numeric_limits`
Eigenschaften für zahlenartige Datentypen

▶ `iterator_traits`
Operationen auf den unterschiedlichen Iterator-Arten

Durch das Redesign der Typen und der immensen Vergrößerung der Standardbibliothek hat sich die Familie an Traits in C++11 ordentlich vergrößert:

▶ `type_traits`
Unterscheidung von Referenzen, Konstanten, Pointern usw. — »eine komplette Taxonomie aller möglichen C++-Typen« [3]

▶ `regex_traits`
Abstrahieren zu Operationen für *Reguläre Ausdrücke*

▶ `duration_values`, `treat_as_floating_point`
Helfen in `<chrono>` bei der Behandlung von Zeitwerten.

▶ `allocator_traits`, `uses_allocator`
Konfigurierbarkeit von Speicheranforderungen

▶ `pointer_traits`
Werden an manchen Stellen verwendet, an denen sich Objekte wie Pointer verhalten.

▶ `is_error_code_enum`, `is_error_condition_enum`
Abstrahieren Fehlercodes aus `<system_error>`.

In der Tabelle 4.1 zwei klitzekleine Beispiele, bei denen der Code ohne viel mehr Aufwand flexibler, portabler und sicherer wird, weil Sie auf einen vorhandenen Trait zurückgreifen können.

Direkt	mit Traits
`strncpy(dest, src, n)`	`char_traits<char>::copy(dest, src, n)`
`INT_MAX` **oder gar** `2147483647`	`numeric_limits<int>::max()`

Tabelle 4.1 Direkt oder mit Traits

Manche Traits werden beim alltäglichen Programmieren jedoch wirklich selten vorkommen. Sie dienen häufig dem Dokumentieren des *konzeptionellen* Verhaltens von Interfaces, zum Beispiel `is_copy_assignable` [6]. Wenn Sie selbst Teile der Standardbibliothek implementieren oder ausgiebig erweitern möchten, werden Sie Traits dieser Sorte berücksichtigen müssen.

Während viele *Traits* vor allem in der Parametrisierung oder Erweiterbarkeit von bestehenden Typen verwendet werden, sind die Definitionen `<type_traits>` auch häufig zur Überprüfung von Bedingungen zur Übersetzungszeit mit `static_assert` nützlich, siehe Kapitel 14, »Sicherheit beim Kompilieren«. Wenn Sie einen Algorithmus schreiben, der zum Beispiel nur auf integralen Typen für T arbeiten soll, können Sie dies mit `static_assert(is_integral<T>,"...")` prüfen. Die Liste der prüfbaren Eigenschaften ist lang — für die komplette Liste ziehen Sie eine Referenz wie [10] zu Rate, in Tabelle 4.2 nur ein paar Beispiele.

Test	Bedeutung
`is_integral`	Integer, Zeichen oder `bool`
`is_floating_point`	`float` oder `(long-) double`
`is_reference`	`&` oder `&&`
`is_pod`	hauptsächlich C-kompatible Typen
`is_scalar`	Einzelwert, kein Array oder Klasse [6]
`is_copy_costructable`	Kann mit `T(const T&)` kopiert werden.

Tabelle 4.2 Beispiele von Tests aus »<type_traits>«

Dazu gesellen sich noch Helfer wie `make_unsigned<T>`, um einen Typ in einen anderen umzuwandeln. So definiert `typedef make_unsigned<int>` UInt den Typ UInt zu einem `unsigned int`.

Erwäge Boost

Sollte die Standardbibliothek eine Datenstruktur nicht bieten oder ein Algorithmus nicht implementiert sein, müssen Sie selbst Hand anlegen und programmieren. Sie könnten natürlich suchen, ob es nicht schon eine Bibliothek von einem Drittanbieter gibt ...

Strings und Texte	Mathematik und Numerik
Container	Korrektheit und Testen
Iteratoren	Datenstrukturen
Algorithmen	Bildverarbeitung
Funktionsobjekte	Ein- und Ausgabe
Generische Programmierung	Andere Programmiersprachen
Template-Metaprogrammierung	Speicher
Preprozessor-Metaprogrammierung	Parsen
Parallele Ausführung	Programmierschnittstellen

Tabelle 4.3 Gruppen der Bibliotheken in Boost

Und wenn Sie sich an die spitzen Klammern der Standardbibliothek schon gewöhnt haben, ist *Boost* eine wahre Schatzgrube [5]. Sie ist eine gut gewartete Sammlung von weit über 100 Bibliotheken aus allen Einsatzgebieten. Viele Experten beteiligen sich an der Autorenschaft, und sie ist kommerziell einsetzbar.

Auch wird sie als Spielwiese verwendet, um zukünftige Entwicklungen in C++ schon früh bereitzustellen. Zehn Implementierungen aus Boost für den *Technical Report 1 (TR1)* [9] haben es in den Standard von C++11 geschafft und auch für den kommenden *TR2* ist Boost eine exzellente Quelle. Die Autoren gruppieren die Bibliotheken in die Gruppen, die Sie in Tabelle 4.3 sehen [4].

Standard Template Library oder Standardbibliothek

Die zum C++-Standard gehörende *Bibliothek* ist eine Sammlung von Funktionen und Datenstrukturen und ist integraler Bestandteil einer konformen Implementierung.

Historisch gesehen, gab es zuerst die *Standard Template Library (STL)*. In ihr waren vor allem Container, Streams und Algorithmen enthalten. Durch die vielen Änderungen und Erweiterungen der aktuellen Standardbibliothek sind die Übergänge zu dem, was man nicht mehr »Standard-Template« nennen könnte, fließend. Auch sind manche Details etwas anders festgelegt als in der STL. Es ist deshalb nicht wirklich richtig, im Zusammenhang mit der C++-Standardbibliothek von der STL zu sprechen. Dennoch hat sich, historisch bedingt, die Bezeichnung *STL* als Synonym — für die ganze Bibliothek oder Teile davon — eingebürgert.

Vieles aus der Standardbibliothek — und auch aus der STL — können Sie verwenden, ohne wirklich Templates zu nutzen, zum Beispiel `string` für Zeichenketten oder auch `stream` für die Ein- und Ausgabe. Zwar handelt es sich hierbei tatsächlich um Templates, aber wenn Sie »nicht genau hinschauen«, merken Sie es fast gar nicht.

[+]

Mantra

Bevorzuge die Verwendung der Standardbibliothek vor eigenen Implementierungen. Schau nach, ob Boost oder andere gut gepflegte und verbreitete Bibliotheken bieten, was du brauchst.

Verweise

[1] **C9 Lectures: Advanced STL, 2 of n**, Stephan T. Lavavej, Microsoft Channel9 Going Deep, *http://channel9.msdn.com/Shows/Going+Deep/C9-Lectures-Stephan-T-Lavavej-Advanced-STL-2-of-n* [2011-08-16]

[2] **C++11 Features in Visual C++ 11**, Stephan T. Lavavej, Visual C++ Team Blog, *https://blogs.msdn.com/b/vcblog/archive/2011/09/12/10209291.aspx* [2011-11-28]

[3] **20.9 Metaprogramming and type traits [meta]**, C++11

[4] **Boost**, 1.47.0, *http://www.boost.org/* [2011-07-16]

[5] **Item 55: Familiarize yourself with Boost.**, Scott Meyers, Effective C++, 3rd Ed., Addison Wesley 2005

[6] **Adjustments to constructor and assignment traits**, Merrill, Krügler, Hinnant, Dos Reis, *http://www.open-std.org/jtc1/sc22/wg21/docs/papers/2010/n3142.html*

[7] **C++ Network Programming**, Dr. Douglas C. Schmidt, *www.cs.wustl.edu/~schmidt/tutorials-ace.html* [2011-08-15]

[8] **What kind of Traits are used/defined in the C++0x Standard**, Howard Hinnant, Stackoverflow, *http://stackoverflow.com/questions/6718654#6890229* [2011-08-15]

[9] **C++ Technical Report 1 (TR1): C++ Library Extensions**, ISO/IEC TR 19768

[10] **20.9.2 Header <type_traits> [meta.type.synop]**, C++11

[11] **Definitions of 'scalar type' and 'fundamental type'**, Bill Gibbons, N0774

TEIL II
Neue Sprachmechanismen

In einem zügigen Überflug werden hier die wichtigsten und praktischsten neuen Features von C++11 vorgestellt. Besonders diejenigen sind hier von Interesse, die überall und immer wieder auftauchen werden — und sich deshalb als besonders wertvoll erweisen können.

5   Vereinheitlichte Initialisierung

[init.intro] Der neue Standard vereinheitlicht die Benutzung der geschweiften Klammern bei der Initialisierung und erweitert sie zugleich. Diese *vereinheitlichte Initialisierung* kann und sollte den Programmierern in Zukunft am besten automatisch aus den Fingern fließen, da sie frei von Mehrdeutigkeiten ist und bei gleichem Aussehen auch immer das Gleiche bedeutet.

Wer das nicht möchte, ist nicht verloren. Es war den Sprachentwicklern auch wichtig, bestehende Konventionen nicht zu zerbrechen. Alle bisherigen Initialisierungskonstrukte bleiben gültig, ebenso alle anderen Bedeutungen von {...} (insbesondere bei der Initialisierung).

Die neue {...}-Syntax ist eng verwoben mit neuen *Initialisierungslisten*. Die sieht man in der neuen *Range-For*-Syntax und als Argumente für Funktionen — insbesondere Konstruktoren eingebauter und selbst definierter Klassen.

```
struct Base { };
struct Derived : public Base {
  int member_;
  Derived(int a1, int a2)
    : Derived{a1+a2}          // Konstruktordelegation
    { }
  Derived(int a)
    : Base{}                  // Konstruktoraufruf
    , member_{a}              // Memberinitialisierung
    { }
};
Derived obj1{1,2};            // Konstruktoraufruf
Derived obj2 = {1,2};         // das '=' ist optional
Derived* p2 = new Derived{1,2};
struct Data { int a,b,c; };
Data data = {7,8,9};          // Aggregat-Initialisierung
vector<int> vec = {1,2,3,4,5}; // Initialisierungslisten
for(auto i : {2,4,6,8})       // " in Range-For
  cout << i << endl;
```

Listing 5.1 Die neuen Verwendungen von geschweiften Klammern

Hintergrund und Beispielcode

In C und C++ gibt es eine Menge unterschiedlicher Syntaxnotationen, um das eine oder andere Sprachkonstrukt zu initialisieren. Manche haben je nach Objekt, das zu initialisieren ist, auch noch unterschiedliche Bedeutungen.

Bjarne Stroustrup zählte folgende Beispiele für seine Motivation auf, die Initialisierung zu vereinheitlichen [1]:

► Schon durch C mögliche Formen der Initialisierung:

  ► `X a = { v }`; Initialisierung von Structs, Arrays und *Non-Aggregates*

  ► `X a = v`; Initialisierung von Non-Aggregates

► Durch C++ hinzugekommen:

  ► `new X(v)`;

  ► `X a(v)`; für Klassen mit Konstruktoren und Non-Aggregates

  ► `X(v)` temporäre Werte wie in `i = X(v)+X(w)`;

  ► `X(v)` *Casts* im Funktionsstil, wie `int(x)` statt `(int)x`

  ► explizite und »ordinäre« Konstruktoren

  ► private Kopierkonstruktoren

► Konstruktorargumente in Form von *geklammerten Listen* sind inhomogen, können aber homogen aussehen:

  ► `pair<string,int>("Hello",10)`; inhomogen: Ein Paar mit den Werten `"Hello"` und 10

  ► `vector<int>(10,2)`; Erweckt einen homogenen Eindruck, doch 10 und 2 haben unterschiedliche Bedeutung.

► *Listen in geschweiften Klammern* können homogen und inhomogen vorkommen:

  ► `struct S { int x, char* p; } s = { 10, 0 };`

  ► `int a[] = { 10, 0 };`

Und im Kontext mit Templates kann manchmal die gleiche Notation je nach Template-Argument etwas Unterschiedliches bedeuten, und der Template-Autor kann das gewünschte Verhalten nicht steuern:

`a = X(v);`

Handelt es sich hierbei um einen Cast oder um einen Konstruktoraufruf? Das können Sie nur durch die genaue Kenntnis von `X` und `v` wissen, und das ist innerhalb eines Templates nicht immer gegeben.

Lösbar, aber dafür weltweit eine Quelle stundenlanger Fehlersuche ist die Verwechslungsgefahr einer Initialisierung ohne Parameter mit einer Funktionsdeklaration, wenn man aus Versehen ein `()` anfügt [7]:

```
struct Actor {
  explicit Actor(int arg) {}
  explicit Actor() {}
  void doit() {}
};
void f(Actor &a) {}
int main() {
  Actor act1(44);  // ok, init act1 mit einem Argument
  Actor act2;      // ok, init act2 ohne Argumente
  Actor act3();    // Nanu? deklariert eine Funktion act3
  f(Actor());      // ok, init einen temp ohne Argumente

  act1.doit();
  act2.doit();
  act3.doit();     // Fehler: act3 ist keine Klasseninstanz
}
```

Listing 5.2 Tatsächlich deklariert »act3« eine Funktion, keine Instanz.

Neue Klammern

Daher definiert die neue vereinheitlichte Initialisierung, dass jede Form der Initialisierung nun die { . . . }-Syntax akzeptiert und dass diese dann eine eindeutige Semantik hat:

```
X x1{1,2};
X x2 = {1,2}; // das '=' ist optional und meist nicht signifikant
X x3 = X{1,2};
X* p2 = new X{1,2};
struct D : X {
  D(int x, int y) : X{x,y} { /*...*/ };
};
struct S {
  int a[3];
  S(int x, int y, int z) : a{x,y,z} {} // Lösung eines alten Problems
};
```

Listing 5.3 Beispiele der Verwendung der vereinheitlichten Initialisierung

Durch die Verwendung der neuen Notation mit geschweiften Klammern sind alle Initialisierungen eines Objekts eindeutig machbar. Auch wenn die Initialisierungen unterschiedlich sind, die Werte von T{v}, x, y, a[0] und *p sind in jedem Kontext identisch, auch innerhalb von Templates:

▶ T{v}; — konstruiert immer einen Temporary vom Typ T und initialisiert es mit dem Wert v.

▶ T x{v}; — initialisiert eine Variable x des Typs T mit dem Wert v, eventuell über einen Konstruktor.

▶ T x = {v}; — das Gleiche, nur sind `explicit`-Konstruktoren hier verboten.

▶ T a[] = {v}; — initialisiert alle Elemente eines Arrays mit Wert v.

▶ p = new T{v}; — alloziert ein Objekt vom Typ T auf dem Heap und initialisiert es mit dem Wert v.

In der weiteren Praxis kann das dann so aussehen:

```
vector<int> vec1 = { 10, 3 }; // 2 Elemente: 10 und 3
vector<int> vec2 { 10, 3 };    // optionales '=' weggelassen
Complex i = { 8, 3 };
Complex j = { 2 };
int n = { 7 };                 // init eingebauter Typen wie eigene
struct X {
  vector<int> vec = {0};       // default Memberinitialisierung
  X(int a, int b, int c)
    : vec{a,b,c} {};           // Memberinitialisierung
  X() : X{1,2,3} {};           // Konstruktor-Delegation (siehe Kapitel 28)
};
// als Return-Wert
pair<string,int> f(const char* p, int x) {
  return {p,x};
}
// als Default-Argument
void setNums( vector<int> ns = {1,2,3} ) { /*...*/ }
// in range-for-Schleifen
void fibs() {
  for(const auto x : { 1,1,2,3,5,8,13,21,34 })
    cout << x << ' ';
}
```

Listing 5.4 Weitere Beispiele der vereinheitlichten Initialisierung

Sie können die {...}-Notation aber auch als Argument für Funktionen verwenden, dort kommt sie mit dem Typ `initializer_list<T>` aus dem Header `<initializer_list>` an. Sie können dann selbst eigene Überladungen auf diesen Typ definieren.

```
// als Funktionsargument
void print(initializer_list<int> ls) {
  for(const auto a : ls) cout << a << ' ';
}
struct Data {
  vector<int> stuff_;
  // als Konstruktorargument
  Data(initializer_list<int> data)
    : stuff_{ begin(data), end(data) }
    {}
};
// was dann so aufgerufen wird:
Data data { 1,2,3,4,5 };

// als Return-Liste
initializer_list<int> prims() {
  return { 2,3,5,7,11 };
}
```

Listing 5.5 Weitere Beispiele der vereinheitlichten Initialisierung

Darauf gehen wir in Kapitel 6, »Selbst geschriebene Initialisierung mit Listen«, genauer ein.

Mit gleich oder ohne gleich

Ob Sie bei der Initialisierung T x{v}; oder T x = {v}; bevorzugen, ist in den meisten Fällen egal. Hat der Typ T Konstruktoren, wählt der Compiler den zu v passendsten aus.

Es ist nur ein Unterschied, wenn der ausgewählte Konstruktor mit explicit deklariert ist. Dann wird der Compiler bei der Variante mit = einen Fehler ausgeben, während die Variante ohne = den Konstruktor ohne Murren aufruft [8].

```
struct Car {
  explicit Car(int len);
  Car(const string &name);
};
int main() {
  Car golf{20};         // ok
  // Car car = {20};    wäre ein Fehler!
  Car polo{"gelb"};     // ok
  Car lupo = {"rot"};   // auch ok, weil nicht als 'explicit' markiert
}
```

Listing 5.6 Unterschied der Initialisierung mit und ohne »=«

Das ist dem gewohnten Verhalten von `explicit` vor einem Konstruktor sehr ähnlich. Bisher verhinderte es nur das versehentliche Umwandeln eines Typs in einen anderen. Hätten wir zum Beispiel eine Funktion `void func(Car c)`, dann würde `string s; func(s);` funktionieren, weil der Compiler den `Car`-Konstruktor mit `string`-Argument *implizit* verwendet. Jedoch ergibt `func(42)` einen Fehler, da der `Car`-Konstruktor mit `int`-Argument nur *explizit* verwendet werden kann, zum Beispiel als `func(Car{42})`.

Dies hat `explicit` für Konstruktoren schon immer verhindert. Neu ist nun, dass die so `explicit` gemachten Konstruktoren nicht gewählt werden, wenn Sie bei der {}-Initialisierung ein = verwenden, wie oben gezeigt.

[+] | **Mantra**

Verwende bevorzugt die neue { . . . }-Syntax für *vereinheitlichte Initialisierung*.

Verweise

[1] **IAP Initializers**, Bjarne Stroustrup,
    http://iap.cse.tamu.edu/IAP_Initializers

[2] **Initializer lists**, Bjarne Stroustrup, Gabriel Dos Reis,
    http://www.open-std.org/jtc1/sc22/wg21/docs/papers/2005/n1919.pdf

[3] **Initializer lists in default arguments and range-based for loops**,
    http://groups.google.com/group/comp.std.c++/browse_thread/thread/50007c35d493b077?pli=1

[4] **C++0x FAQ**, Bjarne Stroustrup,
    http://www2.research.att.com/~bs/C++0xFAQ.html

[5] **Wording for brace-initializers as default arguments**, Jens Maurer,
    http://www.open-std.org/jtc1/sc22/wg21/docs/papers/2010/n3217.htm

[6] **6.6.3 The return statement [stmt.return]**

[7] **10 Problems with C++**,
    http://locklessinc.com/articles/10_problems_with_cpp/

[8] **13.3.1.7 Initialization by list-initialization [over.match.list]**, C++11

[9] **C++0x non-ambiguity of Generalized Initializers**, Nicol Bolas, Stackoverflow,
    http://stackoverflow.com/questions/7132879#7134630 [2011-08-21]

6 Selbst geschriebene Initialisierung mit Listen

[init.user] Sie können Ihre eigenen Objekte mit einer *Initialisierungsliste* initialisieren, indem Sie einen Konstruktor mit `initializer_list<E>` definieren. Dieses Template können Sie auch an anderen Stellen verwenden, um Funktionen und Methoden mit den neuen Klammerausdrücken aufzurufen.

```
#include <initializer_list>
struct Tuple {
  int value[];
  Tuple(initializer_list<int> vals);
};
```

Listing 6.1 Eine eigene Klasse, bereit für eine Initialisierungsliste

Hintergrund und Beispielcode

Um dieses Template zu nutzen, müssen Sie jedoch den Header `<initializer_list>` einbinden. Und einige kleinere Randbedingungen sind noch an einen solchen Konstruktor geknüpft, damit er, wie gewünscht, funktioniert:

▶ Wenn die `initializer_list` der einzige Parameter ist, können Sie dann Ausdrücke wie `Tuple t = {1,2,3,4}` verwenden. Höchstens noch mit *default* belegte Parameter können dann folgen.

▶ Wenn weitere Parameter folgen, dann müssen Sie den Aufruf explizit machen, und es kommt ein Paar Klammern hinzu. Ist der Konstruktor `Tuple(initializer_list<int> vals, size_t capacity)`, dann schreiben Sie `Tuple t = {{1,2,3,4},99}`.

▶ Sie können die Liste *by-value* oder *by-reference* übergeben. Im letzteren Fall, müssen Sie auch ein `const` hinzufügen, da das Original nicht verändert werden kann. In der Standardbibliothek wird durchgehend *by-value* verwendet, was aber nicht heißt, dass Änderungen möglich sind oder eine Kopie erzeugt wird.

Wenn Sie auch einen anderen Konstruktor definiert haben, der mit der gleichen Zahl an Elementen aufgerufen werden könnte, dann bekommt der mit der Initialisierungsliste den Vorzug:

```
#include <initializer_list>
struct Tuple {
  Tuple(initializer_list<int> vals);  // #1
  Tuple(int a, int b, int c);         // #2
};
```

Listing 6.2 Im Zweifelsfall eher die Initialisierungsliste

Für die Initialisierung von `Tuple t{1,2,3}` wird der Compiler die Überladung #1 bevorzugen, ebenso wie für `Tuple t{1,2,3,4}`. Wollen Sie forcieren, dass andere Konstruktoren aufgerufen werden, verwenden Sie die althergebrachte Weise: `Tuple t(1,2,3)` wählt Überladung #2, weil hier keine Initialisierungsliste vorkommt.

initializer_list

Diese `initializer_list`-Instanz enthält dann, ähnlich wie ein Standardcontainer, nur Elemente gleichen Typs. Eine `initializer_list<int>` also nur `int`, eine `initializer_list<Car>` nur Car-Instanzen usw. Arbeiten Sie mit Pointern, verhält sich die Liste polymorph: Ist `Car` von `Vehicle` abgeleitet, dann kann `initializer_list<Vehicle*>` durchaus Car*-Instanzen enthalten:

```
struct Vehicle { };
struct Car : public Vehicle {};
vector<Vehicle*> vec = { new Vehicle{}, new Car{} };
```

Listing 6.3 Mit Pointern sind die Listen polymorph.

Im Konstruktor werden Sie dann hauptsächlich auf die Elemente der Initialisierungsliste zugreifen wollen. Dazu hat `initializer_list<>` ein schlankes Interface, das ähnlich wie die Interfaces der Standardcontainer ist. Ein Iteratorpärchen und die Größe werden angeboten [2]:

```
template<class E> struct initializer_list {
  // Erlaubt Verwendung von: [first,last) und [first, first+length)
  constexpr int size() const noexcept; // Anzahl Elemente
  const E* begin() const noexcept;     // erstes Element
  const E* end() const noexcept;       // hinter letztem Element
};
template<class E> const E* begin(initializer_list<E> il) noexcept;
template<class E> const E* end(initializer_list<E> il) noexcept;
```

Listing 6.4 Sinngemäß die Funktionen von »initializer_list«

Letztere erlauben die Verwendung im neuen *Range-For*, siehe Kapitel 11, »Das neue Range-For«.

Mit diesem Interface lässt sich dann der Reihe nach auf die Elemente der Liste zugreifen und die Instanz initialisieren:

```cpp
#include <memory> // unique_ptr
struct Datavec {
  vector<int> data_;
  Datavec(initializer_list<int> ls)
  : data_{begin(ls), end(ls)} // begin/end
  {}
};
struct Dataarr {
  unique_ptr<int[]> data_;
  Dataarr(initializer_list<int> ls)
  : data_{new int[ls.size()]} {        // size
    size_t i = 0;
    for(auto val : ls)                 // range-for
      data_[i++] = val;
  }
};
```

Listing 6.5 Zugriff auf die »initializer_list«

Zum Herumtragen

Eine `initializer_list` können Sie allerdings nicht nur direkt übergeben, Sie können sie behandeln wie jeden anderen Typ auch.

```cpp
auto x1 = { 1, 2 };
initializer_list<int> getList() {
  return {2,3,4,5};
}
```

Listing 6.6 Initialisierungslisten sind auch nur Typen

Den Typ von x1 legt der Compiler zu `initializer_list<int>` fest [5]. Und auch als Rückgabetyp können Sie die Initialisierungsliste verwenden. Da sich die Initialisierungsliste jedoch weigert, unterschiedliche Typen aufzunehmen, wird `auto x2 = { 1, 2.0 };` fehlschlagen — die 1 wird hier auch nicht zu einer Fließkommazahl befördert.

Verschachtelt

Die Verwendung der Initialisierungsliste im Konstruktor ist auch verschachtelt möglich — wenn alle beteiligten Klassen entsprechende Konstruktoren mitbringen, ist (endlich) eine einfache Initialisierung der folgenden Art möglich:

```
struct Paerchen {
  Paerchen(int a, double b) {};
};
struct Tuple {
  Tuple(initializer_list<Paerchen> paerchen) {};
};
int main() {
  Tuple attar { {0,0.0}, {1,1.0}, {2,1.41}, {3,1.73}, {4,2.0} };
}
```

Listing 6.7 Verschachtelte Initialisierung mit Listen

Hier sind die inneren Elemente Konstruktoraufrufe für `Paerchen`, und zusammen ergeben sie eine Liste vom Typ `initializer_list<Paerchen>`.

Genauso können Sie eine `std::map` initialisieren. Die einzelnen Elemente der Liste sind vom Typ `std::pair`, und die Argumente landen in dessen Konstruktor. Zusammen ergibt es eine Liste.

```
const static map<string,int> wochentage {
  {"Montag",1}, {"Dienstag",2}, {"Mittwoch",3}, {"Donnerstag",4},
  {"Freitag",5}, {"Samstag",6}, {"Sonntag",7}
};
```

Listing 6.8 Endlich literale Initialisierung von Standardcontainern

Das erleichtert an manchen Stellen die Definition statischer Daten: Zuvor mussten Sie den Container

▶ entweder *non-const* initialisieren und dann mit `push_back` oder ähnlichen Daten einfügen

▶ oder zum Beispiel ein statisch-konstantes normales C-Array definieren und dann die Daten in den Container kopieren:

```
const static pair<string,int> data[] = {
  {"Montag",1}, {"Dienstag",2}, {"Mittwoch",3}, {"Donnerstag",4},
  {"Freitag",5}, {"Samstag",6}, {"Sonntag",7}
};
#define NARR(A) (sizeof(A)/sizeof(*A))
const static map<string,int> wochentage(data, data+NARR(data));
```

Listing 6.9 Bisherige Art, konstant-statische Container zu definieren

Das barg aber immer schon einige Stolperfallen:

▶ Der Speicher wird möglicherweise zweimal benötigt.

▶ Die Initialisierungsreihenfolge statischer Daten ist immer etwas knifflig: Sie müssen auf die Reihenfolge der Deklaration innerhalb derselben Kompilierungseinheit achten. Hängen die Daten von statischen Daten anderer cpp-Files ab, kann es undefiniertes Verhalten geben.

▶ Es wird ein Makro verwendet.

▶ Auf die Größe des C-Arrays mit sizeof() können Sie nur auf diese Art direkt zugreifen, aber nicht mehr, wenn data an eine andere Variable gebunden wurde, wie zum Beispiel ein Funktionsargument.

Slice

Ein schönes Beispiel für die Verwendung einer Initialisierungsliste bietet der Standard in [1] auch gleich selbst:

```
struct Grid {
    int& operator[](initializer_list<int>);
};
Grid grid;
grid[{1,2,3}] = 7; // OK: bedeutet grid.operator[]({1,2,3})
```

Listing 6.10 Arrayoperator-Zugriff mit neuer Klammersyntax

Die in der Initialisierungsliste aufgezählten Elemente kann der Compiler oftmals als konstante Folge von Elementen im Datenteil des kompilierten Programms ablegen. Eine geschickte Implementierung von operator[] muss dann meistens gar nicht relevant viel Speicher kopieren, sondern hangelt sich direkt durch den konstanten Speicherbereich.

Überladungsregeln

Um wirklich in allen alten und neuen Fällen der Initialisierung kompatibel und doch schlüssig zu sein, sind die genauen Überladungsregeln etwas knifflig [3]. Im Normalfall funktioniert es aber ganz intuitiv:

▶ Wenn Sie einen Konstruktor mit nur einem initializer_list-Argument haben, dann wird dieser zuerst probiert und, wenn vorhanden und passend, mit der Liste aufgerufen.

▶ Wenn es keinen solchen *speziellen* Konstruktor gibt oder die vorhandenen nicht passen, dann werden die Listenelemente zu normalen Konstruktorargumenten, und es greifen die normalen Überladungsregeln.

Dass der *Listen-Konstruktor* Vorrang hat, heißt, dass er zur Wahl steht, aber andere immer noch gefunden werden, wenn der Typ der Listenelemente nicht passt [4].

```
struct S {
  S(initializer_list<double>);  // #1
  S(const string&);             // #2
};
const S r1 = { 1, 2, 3.0 };     // Aufruf von #1
const S r2 { "Spinach" };       // Aufruf von #2
```

Listing 6.11 Passt der Listenkonstruktor nicht, werden andere probiert.

Im folgenden Beispiel wird der Konstruktor `Widget(double, double)` aufgerufen:

► In der ersten Runde bilden `{d1, d2}` zusammen eine `initializer_list<double>`, und der Konstruktor `Widget(initializer_list<string>)` wird probiert. Doch weil es keine Konvertierung von `double` nach `string` gibt, passt der Konstruktor nicht. Auch andere Listenkonstruktoren, die eventuell besser passen würden, existieren nicht.

► Daher folgt die zweite Runde: Die Listenelemente `{d1, d2}` werden zu normalen Konstruktorargumenten ausgepackt. Es wird erneut versucht, einen Konstruktor zur finden, was mit `Widget(double, double)` Erfolgt hat.

```
struct Widget {
  Widget(double value, double uncertainty);  // #1
  Widget(initializer_list<string> values);    // #2
};
double d1, d2;
Widget w1 { d1, d2 }; // #2 passt nicht, #1 wird aufgerufen
```

Listing 6.12 Listenkonstruktor passt nicht, normaler Konstruktor wird gefunden.

Diese »zweiphasige« Suche nach dem passenden Konstruktor wurde im Standard erst in letzter Sekunde so festgelegt, wie es jetzt ist [6]. Zuvor wäre der Listenkonstruktor in jedem Fall gewählt worden, obwohl er nicht genau passt – aus Mangel einer Konvertierung von `double` nach `string` hätte ein Compiler einen Fehler gemeldet.

Leere Liste bei leerem Konstruktor

Ein Spezialfall tritt ein, wenn Sie beim Aufruf eine leere Liste angeben *und* es einen Konstruktor ohne Argumente gibt, denn dann hat dieser Default-Konstruktor Vorrang.

```
struct Abc {
  Abc();                         // #1
  Abc(initializer_list<int>);  // #2
};
Abc a{1,2,3};  // Aufruf von #2: Abc(initializer_list<int>)
Abc b{};        // Aufruf von #1: Abc()
// kein Default-Konstruktor:
struct Xyz {
  Xyz(initializer_list<int>);
};
Xyz x{1,2,3};  // Xyz(initializer_list<int>)
Xyz y{};        // ebenfalls Xyz(initializer_list<int>)
```

Listing 6.13 Auswirkungen eines Default-Konstruktors

Ein Beispiel aus dem Standard macht diesen Effekt deutlich und nimmt auch Bezug darauf, dass der Typ der Elemente der Liste auch zur Auswahl des Konstruktors beiträgt [4]:

```
struct S {
  S(initializer_list<double>); // #1
  S(initializer_list<int>);    // #2
  S();                         // #3
};
S s1 = { 1.0, 2.0, 3.0 };  // Aufruf von #1
S s2 = { 1, 2, 3 };          // Aufruf von #2
S s3 = { };                  // Aufruf von #3
```

Listing 6.14 Auswahl zwischen mehreren Listentypen

[+]

Mantra
Wenn die eigene Klasse mit einer Liste { . . . } initialisiert werden soll, überlade dafür den Konstruktor für `initializer_list`.

Verweise

[1] **13.5.5 Subscripting [over.sub]**, C++11

[2] **C++0x initialization: Lists**, Bjarne Stroustrup, *iap.cse.tamu.edu/IAP_Initializers* [2011-10-01]

[3] **13.3.1.7 Initialization by list-initialization [over.match.list]**, C++11

[4] **8.5.4 List-initialization [dcl.init.list]**, C++11

[5] **7.1.6.4 auto specifier [dcl.spec.auto]**, C++11

[6] **1151. Overload resolution with initializer-list and non-list constructors**, C++ Standard Core Language Defect Reports, Revision 77,
http://www.open-std.org/jtc1/sc22/wg21/docs/cwg_defects.html#1151 [2011-12-04]

7 Beschränkte automatische Konvertierung

[init.nonarrow] In Initialisierungslisten gibt es keine *implizite Konvertierung mit Genauigkeitsverlust (Narrowing)*. Insbesondere wird nicht automatisch `double` zu `int` konvertiert.

Hintergrund und Beispielcode

Normalerweise hilft der Compiler durch eine implizite Konvertierung von einem *einfachen Datentyp* in den anderen:

```
double x = 5;                    // ein int in ein double
enum PloppEnum { E_VAL=42 };
int y = E_VAL;                   // einem int ein enum-Element zuweisen
```

Listing 7.1 Normale automatische Konvertierungen

Der Compiler führt diese Konvertierung durch, selbst wenn dabei Genauigkeit verloren geht. Dies nennt man *Narrowing*:

```
float a = 2.111111111111111999999d; // langes Literal in ein float
int b = 5.3;         // double-Literal in ein int
char c = 0;          // narrowing, denn 0 ist ein int
```

Listing 7.2 Automatische Konvertierungen mit Genauigkeitsverlust

Für die *vereinheitlichte Initialisierung*, siehe Kapitel 5, »Vereinheitlichte Initialisierung«, wurde dieser Automatismus ausgeschlossen, um zum Beispiel im folgenden Fall keine Überraschung zu erleben:

```
struct Point {
  Point(int x, int y);
};
Point p { 3.5, 2.5 };                    // Fehler!
vector<int> vi = { 1, 2.3, 4, 5.6 };     // Fehler!
```

Listing 7.3 Mit neuer Syntax erlaubt der Compiler keinen Genauigkeitsverlust.

Das bedeutet auch, dass dort Konvertierungen nicht automatisch passieren, die außerhalb von Initialisierungslisten selbstverständlich sind:

```
double d = 2.3;
int x = { d };                    // Fehler!
char a[] = { 'a', 'b', 'c', 0};   // Fehler! 0 ist ein int
```

Listing 7.4 Auch an einfacheren Stellen ist man davor geschützt.

Durch dieses Verbot soll auch die folgende Stolperfalle vermieden werden:

```
typedef char* Pchar;
int i;
Pchar p = Pchar(i);   // ein möglicherweise gefährlicher Cast, schwer zu entdecken
```

Listing 7.5 Gefahr lauert auch bei einem schwer zu sehenden »typedef«.

Hier wird in der letzten Zeile ein `reinterpret_cast` durchgeführt, der durch die Verwendung des *Casts* im Funktionsstil nicht leicht zu identifizieren ist.

Wird stattdessen die neue Initialisierung mit geschweiften Klammern verwendet, verbietet der Compiler dieses gefährliche Konstrukt. Wollen Sie es trotzdem, können Sie es immer noch explizit machen:

```
Pchar p = Pchar{i};                           // Fehler
Pchar q = { reinterpret_cast<Pchar>(i) };     // also explizit
```

Listing 7.6 Will man wirklich konvertieren, muss man explizit umwandeln.

[+]

Mantra

Eine Initialisierung mit geschweiften Klammern ist eindeutiger, zum Beispiel erlaubt der Compiler kein *Narrowing*.

Verweise

[1] **Initializers**, Bjarne Stroustrup, *http://iap.cse.tamu.edu/IAP_Initializers*

8 Typinferenz bei der Initialisierung mit auto

[typeinfer.auto] Das neu definierte Schlüsselwort auto ist der »syntaktische Honig« (Steigerung von »syntaktischer Zucker«) des neuen Standards: Es erspart dem Programmierer Arbeit von Hand, die der Compiler ohnehin tun musste. Mit auto können Sie dem Compiler sagen:

Du weißt sowieso, was für ein Typ hier hinkommen müsste — also erspare mir die unnötige Mühe, es auch herauszufinden, und setze den Typ einfach ein.

Der Compiler kann das viel schneller und besser, und außerdem spart es noch Platz. Es sieht – besonders bei der Verwendung von Templates – auch besser aus und ist lesbarer als lange Kolonnen von Doppelpunkten und spitzen Klammern.

Hintergrund und Beispielcode

Zunächst: auto ist kein neues Schlüsselwort, es gab auto schon vorher. De facto musste man es aber nie verwenden, weil die Angabe der *Speicherklasse* mit auto an der Stelle, an der es legal gewesen war, ohnehin der *Default* war. Im neuen Standard ist auto umdefiniert – eine der ganz wenigen Dinge, die *nicht* abwärtskompatibel zu C++03 sind. Aber das Komitee stellte fest, dass das alte auto unnütz war und die Stellen, an *denen* es verwendet wurde, leicht vom Compiler oder Benutzer identifiziert und korrigiert werden können, siehe Anhang A, »Abgewöhnen« [1].

Noch ein zunächst: Nein, C++11 führt *keine* dynamische Typisierung ein. *Typinferenz* bedeutet, dass der Typ des Objekts ohnehin schon *implizit* festgelegt ist, er aber nicht mehr *explizit* hingeschrieben werden muss. In den auf die Initialisierung mit auto folgenden Zeilen ist der Typ der betreffenden Variablen festgelegt und kann — wie bisher — nicht mehr geändert werden.

```
auto var = 32;    // var wird int
var = "Hallo";    // Fehler! var ist kein char*
```

Listing 8.1 Auch mit »auto« bekommen Variablen bei ihrer Deklaration einen Typ — für immer.

Diese Typinferenz mit auto ist *genau dann* anwendbar, wenn eine Variable *initialisiert* wird.

Doch kommen wir auf den eigentlichen Punkt: auto ist *schön*! Wer schreibt schon gerne immer und immer wieder const_iterator. Und wenn es nur dabei bleiben würde ...

```
void countVals(const map<string,int> &data, map<int,size_t> &counts)
{
  for(map<string,int>::const_iterator it = data.begin();
      it != data.end(); ++it) {
    const map<string,int>::mapped_type number = it->second;
    map<int,size_t>::iterator already = counts.find(number);
    if(already != counts.end()) {
      map<string,size_t>::mapped_type &counter = already->second;
      counter += 1;
    }
  }
}
```

Listing 8.2 Lange Typnamen tauchen besonders bei der Verwendung von Templates auf.

Die Schleife soll in data alle vorkommenden Werte zählen, aber nur die, die in counts schon vorbelegt sind, die anderen soll sie ignorieren.

Zugegeben, die Variablendeklarationen sind hier etwas übertrieben, aber in produktivem Code, der nicht nur mit int und string arbeitet, möchte man sich häufig eine Referenz als »Henkel« auf ein Objekt holen, um später damit zu agieren. Außerdem, so übertrieben ist es gar nicht: Häufig wird auch noch zusätzlich empfohlen, dass data.end() nicht jedes Mal aufgerufen wird, sondern vorher einmal eine Variable damit gefüllt wird, also zum Beispiel map<string,int>::const_iterator xend = data.end(). Das wäre noch eine Verwendung dieser langen Schreibweise mehr.

Mit auto wird das Ganze etwas übersichtlicher:

```
void countVals(const map<string,int> &data, map<int,size_t> &counts)
{
  for(auto it = data.begin(); it != data.end(); ++it) {
    const auto number = it->second;
    auto already = counts.find(number);
    if(already != counts.end()) {
      auto &counter = already->second;
      counter += 1;
    }
  }
}
```

Listing 8.3 Mit »auto« wird dem Programmierer Arbeit abgenommen.

So hilft `auto` auch dabei, dass Sie die genauen Innereien der verwendeten Klassen nicht komplett parat zu haben brauchen: Mussten Sie vorher genau wissen, ob Sie es hier mit einem `const_iterator` oder nur mit einem `iterator` zu tun haben — oder wars `iter_type`, `iter_t` oder `TIter`? —, in vielen Fällen können Sie sich den Blick in die API-Referenz oder den Header sparen, wenn Sie wenigstens die Benutzung der entsprechenden Funktionen im Kopf haben.

Da man `auto` an allen Stellen der Initialisierung einsetzen kann, werden Sie es gerade in `for`-Schleifen häufig finden:

```
for(const auto prim : { 2, 3, 5, 7, 9 })
  cerr << prim << " ";
for(const auto cplx : { 3_i, 4.2_i, "3i+4"_i })
  cerr << cplx << " ";
```

Listing 8.4 »auto« kann auch in der neuen For-Schleifen-Notation verwendet werden.

Im letzteren Beispiel setzen wir voraus, dass `_i` das Suffix eines *benutzerdefinierten Literals* ist (siehe Kapitel 38, »Rezept für benutzerdefinierte Literale«). Es könnte zum Beispiel Objekte vom Typ `complex` zurückgeben, die mit `<<` ausgegeben werden können. Wir müssen hier nicht einmal *wissen*, dass `complex`-Instanzen erzeugt werden — `auto` macht das schon!

Ein anderes auto

Sie können das neue `auto` noch an anderer Stelle als bei der Variableninitialisierung verwenden, nämlich in der neuen Syntax für Funktionsdeklarationen mit *nachgestelltem Rückgabetyp*.

```
auto fac(int n) -> int { return n <= 1 ? 1 : n*fac(n-1); }
```

Listing 8.5 In der alternativen Syntax für den Rückgabewert von Funktionen bedeutet »auto« etwas anderes.

Sie können nun *hinter* der Parameteraufzählung hinter dem Pfeil `->` den Rückgabetyp angeben. Dazu müssen Sie jedoch zusätzlich das `auto` an der vorherigen Stelle des Rückgabetyps setzen.

Für eine derart einfache Funktionsdeklaration mag das noch nicht viel Sinn machen. Aber vor allem zusammen mit dem neuen `decltype`-Operator (siehe Kapitel 10, »Typinformationen mit decltype«) ermöglicht der nachgestellte Rückgabetyp übersichtlichere Template-Funktionen.

```
template<typename T, typename U>
auto plus(const T &t, const U &u) -> decltype(t+u)
  { return t+u; }
```

Listing 8.6 Die neue alternative Syntax für Funktionsdeklarationen wird besonders bei Templates zusammen mit »decltype« eingesetzt.

Es sei aber hervorgehoben, dass diese Form der Verwendung von auto keine Typinferenz ist.

Mantra

Typinferenz mit auto zu verwenden, vereinfacht die Arbeit des Programmierers und macht den Code lesbarer.

Verweise

[1] **C++0x FAQ, Type deduction from Initializiers**, Bjarne Stroustrup,
     http://www2.research.att.com/~bs/C++0xFAQ.html#auto [2011-04-20]

[2] **Deducing the type of variable from its initializer expression (revision 4)**, Jaakko Järv, Bjarne Stroustrup, Gabriel Dos Reis, N1984,
     http://www.open-std.org/jtc1/sc22/wg21/docs/papers/2006/n1984.pdf

[3] **Decltype and auto**, Jaakko Järvi, Bjarne Stroustrup, Douglas Gregor, Jeremy Siek, N1478,
     http://www.open-std.org/jtc1/sc22/wg21/docs/papers/2003/n1478.pdf

9 Const-Iteratoren mit cbegin und cend

[typeinfer.cbegin] Möchten Sie einen Nur-Lese-Iterator haben, können Sie die neuen Container-Methoden `cbegin()` und `cend()` verwenden:

```
vector<int> data = { 66,4,2,99 };
for(auto it = data.cbegin()+1; it!=data.cend()-1; ++it)
   cout << *it;
```

Listing 9.1 Konstante Iteratoren mit »cbegin()« und »cend()«

Hätten Sie hier stattdessen `begin()` und `end()` verwendet, dann hätte der Compiler `it` den veränderbaren `iterator` zugewiesen – und das ist nicht immer, was man möchte.

Hintergrund und Beispielcode

Wir haben das Beispiel so gewählt, dass wir nicht das neue *Range-For* verwenden können. Denn mit `for(const auto e : data)` hätten wir über alle Elemente iteriert. Durch das `cbegin()+1` und `cend()-1` iterieren wir vom zweiten bis zum vorletzten Element, und daher benötigen wir eine Schleife herkömmlicher Art.

Die Funktionen `begin()` und `end()` gibt es für die zwei Rückgabetypen `iterator` und `const_iterator`. Wenn Sie die Typinferenz mit `auto` nutzen, präferiert der Compiler `iterator`. Für einen Container, der selbst nicht `const` ist, wird `begin()` immer die nicht-konstante Variante `iterator` zurückliefern. Es ist aber gute Praxis, »const-korrekt« zu sein, also `const` zu verwenden, wenn es geht [2]:

```
void change_param(int &changeling) { changeling = 73; }
int main() {
   vector<int> data = { 66,4,2,99 };   // nicht const
   typedef vector<int>::const_iterator c_iter;
   for(c_iter it = v.begin()+1, end = v.end()-1; it != end; ++it) {
      change_param( *it );            // Fehler, weil Wert verändert wird
      *it = 42;                       // Immer ein Fehler
   }
}
```

Listing 9.2 Man möchte const-korrekt sein, damit der Compiler Fehler finden kann.

Nicht nur werden solche Fehler verhindert, bei denen man aus Versehen eine verkehrte (nicht `const`-) Funktion aufruft, sondern der Programmautor zeigt auch klar seine Absicht an: »Dieser Iterator dient nur zur Inspektion der Elemente, nicht zur Modifikation.«

Es wäre doch schön, wenn man die gleiche Wirkung und Aussagekraft auch mit `auto` erreichen könnte. Die Möglichkeiten, `begin()` dazu zu bewegen, einen `const_iterator` zurückzuliefern, den man dann `auto` zuweisen könnte, sind aber alle nicht schön:

- `auto it = const_cast<vector<int> const &>(data).begin();`

- `auto it = static_cast<vector<int>::const_iterator>(data.begin());`

Es würde auch nicht helfen, `it` einfach `const` zu machen, siehe auch Kapitel 8, »Typinferenz bei der Initialisierung mit auto«:

```
vector<int> data = { 66,4,2,99 };
for(const auto it=data.begin()+1; it!=end()-1; ++it) // Fehler! it ist const
    cout << *it;
```

Listing 9.3 »const iterator« ist nicht gleich »const_iterator«, der Compiler meckert bei »++it«.

Weil `data` nicht `const` ist, hat `auto` für den `it` den Typ `iterator` gewählt. Die Absicht, dem Compiler zu sagen, man wolle den Container ja gar nicht ändern, ist mit dem zusätzlichen `const` nicht erreicht: Stattdessen ist die Schleifenvariable `it` nun unveränderbar geworden: Das `++it` schlägt also fehl. Denn `const iterator` ist nicht das Gleiche wie `const_iterator`. Ersterer ist selbst nicht veränderbar, Letzterer kann verändert werden, aber das Element, das er referenziert, nicht.

Kein auto Problem

Dieses Problem existiert auch schon ohne `auto`. Wenn Sie `data.begin()` zum Beispiel in einem Algorithmus verwenden, dann sind Sie nicht `const`-korrekt:

```
void setzen(int & val) { val = 0; }
void sehen(int val) { cout << ' ' << val; }
int main() {
  vector<int> data = { 66,4,2,99 };          // nicht const
  cout<< accumulate(data.begin(),data.end(),0); // Verwendung von 'iterator'
  for_each(data.begin(), data.end(), setzen);   // Ups, sollte 'sehen' sein
}
```

Listing 9.4 Auch bisher war man mit »begin()« nicht immer const-korrekt.

Nur ein Zeichen mehr

Die eigentliche Ursache ist also, dass es jeweils zwei Varianten von `begin()` und `end()` gibt, die unterschiedliche Rückgabetypen haben, und der Compiler in manchen Fällen nicht die eigentlich bessere wählt.

Daher lautet die Lösung, Funktionen zur Verfügung zu stellen, die *immer* einen `const_iterator` zurückliefern. Diese Funktionen heißen `cbegin()` und `cend()`.

```
size_t howManyX(const string &s, char x) {
  // cbegin nicht nötig: const-string-begin() liefert const_iterator
  return count_if(s.begin(), s.end(), [x](char e){return e==x;});
}
int main() {
  vector<string> data;
  data = { "Keins", "Mississippi", "Yippy", "Pappe", "Nix" };
  size_t countP = 0;
  for(auto it = data.cbegin()+1; it!=data.cend()-1; ++it)
    countP += howManyX(*it, 'p');
}
```

Listing 9.5 »cbegin()« liefert einen »const_iterator« zurück.

Hier steht also ein kurzes, knappes `auto it`, weil `cbegin()` auf jeden Fall einen `const_iterator` zurückliefert. Wenn `howManyX` seinen Parameter `&s` nicht-`const` erhalten würde — die Funktion potenziell das Argument also verändern könnte —, dann würde der Compiler, wie gewünscht, einen Fehler ausgeben.

Zur Verdeutlichung haben wir in `howManyX` nicht `cbegin()` und `cend()` verwendet. Weil `s` konstant ist, liefern hier `begin()` und `end()` natürlich wie bisher `const_iterator` zurück. Hier ebenfalls die neuen Varianten zu verwenden, hätte aber nicht geschadet — wäre vielleicht sogar besser gewesen.

Und jetzt rückwärts

Die Container, die `reverse_iterator` unterstützen, haben zu `rbegin()` und `rend()` ebenfalls konstante Varianten erhalten, die `const_reverse_iterator` statt `reverse_iterator` zurückgeben.

```
string s = ".ehcarpS eueN eiD";
for(auto it = s.crbegin() ; it!=s.crend(); ++it)
  cout << *it;
```

Listing 9.6 Auch Rückwärtsiteratoren gibt es konstant.

[+]

Mantra

Wo Du nicht das *Range-For* verwenden kannst, kannst du `auto` mit `cbegin()` und `cend()` verwenden, um `const`-korrekt zu sein.

Verweise

[1] **A Proposal to Improve const_iterator Use from C++0X Containers**, Walter E. Brown, N1674, *http://www.open-std.org/Jtc1/sc22/wg21/docs/papers/2004/n1674.pdf*

[2] **Exceptional C++ Style**, Herb Sutter, Addison-Wesley 2005

10 Typinformationen mit decltype

[typeinfer.decltype] Mit `auto` bekommen Sie die Unterstützung des Compilers über Typen nur bei der Initialisierung von Variablen. Wenn es aber nicht um Initialisierung geht, dann hilft `decltype`, die Typinformation aus einem Ausdruck zu extrahieren.

So können Sie zum Beispiel abhängig vom Rückgabewert von Funktionen Datenfelder mit dem passenden Typ definieren. Zum Beispiel wenn die Funktionen mit einem »unbekannten« Rückgabetyp definiert sind — vielleicht weil er sich öfter mal ändert, in einer instabilen API, weil er sehr komplex ist oder weil Sie zu faul sind, es nachzuschlagen.

▸ `unbekannt get_time();`

▸ `unbekannt get_date();`

Nun sollen Membervariablen einer Klasse einen passenden Typ haben. Da hilft nun `decltype` [1]:

```
struct Wann {
    decltype(get_date()) date;
    decltype(get_time()) time;
};
```

Listing 10.1 Im Gegensatz zu »auto« funktioniert »decltype« auch ohne Initialisierung.

Sie können `decltype` auch auf komplexere Ausdrücke loslassen, insbesondere wenn Template-Argumente im Spiel sind. Das Ergebnis ist dann eine Berechnung des Typs.

```
template<typename A, typename B>
auto add(A a, B b) -> decltype( a + b )
{ return a+b; }
```

Listing 10.2 »decltype« berechnet den Typ eines ganzen Ausdrucks.

Wird nun zum Beispiel `add(3, 4)` aufgerufen, ist der Rückgabetyp `int`. Für `add(3.14, 2.71)` ist es jedoch `double`, ebenso für den gemischten Aufruf mit `add(5, 1.41)`. Und wenn Sie irgendwann eigene Zahlentypen mit + deklarieren, funktioniert das immer noch.

Hintergrund und Beispielcode

Man beachte, dass der Operator `decltype(...)` den ihm übergebenen Ausdruck nicht *ausführt*. Der Compiler führt lediglich die Typberechnungen auf den Deklarationen des Ausdrucks aus.

```
constexpr unsigned long long fibb(unsigned long long n) {
  return n < 2 ? 1 : fibb(n-2) + fibb(n-1);
}
decltype( fibb(1000*1000*1000ULL) ) result = 0;
```

Listing 10.3 Das Argument von »decltype« wird nicht wirklich ausgewertet.

Würde `fibb(1000*1000*1000ULL)` zu irgendeinem Zeitpunkt ausgeführt – sei es während der Kompilierung oder des Programmlaufs –, würde diese Rekursion ewig dauern. Doch der Compiler ist für `decltype` nur an den Typen der Akteure interessiert, nicht an ihren Werten.

Automatische Breite

Die Funktion `plus1` bekommt ein Argument und hat eine Rückgabe. Beide Typen sollen so gewählt sein, dass der Integer-Datentyp für 18 Dezimalstellen ausreichend ist, aber nicht breiter. Dabei kann `decltype` helfen.

```
auto plus1( decltype(987654321098765432) val) -> decltype(val) {
  return val+1;
}
```

Listing 10.4 Der Argument-Int wird genau passend gewählt.

Der Compiler wählt passend zum Literal `987654321098765432` den kleinstmöglichen Integertyp, und auch der Rückgabewert wird daraus abgeleitet.

Auf Namen und auf Ausdrücken

Tatsächlich gibt es zwei verschiedene Varianten von `decltype(...)`, obwohl sie sich sehr ähnlich bedienen lassen.

▸ **auf Namen**
Wenn `decltype` einen einfachen Namen als Argument bekommt, dann liefert es dessen Typ zurück.

▸ **auf Ausdrücken**
Ist das Argument aber ein Ausdruck, dann *berechnet* der Compiler, was die Auswertung dieses Ausdrucks ergäbe.

Auf Namen bedeutet das: Wenn zum Beispiel die Deklarationen `int val;` und `int &ref = val;` gegeben sind, dann gilt Folgendes:

▶ `decltype(val)` ist ein `int`.

▶ `decltype(ref)` ist ein `int&`, also eine Referenz.

Handelt es sich jedoch um einen Ausdruck, dann ist die Rückgabe von `decltype` nur dann eine Referenz, wenn der Ausdruck ein *LValue* ist — zur Erinnerung: ein Ausdruck, von dem man eine Adresse berechnen könnte. Das heißt:

▶ `decltype(ref+1)` ist ein `int`, insbesondere *keine* Referenz.

▶ `decltype(val+1)` ist ein `int`, was nicht überrascht.

▶ `decltype((val))` ist ein `int&`, weil `(val)` ein Ausdruck ist und eine Adresse hat.

Dass `decltype` für `val` und für `(val)` unterschiedliche Ergebnisse zurückliefert, liegt daran, dass `val` ein Variablenname ist, `(val)` aber nicht — sondern eben ein Ausdruck. Und obwohl `(val)` durch die Klammern ein Ausdruck geworden ist, hat er dennoch eine Adresse — die der Variablen.

Diese Unterscheidung ist nur selten relevant. Ansonsten bedient sich `decltype` ziemlich intuitiv. Sollte dieser Umstand einmal wichtig sein, können Sie es immer noch nachschlagen.

Weg mit der Referenz

Wenn `decltype` mal *keinesfalls* eine Referenz zurückliefern soll, können Sie diese vom Compiler entfernen lassen. Innerhalb eines Templates haben Sie eventuell nicht die volle Kontrolle darüber, was `decltype` als Argument bekommt — Ausdruck, Variable oder womöglich eine Referenz auf eine Variable.

Wenn Sie zum Beispiel 1.000 Ergebnisse einer Funktion `f()` in einem typmäßig passenden Vektor speichern möchten, ist es entscheidend, ob `f()` Werte oder Referenzen zurückliefert. Referenzen sind gefährlich in einem Vektor, daher wollen wir das verhindern.

```
template<typename CONTAINER, typename FUNC>
void tausendF(const CONTAINER &input, FUNC f) {
    typedef decltype(f(input[0])) fresult_t;
    typedef typename remove_reference<fresult_t>::type elem_t;
    vector<elem_t> results;
    results.reserve(1000);
```

```
    for( int i=0; i<1000; ++i )
        results.push_back( f(input[i]) );
    // ... weitere Berechnungen ...
}
vector<int> data;
int f_int(int n) { return n+1; };
int& f_intref(int i) { return data[i]; };
int main() {
    tausendF(data, f_int);
    tausendF(data, f_intref);
}
```

Listing 10.5 Das Entfernen einer potenziellen Referenz

input kann ein Array oder ein Standardcontainer sein, kann Werte oder Referenzen enthalten, und auch f kann Werte oder Referenzen zurückliefern. decltype würde möglicherweise diese Referenz beibehalten, was schlecht wäre, um diese in results zu speichern. Der Aufruf von remove_reference<>::type berechnet den Typ so, dass eine eventuell vorhandene Referenz entfernt wird. So speichert results auf jeden Fall Werte.

Rückgabetyp berechnen

Unsere in der Einleitung gegebene Definiton für add sollte nicht jeden zufrieden stimmen: Wie haben die Argumente *by-value* übergeben, was nicht immer das ist, was man möchte. Schließlich leitet die Funktion add den eigentlichen Aufruf ja nur an operator+(...) weiter.

Möchten Sie verhindern, dass by-value immer eine Kopie angelegt wird, die dann operator+ übergeben wird, müssen Sie auf Referenzen arbeiten. Und um gegen alle Varianten von Werten und Referenzen ohne Überladungsorgien gewappnet zu sein, sollten wir auch für add auf &&-Argumente überladen und die Funktion forward verwenden. Dies implementiert dann *Perfect Forwarding* und wird in Kapitel 25, »RValue-Referenzen für Perfect Forwarding«, eingehend besprochen. Darauf Bezug nehmend, ist in diesem Kapitel jedoch wichtig, dass Sie Perfect Forwarding auch bei decltype anwenden können. Daher lautet unsere korrekte Form von add [3]:

```
template<typename A, typename B>
auto add(A&& a, B&& b) -> decltype(forward<A>(a) + forward<B>(b))
{
    return forward<A>(a) + forward<B>(b);
}
```

Listing 10.6 Perfect Forwarding mit Typberechnung

So werden die Argumente a und b direkt an operator+ übergeben und durch decltype auch der Rückgabewert von add korrekt berechnet.

Ein sehr elegantes Beispiel aus [3] funktioniert ebenso, geht aber noch einen Schritt weiter. Die Funktion logAndInvoke wird mit einem beliebigen Funktionsobjekt aufgerufen, und dessen Argumente folgen dahinter. Bevor dann die eigentliche Funktion mit ihren Argumenten aufgerufen wird, wird der aktuelle Zeitstempel in ein Logfile geschrieben.

Natürlich sollen auch hier die Argumente erst »angefasst« werden, wenn die Funktion wirklich aufgerufen wird. Also kommt wieder Perfect Forwarding zum Einsatz. Und hier auch noch gepaart mit *Template-Funktionen mit variabler Argumentanzahl* — wie es zum Beispiel auch forward ist.

```
#include <chrono>
template<typename F, typename... Ts>
auto logAndInvoke(F&& func, Ts&&... args) ->
  decltype(func(forward<Ts>(args)...))
{
  static auto start = chrono::system_clock::now();
  auto now = chrono::system_clock::now();
  clog << (now - start).count() << endl;
  return func(forward<Ts>(args)...);
}
int main() {
  logAndInvoke(
    [](int n, int k){ /* hard work */ },  // func
    1000, 321);                           // args
}
```

Listing 10.7 Perfect Forwarding, variable Templates und »decltype« Hand in Hand

Das forward<Ts>(args) lässt die Referenzen intakt, für den eigentlichen Aufruf von func(...). Der arbeitet mit variabler Argumentanzahl. Damit die gleichen Referenztypen auch für den Rückgabetyp von logAndInvoke zur Geltung kommen, spiegelt sich hier der gesamte Funktionsaufruf in dessen Berechnung mit decltype wider.

Mantra   **[+]**

Mit decltype ist flexiblerer Code möglich. Insbesondere für Template-Funktionen kann decltype den Rückgabetyp berechnen.

Verweise

[1] **4 Useful New Features in C++0x**, Andrew Koenig and Barbara E. Moo, July 19, 2011,
http://drdobbs.com/cpp/231002092 [2011-28-15]

[2] **A Note About decltype**, Andrew Koenig, July 27, 2011,
http://drdobbs.com/blogs/cpp/231002789 [2011-08-15]

[3] **Overview of the New C++ (C++11)**, Scott Meyers, Rev. 2011-10

11   Das neue Range-For

[syntax.for]   Das neue *Range-For* erlaubt das Schreiben syntaktisch kürzerer Schleifen. Sie sind leichter verständlich und nehmen weniger Raum im Quelltext ein.

```
void printVec(const vector<int>& vec) {
  for(auto &elem : vec) {
    cout << elem << ' ';
  }
}
void printPerfect() {
  for(unsigned n : {6, 28, 496, 8128, 33550336}) {
    cout << n << ' ';
  }
}
```

Listing 11.1 Alle Elemente eines Vektors oder einer Initialisierungsliste ausgeben

Die neue Syntax steht für die folgenden Sprachelemente zur Verfügung [2]:

▶ *Arrays* bekannter Größe

▶ *Inititalisierungslisten* in *vereinheitlichter Klammersyntax*

▶ *Standardcontainer* inklusive `string` mit deren Methoden `begin()` und `end()`

▶ *eigene Klassen* mit Methoden `begin()` und `end()`

▶ Überladungen der *freien Funktionen* `begin()` und `end()`

Sie müssen sich jedoch an einige Konventionen halten, um sie nutzen zu können.

Hintergrund und Beispielcode

Eine typische Schleife über alle Elemente eines Containers der Standardbibliothek sieht in C++03 in etwa so aus, wenn Sie schon das neue `auto` verwenden:

```
void print(const vector<string>& data) {
  for(auto it = data.begin(); it != data.end(); ++it) {
    cout << *it << ' ';
  }
}
```

Listing 11.2 Die alte Syntax für eine Schleife über einen Vektor

Da dieses Muster mit `begin()` und `end()` wirklich immer und immer wieder gleich vorkommt, können Sie sich die beiden in der neuen Syntax nun sparen:

```
void print(const vector<string>& data) {
  for(auto& s : data) {
    cout << s << ' ';
  }
}
```

Listing 11.3 Neue For-Syntax ohne »begin()« und »end()«

Man beachte, dass die Zählvariable kein *Iterator* mehr ist, sondern direkt der Elementtyp des Vektors. Dadurch ist beim Zugriff auch keine Dereferenzierung mit * oder -> mehr nötig.

Das funktioniert, weil die neue Schreibweise *implizit* `begin()` und `end()` benutzt. Das heißt, eigene Datentypen können Sie für die neuartige Verwendung nachrüsten, indem Sie sie einfach mit diesen Funktionen ausstatten:

```
class Node;  // woanders definiert
class Graph {
  Node* nodes_;
  size_t size_;
public:
  typedef Node* iterator;
  iterator begin() { return nodes_; }
  iterator end() { return nodes_+size_; }
};
void printNodes(Graph& graph) {
  for(auto& node : graph) {
    cout << node << ' ';
  }
}
```

Listing 11.4 Eigene Datentypen mit »begin()« und »end()« ausstatten

Hier wird implizit nach den Methoden `begin()` und `end()` von `Graph` gesucht. Die Schleife erfüllt also die gleiche Funktion, als hätten Sie `for(auto it = graph.begin(); it != graph.end(); ++it)` geschrieben und dann in der Schleife `*it` verwendet.

Bei auto die Referenz nicht vergessen

Es kann durchaus wichtig sein, in der Schleife als Zählvariable `auto& node` zu schreiben und nicht mit `auto node` die Referenz zu vergessen. Es ist der gleiche

Unterschied, als würden Sie innerhalb der althergebrachten Iterator-Schleife eine der beiden folgenden Zeilen verwenden:

▶ `auto elem = *it` macht eine *Kopie* des Elements.

▶ `auto &elem = *it` speichert eine Referenz und macht *keine* Kopie.

Im Fall von `int` oder Ähnlichem macht das keinen Unterschied, aber wenn der Typ `Node` des Graphs ein komplexes Objekt ist, dann kann eine Kopie mit unerwünschten Kosten verbunden sein. Und natürlich lassen sich manche Objekte gar nicht kopieren. Wäre `Node` zum Beispiel ein `unique_ptr<int>`, dann würde `printNodes` nur *mit* `auto& node` kompilieren. Der Compiler könnte `auto node` nicht übersetzen.

Konstant bleiben ist wichtig

Das Gleiche gilt für `const` ebenso: `auto&` und `const auto&` meinen verschiedene Dinge. In etwa vergleichbar damit, dass die Standardcontainer die Typen `iterator` und `const_iterator` zur Verfügung stellen — je nachdem, ob man die Elemente, die sie referenzieren, verändern will oder nicht.

Das macht auch in unserer Klasse `Graph` einen Unterschied. Wie bei den Standardcontainern auch, sollten wir die Methoden `begin()` und `end()` passend überladen. Denn nur dann können wir auch das Argument der Methode `printNodes` `const` machen: Der Compiler kann keine Methoden unserer Klasse verwenden, wenn sie nicht mit `const` markiert ist, auch nicht `begin()` und `end()`.

```
class Node;   // woanders definiert
class Graph {
  Node* nodes_;
  size_t size_;
public:
  typedef Node*        iterator;
  typedef const Node* const_iterator;
  const_iterator begin() const { return nodes_; }
  const_iterator end() const { return nodes_+size_; }
  iterator begin() { return nodes_; }
  iterator end() { return nodes_+size_; }
};
void printNodes(const Graph& graph) {
  for(const auto& node : graph) {
    cout << node << ' ';
  }
}
```

Listing 11.5 Const-Überladungen für »begin()« und »end()«

Nun ist das Argument von `printNodes` korrekterweise `const`. In der Schleife haben wir auch die Zählvariable jetzt `const auto&` gemacht. Das wäre an dieser Stelle nicht unbedingt nötig, denn die *Typinferenz* von `auto` erledigt diese Aufgabe für uns ohnehin richtig: `graph` ist ein `const`-Parameter, die vom Compiler für die `for`-Schleife ausgewählten Methoden `begin()` und `end()` können nur die sein, die einen `const_iterator` zurückliefern und `const` sind. Das heißt, die Elemente, die sie dereferenzieren, sind `const NODE&`. Aber ein weiteres `const` schadet hier auch nicht; es dokumentiert nur noch einmal deutlich, dass in der Schleife keine Elemente verändert werden.

Von Iteratoren zur Range

Statt Vektoren verwendet Andrew Koenig in [3] eine `map`, um den Schritt von Iteratoren zur neuen Schleifensyntax zu erklären. Sein Container ist eine `map<string, int>`, und es wird angenommen, dass die Häufigkeit von Worten in einem Text gezählt werden soll.

```
void print_rangeFor(map<string,int> &word_counts) {
  // mit range-for
  for(const auto& word: word_counts) {
    cout << word.first << " " << word.second << endl;
  }
}
void print_iter(map<string,int> &word_counts) {
  // Entsprechung mit Iteratoren
  auto end_iter = word_counts.end();
  for(auto iter = word_counts.begin(); iter!=end_iter; ++iter) {
    const auto& word = *iter;
    cout << word.first << " " << word.second << endl;
  }
}
```

Listing 11.6 Schleife über eine »map« mit Iteratoren und dem neuen Range-For

Zur Verdeutlichung der Auswirkungen von `const` auf Iteratoren in der Schleife wurde das Argument jeweils non-const übergeben. Während im Range-For die Zählvariable `const auto&` ist, ist es in der Iteratorvariante `auto iter`. Das konstante Element wird aus dem Iterator als Erstes in der Schleife durch `const auto& word = *iter` geholt.

Zu beachten ist, dass hier eben `begin()` und `end()` vom Compiler verwendet werden und nicht etwa `cbegin()` und `cend()`. Erst das `const...&` für die Zählvariable macht sie, wie gewünscht, unveränderlich. Wäre das anders, könnten Sie die Elemente des Containers ja nicht verändern:

```
void reset_rangeFor(map<string,int> &word_counts) {
  for(auto& word: word_counts) {
    word.second = 0;
  }
}
```

Listing 11.7 Schleifenelemente können natürlich auch verändert werden.

Daher wird hier `auto&` verwendet — dadurch wird die Zählvariable `word` veränderbar. Besonders wichtig ist natürlich, dass hier das & nicht weggelassen wird, sonst ist `word` eine Kopie und die Zuweisung = 0 auf `word_counts` wirkungslos.

Mit Initialisierungslisten

Auch mit der neuen Klammernotation { ... } der vereinheitlichten Initialisierung funktioniert die neue Schleifensyntax:

```
for(int n : { 2,3,5,7,11,13,17 } )
  cout << n << ' ';
```

Listing 11.8 Iteration über eine Liste von Literalen

Man hätte hier auch `const int`, `auto` oder `const auto` schreiben können.

Hier bekommen Sie in der Schleife keinen Iterator, sondern direkt das Element als Zählvariable. Also können Sie sich die Dereferenzierung mit * sparen, die bei `*node` oben nötig war.

Sie könnten auch deshalb eine Referenz haben wollen, damit im Schleifenrumpf nicht immer unnötig kopiert wird:

```
for(const Image& img : { Image("good.jpg"), Image("bad.jpg") } )
  cout << img << ' ';
```

Listing 11.9 Iteration über eine Referenz in eine feste Liste

Mit Arrays

Und auch im Umgang mit Arrays fester Größe vereinfacht sich etwas. Ein `sizeof()` ist nicht mehr nötig. Wenn der Compiler die Größe des Arrays kennt, dann kann er sie einsetzen.

```
int nums[] = { 11, 55, -13, -19, 8 };
int sum = 0;
for(int n : nums)
  sum += n;
cout << sum;
```

Listing 11.10 Schleife über ein Array

Das ist äquivalent zu der Schreibweise `for(int* p=nums; p!=nums+5; ++p) sum += *p`. Beachten Sie hier, dass mit `!=` auf Ungleichheit getestet wird und nicht auf `<`. Der Zeiger `nums+5` markiert die Stelle, an der Schleife beendet werden soll: die Position *hinter* dem letzten Element des Arrays.

Auch hier können Sie mit einer Referenz als Schleifenvariablen arbeiten, wenn Sie die Elemente verändern möchten:

```
int quadrate[] = { 1,2,3,4,5,6,7,8 };
for(int &n : quadrate)
  n *= n;
```

Listing 11.11 Schleife über ein Array mit einer Referenz

Wenn der Compiler die Größe des Arrays nicht herausfinden kann, dann können Sie dieses Konstrukt nicht verwenden. Das ist zum Beispiel der Fall, wenn ein Array mit eigentlich fester Größe einer Funktion als Parameter übergeben wird:

```
void print(int nums[]) {
  for(int p : nums) // Fehler! Der Compiler kennt die Größe nicht
    cout << p << ' ';
}
```

Listing 11.12 Die Arraygröße muss bekannt sein.

Das Array wird dabei zu einem Pointer *degradiert*, zu dem der Compiler innerhalb der Funktion die Größe nicht mehr kennt. Somit ist auch die Verwendung im Range-For unmöglich.

Freie Funktionen

Bisher haben wir gesagt, dass der Compiler für das Range-For in der Containerklasse nachschaut, ob es dort die Methoden `begin()` und `end()` gibt, um die Schleife auszuführen.

Das ist zwar richtig, aber genau genommen hat der Mechanismus eine Indirektion mehr: Für eine Schleife der Form `for(var : container)` sucht der Compiler nämlich nach einer Überladung der freien Funktionen `begin(container)` und `end(container)`. Dabei werden alle aktuellen *Namensräume plus* dem `namespace std` durchsucht.

Es ist also in etwa so, als hätte man geschrieben:

```
using namespace std;
for(auto it = begin(container); it != end(container); ++i) ...
```

Listing 11.13 Wie nach »begin()« und »end()« gesucht wird (Pseudocode).

Dann werden die folgenden Namensräume nach verfügbaren Überladungen durchsucht:

▶ der aktuelle `namespace`

▶ alle mit `using namespace` eingebundenen

▶ der Namensraum `std`

Das macht der Compiler — wie an vielen anderen Stellen auch — über *argument-abhängige Namenssuche (Argument-Dependent Name Lookup, ADL)* [1].

Das heißt effektiv, dass der Compiler aus den ihm an der fraglichen Stelle zur Verfügung stehenden Definitionen von (zum Beispiel) `begin()` die Überladung heraussucht, die »am besten« passt. Dabei kommen Templates in Frage, Template-Spezialisierungen oder auch Template-lose einfache Funktionen, alles eventuell mit und ohne Default-Parameter und eventuell verfügbaren impliziten Typumwandlungen.

Für unser einleitendes Beispiel mit `Graph` kämen zum Beispiel in Frage:

▶ `auto begin(Graph<int> &) -> Graph<int>::interator;`

▶ `auto begin(const Graph&) -> Graph<int>::const_interator;`

▶ `auto begin(Graph<int> &, size_t offset=0) -> Graph<int>::interator;`

▶ `template<typename V> auto begin(Graph<V>&) -> Graph<V>::iterator;`

▶ `friend iterator begin(Graph& g);` innerhalb der Klasse `Graph`

▶ `template<typename C> auto std::begin(C&c) -> decltype(c.begin());`

Dabei ist gerade die letzte Überladung besonders interessant, denn das ist genau die, welche die Standardbibliothek schon definiert und weswegen das einleitende Beispiel mit den Memberfunktionen von `Graph` überhaupt funktioniert hat. Die Standardbibliothek bringt nämlich die folgenden freien Template-Funktionen schon mit:

```
namespace std {
  template<typename CTN> //... vor jede der Funktionen
    auto begin(CTN &c)       -> decltype(c.begin()) { c.begin(); }
    auto begin(const CTN &c) -> decltype(c.begin()) { c.begin(); }
    auto end(CTN &c)         -> decltype(c.end())   { c.end(); }
    auto end(const CTN &c)   -> decltype(c.end())   { c.end(); }
}
```

Listing 11.14 Die neuen freien Funktionen »begin()« und »end()« im Namensraum »std«

Dadurch werden standardmäßig im Range-For die Memberfunktionen `begin()`
und `end()` der fraglichen Klasse aufgerufen.[1]

Freie Funktionen überladen

Die Indirektion durch die freien Funktionen zu den Memberfunktionen erlaubt,
dass Sie beinahe *jedem* Container das Iterieren für das neue Range-For beibringen
können.

Sie können sich auch »inkompatible« Behälter, zum Beispiel von Drittanbietern,
gefügig machen. Sie müssen nur dafür sorgen, dass der Compiler eine bessere
Überladung findet, als die Template-Varianten in `std`:

```cpp
class Menge { // inkompatible Containerklasse
  static int data_[5];
public:
  int* erstes() { return data_; }
  int* letztes() { return data_+4; } // letztes! Nicht wie end()
};
int Menge::data_[5] = { 5, 55, 555, 5555, 55555 };
int* begin(Menge &m) { return m.erstes(); }
int* end(Menge &m) { return m.letztes() + 1; }
int main() {
  Menge menge;
  for(int p : menge)
    cout << p << ' ';
}
```

Listing 11.15 Überladung der freien Funktionen »begin()« und »end()«

Dies funktioniert auch, wenn die Klasse `Menge` nicht Ihrem Einfluss unterliegt
und nicht geändert werden kann. Somit könnten Sie `begin()` und `end()` nicht
als Memberfunktionen definieren. Im Beispiel macht `letztes()` im Vergleich zu
`end()` etwas Ungewöhnliches: Es liefert einen Zeiger auf das *letzte* Element zurück
und nicht eine Position dahinter. Die beiden Überladungen `begin()` und `end()`
für einen Parameter der Klasse `Menge` tragen dem Rechnung und machen somit
die Klasse Range-For-fähig.

Range-For Adapter

Ein anderer Weg, sich störrische Klassen gefügig zu machen, ist, eine *Adapterklasse* zu verwenden. Das hat dann den Vorteil der *Kapselung* — alles was zur Iteration

---

1 Das gilt nicht für den Array-Fall, hier würde eine solche Überladung nicht funktionieren.
Den Fall behandelt der Compiler gesondert.

gehört, ist in einer eigenen Klasse zusammengefasst. Das folgende, leicht abgewandelte Beispiel stammt aus [1]:

```
template<typename T>
struct NonStdContainer {  // Fremdklasse
  T* getFirst();          // Nicht-Standard-Iterator
  T* getLast();           // Nicht-Standard-Iterator
};
template<typename T>
struct adaptor {
  NonStdContainer<T> &ref;
  T* begin() { return ref.getFirst(); }  // für 'for'
  T* end() { return ref.getLast() + 1; } // für 'for'
};

void f(NonStdContainer<int>& c) {
  for(auto i : adaptor<int>{c}) {
    /* ... */
  }
}
```

Listing 11.16 Eine einfache Adapterklasse für alte Containerklassen

So können Sie alles für die Iteration nötige in der Klasse `adaptor` zusammenfassen. Nötigenfalls können Sie auch noch eine spezielle Klasse für den Iterator (statt `T*`) hinzufügen, wenn ein interner Zustand benötigt wird.

In diesem Beispiel ist elegant, dass die Klasse als *Aggregat* ganz ohne Konstruktor auskommt und somit ihr einziges Datenfeld einfach mit `adaptor<int>{c}` initialisiert werden kann [4]. Diese Art der Initialisierung ist natürlich nicht neu, sondern hat ihre Wurzeln noch in C.

Präferiere freies begin

Häufig benötigen Sie die Iteratoren, die `begin()` und `end()` zurückliefern, explizit, zum Beispiel um sie einem Algorithmus als Parameter zu übergeben. Es hat Vorteile, den gleichen Weg wie das Range-For zu nehmen und den »Umweg« über die freien Funktionen zu gehen. Anstatt also `v.begin()` und `v.end()` aufzurufen, sollten Sie `begin(v)` und `end(v)` verwenden [5]. Dadurch haben Sie die gleichen Möglichkeiten zur Anpassung und Modifikation für Spezialfälle.

Wenn Sie sich diesen Stil durchgehend angewöhnen, müssen Sie bei der Verwendung eines beliebigen Containers nicht immer nachschlagen, welches Interface dieser gerade zur Verfügung stellt — und nicht unterscheiden, ob Sie ihn im Range-For verwenden oder per `begin()` und `end()`. Sowohl für die Standardcontainer als auch für Arrays sind die freien Funktionen bereits verfügbar:

```
vector<int> v;
int a[100];
// ... füllen ...
sort(begin(v), end(v));
sort(begin(a), end(a));
```

Listing 11.17 Die freien Iteratorfunktionen sind auch für Arrays überladen.

Das Array hätte natürlich keine Methode `a.begin()` gehabt, und somit hat der Aufruf bisher zum Beispiel so ausgesehen: `sort(a,a+sizeof(a)/sizeof(*a));` — unnötigerweise anders als für den `vector`.

Container kompatibel machen

Das funktioniert auch für selbst geschriebene Container, die `begin()`- und `end()`-Methoden mitbringen:

```cpp
// keine impliziten Includes oder using-namespace
#include <iostream>
#include <vector>
#include <algorithm>
// Standard-kompatibler Container:
struct Container {
  int* begin();
  int* end();
};
// Inkompatibler Container:
struct Junk {
  int* start();
  int* stop();
};
// - Adapterfunktionen:
int* begin(Junk& j) { return j.start(); }
int* end(Junk& j)   { return j.stop(); }
// Beispiele
int main() {
  auto prInt = [](int j){ std::cout << j << ' '; };
  {     // #1 Standardcontainer mit vorhandenem 'using namespace std'
    using namespace std;
    vector<int> data { 1,2,3,4};
    for_each(begin(data), end(data), prInt);
  } { // #2 geht auch ohne 'using namespace std'
    std::vector<int> data { 1,2,3,4};
    std::for_each(std::begin(data), std::end(data), prInt);
  } { // #3 kompatible Container gehen mit und ohne 'using namespace std'
    Container cnt;
```

```
    std::for_each(std::begin(cnt), std::end(cnt), prInt);
  } { // #4 Adapterfunktionen müssen per ADL gefunden werden können
    Junk jnk;
    std::for_each(begin(jnk), end(jnk), prInt);
  }
}
```

Listing 11.18 Freie Funktionen für verschiedene Sorten von Containern

Für kompatible Container ist es auch egal, ob Sie

▶ `using namespace std` und dann `begin(cnt)` verwenden #1 oder

▶ voll qualifiziert `std::begin(cnt)` aufrufen #2, #3.

Nur wenn Sie einen inkompatiblen Container über Adapterfunktionen verwenden, müssen Sie sicherstellen, dass die Adapterfunktionen verwendet werden #4 — `std::begin(jnk)` hätte hier nicht funktioniert.

Nach dem Muster wie #1 sieht die Verwendung einer Funktion aus `<algorithm>` wie `for_each`, also immer gleich, aus, und zwar sowohl für Standardcontainer, als auch für inkompatible Container, die mit Adaptern gefügig gemachten wurden.

`begin()` und `end()` liefern je nach Kontext entweder einen `iterator` oder einen `const_iterator` zurück. Die Varianten `cbegin()` und `cend()`, die immer einen `const_iterator` zurückliefern würden, existieren nicht als freie Funktionen — hier bleibt es also beim Methodenaufruf, siehe Kapitel 9, »Const-Iteratoren mit cbegin und cend«.

| Mantra | [+] |

Für Arrays, Initialisierungslisten und Containerklassen ist das neue Range-For kurz, präzise und leicht. Du kannst es häufig der herkömmlichen Syntax vorziehen.

Wo du dennoch `begin()` und `end()` verwenden musst, kannst du ab jetzt die freien Funktionen den Memberfunktionen vorziehen.

Verweise

[1] **Range-based for statements and Argument Dependent Lookup**, Jonathan Wakely, Bjarne Stroustrup, N3257, *http://www.open-std.org/jtc1/sc22/wg21/docs/papers/2011/n3257.pdf*

[2] **6.5.4 The range-based for statement [stmt.ranged]**, C++11

[3] **4 Useful New Features in C++0x**, Andrew Koenig and Barbara E. Moo, July 19, 2011, *http://drdobbs.com/cpp/231002092* [2011-08-16]

[4] **8.5.1 Aggregates [dcl.init.aggr]**, C++11

[5] **Elements of Modern C++ Style**, Herb Sutter, *http://herbsutter.com/elements-of-modern-c-style/* [2011-11-03]

12   nullptr ist das neue NULL

[syntax.nullptr] Das neue Schlüsselwort `nullptr` ist die typsichere Variante von `NULL` — Sie sollten ihr immer den Vorzug geben. Es beschreibt den einzigen Wert, den der (ebenfalls neue) Typ `std::nullptr_t` annehmen kann. Im Normalfall ist die Verwendung identisch mit der von `NULL`.

Hintergrund und Beispielcode

Die Hauptmotivation, einen Ersatz für `NULL` zu suchen, waren Probleme der folgenden Art:

```
void func(const char* name) { cout << "const char*" << endl; };
void func(int value) { cout << "int" << endl; };
int main() {
  func("Stielzchen");     // ok: func(const char*)
  func(42);               // ok: func(int)
  func(0);                // ok: func(int)
  const char* p = "Rumpel";
  func(p);                // ok: func(const char*)
  const char* q = NULL;
  func(q);                // ok: func(const char*)
  func(NULL);             // hoppla: func(int) in C++03
}
```

Listing 12.1 Welche Funktion wird aufgerufen?

Während die ersten fünf Funktionsaufrufe wie erwartet funktionieren, ruft `func(NULL)` die mit `int` überladene Funktion auf. Das liegt daran, dass in C++ `NULL` meist einfach als Makro für `0` oder `0L` (je nach Plattform) definiert ist [4][5]:

```
#ifndef __cplusplus
#define NULL ((void *)0)
#else   /* C++ */
#define NULL 0
#endif
```

Listing 12.2 Definition von »NULL« in GNU C++ 4.7.0

Dem Compiler wird dann noch einfach gesagt: »Beschwere dich nicht, wenn 0 als Pointerwert verwendet wird.« Das funktioniert dann eben nicht, wenn man 0 als einen Pointer interpretiert haben möchte.

Auf die C-Lösung, dass `NULL` als `void*` zu definieren, konnte man nicht zurückgreifen, weil dann die Typsicherheit von C++ stark untergraben worden wäre.

Schließlich wäre dann jede Zuweisung der Art `string *pstr = NULL` mit einem Fehler quittiert worden. Und auch ein Vergleich `if(pstr==NULL)` hätte nicht mehr funktioniert. Alles in allem Umstände und Probleme, die in [3] sogar als »Peinlichkeit von C++« tituliert werden. Nach sorgfältiger Abwägung hat sich das Komitee dann für die Einführung des neuen Schlüsselwortes `nullptr` entschieden. Um die Abwärtskompatibilität zu gewährleisten und möglichst wenig bestehenden Code zu gefährden, wurden die Kandidaten `NULL`, `null`, `NIL`, `nil` und `0p` als Möglichkeiten ausgeschlossen. Eine Untersuchung ergab, dass alle diese Varianten bestehenden Code zerstören könnten. Somit war `nullptr` der beste Kandidat.

An den meisten Stellen ist es sicherlich egal, ob Sie `NULL` oder `nullptr` benutzen. Aber dort, wo es dann *doch* einen Unterschied macht, ist ein Fehler extrem schwer zu lokalisieren.

Deswegen wird man `NULL` sicherlich auch noch lange sehen. Jeder C++ Programmierer kann gegensteuern, damit die »Entschuldigung des NULL-Pointers« aus einem amüsanten Blog-Eintrag nicht wahr wird [6]:

> *No matter what I will still be around after your software is done. I will still be around when your software becomes outdated.*

Mantra	**[+]**
Verwende `nullptr`. Refaktoriere bestehenden C++-Code, der `NULL`, `null` und `0` verwendet.	

Verweise

[1] **C++0x FAQ**, Bjarne Stroustrup,
http://www2.research.att.com/~bs/C++0xFAQ.html [2011-08-20]

[2] **A name for the null pointer: nullptr**, Herb Sutter, Bjarne Stroustrup, N2431,
http://www.open-std.org/jtc1/sc22/wg21/docs/papers/2007/n2431.pdf

[3] **More C++0x Idioms: nullptr**,
http://en.wikibooks.org/wiki/More_C%2B%2B_Idioms/nullptr [2011-08-20]

[4] **18.2.(3) Types [support.types]**, C++11; auch: Fußnote zu 18.2.(3), Nr. 194

[5] **http://www.cplusplus.com/reference/clibrary/cstring/NULL/**, [2011-08-20]

[6] **Apology of the NULL pointer**, Carlos Manuel Duclos Vergara, August 11, 2010,
http://labs.qt.nokia.com/2010/08/11/apology-of-the-null-pointer/ [2011-08-20]

13   Garantiert konstante Ausdrücke

[syntax.constexpr] C++11 führt einen generellen Mechanismus ein, wie Ausdrücke schon zur Übersetzungszeit berechnet werden können. Dabei wird das komplette Typsystem genutzt. Somit ist es möglich, konstante Werte mit gewohntem Komfort berechnen zu lassen.

Mit `constexpr` können Sie Daten so initialisieren, dass Sie sicher sein können, dass sie *statisch initialisiert* werden können. Das geht auch für benutzerdefinierte Typen, die einen `constexpr`-Konstruktor haben.

Eine Funktion kann `constexpr` sein, wenn sie mit einem einzelnen `return` etwas zurückliefert.

```
#include <bitset>
constexpr int abs(int x)
  { return x < 0 ? -x : x; }
constexpr int square(int x)
  { return x * x; }
struct complex {
  constexpr complex(double r, double i)
    : re(r), im(i) { }
  constexpr double real() { return re; }
  constexpr double imag() { return im; }
private:
  double re;
  double im;
};
// ermöglicht nun:
float array[square(9)];                 // constexpr für Arraygrößen
enum { Max = numeric_limits<long>::max() };  // enums-Elemente
bitset<abs(-87)> s;                     // Template-Argumente
constexpr complex zero{0,0};            // literale Daten
```

Listing 13.1 Vom Compiler geprüfte Konstanz für Funktionen und Daten

Hintergrund und Beispielcode

An vielen Stellen benötigt man einen festen, unveränderlichen Wert zur Übersetzungszeit. Doch auch wenn er fest ist, kann man ihn manchmal nicht als einzelne Zahl oder Literal hinschreiben, sondern es bedarf einer mehr oder weniger komplexen Berechnung. Man benötigt *konstante Ausdrücke* unter anderem in:

- Template-Parametern

- Arraygrößen

- der Initialisierung von `enum`-Elementen

- `case`-Fällen

- `static_assert`

In manchem Umfeld möchte man auch sicherstellen, dass möglichst viele Daten schon vom Compiler berechnet werden können, weil diese dann mit dem Kompilat zusammen in den Read-Only-Bereich (ROM) einer speziellen Hardware gepackt werden können.

Wenn Sie bisher in Ihre Programme ein `const` oder `static const` vor eine Variable geschrieben haben, dann konnten Sie nur an dem Ausdruck der Initialisierung sehen, ob der Compiler hier wirklich schon die komplette Berechnung ausführen kann. Allzu häufig entscheidet eine Kleinigkeit darüber, ob das Ergebnis als echte Konstante *statisch* in das Kompilat eingebaut werden kann oder ob es sich letzten Endes doch um eine *dynamische* Initialisierung zur Laufzeit handelt, wie zum Beispiel in [3] zu sehen:

```
struct Daten {
  static const int wert;
};
const int global = 10 * Daten::wert; // ups, dynamisch initialisiert
const int Daten::wert = 5;
```

Listing 13.2 Scheinbare Konstanten haben manchmal eine überraschende dynamische Initialisierung.

Damit der Compiler `global` schon zur Übersetzungszeit berechnen kann, müsste `Daten::wert` *vorher* schon »definiert« sein. Hier ist es nur »deklariert« — also noch ohne festen Wert. Wären die beiden Initialisierungszeilen vertauscht, dann könnte der Compiler beides statisch initialisieren. Eine derartige Eigenschaft ist natürlich schwierig zu testen, wenn Sie `global` bei etwas Kritischem benötigen, wenn Sie sie zum Beispiel mit in das ROM-Abbild einer Maschinensteuerung aufnehmen möchten.

Und noch schwerer auf den ersten Blick zu sehende Bedingungen müssten erfüllt sein. Wenn ein benutzerdefinierter Typ beteiligt ist, ist statische Initialisierung eigentlich immer unmöglich. Letzten Endes wird durch diesen »konstant-aber-nicht-statisch-initialisiert-Ansatz« also die Benutzung des C++-Typsystems verhindert.

Zu diesem Zweck Makros zu verwenden, kommt mit seinen eigenen Schwierigkeiten daher. Dass Sie bei dem Ergebnis des Makros ebenso wenig sicher sein können, dass der Compiler den Ausdruck schon zur Übersetzungszeit berechnen kann, ist noch das kleinste Problem.

Die Lösung, die `constexpr` nun bietet, bemüht sich, nur Begrifflichkeiten wie Ausdrucks, Parameter und Funktion zu verwenden. Bis auf das Schlüsselwort wird keine neue Syntax erfunden, und so ist `constexpr` für jeden Benutzer zugänglich. Die Einsatzgebiete wiederum sind weitreichend. Da mögen dann komplexe Themen wie Templates, dynamische und statische Initialisierung genannt werden, aber zum Einsatz von `constexpr` ist deren Verständnis nicht nötig.

Sehr konstante Daten

Für Variablen kann man `constexpr` in gewisser Weise als ein »noch stärkeres const« betrachten. Eine Variable kann als `constexpr` deklariert sein, wenn sie durch einen konstanten Ausdruck definiert wird. Das kann dann auch ein Wert oder eine Funktion sein, die wiederum `constexpr` ist.

Im Gegensatz zu einfachen `const`-Daten müssen `constexpr`-Daten initialisiert werden, *bevor* sie verwendet werden. Es können also keine Überraschungen durch versehentliches Umsortieren von Zeilen mehr passieren.

Daten, die auf diese Weise Initialisiert werden, kann der Compiler dann zur Übersetzungszeit berechnen. Er darf dann den Wert überall dort direkt einsetzen, wo er verwendet wird. Das heißt, die Variable existiert nicht unbedingt als solche im Programm.

Nur wenn man irgendwo die Adresse einer `constexpr`-Variablen direkt verwendet, wird der Compiler gezwungen, dafür Speicher im Programm zu verwenden. Da die Daten »sehr konstant« sind, eignen sich diese dann zum Beispiel für die Platzierung im ROM.

```
constexpr double x = 9484.748;
const double* p = &x;     // erst jetzt existiert x garantiert im Speicher
```

Listing 13.3 Per Adressoperator wird ein Speicherbereich belegt.

Mächtige Makros

Da nun sogar Funktionen `constexpr` sein können, bieten sie sich als typsichere Alternative für so manches Makro an. Der Rückgabewert muss mit einem einzelnen Ausdruck per `return` ermittelt werden. Dabei dürfen Sie nur Werte, Funktionen und Operatoren verwenden, die ebenfalls `constexpr` sind. Und sie müssen schon zuvor initialisiert worden sein (*definiert*, nicht nur *deklariert*), also im Quellcode mit Initialisierung vorher stehen.

Wenn eine Funktion `constexpr` ist, dann ergeben sich daraus die folgenden Dinge:

▶ Die Funktion *muss* einen Wert zurückliefern, sie darf also nicht `void` sein.

▶ Die Funktion ist implizit *inline* deklariert und ermöglicht dem Compiler dadurch, zur Optimierung alle seine Register zu ziehen.

Man kann zwar auch `constexpr`-Funktionen ohne Parameter schreiben, aber wirklich mächtig wird der Mechanismus erst durch Parameter. Weil der `return`-Ausdruck selbst auch `constexpr` sein muss, schränkt das auch die Parameter einer solchen Funktion ein. Sie müssen so »einfach« sein, dass der Ausdruck mit den verwendeten Parametern `constexpr` bleibt. Das gilt natürlich für `int` und Ähnliches. Konkret lassen sich aus *literalen Typen* `constexpr`-Ausdrücke basteln.

Literale Typen

Gerade weil C++ immer mehr auch im *Embedded Bereich* Einzug findet, und gerade der Aspekt, dass sich Daten fest ins ROM legen lassen, ist sehr wichtig. Auch spielt dann die Reihenfolge der Initialisierung keine Rolle mehr und über Multithreading muss man sich ebenso keine Gedanken machen. Die Daten müssen natürlich nicht zwangsläufig ins ROM kommen. Diese Vorteile, dass die Daten schon vor dem Eintritt in `main()` als fertig initialisiert angesehen werden können, ist in jedem Fall nützlich.

Dafür gibt es den Begriff der literalen Typen. Die Instanzen eines solchen Typs können schon als »sehr konstante Daten« fest ins Kompilat eingebaut werden. Ein Typ ist dann literal, wenn

▶ alle seine Membervariablen literalen Typs sind und

▶ er mindestens einen `constexpr`-Konstruktor hat.

Ein solcher Typ darf von einem anderen abgeleitet sein, aber nicht `virtual` (was ohnehin nur in komplexen Vererbungshierarchien vorkommt). Sowohl *Kopierkonstruktor* als auch *Destruktor* müssen *trivial* sein, also einen leeren Funktionskörper haben [1].

Nur Methoden literaler Typen können `constexpr` deklariert werden. Zusätzlich zu dem, was für Funktionen gilt,

▶ darf eine `constexpr` nicht `virtual` sein,

▶ wird eine `constexpr`-Memberfunktion implizit zur `const`-Funktion und kann somit keine Datenfelder der Instanz ändern.

Typ, Member, Daten und Funktionen

Ein solcher praktischer literaler Typ wird in [5] mit `Point` gezeigt:

```
constexpr int abs(int n) { return n > 0 ? n : -n; }
struct Point {
  int x,y;
  constexpr Point(int xx, int yy)
    : x{xx}, y{yy} { }
  constexpr int hamilton() {
    return abs(x) + abs(y);
  }
};
constexpr Point origo{0,0};
constexpr int z = origo.x;
constexpr Point a[] = {Point{0,0}, Point{1,1}, Point{2,2} };
constexpr int x = a[1].x;
constexpr int weglaenge(const Point &p1, const Point &p2) {
  return p1.hamilton() + p2.hamilton();
}
constexpr int len = weglaenge(origo, Point{4,2});
```

Listing 13.4 Konstruktor mit »constexpr«

Die Datenfelder von `Point` sind `int` und somit einfach genug. Der Konstruktor hat einen leeren Funktionskörper, denn er initialisiert die Datenfelder in seiner Konstruktor-Initialisierungsliste (nach dem Doppelpunkt). Da dieser Konstruktor `constexpr` ist, handelt es sich bei `Point` nun um einen literalen Typ.

Alle `constexpr`-Daten, die einen `Point` verwenden, der selbst per `constexpr` initialisiert wurde, können nun ebenfalls initialisiert werden.

Die Memberfunktion `hamilton()` ist ebenfalls `constexpr`, da sie nur die gleichfalls `constexpr`-Funktionen `abs()` und `+` auf `int` verwendet. Auch `len` wird statisch initialisiert werden können, da auch `weglaenge` mit seinen literalen Parametern `constexpr` ist.

Man beachte, dass der Compiler sorgfältig überwacht, dass die `constexpr` auch eingehalten werden kann. So würde er sich zum Beispiel bei der Definition von `len` beschweren, wenn `origo` nicht selbst `constexpr` deklariert wäre (sondern vielleicht nur `const`). Auch Funktionen und Daten, die nur *deklariert* und noch nicht *definiert* wurden, würde der Compiler bemängeln.

Peinlichkeit der numeric_limits

Es mag Ihnen schon mal aufgefallen sein: Wenn man zum Beispiel ein Array mit der Größe des Maximalwertes von `char` anlegen möchte, dann konnte man in der Vergangenheit dafür nicht

```
int feld[numeric_limits<char>::max()] = {0}
```

verwenden. Für die Arraygröße muss der Compiler eine statische Größe kennen. Dass die Funktion bisher nur `const static` war, reichte nicht aus. Nein, hier müssen Sie auf `CHAR_MAX` oder Ähnliches zurückgreifen, und das ist dann nicht flexibel, wenn sich der zugrunde liegende Typ mal von `char` auf etwas anderes ändert.

Nun ist `max()` mit den meisten anderen Feldern und Funktionen in `numeric_limits` aber `constexpr`, und der Verwendung an solchen Stellen steht nichts mehr im Wege [4].

Typsichere Bitmasken

Eine Motivation für `constexpr` war die Verwendung eines `enum` als Ansammlung von »Flags«, die aber typsicher mit den Operatoren für bitweises *Und* (&) und *Oder* (|) verwendet werden können.

Ein gutes Beispiel liefert [5], bei dem Sie auch sehen können, wie Sie eine `constexpr` in einem `case`-Label verwenden:

```
enum Flags { good=0, fail=1, bad=2, eof=4 };
constexpr Flags operator|(Flags f1, Flags f2)
  { return Flags( int(f1)|int(f2) ); }
string flag_to_string(Flags x) {
  switch((int)x) {
    case bad:      return "kaputt";
    case eof:      return "Dateiende";
    case bad|eof:  return "kaputt am Dateiende";
    default:       return "nichts Schlimmes";
  }
}
int main() {
  cout << flag_to_string(good) << endl;      // "kaputt"
  cout << flag_to_string(bad|eof) << endl;   // "kaputt am Dateiende"
}
```

Listing 13.5 Typsicherer Bit-Oder-Operator per »constexpr«

Hier wurde der `operator|` für den Typ `Flags` überschrieben und lässt sich somit ähnlich wie `int`-Bitmasken zusammensetzen.

Konstante Grenzen

Es ist sehr schwierig, eine generische Datenstruktur zu schreiben, die die const-expr-Bedingungen des Compilers einhalten kann. Schließlich weiß man ja nicht, auf was für Typen man genau arbeiten wird.

So ist zum Beispiel schon eine Funktion, die das Maximum zweier Werte beliebigen Typs ermitteln soll, generell als constexpr nicht wirklich möglich:

```
template<typename T>
constexpr T amax(const T &a, const T &b)
  { return a<b? b : a; }
constexpr int fuenf = amax(2, 5);
```

Listing 13.6 Generische Funktionen sind schwierig als »constexpr« zu implementieren.

So weit, so gut, denn < ist für int einfach genug, um im return von amax als constexpr zu dienen.

Aber wenn T nun ein Datentyp ist, bei dem operator<(T,T) *nicht* constexpr definiert ist, dann ist amax dafür nicht verwendbar — die Funktion wäre nicht, wie verlangt, constexpr.

Daher haben nur einige der Datentypen einen constexpr-Konstruktor [2]. Dazu gehören zum Beispiel tuple, unique_ptr und mutex, aber *nicht* string oder andere Container.

[+]

Mantra

Die Angabe von constexpr kann man in etwa als »strikteres« const sehen. Daten und Funktionen können constexpr deklariert werden.

Verweise

[1] **Generalized Constant Expressions – Revision 5**, Reis, Stroutrup, Maurer, N2235

[2] **constexpr in the library: take 2**, Alasdair Maeredith, N2976

[3] **Generalizing Constant Expressions in C++**, Jens Maurer,
   http://accu.org/content/conf2007/Maurer-C++0x_Generating_Constant_Expression.pdf

[4] **18.3.2.3 Class template numeric_limits [numeric.limits]**, C++11

[5] **constexpr – generalized and guaranteed constant expressions**, Bjarne Stroutrup,
   http://www2.research.att.com/~bs/C++0xFAQ.html#constexpr [2011-10-02]

14   Sicherheit beim Kompilieren

[syntax.static.assert] Das neue `static_assert` überprüft konstante Ausdrücke zur Übersetzungszeit. Wenn die Auswertung des Ausdrucks nicht `true` ergibt, bricht der Compiler mit der ebenfalls angegebenen Fehlermeldung ab.

Zur Laufzeit kosten diese Anweisungen keine Performance. Daher können Sie eigentlich nicht genug davon einbauen: Die Übersetzungszeit nimmt zu, doch die Laufzeit nimmt ab, weil Sie sich manche sonst vorhandenen Sicherheitschecks sparen können. Jedes `static_assert` wird außerdem mit einer aussagekräftigen Meldung ausgerüstet:

```
typedef int myint;
static_assert( sizeof(myint) == 4, "Need 4 byte integer" );
```

Listing 14.1 Eine aussagekräftige Meldung für den Fehlerfall

Hintergrund und Beispielcode

Die Ausdrücke in `static_assert` müssen jedoch schon vom Compiler ausgewertet werden können, also eine sogenannte *Constant Expression* sein. Das ist glücklicherweise mit C++11 um einiges einfacher geworden, denn gerade dort wurden die Möglichkeiten für den Programmierer erweitert und der Umgang vereinfacht. Zum Beispiel durch:

▶ das neue Schlüsselwort `constexpr`

▶ Templates *mit variabler Anzahl von Argumenten*

`constexpr` erlaubt die Verwendung von Funktionen und Ähnlichem als Teil des Ausdrucks. Zwar unterliegt das strengen Regeln, aber das Einsatzgebiet erweitert sich mit C++11 enorm.

Wo vorher — um so etwas Ähnliches wie `static_assert` zu erreichen — Kaskaden von verschachtelten Templates nötig waren, fallen diese nun ganz weg. Die Checks können auf beliebigen Ebenen des C++-Quellcodes stattfinden. Der offensichtlichste Fall ist direkt in einem *Namespace*, global oder lokal:

```
static_assert(sizeof(long) == 8, "64-bit code not supported.");
namespace types {
  typedef wchar_t mychar;
  static_assert(sizeof(mychar) == 4, "Require 4 byte wchar_t.");
}
```

Listing 14.2 »static_assert« frei im Namespace

Ebenso können Sie sie direkt in einer Klasse verwenden. Das macht natürlich besonders Sinn, wenn Sie den Test auf einen Template-Parameter der Klasse anwenden wollen:

```
template <typename HASHINT>
struct Hashing {
  HASHINT operator()(const string &val) {
    HASHINT h {};
    for(const auto c : val) h = h*31 + c;
    return h;
  }
  static_assert(sizeof(HASHINT) >= 2, "Hash Int not big enough");
};
void func() {
  Hashing<int> hashing; // OK
  int h = hashing("A text to be hashed");
}
```

Listing 14.3 Test eines Template-Parameters in der Klasse

Während `Hashing<int>` normalerweise anstandslos compiliert, weil ein `int` auf den meisten Systemen mindestens 2 Byte groß ist, wird `Hashing<char>` eine Fehlermeldung erzeugen, denn per Definition ist `sizeof(char)==1` [4].[1]

Mit *Type Traits* ist es auch möglich, zu testen, ob ein Template-Parameter von einer bestimmten Klasse abgeleitet ist [3]:

```
#include <type_traits>  // is_base_of
template<typename T>
void func(const T& obj) {
  static_assert(is_base_of<Widget,T>::value,
    "T doesn't inherit from Widget");
  //...
}
```

Listing 14.4 Erfüllt ein Template-Parameter bestimmte Ableitungsregeln?

Der Test mit `is_base_of` prüft, ob ein Typ von einem anderen abgeleitet ist, und ist nur einer von vielen Type Traits [5], siehe Kapitel 4, »C++-Standardbibliothek als Lösung«.

Die Vorteile von `static_assert` sind auch hier: Der Test findet zur Übersetzungszeit statt. Meldungen des Compilers aufgrund falscher Template-Parameter sind

---

1 Ein Compiler könnte durchaus 32bit-Chars anbieten. Es muss nur garantiert sein, dass `int` mindestens genauso breit wie `char` ist. Ein berühmtes Beispiel, bei dem solche Zaubereien üblich waren, ist die PDP-10 mit ihren 36bit-Worten.

oft extrem lang und unleserlich. Zudem treten diese manchmal gar nicht direkt an der Stelle der falschen Benutzung auf, sondern irgendwo tief in einem Header — häufig einem der Standardbibliothek, wo die Fehlerursache nur äußerst selten liegt. Alternativen zu `static_assert`, wie sie zum Beispiel Boost bietet, können mangels Unterstützung des Compilers zwar etwas besser auf die korrekte Stelle im Quelltext hinweisen, doch sind die Fehlermeldungen ebenfalls nicht gut lesbar. Und auch die Tests selbst verlangen noch mehr »Template-Magie«, weil der einfache Boolesche Vergleich als `constexpr` für Boosts `STATIC_ASSERT`-Makro nicht genutzt werden kann.

Codedokumentation

Sie können `static_assert` innerhalb von Funktionen verwenden. Dies ist zum Beispiel nötig, wenn Sie Datentypen lokal definieren. Das folgende Beispiel ist dem ursprünglichen Vorschlagstext für `static_assert` entlehnt. Hier wird sichergestellt, dass ein nachfolgender Programmierer das inliegende `struct VMPage` nicht so verändert, dass eine wichtige Voraussetzung des restlichen Codes nicht mehr stimmt:

```
#include <sys/param.h> // PAGESIZE
class VMMClient {
public:
  int do_something() {
    struct VMPage {
      //...
    };
    static_assert (sizeof(VMPage) == PAGESIZE, "Struct VMPage must"
           " be the same size as a system virtual memory page.");
    //...
  }
  //...
};
```

Listing 14.5 Ein Test innerhalb eines Blocks

Tests dieser Art sind besonders wichtig. Weiß man doch nie, wie lange der eigene Code tatsächlich »leben« wird oder ob er per Copy & Paste woandershin übernommen werden wird. Und da man sich ja freut, wenn eigener Code verwendet wird, kann man dessen korrekte Verwendung durch reichlich `static_assert` erleichtern — angelehnt an das Mantra »Mache es leicht, deine Interfaces korrekt zu verwenden, und schwer, sie falsch zu verwenden« [2]. Dazu wieder ein leicht abgewandeltes Beispiel aus dem ursprünglichen Vorschlagstext:

```
template <class T>
class A {
private:
  struct impl_1 {...};
  struct impl_2 {...};
  static const unsigned sz1 = max(sizeof(impl_1),sizeof(impl_2));
  static const unsigned sz2 = sizeof(T);
  static const unsigned sz3 = sz1 + (sz2-1) & ~(sz2-1);
  struct impl {
    union {
      impl_1 a;
      impl_2 b;
    };
    T data_[sz3];
    static_assert(sizeof(data_) >= sizeof(impl_1), "Design error");
    static_assert(sizeof(data_) >= sizeof(impl_2), "Design error");
  };
};
```

Listing 14.6 Wichtige Annahmen doppelt prüfen und dadurch zugleich dokumentieren

Hier stellt der Autor sicher, dass im Laufe der Lebenszeit seines Codes keine der Größenberechnungen für `sz3` inkompatibel zum implementierten Algorithmus verändert wird — die Größe des Feldes `data_` muss ausreichend groß berechnet sein, egal mit welchem Typ `T` die Klasse instanziiert wurde.

Test von Template-Parametern

Auch komplexere Annahmen über ein Typargument für ein eigenes Template lassen sich so testen. Außer dem `sizeof` steht Ihnen die gesamte Bandbreite der Type Traits zur Verfügung [5].

```
#include <type_traits> // is_scalar
template <class T, bool>
class container_impl {
  static_assert(!is_scalar<T>::value,
    "Diese Spezialisierung ist nur für Nicht-Skalare");
  // ...
};
template <class T>
class container_impl<T, true> {
  static_assert(is_scalar<T>::value,
    "Diese Spezialisierung ist nur für skalare Typen");
  // ...
};
```

```
template <class T>
class container : private container_impl<T, is_scalar<T>::value> {
  // ...
};
container<int>    cont1; // Verwendung mit skalar
container<string> cont2; // Verwendung nicht mit skalar
```

Listing 14.7 Testen von Template-Argumenten mit Type-Traits

Hier soll der `bool`-Parameter von `container_impl` dafür sorgen, dass je nach Argument für das Template, die richtige Implementierung ausgewählt wird. `is_scalar` überprüft, ob der Typ einen Einzelwert repräsentiert (einfache Zahl oder Pointer etc.) oder ob es sich um etwas Zusammengesetztes handelt (Array, Klasse etc.) [6]. Das `static_assert` innerhalb der beiden Implementierungen stellt sicher, dass dies auf Dauer auch so ist. Man könnte ja zum Beispiel aus Versehen die Spezialisierung `container_impl<T, true>` gelöscht oder verschoben haben, dann würde die Instanziierung mit `container<int>` in der allgemeinen Implementierung ankommen — und wer weiß, ob das funktioniert.

Das Ende der Makros naht

Die Möglichkeit, `static_assert` im Code einzubauen, ist ein weiterer Nagel im Sarg der Makros und des Präprozessors. Die Meldungen, die durch Tests auf der Ebene des Präprozessors geschehen, sind häufig schwer zu analysieren, und es ist knifflig, herauszufinden, wo sie herkommen. Dies sollte sich durch die Einbettung in die echte Sprache von C++ bessern.

[+]

Mantra
Verwende `static_assert` reichlich und großzügig. Es gibt Sicherheit beim Refactoring, dokumentiert und kostet keine Laufzeit.

Verweise

[1] **Proposal to Add Static Assertions to the Core Language (Revision 3)**, Klarer, Maddock, Dawes, Hinnant, N1720,
   http://www.open-std.org/JTC1/SC22/WG21/docs/papers/2004/n1720.html

[2] **Item 18: Make Interfaces Easy To Use Correctly And Hard To Use Incorrectly**, Scott Meyers, Effective C++, 3rd Ed., Addison Wesley 2005

[3] **Overview of the New C++ (C++11)**, Scott Meyers, Rev. 2011-10

[4] **5.3.3 Sizeof [expr.sizeof]**, C++11

[5] **20.9.2 Header <type_traits> [meta.type.synop]**, C++11

[6] **Definitions of 'scalar type' and 'fundamental type'**, Bill Gibbons, N0774

15 Funktoren lokal definieren

[op.local] Eine Klasse mit `operator()` (*Funktor*), die als Argument einem Algorithmus übergeben wird, können Sie nun lokal — also nahe an ihrer Verwendung — definieren. Hier ist zum Beispiel `klingon_le` *innerhalb* der Funktion `klingonen` definiert:

```
vector<string> klingonen() {
  vector<string> namen;
  // ... Namen aus einer Datei lesen ...
  struct klingon_le {
    bool operator()(const string& a, const string& b) const {
      return my_strcmp(a.c_str(), b.c_str(), KLINGON_LOCALE) <= 0;
    }
  };
  sort(begin(namen), end(namen), klingon_le{});
  return namen;
}
```

Listing 15.1 Funktoren können nun lokal definiert werden.

Hintergrund und Beispielcode

Weil `klingon_le` den `operator()` definiert, wird es als Funktor bezeichnet. Sie können mit `klingon_le klcmp;` eine Instanz davon erzeugen. Nun können Sie `klcmp` wie eine Funktion verwenden, also zum Beispiel `klcmp("Qapla'", "targh")` aufrufen. Der Compiler macht daraus den Aufruf des `bool operator()(...)`, der die zwei Argumente bekommt.

Nun auch lokal

Es ist nicht mehr nötig, die Operation im *globalen Namensraum* zu definieren. Bisher musste man das, um einen Funktor einer Template-Funktion zu übergeben. Das hatte zur Folge, dass dieser sehr weit entfernt von seiner Verwendung im Quelltext stand.

```
struct klingon_le {
  bool operator()(const string& a, const string& b) const {
    return my_strcmp(a.c_str(),b.c_str(),KLINGON_LOCALE) <= 0;
  }
};
// ... meistens steht hier zwischen viel Code ...
```

```
vector<string> klingonen() {
  vector<string> namen;
  // ... auch hier könnte viel Code stehen,
  // z. B. Namen aus einer Datei lesen.
  sort(begin(namen), end(namen), klingon_le{});
  return namen;
}
```

Listing 15.2 Bisher mussten Funktoren, die einem Algorithmus als Parameter dienen, global definiert werden.

Gerade bei Funktoren, die nur ein kurzes Stück Quellcode enthalten, ist es sehr ärgerlich, wenn sie weit von ihrer Verwendung entfernt stehen. Für einen vielleicht sehr speziellen Funktor ist der *globale* Namensraum *nicht* der richtige Ort:

▶ Dort, wo der kurze Funktor definiert ist, steht er alleine, und ein Leser fragt sich, was er dort macht und wo er überall verwendet wird. Wäre er *lokal* definiert, wäre gleich klar, dass er nur an *einem* Ort benötigt wird. Zusätzliche Dokumentation wird so unnötig.

▶ Beim Lesen des Quellcodes sieht man die Verwendung des Funktors und dessen eigentliche Definition nicht gemeinsam auf dem Bildschirm (oder nicht auf derselben gedruckten Buchseite) — selbst wenn es sich um eine nahezu triviale Operation handelt, zum Beispiel eine Aufsummierung oder spezielle Umwandlung in Großbuchstaben. Es wird schwerer, beides gemeinsam zu pflegen: Bei der Fehlerbeseitigung, der Dokumentation oder bei Tests.

▶ Im globalen Namensraum ist das Risiko größer, einen Namenskonflikt durch den Bezeichner der Operation zu erzeugen. Besonders wenn man eine größere Menge von solch einfachen Funktoren verwenden möchte. Gibt es mehrere Bereiche im Quellcode, die alle auf mehrere Funktoren zurückgreifen, kommen sich diese ins Gehege, und die nötige Sorgfalt bei der Benennung ist umso wichtiger. Es passiert leicht, dass dann unnötig lange Namen entstehen — zum Beispiel `klingon_firstname_lessthanorequal`, `vulcan_lastname_lessthan`, `numeric_base10_order_estimate` — oder kryptische Abkürzungen — vielleicht `KlFirstLe`, `VlLastLt`, `Num10OrdEst`.

Mit der Standardbibliothek

Gerade in der Standardbibliothek können Sie *Container* häufig mit einem optionalen Vergleichsoperator ausrüsten, und Funktoren werden hier gerne verwendet. Und: Die meisten Funktionen aus `<algorithm>` bekommen einen solchen Parameter:

```
#include <vector>
#include <algorithm>
using namespace std;
struct Rect {
  int w,h;
  int area() const { return w*h; }
};
struct rect_le { // definiert einen Funktor
  bool operator()(const Rect&a, const Rect&b) const {
    return a.area() <= b.area();
  }
};
// ... hierzwischen steht womöglich jede Menge Code ...
void sort_by_area(vector<Rect> &rs) {
  sort(begin(rs), end(rs), rect_le{});
}
```

Listing 15.3 Algorithmen der Standardbibliothek haben häufig einen Funktor als Argument.

In Lehrbüchern und Dokumentationen zu APIs sieht das immer sehr einleuchtend und geradlinig aus. In der Praxis aber steht zwischen `rect_le` und dem Aufruf von `sort` weiterer Programmcode — vielleicht jede Menge nur einmal verwendete Funktoren. In C++11 rückt der Code näher heran:

```
void sort_by_area(vector<Rect> &rs) {
  struct rect_le { // lokal
    bool operator()(const Rect&a, const Rect&b) const {
      return a.area() <= b.area();
    }
  };
  sort(begin(rs), end(rs), rect_le{});
}
```

Listing 15.4 Auch für die Algorithmen der Standardbibliothek rücken Funktoren näher an die Verwendung.

Ja, aber

Es versteht sich von selbst, dass es mehrere Gründe gibt, nicht jeden Funktor nun *lokal* zu definieren. Langer Quellcode im Funktor macht die umgebende Funktion schlechter lesbar. Und wenn der Funktor mehrfach benötigt wird, vermeidet eine Definition an anderer Stelle Codeduplikation.

Funktoren

Funktoren werden in dieser oder ähnlicher Form an vielen Stellen der Standardbibliothek verwendet. Auf diese Weise kann jedes Objekt so verwendet werden, als wäre es eine Funktion, und kann doch einen Status mit sich herumtragen. Prominentes Beispiel dafür sind die Zufallsgeneratoren (siehe Kapitel 59, »Der richtige Würfel«). Viel wichtiger ist jedoch, dass Sie unterschiedliche Funktorinstanzen aus einer Funktorklasse erzeugen können, die sich im Detail unterscheiden — zum Beispiel gesteuert über Konstruktorargumente. Die Instanz können Sie in einer Variablen speichern und später für den Aufruf verwenden. Ein klarer Vorteil eines Funktors mit `operator()` gegenüber einer freien Funktion, wie es zum Beispiel `operator==` ist.

Abschlussbemerkung

Es sei vorweggenommen, dass diese nützliche Änderung in C++11 nötig war, um die *Lambda-Ausdrücke* überhaupt zu ermöglichen. Ein *anonym definierter Funktor* ist schließlich »maximal lokal«:

```
void sort_by_area(vector<Rect> &rs) {
  sort(begin(rs), end(rs),
    [](const Rect&a,const Rect&b){ // lambda
      return a.area()<=b.area();
    }
  );
}
```

Listing 15.5 Lokale Funktoren sind Bedingung für Lambda-Ausdrücke.

Darauf wird in Kapitel 16, »Lambdas: anonyme Funktionen«, genauer eingegangen.

Mantra	[+]
Definiere Funktoren, die nicht wirklich global benötigt werden, wie Variablen *so früh wie nötig, so spät wie möglich*. Also ab C++11, gerne auch lokal.	

16 Lambdas: anonyme Funktionen

[lambda.intro] Lambdas sind ein sehr bequemer Weg, Funktionen dort zu definieren, wo sie gebraucht werden [1]. So nehmen zum Beispiel viele Funktionen aus `<algorithm>` ein *aufrufbares* Argument. Ebenso können Standardcontainer häufig auf diese Weise konfiguriert werden.

```
#include <thread>
size_t countLessThan(const vector<int> &v, int limit) {
  return count_if(begin(v), end(v),
    [limit](int i) { return i < limit; });
}
int main() {
  vector<int> v = { 0, -1, 18, 4, 2, 73, 11, 11, 42 };
  auto it = find_if(v.cbegin(), v.cend(),
    [](int i) { return i > 0 && i < 10; });
  auto f = [](const string&a,const string&b){
    return a.size()<b.size();
  };
  map<string,int,decltype(f)> orderedByLength ( {}, f );
  const size_t count_lt_4 = countLessThan(v, 4);
  const size_t count_lt_7 = countLessThan(v, 7);
  thread th{ [v]{ for(auto e : v) cout<<e; } }; th.join();
}
```

Listing 16.1 Ein paar knappe Lambdas

Hintergrund und Beispielcode

»Aufrufbar« heißt, Sie können ein Paar runde Klammern `()` dahintersetzen, dort noch Argumente hineinfüllen und eventuell ein Ergebnis zurückerhalten. Dies können in C++ allerlei Dinge sein:

▶ **Funktionspointer**
schon aus C bekannt, Adresse auf eine Funktion

▶ **Funktor**
Instanz einer Klasse, die `operator()` definiert

▶ **Funktionsobjekt**
eine Instanz von `function` aus dem Header `<functional>`

▶ **Memberfunktionspointer**

eine schon an eine Instanz gebundene Memberfunktion[1]

▶ **Lambda**

eine *anonyme Funktion*, ein sogenannter *Lambda-Ausdruck*

Dabei ist der Lambda-Ausdruck ein in C++11 völlig neues Feature, während sich in den anderen Bereichen auch etwas, aber weniger, getan hat. Dazu mehr in Kapitel 18, »Funktionspointer sind out«.

Aufbau

Tabelle 16.1 zeigt die einzelnen Teile eines Lambda-Ausdrucks.

Zugriffsdeklaration	Parameter	Rückgabetyp	Funktionskörper
`[bias]`	`(int x,int y)`	`-> int`	`{ return x+y; }`

Tabelle 16.1 Aufbau eines Lambda-Ausdrucks

▶ `[]` umschließt die *Zugriffsdeklaration* (*Capture Clause*). Definiert wird, auf welche Variablen der Umgebung im Lambda-Funktionskörper zugegriffen werden kann. Auf die Spezialitäten gehen wir in Kapitel 17, »Zugriffsdeklaration für Lambda«, genauer ein.

▶ `(...)` ist die Deklaration der Argumente wie bei einer echten Funktion. Hat das Lambda keine Argumente, kann dies weggelassen werden.

▶ `->...` ist optional und dient der Angabe des Rückgabetyps. Wird dieser weggelassen, überlässt man dem Compiler, diesen automatisch zu ermitteln. In den meisten Fällen schafft der Compiler das. Innerhalb von Templates, in wenigen Sonderfällen oder zur Dokumentation können Sie den Typ hier angeben.

▶ `{...}` enthält den eigentlichen Funktionskörper. Hier ist in etwa alles erlaubt, was auch innerhalb einer normalen, globalen Funktion erlaubt wäre. Nur, auf welche Variablen Sie zugreifen können, unterliegt strikter Regulierung.

Eine anonyme Funktion genau an der Stelle angeben zu können, wo sie gebraucht wird, ist eine der sinnvollsten Neuerungen von C++11. Zuvor konnten Template-Funktionen, wie sie nun mal in der Standardbibliothek häufig vorkommen, nur mit *global* definierten Objekten aufgerufen werden. Das heißt, wenn man ein großes Stück C++-Code hatte, in dem an 20 Stellen Algorithmen oder Container verwendet wurden, dann wurden die Funktoren immer weit weg von ihrer Ver-

---

1 In C++11 machen Memberfunktionspointer nun weniger Probleme, wenn sie mit `function` definiert wurden.

wendung definiert. Typischerweise sind dies nur sehr kleine Funktionen, häufig sogar Einzeiler.

Das Beispiel der Einleitung wäre dann um ein Vielfaches unlesbarer und schwerer wartbar gewesen. Es hätte womöglich in etwa so ausgesehen:

```
// Funktoren
struct Between0and10 {
  bool operator()(int i) const { return i > 0 && i < 10; }
};
struct IsShorter {
  bool operator()(const string &a, const string &b) const {
    return a.size() < b.size();
  }
};
struct LimitOp {
  int limit_;
  LimitOp(int limit) : limit_(limit) {}
  bool operator()(int i) const { return i < limit_; }
};
// ... hier könnte eine Menge anderer Quellcode stehen ...
size_t countLessThan(const vector<int> &v, int limit) {
  return count_if(begin(v), end(v), LimitOp{limit});
}
int main() {
  vector<int> v = { 0, -1, 18, 4, 2, 73, 11, 11, 42 };
  auto it = find_if(v.cbegin(), v.cend(), Between0and10{});
  map<string,int,IsShorter> orderedByLength { };
  const size_t count_lt_4 = countLessThan(v, 4);
  const size_t count_lt_7 = countLessThan(v, 7);
}
```

Listing 16.2 Ohne Lambdas sind Definitionen getrennt von der Verwendung.

Einerseits ist der Code um einiges länger, und zum anderen ist es nötig, die simple Operation IsShorter wegen des vielen anderen Codes weit weg von ihrer Verwendung zu definieren. In realen Programmen kommen noch viel mehr Codezeilen dazwischen. Und dort, wo IsShorter steht, ist ohne Dokumentation nicht klar, ob hier ein viel verwendeter Operator definiert wird, oder nur ein Codeschnipsel ein Zuhause gefunden hat, weil es anders nicht geht.

Effektiv besteht zwischen den beiden Codebeispielen kein Unterschied. Tatsächlich ist es ziemlich genau das, was der Compiler beim Einsatz von Lambdas tatsächlich generiert. Jedoch bekommen die Lambda-Definitionen für den Programmierer nach außen keinen Namen, daher nennt man sie auch *anonyme Funktionen*.

Andererseits sind die Lambdas nur lokal bekannt, also zum Beispiel direkt innerhalb der umgebenden Funktion. Sie sind nur genau dort bekannt, wo sie definiert
sind — und wandern nicht in den globalen Namensraum.

Das geht ebenfalls erst seit C++11 — zwar konnte man einen Funktor lokal in
einer Funktion definieren, doch einer Funktion, die Template-Argumente nimmt,
konnte man den *nicht* übergeben. Das schränkte die Nützlichkeit der lokalen
Definition stark ein.

Was der Compiler also aus den Lambdas generiert, ist, was die Codelokalität
angeht, schon besser. Nur die Namen, die der Compiler generiert, werden dem
Programmierer nicht zugänglich sein.

```cpp
size_t countLessThan(const vector<int> &v, int limit) {
  struct LimitOp {
    int limit_;
    LimitOp(int limit) : limit_(limit) {}
    bool operator()(int i) const { return i < limit_; }
  };
  return count_if(begin(v), end(v), LimitOp{limit});
}

int main() {
  vector<int> v = { 0, -1, 18, 4, 2, 73, 11, 11, 42 };

  struct Between0and10 {
    bool operator()(int i) const { return i > 0 && i < 10; }
  };
  auto it = find_if(v.cbegin(), v.cend(), Between0and10{});

  struct IsShorter {
    bool operator()(const string &a, const string &b) const {
      return a.size() < b.size();
    }
  };
  map<string,int,IsShorter> orderedByLength { };

  const size_t count_lt_4 = countLessThan(v, 4);
  const size_t count_lt_7 = countLessThan(v, 7);
}
```

Listing 16.3 Aus Lambdas generierte lokale Funktoren

Nicht mehr anonym

Ein Lambda muss aber nicht anonym bleiben. Es handelt sich um eine vollwertige
höherwertige Funktion. Wenn Sie sie zum Beispiel Algorithmen wie count_if()

als Parameter übergeben, dann hat der Parameter in dieser Funktion ja auch einen Namen — unter dem wird es als Funktionsobjekt dann angesprochen. Ebenso ist es möglich, das Lambda als Funktionsobjekt in einer Variablen für später zu speichern oder von woanders als Rückgabewert zurückzugeben.

```cpp
#include <functional>   // function
function<int(int)> twice() {
  return [](int n){ return 2*n; };
}
function<int(int)> addConst(int c) {
  return [c](int n){ return n+c; };
}
template<typename OP>
int rechne(int n, OP op) {
  return op(n);
}
int main() {
  auto add1 = addConst(1);
  auto add4 = addConst(4);
  auto dbl = twice();
  int n = 6;
  n = rechne(n, add4);
  n = rechne(n, dbl);
  n = rechne(n, add1);
  n = rechne(n, dbl);
  cout << n << endl;
}
```

Listing 16.4 Lambdas an Namen binden

`function<int(int)>` heißt, sie erhalten einen `int` als Parameter und liefern einen `int` zurück — eine in C++11 neue, alternative Schreibweise dafür wäre `function<auto(int)->int>`, wie in Kapitel 47, »function und bind«, gezeigt wird.

Und natürlich können Sie Lambdas ebenso manipulieren, wie alle anderen C++-Objekte auch. Als höherwertige Funktionen können Sie sie zum Beispiel »zusammenstecken«, wie es im folgenden Beispiel der zweckentfremdete `operator*` tut:

```cpp
// generieren simple Operatoren
function<int(int)> twice() {
  return [](int n){ return 2*n; };
}
function<int(int)> addConst(int c) {
  return [c](int n){ return n+c; };
}
```

```
// kombiniert sie
function<int(int)> operator*(function<int(int)> f,
                             function<int(int)> g)
{
  return [f,g](int n){ return f(g(n)); };
}
// Verwendung
int main() {
  // Basis
  auto add1 = addConst(1);
  auto add4 = addConst(4);
  auto dbl = twice();
  // Kombinieren
  auto h = dbl * add1 * dbl * add4;
  cout << h(6) << endl;
}
```

Listing 16.5 Lambdas als höherwertige Funktionen

Das Lambda [f,g](int n){ return f(g(n)); } greift auf die in seiner *Capture Clause* angegebenen f und g zu, die »zufälligerweise« auch wieder Funktionsobjekte sind. Das Lambda bekommt einen Paramter n, der in f(g(n)) erst an g() übergeben wird und dessen Rückgabewert dann f() lautet. Wir rufen das Lambda an dieser Stelle aber nicht auf, sondern liefern es wiederum selbst als Funktionsobjekt mit return zurück. Da das Lambda einen int-Parameter bekommt und ein int zurückliefert, ergibt sich als Rückgabewert von operator* also eine function<int(int)>.

Dieses »Hintereinanderschalten« zweier Funktionsobjekte nennt man in der Mathematik *Komposition*. Die freie Funktion operator* erledigt die Aufgabe. Die Funktion h ist also eine Komposition von vier Funktionen, die noch einen Parameter n bekommt — effektiv also dbl(add1(dbl(add4(n)))).

Mantra	[+]

Solange eine Funktion kurz und knapp geschrieben werden kann, erhöhen Lambdas die Les- und Wartbarkeit des Codes.

Verweise

[1] **Overview of the New C++ (C++11)**, Scott Meyers, Rev. 2011-10

[2] **5.1.2 Lambda expressions [expr.prim.lambda]**, C++11

17 Zugriffsdeklaration für Lambda

[lambda.args] Überlegen Sie genau, wie Sie die Variablen der *Capture Clause* für einen *Lambda-Ausdruck* definieren. Wählen Sie bewusst zwischen *Call-by-Value* und *Call-by-Reference*, und seien Sie insbesondere bei *Capture-all* vorsichtig.

Hintergrund und Beispielcode

Ein Lambda-Ausdruck definiert eine »anonyme Funktion« — normalerweise verwendet man sie genau dort, wo sie definiert ist und braucht ihr deshalb keinen Namen zu geben. Die Argumente, die diese Funktion bekommt, deklarieren Sie bei der Definition in runden Klammern. Davor jedoch geben Sie in eckigen Klammern an, auf welche *äußeren* Variablen innerhalb der Lambda-Funktion zusätzlich zugegriffen werden kann. Dies ist die sogenannte Capture Clause.

```
template<typename OP>
int apply(int a, int b, const OP& op) {
  return op(a,b);
}
void calc() {
  int bias = 5; // elsewhere
  int sum = apply(3,4,
    [bias](int x,int y) { return x+y+bias; }
  );
}
```

Listing 17.1 Zusätzlich zu den Argumenten »x« und »y« können Sie auf »bias« zugreifen.

Zusätzlich zu den Argumenten `x` und `y` kann der Lambda-Ausdruck von `apply` auch noch by-value auf die Variable `bias` zugreifen. Die leere Angabe von `[]` hätte hier keinen Zugriff erlaubt, und der Compiler hätte ...+bias im Funktionskörper mit einem Fehler quittiert. Alternativ hätten Sie auch `[&bias]` angeben können, um by-reference zuzugreifen.

Bei einem `int` gibt es in der Performance kaum einen Unterschied, ob man per by-value oder by-reference zugreift — wie sonst auch, könnte es von der Adressbreite der Plattform abhängen (32bit, 64bit etc.) und davon, wie gut der Compiler optimiert. Da der Compiler hier die komplette Definition kennt, kann er optimieren.

Veränderbar oder nicht

Einen Unterschied macht es aber dennoch: Der Funktor, der durch das Lambda definiert wird, hat `operator()` als const-Methode definiert, siehe dazu Listing 17.7

weiter unten. Die per Zugriffsdeklaration by-value angegebenen Variablen werden zu Membervariablen im generierten Funktor. Das zusammen heißt, Sie können ihren Wert im Lambda nicht ändern. Die by-reference-Variablen schon, denn der eigentliche Wert liegt außerhalb des Funktors und kann somit verändert werden.

Im Beispiel ist `bias` by-value angegeben, also wird ein `++bias` nicht funktionieren. Das ginge nur, wenn Sie es mit `[&bias]` zur Referenz gemacht hätten [2].

Auch wenn `bias` ein großes, teuer zu kopierendes Objekt wäre, dann möchten Sie es vielleicht nicht by-value übergeben. Oder es kann oder darf gar nicht kopiert werden — vielleicht weil eine nur einmal verfügbare Ressource belegt wird. Und natürlich sind Seiteneffekte ja manchmal durchaus erwünscht [1]:

```cpp
const string s = {"Hello World!"};
int ups = 0;            // 'ups' wird innerhalb des Lambdas modifiziert
for_each(begin(s), end(s),
  [&ups](char c){ if(isupper(c)) ++ups; } );
```

Listing 17.2 In der Variablen »ups« wird als Seiteneffekt mitgezählt.

Hier wird in `ups` die Anzahl der Großbuchstaben mitgezählt, das ginge mit by-value für `[ups]` nicht.

Globales

Auf statische oder globale Variablen können Sie jedoch *ohne* die direkte Aufzählung in der *Capture Clause* zugreifen:

```cpp
int cnt = 0;                // global
int main() {
  static int sum=0;         // statisch
  vector<int> data { 1,11,111,1111 };
  for_each(data.cbegin(), data.cend(),
    [](int n) {             // leere Capture Clause
      ++cnt;                // Zugriff auf global
      sum += n;             // Zugriff auf statisch
    }
  );
  cout << cnt << " " << sum << endl;
}
```

Listing 17.3 Zugriff auf globale und statische Variablen ohne Capture Clause

Wären `cnt` oder `sum` hier einfach lokale Variablen in `main()`, Parameter oder Membervariablen, würde der Compiler einen Fehler melden.

Mehrere Captures

Wenn ein Lambda auf mehrere Variablen zugreifen soll, können Sie diese alle in den eckigen Klammern deklarieren: `[&a,&b,&c,&d]`. Werden das viele, ist man versucht, die Abkürzung `[&]` zu nehmen, die den Zugriff auf *alle* Variablen erlaubt:

```
template<typename FUNC>
void meet(const FUNC &f) {
  Hobbit bilbo;
  f(bilbo);
}
void adventure() {
  Dwarf fili,kili,oin,gloin,thorin,dwalin,
    balin,bofur,bombur,dori,nori,ori;
  meet(
    [&](Hobbit &h){ return h+fili+oin; }
  );
}
```

Listing 17.4 Der Zugriff auf alle Variablen »Dwarf« ist erlaubt.

Innerhalb von `meet` werden die lokalen Variablen `fili` und `oin` verwendet und eventuell auch verändert. Und mit der *Capture-all Clause* `[&]` kann der Lambda-Ausdruck *alle* Variablen verwenden, die er an der Stelle seiner Definition »sehen« kann. Der Compiler macht automatisch alle jene Referenzen bekannt, die im Lambda-Funktionskörper verwendet werden. Ein Unterschied zur expliziten Aufzählung besteht nicht. Der Compiler wird hier nur die Variablen einsetzen, die auch tatsächlich verwendet werden. Tippfehler in Variablennamen sind vielleicht etwas schwerer zu entdecken, als wenn der Zugriff durch die explizite Aufzählung eingeschränkt worden wäre.

Natürlich ist es »bequem«, einfach auf alle äußeren Variablen zugreifen zu können, ohne sie explizit aufzulisten. Und tatsächlich fällt das Abwägen von Für und Wider schwer:[1] Ästhetik gegen Nachhaltigkeit, Einfachheit der Kürze gegen Sicherheit des Expliziten — man muss von zu Fall zu Fall entscheiden und sich im Team auf sinnvolle *Coding Standards* einigen.

Dabei muss man noch über die Vor- und Nachteile der verschiedenen Ebenen des *Verdeckens* nachdenken. Zum Beispiel kann ein Funktionsargument den gleichen Namen erhalten, wie eine lokale Variable:

---

1 In der Java-Welt herrscht seit Langem eine Diskussion ob der Vor- und Nachteile der zugreifbaren Variablen.

```
template<typename FUNC>
int exec(FUNC f) {
  return f(12);
}
int main() {
  int a1 = { 30 };
  int a2 = { 66 };
  int res = exec( [&](int a2){ return a1+a2; } );
  cout << res << endl;          // 42
}
```

Listing 17.5 »a2« ist lokale Variable und Parameter.

Hier »verdeckt« der Parameter a2 die gleichnamige lokale Variable. Auf die lokale Variable a1 kann natürlich trotzdem zugegriffen werden. Wenn ein solches Konstrukt notwendig ist, sollte der Entwickler die Abkürzung [&] vermeiden: [&a1](int a2){ return a1+a2; }. Dadurch sind alle verwendbaren Namen innerhalb des Lambda-Körpers klar aufgelistet.

Die Möglichkeit, einfach auf alle sichtbaren Variablen zugreifen zu können, besteht auch by-value. Dafür verwenden Sie als Abkürzung [=]:

```
vector<Image> movie1;
vector<Image> movie2;
apply( [=](){ movie1.size(); } );
```

Listing 17.6 Auf »movie1« wird by-value zugegriffen, der daher kopiert wird.

Man darf nicht vergessen, dass movie1 hier *kopiert* wird. Das ist prinzipiell nicht anders, als wenn man [movie1](){ movie1.size(); } definiert hätte, doch wird hier deutlicher, mit *welcher* Variablen *was* passiert.

Gemischter Zugriff

Wollen Sie auf *alle* Variablen by-reference zugreifen und nur auf wenige by-value, dann mischen Sie die Angaben für den Default und die explizite Aufzählung:

▶ Mit [&,x,y,z] erlauben Sie auf alle sichtbaren Variablen den Zugriff by-reference, nur auf x, y und z wird by-value zugegriffen.

Das Gleiche geht auch umgekehrt mit by-value als Default und by-reference als Aufzählung von Ausnahmen:

▶ Mit `[=,&movie]` erlauben Sie auf alle sichtbaren Variablen den Zugriff by-value, nur auf `movie` wird by-reference zugegriffen.

Es ist auch kein Problem, den Default wegzulassen und nur alle Zugriffsdeklarationen explizit zu machen:

▶ Mit `[x,&movie,y]` erlauben Sie den Zugriff auf `x` und `y` by-value, und auf `movie` wird by-reference zugegriffen.

Dabei ist der Compiler durchaus pingelig, was die Listenelemente angeht:

▶ Wird `[&,...]` verwendet, darf keines der weiteren Elemente mit einem `&` versehen werden.

▶ Wird `[=,...]` verwendet, müssen alle weiteren Elemente mit einem `&` beginnen.

▶ Keines der Elemente darf doppelt vorkommen.

Entscheidungshilfen

Sie sollten also die folgenden Punkte im Auge behalten, je nachdem welche Art von Zugriffsdeklaration für eine Variable Sie verwenden:

▶ Bei by-value ist Ausschau zu halten nach Performanceeinbrüchen durch Kopie, wie bei Funktionsargumenten auch.

▶ Nur by-reference können Sie den Wert der Variablen verändern.

▶ Die Lebensdauer der Variablen ist im Fall von by-reference von besonderer Bedeutung.[2]

Wenn Sie dies mit einem *Capture-all* »implizit« machen, erschwert das die Aufgabe, die Konsequenzen zu sehen und sollte besonders bewusst eingesetzt werden. Das gilt ebenfalls für einen *Default-Capture-Modus*, da er sich auch auf alle sichtbaren Variablen auswirkt.

Konstant oder veränderlich

Innerhalb eines Lambdas eine by-value freigegebene Variable zu verändern, wird der Compiler nicht zulassen. Im Normalfall macht das ja auch wenig Sinn, denn die by-value-Kopie existiert ja nur innerhalb des Lambdas — und nur mit Verrenkungen kommen Sie an die innere Kopie heran.

---

2 Aber auch by-value, wie wir am Ende des Kapitels noch sehen werden.

Wie in den Beispielen in Kapitel 16, »Lambdas: anonyme Funktionen«, schon zu sehen war, können Sie die aus einem Lambda generierten Funktoren betrachten, als wäre der `operator()` als `const` definiert:

return_typ `operator()(`*args...*`) const;`.

Das heißt, dass die by-value deklarierten *Captures* nicht verändert werden können. Die by-reference-Variablen sind wie üblich veränderbar, da die *Referenz* `const` ist und nicht der Wert darin.

Hier ein Beispiel mit einem Lambda und seinem daraus generierten Pendant:

```
void fLambda() {
   int byval = 4;
   int byref = 5;
   auto op = [byval,&byref](int i) { ++byref; return i+byval+byref; };
   cout << op(10) << endl;  // Ausgabe: 20
}
void fFunctor() {
   struct Op {
      int byval_;  // by-value
      int &byref_; // by-ref
      Op(int byval, int &byref) // auch: by-value und by-ref
        : byval_{byval}, byref_{byref} {}
      int operator()(int i) const
        { ++byref_; return i+byval_+byref_; }
   };
   int byval = 4;
   int byref = 5;
   Op op{byval, byref};
   cout << op(10) << endl; // Ausgabe: 20
}
```

Listing 17.7 Ein Lambda entspricht »operator() const«.

Der in `fFunctor` stehende `Op` entspricht bis auf technische Feinheiten dem, was der Compiler für das Lambda in `fLambda` generiert. Insbesondere das `const` hinter `operator()` ist wichtig: Dies gestattet dem Funktionskörper zwar den Wert der Variablen, auf die `byref_` zeigt, zu inkrementieren, doch das Gleiche mit `byval` zu versuchen, hätte der Compiler wegen des `const` verhindert.

Für die extrem seltenen Fälle, wenn Sie ein by-value-Capture doch verändern möchten, können Sie dem Lambda das Schlüsselwort `mutable` hinzufügen.

```
int main() {
  static const int STOP = -1;
  vector<int> vec = { 1,2,3,4,5,6, STOP, 7,8,9 };
  // lambda:
  int number = 100;
  for_each(vec.cbegin(), vec.cend(),
    [number](int i) mutable {                    // by-value
      if(i==STOP) cout << number << endl; // 100+1+...+6
        number += i;                             // eigentlich const
    }
  );
  cout << number << endl;                        // immer noch '100'
}
```

Listing 17.8 Lambda mit »mutable« non-const machen

Man könnte in dem Beispiel argumentieren, dass `number` nach dem `for_each`-Aufruf auf jeden Fall unverändert sein muss und dass deswegen der Zugriff mit `[number]` by-value statt by-reference gemacht wird. Das Verändern mit `number += i` würde der Compiler deswegen eigentlich verhindern, aber mit `mutable` wird die Restriktion innerhalb des Lambda-Funktionskörpers aufgehoben.

Nein, `mutable` müssen Sie nicht unbedingt verwenden — genauso wenig wie den Zwillingsbruder, mit dem Sie Membervariablen in einer Klasse markieren können. Wenn Sie es brauchen, ist das meist ein Hinweis darauf, dass Sie Ihr Design noch einmal überdenken sollten. Oder — und das ist immer ein guter Grund — Sie brauchen es während der Analyse oder im Testcode, um ansonsten sperrige Compilerrestriktionen zu umgehen.

Ein abschließendes Beispiel fasst noch einmal alle Varianten der Veränderbarkeit von Zugriffsdeklarationen zusammen [4]:

```
int n = 0;
[&n](){n = 10;}();        // OK, 'n' by-ref, veränderbar
cout << n << endl;        // äußeres 'n' jetzt 10
[n]() mutable {n = 20;}(); // OK, 'n' by-value, veränderbar, weil Lambda mutable
cout << n << endl;        // äußeres 'n' ist immer noch 10, wg. 'n' by-val
[n](){n = 30;}();         // Fehler: by-value 'n' ist im Lambda 'const'
```

Listing 17.9 Alle Varianten, was sich wann verändern lässt.

Sichtbarkeit vor Ort

Ein wichtiges Designprinzip bei C++11 war, dass alle neuen Features mit allen anderen — neuen und alten — kombiniert verwendet werden können. Lambdas sind vollwertige Funktionsobjekte und können ebenso wie *Funktoren* und *Funktionspointer* als Argument an eine Funktion oder Methode übergeben werden.

```
template<typename FUNC>
int exec(FUNC f) {
  int a3 = 11;
  return f(a3);
}
int main() {
  int a1 = { 23 };
  int a2 = { 66 };
  int a3 = { 7 };
  int res = exec( [=,&a3](int a2){ ++a3; return a1+a2; } );
  res += a3;
  cout << res << endl;      // 42
}
```

Listing 17.10 Das »a3«, auf das Lambda zugreift, ist jenes aus »main«.

Hier wird mittels [&a3] nur auf a3 by-reference zugegriffen, auf alle anderen per [=] by-value. Die Variable a2 wird wegen der Verwendung als Parameter int a2 verdeckt.

Das a3, mit dem im Lambda gerechnet wird, ist jenes aus main() — und nicht etwa das, was in exec definiert ist. Die Zugriffsdeklarationen der *Capture Clause* beziehen sich immer auf den Ort der Definition des Lambdas.

Auch Membervariablen werden gesehen

Es sei hier nur noch einmal deutlich hervorgehoben, dass Lambdas auch als (sehr) *lokal definierbare Operatoren* gelten können. Und so wie jene kann das Lambda, das als Funktionsargument übergeben wurde, potenziell auf all das zugreifen, was es bei seiner *Definition* »sehen« kann — das mögen ganz unterschiedliche Objekte zu dem sein, was das Lambda im Moment der wirklichen *Ausführung* sieht. Die beiden Stellen könnten in unterschiedlichen Klassen, Funktionen oder Namensräumen sein, ja sogar in unterschiedlichen Übersetzungseinheiten (cpp-Dateien). Das ist zwar häufig exakt, was man möchte — deswegen schickt man das Lambda ja auf die Reise —, aber alle Auswirkungen im Auge zu behalten, ist nicht leicht.

```
template<typename IT, typename OP>
void monatsFilter(int monat, IT begin, IT end, OP op) {
  // for_each_if
  for(auto it=begin; it!=end; ++it)
    if(it->monat==monat) op(*it);   // Ausführung
}
```

```
class Konto {
  vector<Buchung> historie;
  int saldo;
public:
  Konto();
  void buche(const Buchung&);
  int monatsUmsatz(int monat) {
    int summe = 0;
    monatsFilter(monat, begin(historie), end(historie),
      [&](const Buchung&a) { summe += a.betrag; } // Definition
                );
    return summe;
  }
};
```

Listing 17.11 Das Lambda hat im Moment der Ausführung Zugriff auf Dinge aus der Umgebung seiner Definition.

Das Lambda ist innerhalb der Funktion `monatsUmsatz` der Klasse `Konto` *definiert*. Daher kann es auf die lokale Variable `summe` zugreifen. Die wirkliche *Ausführung* findet aber ganz woanders statt — eigentlich wird in der globalen Funktion `monatsFilter` auf eine sehr »entfernte« lokale Variable zugegriffen. Auch der Zugriff auf *Privates* ist möglich. Hätte man aus Versehen statt `summe += a.betrag` fälschlicherweise `saldo += a.betrag` getippt, wäre hier eine private Variable verändert worden. Vielleicht wäre dies mit `[&summe]` besser zu sehen gewesen, als ein `[&]` zu verwenden?

Gültigkeitsregeln

Gerade wenn Sie ein Lambda definieren, das aus seiner Umgebung per Referenz Variablen verwendet, müssen Sie aufpassen, dass Sie das Lambda nicht mehr verwenden, wenn die Variable nicht mehr gültig ist — wie immer bei Referenzen.

```
#include <functional> // function
#include <algorithm>  // remove_if
function<bool(int)> check;   // 'bool check(int)'
void initialsiere(int zahl) {
  int teiler = zahl;
  // ... mehr code hier ...
  check = [&](long x) {        // setzen globaler Checkfunktion
    return x % teiler == 0;    // lokaler 'teiler' wird referenziert
  };
  // ...
}
```

```
int main() {
  vector<int> data { 1,2,10,11,12,20,21};
  initialisiere(10);
  data.erase(
    remove_if(begin(data), end(data),
              check),          // Ups! Verwendet 'teiler'!
    end(data)
  );
}
```

Listing 17.12 Zugriff per Referenz auf eine ungültige Variable

In komplexeren Systemen kann es leicht passieren, dass man eine solche »zu späte Referenz« mal übersieht. Hier haben wir mit [&] den Zugriff auf alles Sichtbare erlaubt. Vielleicht wäre [&teiler] ein deutlicher Hinweis auf die Gefahr gewesen? An dieser Stelle hätte zumindest ein by-value-[teiler] geholfen.

Das hilft leider nicht immer. Und sehr versteckt kann das schiefgehen bei dem Zugriff auf Membervariablen in einem Lambda. Das liegt daran, weil dieser Zugriff über einen this-Pointer geschieht. Im folgenden Beispiel wird dieser Pointer zwar by-value kopiert, aber die Membervariablen auf die im Lambda zugegriffen wird, können schon ungültig sein [5] — ein Pointer ist eben auch nur eine Art Referenz.

```
#include <functional> // function
#include <memory>     // unique_ptr
struct OpFactory {
  int value_;                              // Membervariable
  function<int (int)> getOperator()
    { return [=](int x) { return x * value_; }; } // Zugriff auf this->value_

  explicit OpFactory(int v) : value_{v} {}
};
int main() {
  unique_ptr<OpFactory> opf(new OpFactory{5}); // Factory erzeugen
  auto rechne = opf->getOperator();            // Lambda anfordern
  // ... mehr Code hier ...
  opf.reset(nullptr);                          // Factory entfernen
  auto ergebnis = rechne(666); // Ups! Verwendet ungültige Instanz!
}
```

Listing 17.13 Zugriff auf ein Member, das nicht mehr existiert.

Der Pointer this wird durch das [=] sehr wohl kopiert. Das erzeugte Lambda, das mit return zurückgeliefert wird, verweist somit fest und dauerhaft auf eine bestimmte Instanz von OpFactory. In main wird die aber bei opf.return(nullptr) zerstört. Der dann folgende Aufruf von `rechne` verwendet seine Kopie des `this`-Pointers für den Zugriff auf `value_` — einer inzwischen ungültigen Instanz. Und das geht zwangsläufig schief.

[+]

Mantra
Wähle insbesondere in der Capture Clause von Lambda-Ausdrücken bewusst zwischen by-value und by-reference. Gehe sparsam und vorsichtig mit Capture-all `[=]` und `[&]` um.

Verweise

[1] **Using C++0x Lambda Expressions in Microsoft Visual Studio**, Danny Kalev, *http://www.codeguru.com/cpp/misc/article.php/c16979*

[2] **C++0x lambda capture by value always const?**, *ttp://stackoverflow.com/questions/2835626/c0x-lambda-capture-by-value-always-const*

[3] **Disambiguating calls to functions taking std::functions**, *http://stackoverflow.com/questions/4111647/4111664#4111664*

[4] **Why does C++0x's lambda require mutable keyword for capture-by-value, by default?**, kizzx2, Stackoverflow, [2011-08-11]

[5] **Overview of the New C++ (C++11)**, Scott Meyers, Rev. 2011-10

18   Funktionspointer sind out

[func.funcobjs] C++11 macht den Einsatz von echten Funktionsobjekten noch einfacher. Dadurch müssen C-Funktionspointer noch seltener eingesetzt werden. Es stehen zur Verfügung:

▸ Lambda-Ausdrücke; um anonyme Funktionen genau dort zu definieren, wo sie zum Beispiel als Argument übergeben werden sollen.

▸ Funktor-Objekte; können nun auch lokal definiert werden.

▸ Der Header `<functional>`; dort gibt es viele Manipulatoren für Funktionsobjekte.

Hintergrund und Beispielcode

C-Funktionspointer haben gegenüber echten Funktionsobjekten einige Nachteile:

▸ Sie erlauben dem Compiler keine *Inline-Optimierung*.

▸ Im Extremfall sind sie nicht typsicher.

Ein typisches Beispiel ist die Anwendung der C-Standardfunktion `qsort` zum Vergleich zur C++-Standardfunktion `sort`.

```
int cmp(const void* pa, const void* pb) { /*...*/ }
void func() {
  int vec[1000] = {0};
  qsort(vec, 1000, sizeof(int), &cmp);
}
```

Listing 18.1 Einen C-Funktionspointer als Callback kann der Compiler nicht optimieren.

Da `cmp` hier als Pointer übergeben wird, steht dieser erst tatsächlich zur Laufzeit zur Verfügung, und der Compiler hat keine Möglichkeit, diese Funktion zu »inlinen«.

Der C++-Vergleichscode erlaubt dem Compiler im wahrsten Sinne des Wortes, alle Register zu ziehen:

```
void func() {
  vector<int> vec;
  vec.resize(1000);
  sort(begin(vec), end(vec), [](int a,int b){return a<b;});
}
```

Listing 18.2 Ein Lambda für die C++-Standardfunktion »sort()« kann der Compiler inlinen.

Dem Compiler bietet dies mehr Potenzial für Optimierungen: Selbst wenn der eigentliche Vergleichscode einer aufgerufenen C-Funktion identisch mit einer zu Inline-Code gewordenen C++-Funktion ist, entstehen die größten Geschwindigkeitsverluste, weil durch den Funktionsaufruf Registerinhalte als *volatile* betrachtet werden müssen und der Compiler nur eingeschränkt Code vor und nach dem Funktionsaufruf umorganisieren kann. Wenn der Compiler den Maschinencode der Vergleichsoperation aber direkt in die Sortierschleife einbetten kann, kennt er alle Auswirkungen auf Register und kann diese frei umorganisieren, auch um den Code des eigentlichen Vergleichs herum — was häufig zu schnellerem Code führt [1][2]. Den Performanceunterschied sollte man nicht unterschätzen — gerade für die komplexeren CPUs ist ein echter Funktionsaufruf eine wirkliche Bremse.

Notation

Der Typ eines C-Funktionspointers hat die manchmal etwas undurchsichtige Notation

```
int (*f)(int*,int*) = nullptr;
```

Listing 18.3 Notation eines C-Funktionspointers

wobei f der deklarierte Name des Funktionspointers ist und in manchen Kontexten auch weggelassen werden kann, zum Beispiel in der Deklaration als Parameter:

```
int apply(int, int, int (*)(int*,int*));
```

Listing 18.4 Typ eines C-Funktionspointers als Argument

deklariert die Funktion `apply`, die als dritten Parameter einen Funktionspointer nimmt.

Diese Art der Verwendung ist sogar eine Stolperfalle: Während `Actor act(44);` ein Objekt act vom Typ Actor initialisiert, deklariert `Actor act();` eine *Funktion* ohne Parameter mit dem Namen act (siehe Kapitel 5, »Vereinheitlichte Initialisierung«).

Einfacher kombinierbar

Ohnehin ist der Umgang mit vollwertigen Funktionsobjekten um vieles leichter geworden:

▶ Ein Lambda-Ausdruck kann als anonyme Funktion genau dort definiert werden, wo sie eingesetzt wird.

▶ Lokal definierte Funktoren können als Argument übergeben werden.

▶ Der Header `<functional>` bietet *Polymorphic Function Wrappers*. Obige Funktion kann zum Beispiel mit `function<int(int*,int*)>` f deklariert werden und dann überall verwendet werden, wo ein kompatibler Aufruf jedweder Art erwartet wird.

▶ Auch ist zum Beispiel `std::bind()` genereller geworden.

Die beiden letzten Punkte werden in Kapitel 47, »function und bind«, genauer besprochen.

Die neue Klasse `thread` aus dem gleichnamigen Header ist ein schönes Beispiel [3]:

```
#include <thread>
void write_sum(int x,int y) {
    cout<<x<<" + "<<y<<" = "<<(x+y)<<endl;
}
int main() {
    thread t(write_sum, 123, 456);
    t.join();
}
```

Listing 18.5 Eine einfache Funktion als neuer Thread

Der Konstruktor von `thread` nimmt hier als ersten Parameter jedwedes aufrufbare Konstrukt – hier ist es direkt eine deklarierte Funktion. Etwaige Parameter für dieses Funktionsobjekt werden einfach als *Variadische Template-Argumente* übergeben, siehe Kapitel 32, »Templates mit variabler Argumentanzahl«.

Lambda als Funktionspointer

Ein Lambda-Ausdruck, der eine leere *Capture Clause* hat, kann implizit in einen C-Funktionspointer konvertiert werden. Das lässt auch die letzte Bastion der C-Funkionspointer fallen. Auf den althergebrachten Mechanismus müssen Sie nicht mehr zurückgreifen.

```
qsort(arr, 1000, sizeof(int), [](const void*pa,const void*pb) {
    int a  =*(int*)pa;
    int b = *(int*)pb;
    return a<b ? -1 : (a>b ? 1 : 0);
} );
```

Listing 18.6 Ein Lambda-Ausdruck mit leerer Capture Clause kann wie ein C-Funktionspointer verwendet werden.

[+]

> **Mantra**
>
> Bevorzuge die C++-Alternativen zum C-Funktionspointer, denn sie erlauben dem Compiler bessere Optimierung. In einigen Fällen werden Mehrdeutigkeiten vermieden.

Verweise

[1] **Performance of qsort over std::sort**, Chan, Stackoverflow,
http://stackoverflow.com/questions/4708105/performance-of-qsort-vs-stdsort [2011-08-20]

[2] **Item 46: Consider function objects instead of functions as algorithm parameters**, Scott Meyers, Effective STL, 3rd Ed., Addison Wesley 2001

[3] **Multithreading in C++0x part 2: Starting Threads with Function Objects and Arguments**, Anthony Williams, *http://www.justsoftwaresolutions.co.uk/threading/multithreading-in-c++0x-part-2-function-objects-and-arguments.html* [2011-08-20]

[4] **Generic Function Pointers In C And Void ***, Safer Code,
http://www.safercode.com/blog/2008/11/25/generic-function-pointers-in-c-and-void.html

[5] **Member Function Pointers and the Fastest Possible C++ Delegates**, Doug Clugston,
http://www.codeproject.com/KB/cpp/FastDelegate.aspx

[6] **The Function Pointer Tutorials**, Lars Haendel,
http://www.newty.de/fpt/fpt.html

[7] **Function Pointers**,
http://www.cprogramming.com/tutorial/function-pointers.html

19   Explizites Überschreiben mit override

[syntax.attr.override] Das neue Schlüsselwort override schützt davor, eine Methode zu definieren, die aus Versehen *nichts* überschreibt. Das kann passieren, weil sich das Interface der Basisklasse geändert hat oder man einen (Tipp-)Fehler gemacht hat.

Häufig ist der Fakt, dass man eine Methode wirklich überschreibt, *essenziell* für die korrekte Funktionalität eines Programms. Und weil der Compiler auf Fehler solcher Art bisher nicht hinweisen kann, ist dies eine häufige Ursache für Suchen nach schwer zu findenden Fehlern.

```
struct Base {
  virtual void func(int);
};
struct Derived : public Base {
  void func(int) override;    // OK: überschreibt Base::func
};
```

Listing 19.1 Die Verwendung von »override«

Hätten wir einen der folgenden Fehler gemacht, würde uns der Compiler neuerdings darauf hinweisen:

▶   in Derived: void fumc(int) override; — Tippfehler im Funktionsnamen

▶   in Derived: void func(long) override; — Fehler im Argumenttyp

▶   in Base: void func(int); — virtual in Base vergessen

Hintergrund und Beispielcode

Dass man beim Überschreiben einer Methode mal einen Tippfehler macht, kommt immer wieder vor. Aber das kann fatale Folgen haben:

```
struct Base {
  virtual void some_func() { cout << "42" << endl; }
};
struct Derived : public Base {
  void sone_func() { cout << "73" << endl; } // sollte `some_func' sein
};
int main() {
  Base *p = new Base{};
  p->some_func(); // sollte "73" ausgeben, aber "42" kommt heraus
}
```

Listing 19.2 Ein fataler Tippfehler im Funktionsnamen

Die Funktion in `Derived` ist falsch geschrieben, wahrscheinlich ein Tippfehler. Außerdem hat sich der Programmierer Tipparbeit sparen wollen und `virtual` weggelassen. Normalerweise ist es auch nicht nötig, es zu schreiben – der Compiler macht eine überschriebene virtuelle Methode in abgeleiteten Klassen immer `virtual`, ob man es hinschreibt oder nicht. Nach der Regel »einmal virtual, immer virtual« wäre die Funktion `Derived::some_func` implizit `virtual` definiert.

Doch vor dem Tippfehler `sone_func` hätte ein explizites `virtual` vor `void some_func()` auch nicht geschützt. Gerettet wird man hier durch `override`:

```
struct Base {
  virtual void some_func() { cout << "42" << endl; }
};
struct Derived : public Base {
  void sone_func() override { cout << "73" << endl; } // Fehler!
};
```

Listing 19.3 Der Compiler beschwert sich, dass keine Methode überschrieben wird.

Weil `sone_func` wegen des Tippfehlers eine *neue* Methode definiert und keine überschreibt, wird der Compiler einen Fehler melden.

Argumente und Konstantes

Zum Überschreiben einer Methode muss nicht nur deren Name übereinstimmen, auch die Typen der Argumente und der Rückgabe müssen identisch sein. Auch das eventuelle `const` hinter der Methode gehört dazu. Und neuerdings könnte noch ein *Referenz-Spezifizierer (ref-specifier)* & oder && dort stehen, der seit C++11 einer Methode nachgestellt sein kann, siehe Kapitel 26, »Überladen auf RValues«.

All dies muss zum erfolgreichen Überschreiben identisch sein. Vertippt man sich in einem davon, dann ruft man eventuell nicht die gewünschte Methode auf. Dies verursacht meist schwer zu findende Fehler im Programm.

```
typedef long myint;
struct Base {
  virtual void f(int);
  virtual void g(myint);
};
struct Derived : public Base {
  void f(long) override;     // Fehler! Argumenttyp unterschiedlich
  int f(int) override;       // Fehler! Anderer Rückgabetyp
  void f() const override;   // Fehler! const passt nicht
  void g(long) override;     // OK, ... noch
};
```

Listing 19.4 Überschreiben bezieht die gesamte Methodensignatur mit ein.

Vor diesen Fehlern sind Sie durch ein `override` nun ebenfalls geschützt. Die eine Fehlerquelle ist natürlich Unachtsamkeit schon in der Designphase von `Derived`. Aber ebenso gefährlich wäre, während einer Änderung in der Basisklasse `virtual void f(int)` nach `virtual void f(long)` zu erweitern: In allen abgeleiteten Klassen müssen die Methoden `f` nachgezogen werden — und ohne `override` kann der Compiler hier nicht helfen. Mit `override` in allen abgeleiteten Klassen ist ein solches *Refactoring* viel sicherer.

Plädoyer gegen typedef

Das Beispiel mit der Methode `g(myint)` zeigt, dass Sie jedwedes `typedef` dieser Art mit großer Überlegung verwenden sollten. Das `typedef long myint` ist nur eine textuelle Abkürzung (für Faule). Es bringt keine Typsicherheit und birgt einige Gefahren. Obwohl die Deklaration `void g(long)` anders aussieht, ist sie exakt das Gleiche! Stellen Sie später fest, Sie möchten lieber `typedef unsigned long myint` definieren, ist es enorm schwierig, beim Durchgehen durch den Code `void g(long)` zu entdecken und ebenfalls zu ändern. Glücklicherweise hilft auch hier das `override`, macht aber das `typedef` nur »ein bisschen« weniger gefährlich.

Klasse statt typedef

Keine Anklage ohne Lösung: Für solche Zwecke sollten Sie erwägen, eine echte Klasse zu verwenden, die Sie dann in C++ typsicher verwenden können:

```
struct myint {
  long value_;
  long& operator*() { return value_; }
};
class Base {
  virtual void g(myint v) { cout << *v; }
};
class Derived : public Base {
  void g(myint) override;
};
```

Listing 19.5 Lösung ohne »typedef«

Der Autor der Klasse `Derived` *muss* nun `myint` verwenden. Eine Deklaration in `Derived` von `void g(long) override` ergäbe einen Fehler. Und im späteren *Refactoring* von `myint` braucht man keine Angst vor dem Zerbrechen der Klassenhierarchie zu haben.

Im objektorientierten Sinne wäre es natürlich noch besser, anstatt in `g()` auf `*myint` zuzugreifen, den `operator<<` für `myint` zu überladen. In diesem Beispiel geht es aber vor allem um die Typsicherheit, die ein `typedef` im Vergleich zu einer Klasse *nicht* gibt.

Natürlich eignet sich nicht jedes kleine `typedef` zur Aufwertung zur Klasse. Aber Sie sollten dieses Werkzeug in Ihrem Kasten haben und danach greifen, wenn es sinnvoll ist: Ein `typedef` ist nicht typsicher, Klassen sind es schon.

Überschreiben geht nur virtuell

Rufen Sie sich in Erinnerung, dass Sie in einer abgeleiteten Klasse auch eine *nicht virtuelle* Methode neu definieren können. Das ist dann aber kein *Überschreiben*, sondern ein *Verdecken* (»hiding«). Eventuell haben Sie ja nur in der Basisklasse vergessen die Methode virtual zu machen, was ebenfalls garstige Auswirkungen in einem Programm haben würde:

```cpp
#include <memory> // unique_ptr
struct Base {
  void schreibwas()            // wird versehentlich aufgerufen
  { cout << "42" << endl; }
};
struct Derived : public Base {
  void schreibwas()            // hätte aufgerufen werden sollen
  { cout << "73" << endl; }
};
int main() {
  unique_ptr<Base> ping( new Derived{} );
  ping->schreibwas();          // sollte 73 schreiben, schreibt aber 42
}
```

Listing 19.6 Hier wurde »virtual« vergessen.

Verwendet man in Derived nun aber override, beschwert sich der Compiler und stößt den Programmierer auf den Fehler, dass er vielleicht das virtual in der Basisklasse vergessen hat:

```cpp
struct Derived : public Base {
  void schreibwas() override   // Fehler! Vorgänger nicht virtual
  { cout << "73" << endl; }
};
```

Listing 19.7 Der Compiler beschwert sich, dass in der Basisklasse kein »virtual« steht.

Wie override wirkt

Wir haben gesagt, dass override den Tippfehler oder Typunterschiede in Funktionsdeklarationen »bemerkt«. Wie funktioniert das genau? Im Detail betrachtet, sind es zwei Mechanismen, die hier zusammenwirken können, um den Programmierer auf seinen Fehler hinzuweisen.

Wenn eine Funktion mit override markiert ist, dann sagt der Standard, dass sie auch virtuell sein muss [6]. Haben Sie sich aber vertippt oder andere Argumente angegeben als in der zu überschreibenden Funktion, dann haben Sie die Funktion neu eingeführt — das gilt unabhängig davon, ob Sie zusätzlich noch virtual angegeben haben, oder nicht.

```
struct Base {
  virtual void richtig();
}
struct Derived : public Base {
  void ohneVirtual()        override;  // Fehler! Nicht virtual
  void virtual mitVirtual() override;  // Fehler! Überschreibt nichts
};
```

Listing 19.8 »override« mit und ohne »virtual«

In beiden Fällen hätten wir eigentlich richtig() überschreiben wollen, haben aber die Namen überschreibenden Funktionen (zur Verdeutlichung sehr) falsch geschrieben.

Im ersten Fall ohneVirtual wird der Compiler einen Fehler melden, weil override nur anwendbar ist, wenn die Funktion virtual ist [5]. Weil wir aber den Namen der Funktion falsch geschrieben haben, ist die Funktion in Derived neu eingeführt — und somit nicht virtual, und der Compiler kann uns darauf hinweisen.

Im zweiten Fall *ist* die Funktion aber trotz falsch geschriebenen Namens virtual. Sie ist aber immer noch neu eingeführt und überschreibt nichts. Und hier verlangt der Standard [6], dass override immer überschreiben muss — der Compiler kann uns einen Fehler melden.

Wenn wir also override angeben, dann müssen wir virtual nicht mehr vor die Funktion schreiben. Es wirkt immer das virtual der überschriebenen Funktion. Gibt es keine virtuelle überschriebene Funktion, haben wir einen Fehler.

Destruktoren Override

Ein vergessenes virtual in einer Basisklasse ist immer ärgerlich. Aber insbesondere gilt dies für Destruktoren. Folgt man Scott Meyers »Make destructors virtual in polymorphic base classes«, [4] macht man ohnehin jeden Destruktor einer Basisklasse virtual. Vergisst man dies, läuft man Gefahr, dass nicht mehr alle Ressourcen korrekt weggeräumt werden.

Folgerichtig können Sie sich angewöhnen, Destruktoren in abgeleiteten Klassen nun immer mit override zu versehen. Das virtual mögen Sie aus Platzgründen dann weglassen, das ist durch das override indirekt angegeben — sozusagen *indirekt explizit*.

```
struct Base {
  virtual ~Base();
};
```

```
struct Derived : public Base {
  ~Derived() override;
};
```

Listing 19.9 Destruktoren sollten in abgeleiteteten Klassen mit »override« markiert werden.

Hätte man aus Versehen das void ~Base() deklariert, würde der Compiler nun meckern. Manchmal ist ja nicht jede Basisklasse von Anfang an dazu gedacht gewesen, einmal eine Basisklasse zu werden. Daher mag man sich das virtual im Desktruktor des ursprünglichen Designs gespart haben — immerhin spart die Abwesenheit jeglicher virtueller Methoden in den meisten C++-Implementierungen ein paar Byte pro Objekt. Leitet man nun von einer solchen Klasse ab und macht sie zu einer Basisklasse, tut man gut daran, den Destruktor automatisch mit override zu versehen. Schwer zu findende Ressourcenfehler werden so vermieden.

Kontext-Schlüsselwörter

Das Schlüsselwort override gehört in die (kleine) Gruppe der *Kontext-Schlüsselwörter* (*contextual keywords*) [1]: Sie haben ihre Bedeutung an genau der Stelle, wie sie beschrieben sind — an einer anderen Stelle können Sie sie als normalen Bezeichner verwenden [2].

Das ist vor allem für die Abwärtskompatibilität wichtig. Bestehende Programme, die eine Variable oder Funktion final oder override genannt hatten, sollen immer noch kompilieren. Es ist wohl einzusehen, dass man in neu geschriebenen Code eine Funktion oder Variable *nicht* so nennen sollte, weil der Leser sonst unnötig verwirrt würde.

[+]

Mantra

Verwende override in jeder Methode, die überschreibt. Dies gilt insbesondere für Destruktoren abgeleiteter Klassen.

Verweise

[1] **Trip Report: November 2010 C++ Standards Meeting**, Herb Sutter, Dec 8, 2011, *http://herbsutter.com/2010/12/08/trip-report-november-2010-c-standards-meeting/* [2011-08-21]

[2] **2.11.(2) Identifiers [lex.name]**, C++11

[3] **Override control: Eliminating Attributes**, Jens Maurer, Mark Hall, Ville Voutilainen, N3206, *http://www.open-std.org/jtc1/sc22/wg21/docs/papers/2010/n3206.htm*

[4] **Item 7: Declare Destructors virtual in polymorphic base classes**, Scott Meyers, Effective C++, 3rd Ed., Addison Wesley 2005

[5] **9.2.(9) Class Members [class.mem]**, C++11

[6] **10.3.(5) Virtual Functions [class.virtual]**, C++11

20   Finale Klassen und Methoden

[syntax.attr.final] Mit dem neuen Schlüsselwort `final` können Sie Methoden und Klassen markieren, die nicht mehr überschrieben werden sollen:

```
struct Driver {
  virtual void print(int) const;
};
struct KeyboardDriver : public Driver {
  void print(int) const final;      // wird nicht mehr überschrieben
};
struct MouseDriver final            // kann nicht mehr abgeleitet werden
  : public Driver
{
  void print(int) const;
};
struct Data final {                 // kann nicht abgeleitet werden
  int value_;
};
```

Listing 20.1 Die Verwendung von »final«

Hintergrund und Beispielcode

Mit der Angabe von `final` im Klassenkopf wird zum Beispiel verhindert, dass man schreibt:

▶ `struct TrackballDriver : public MouseDriver`

▶ `struct MoreData : public Data`

Der Compiler wird einen Fehler melden.

Bei einer Methode wird mit `final` verhindert, dass diese jemals überschrieben werden wird:

```
struct GermanKeyboardDriver : public KeyboardDriver {
  void print(int) const override;    // Fehler! Vorgänger ist final markiert
};
```

Listing 20.2 Methoden mit »final« können nicht überschrieben werden.

Die Methode `print` ist vom Autor von `KeyboardDriver` nicht dazu vorgesehen überschrieben zu werden. Der Versuch, dies trotzdem zu tun, wird vom Compiler mit einem Fehler quittiert.

Ob Sie hier `override` angeben oder nicht, ist nicht relevant. Aber da man bei der Absicht, eine Methode zu überschreiben, immer `override` angeben sollte (siehe Kapitel 19, »Explizites Überschreiben mit override«), haben wir das hier getan.

Finale Klassen

Doch was bedeutet dieses `final` im Klassenkopf genau? Die hier gezeigten Beispiele spiegeln die beiden typischen Verwendungen von Klassen wider.

Die einen — wie `Driver` — implementieren *Verhalten*, indem sie Methoden und Algorithmen zur Verfügung stellen. Gerade in der objektorientierten Programmierung baut man so eine Klassenhierarchie auf, häufig mit *virtuellen Methoden*, die überschreiben werden und so das Verhalten der Klasse verändern. Hier bedeutet das Markieren mit `final` im Klassenkopf, dass man an der Stelle der Vererbung angekommen ist, an der der Klassenautor glaubt, es kann keine weitere Spezialisierung mehr geben. Eine objektorientierte Vererbung stellt eine »Ist-ein«-Beziehung dar (»is-a«). Eine wie `MouseDriver` mit `final` markierte Klasse ist aus Sicht des Programmautors so speziell, dass es keine andere Klasse geben kann, die sich von dieser unterscheidet und doch noch ein `MouseDriver` ist.

Eine andere Sorte Klassen — wie `Data` — enthält pure *Daten*, die eventuell versendet oder von anderen manipuliert werden können. Diese sind selten Teil einer Vererbungshierarchie. Wenn man diese mit `final` markiert, dann haben sie zusätzlich meistens keinen Vorfahren. Also wie `Data` kein `: Base` im Klassenkopf.

Kombinierbarkeit von final für Methoden

Eine Methode, die Sie mit `final` markiert haben, sollten Sie auch mit `override` versehen.[1] Wenn nicht, dann sollten Sie zumindest `virtual` weglassen, denn das bewahrt vor Fehlern: `final` mit `virtual`, aber ohne `override` legt einige Fallstricke aus.

Der Standard verlangt, dass eine mit `final` markierte Methode auch *virtuell* sein muss. Meistens wird sie die Virtualität von der Methode, die sie überschreibt, schon erben. Selten wird es passieren, dass eine Methode erwünschterweise `final` ist (und dadurch erzwungenermaßen auch `virtual`), aber dennoch nichts überschreibt.

So können Sie zwar eine Klasse ohne Vorgänger — wie `Data` — »versiegeln«, aber eine Methode in einer Basisklasse mit `final` zu markieren, macht selten Sinn:

---

1 Es gibt seltene Szenarien, in denen ein `final` auch ohne `override` Sinn macht. Im normalen polymorphen Fall sollte es aber nicht vorkommen. Aber vielleicht bei dynamisch nachladbaren C++-Modulen oder bei `dynamic_cast` auf Templates, die sich selbst als Argument nehmen (CRTP).

- Ist die Methode nicht virtuell, wird der Compiler einen Fehler melden. Wollte man eine solche Methode in einer abgeleiteten Klasse neu definieren, nennt man dies nicht »Überschreiben«, sondern »Verbergen« (*hiding*).

- Schreibt man `final` und `virtual` *zusammen* an eine Funktion, die noch nichts überschreibt, untergräbt man den eigentlich Zweck von virtuellen Methoden. Schließlich soll je nach tatsächlicher Klasse einer Objektinstanz die passende Methode aufgerufen werden. Wenn dies aber nur eine einzige sein kann, dann braucht man die auch nicht `virtual` zu machen.

In einer abgeleiteten Klasse können Sie Methoden mit `final` markieren. Aber aus dem gleichen Grund wie zuvor brauchen Sie das nicht für neu eingeführte Funktionen zu tun.

Daher ist es sicherer, wenn Sie eine Methode mit `final` markieren, sie auch mit `override` zu versehen. Und wenn *nicht*, dann sollten Sie auch das `virtual` weglassen. Denn dann erfüllt `final` gleichzeitig die Funktion von `override`: Haben Sie sich im Funktionsnamen vertippt, oder ändert sich das Interface einer ererbten Methode, dann wird der Compiler einen Fehler diagnostizieren, siehe Kapitel 19, »Explizites Überschreiben mit override«.

```cpp
struct Driver {
  virtual void print(int) const;
};
struct GraphicsDriver : public Driver {
  void virtual prynt(int) const final; // Ups! akzeptiert, trotz Tippfehler
};
struct HarddriveDriver : public Driver {
  void prynt(int) const final;         // Tippfehler, dank 'final' bemerkt
};
struct DvdDriver : public Driver {
  void prynt(int) const final override;// Tippfehler, dank 'override' bemerkt
};
```

Listing 20.3 Methoden mit »final« benötigen meistens auch »override«.

Die Methode `GraphicsDriver::prynt` erfüllt die Anforderung des Compilers, dass sie virtuell sein muss. Der Tippfehler im Funktionsnamen wird also nicht bemerkt. Beachten Sie insbesondere, dass `final` auch in Ordnung ist, wenn *keine* Methode überschrieben wird. Und zwar gilt das *auch*, wenn die Methode gleichzeitig `virtual` ist, was zusammengenommen in extrem seltenen C++-Designs vorkommen dürfte, wie oben beschrieben.

In `HarddriveDriver::prynt` überschreiben wir durch den Tippfehler aber keine Funktion, daher ist `prynt` nicht virtuell, und der Compiler kann uns auf den Fehler hinweisen. Die zusätzliche Angabe von `override` haben wir hier eingespart.

Im letzten Fall wird final zusammen mit override verwendet. Es wird zwar wegen des Tippfehlers keine Methode überschrieben, aber der Compiler beschwert sich auch diesmal trotzdem und bewahrt uns vor dem Fehler. Und zusammen mit dem override ist es dann auch wieder gleichgültig, ob man virtual auch noch dazu schreibt oder weglässt.

Es ist dann eine Frage des Stils, entweder final bevorzugt ohne virtual zu verwenden oder zusätzlich zum final sicherheitshalber noch override hinzuzufügen. Letzteres ist länger, aber deutlicher.

Optimierungspotenzial

Es ist sogar möglich, dass Compiler aus der final-Angabe Nutzen ziehen können [2].

Wenn bei einer Klasse, die virtuelle Methoden enthält, der Compiler *weiß*, dass keine weitere Klasse hiervon abgeleitet werden kann, dann könnte der Compiler in manchen Fällen aus dem Aufruf einer *virtuellen Methode* einen *konkreten Aufruf* machen.

Der Aufruf einer (*konkreten*) normalen Methode ist normalerweise ein Sprung an eine fest im Programmablauf stehende Adresse. Bei einer virtuellen Funktion schaut der Compiler dafür zuerst in einer Tabelle nach, dessen Adresse die Instanz in der »virtuellen Methodentabelle« mit sich herumträgt. Wenn der Compiler aber schon genau wissen kann, wie diese Tabelle aussieht, braucht er nicht nachzusehen. Das ist dann der Fall, wenn der Zeiger oder die Referenz von dem Typ ist, der mit final markiert ist.

```
int main() {
  Driver *d = new KeyboardDriver{};
  d->print(66);                    // virtueller Aufruf
  KeyboardDriver *kb = new KeyboardDriver{};
  kb->print(42);                   // nicht-virtueller Aufruf möglich
};
```

Listing 20.4 Der Compiler könnte für »kb« nicht-virtuelle Aufrufe generieren.

Während d potenziell ein Zeiger auf irgendeine Instanz der Driver-Hierarchie sein könnte, weiß der Compiler, dass kb nur ein Objekt »ab oder unterhalb« von KeyboardDriver sein kann. »Unterhalb« kann es aber wegen der Markierung mit final nicht geben. Ein Nachschlagen in der *virtuellen Methodentabelle* ist also nicht nötig. Der Compiler kann den Sprung zu KeyboardDriver::print direkt einbauen.

Im Extremfall könnte dadurch sogar möglich sein, dass der Funktionscode nun direkt an der Stelle des Aufrufs eingesetzt werden kann, also »inlining« ermöglicht.

Der Nutzen wäre noch größer, weil die eigentliche Bremse im einem typischen Programmablauf nicht die *virtuellen* Funktionsaufrufe im Vergleich zu den *konkreten* sind— eine Indirektion mehr oder weniger macht den heutigen Prozessoren wenig zu schaffen. Wenn der Funktionsaufruf ganz wegfällt, bleibt viel mehr vom inneren Zustand der CPU übrig. Dann kann sie ihre volle Stärke mit dem Umordnen von Maschinencode und Sprungvorhersagen ausspielen, was ihr bei einem Funktionsaufruf ansonsten erschwert würde, wenn nicht gar ganz verhindert wird.

Unter diesem Aspekt macht es durchaus Sinn, die eine oder andere virtuelle Methode als Hinweis für Compiler mit `inline` zu versehen, wenn sie auch `final` ist. Etwas, was vor C++11 nur wenig Sinn gemacht hat.

Beförderung zu private

Effektiv wird in einer Klasse, die mit `final` markiert jede `protected`-Methode zu einer `private`-Methode. Da es ja keine abgeleitete Klasse mehr geben kann, gibt es außer der Klasse selbst niemanden, der eine `protected`-Methode sonst aufrufen könnte.

```
struct Base {
protected:
  virtual void func();
  virtual void calc();
};
struct Derived final : public Base {
protected: // in einer final-Klasse das Gleiche wie 'private'
  void func() override;
};
```

Listing 20.5 »protected final« ist das Gleiche wie »private«.

In `Derived` werden alle ererbten Methoden effektiv zu *privaten* Methoden. Das gilt für die überschriebene `func` ebenso wie für die nur ererbte Methode `calc`. Auch hier besteht Optimierungspotenzial für den Compiler, wenn er sicher weiß, dass eine private Methode aufgerufen wird.

Der alte Trick

In vielen Programmiersprachen kann man anzeigen, dass eine Klasse nicht als Basisklasse einer anderen dienen soll. Andere Begriffe dafür sind *versiegelt (sealed)*, oder *eingefroren (frozen)*. In C++ konnte man dies bisher nur mit Tricks erreichen, zum Beispiel dem aus [1]:

```
class Frozen;
struct Freeze {
private:
    Freeze () {}
    friend class Frozen;
};
class Frozen : public virtual Freeze {
  /*...*/
};
```

Listing 20.6 Ohne »final« zu einer nicht ableitbaren Klasse

Der Konstruktor in `Freeze` ist `private`, und durch die Angabe von `friend class` wurde nur `Frozen` erlaubt, diesen aufzurufen. Durch die Verwendung von `virtual` in der Liste der Vorgängerklassen muss nun aber jede Klasse der Hierarchie diesen Konstruktor aufrufen. Wenn man versucht, von `Frozen` eine weitere Klasse abzuleiten, steht diese aber nicht in der Liste derer, die das tun dürfen — `friend class` vererbt sich nicht. Es wäre einer solchen Klasse also unmöglich, den Kontruktor von `Freeze` aufzurufen.

Das ist natürlich eine ziemlich umständliche Art, eine Klasse als »bitte nicht mehr ableiten« zu markieren. Es macht den Code auch nicht wirklich leichter verständlich.

Nicht abstrakt

Im Moment erlaubt ein konformer Compiler, dass eine Klasse `final` und *abstrakt* sein kann.

Zur Erinnerung: Eine Klasse ist abstrakt, wenn sie eine *virtuelle Methode* hat, die mit = 0 markiert wurde. Üblicherweise zeigt man so an, dass eine ableitende Klasse, die nicht abstrakt sein will, diese Methode implementieren muss. Eine Klasse mit mindestens einer so definierten Methode nennt man abstrakt und der Compiler erlaubt nicht, sie zu instanziieren.

```
struct AxxFin final {
  virtual void draw() = 0;     // abstrakte Methode
};
```

Listing 20.7 Eine abstrakte und finale Klasse macht keinen Sinn.

Weil die Klasse abstrakt ist, können Sie diese Klasse *nicht* mit `AxxFin a = new AxxFin{};` oder Ähnlichem instanziieren. Andererseits können Sie durch das Versiegeln mit `final` auch keine Klasse mehr davon ableiten. Dennoch wird ein C++11-Compiler diese Klasse zulassen.

Im Moment wird diskutiert, ob dies in einer Korrektur des Standards geändert werden sollte [3]. Das wäre dann das Verhalten, das auch für Java- und C# so definiert ist. Wenn Ihr Compiler hier also eine Warnung ausgeben sollte oder die Klasse ganz zurückweist, ist er in der Tat sehr aktuell.

Kontext-Schlüsselwörter

Auch `final` gehört wie `override` in die (kleine) Gruppe der *Kontext-Schlüsselwörter (contextual keywords)*: Sie haben ihren Schlüsselwortstatus nur an der Stelle, wo sie als Schlüsselwort vorgesehen sind. An einer anderen Stelle könnten Sie sie als normalen Bezeichner verwenden. In neu geschriebenen Programmen sollten Sie aber davon absehen, um die nachfolgenden Leser des Codes nicht zu verwirren.

[+]

> **Mantra**
>
> Eine Klasse oder Methode `final` zu markieren, sagt viel über die beabsichtigte Benutzung der Klasse aus. Es gibt eventuell Optimierungspotenzial für den Compiler.

Verweise

[1] **Final/frozen classes in c++**, Roman Kecher, 01/09/2009,
http://cplusplus.co.il/2009/09/01/final-frozen-classes-in-cpp/ [2011-09-24]

[2] **How does the compiler benefit from C++'s new final keyword? (Answers)**, Stackoverflow,
http://stackoverflow.com/q/7538820/472245 [2011-09-24]

[3] **Defect report: abstract final classes**,
https://groups.google.com/group/comp.std.c++/msg/8385a20174511771 [2011-12-06]

[4] **2.11.(2) Identifiers [lex.name]**, C++11

[5] **Override control: Eliminating Attributes**, Jens Maurer, Mark Hall, Ville Voutilainen, N3206,
http://www.open-std.org/jtc1/sc22/wg21/docs/papers/2010/n3206.htm

[6] **9.2. Class Members [class.mem]**, C++11

[7] **10.3. Virtual Functions [class.virtual]**, C++11

[8] **Curiously recurring template pattern**,
https://secure.wikimedia.org/wikipedia/en/wiki/Curiously_recurring_template_pattern [2011-09-24]

21   Attribute, so viele Sie möchten

[syntax.attr.general] C++11 standardisiert die Syntax, mit der *Attribute* jedes beliebige Sprachelement auszeichnen können. Zwei Attribute sind schon mit Bedeutung belegt, nämlich [[noreturn]] und [[carries_dependency]].

```
[[noreturn]] void fatal() {
  throw "error";
}
[[carries_dependency]] int* g(int* x, int* y);
```

Listing 21.1 Standardisierte Syntax für Attribute

Auch wenn der Standard bisher nur diese beiden Attribute vorsieht, so vereinheitlicht er nun die Syntax solcher »zusätzlichen Information« an den Compiler.

Hintergrund und Beispielcode

Durch Attribute wird in der Regel die Semantik eines Programms nicht verändert. Dem Compiler wird zusätzliche Information mitgegeben, die es ihm erlaubt, effizienteren Code zu produzieren oder ein spezielles Plattformfeature auszunutzen.

Bisher verwenden unterschiedliche Compiler unterschiedliche Methoden, um solche »Metainformationen« im Code unterzubringen. Der *Gnu C Compiler* verwendet zum Beispiel __attribute__((noreturn)), während Microsoft die Schreibweise __declspec(noreturn) verlangt. So hat jeder Compiler seine eigene Notation.

Durch die vereinheitlichte Syntax mit [[...]] wird einer Wildwucherung unterschiedlicher Syntaxen entgegengewirkt. Compilerhersteller können an dieser Stelle ansetzen, um Erweiterungen einzubauen.

Es ist einer Implementierung freigestellt, ob sie unbekannte Attribute mit einem Fehler zurückweist, ob sie eine Warnung ausgibt oder ein unbekanntes Attribut einfach ignoriert. Alle Vorgehensweisen haben ihre Vor- und Nachteile.

Auch wenn bisher nur die beiden folgenden Attribute [4] definiert sind, sind zukünftige Erweiterungen des Standards an dieser Stelle nun einfacher:

▶ [[noreturn]] — Funktion kehrt nicht zum Aufrufer zurück.

▶ [[carries_dependency]] — Erlaubt dem Compiler im multithreaded Fall Optimierungen über Funktionsgrenzen hinweg.

Es ist vorgesehen, dass Attribute auch mit Namensräumen und Argumenten versehen werden können, also zum Beispiel:

```
[[omp::for(counter,index)]]
```

Aber auch hier gilt: Compiler können unbekannte Namensräume ignorieren, warnen oder einen Fehler ausgeben.

Generell können Attribute beinahe überall im Quelltext auftauchen. Jedes Attribut wird natürlich nur an bestimmten Stellen Sinn machen — `[[noreturn]]` kann nur vor einer Funktion stehen. Aber im Prinzip können Sie *alles* mit Attributen anreichern: Variablen, Funktionen, Funktionsargumente, Typen usw. Als Faustregel gilt, dass Attribute dem Sprachelement, auf das sie wirken, *nachgestellt* sind. Stehen sie ganz am Anfang, gelten sie für eine ganze Deklaration [1]. Jedes bestehende und kommende Attribut wird aber die Stelle seines Vorkommens und seine Wirkung genau definieren.

Attributartig

Die neuen *Kontext-Schlüsselwörter (contextual keywords)* `override` und `final` sind eng verwandt mit Attributen. Sie wurden jedoch wegen ihrer wichtigen Bedeutung nicht als bloße Attribute vorgesehen, siehe Kapitel 19, »Explizites Überschreiben mit override«, und Kapitel 20, »Finale Klassen und Methoden« [2].

Auch `alignas(`*typ*`)` ist dem Attributstatus entgangen. Damit können Sie dem Compiler bei Variablendeklarationen mitteilen, wie er das Element im Speicher ausrichten soll. In Klammern steht hier entweder ein *Typ* oder ein konstanter Ausdruck, den der Compiler zu einem `size_t` berechnen kann.

```
alignas(double) unsigned char c[sizeof(double)];   // mit Typ
alignas(16) int value;                              // mit Ausdruck
struct Elem { double x; int y; };
alignas(Elem) alignas(int) Elem buffer[99];         // kombiniert
```

Listing 21.2 »alignas()« wird nicht als generelles Attribut notiert.

Potenzielle Kandidaten

Der aktuelle Standard hat mit `noreturn` und `carries_dependency` bisher nur zwei Attribute definiert — und, wenn man so will, `final`, `override` und `alignas`, die aber ohne die eckigen Klammern angegeben werden.

Bei dem Gedanken an die Compilerlandschaft und an Portabilität gibt es eine Menge Kandidaten, die alle als Attribut verwendet und in eine kommende Revision des C++-Standards aufgenommen werden könnten. Der Vorschlagstext hat aus bestehenden Implementierungen immerhin schon einige Kandidaten identifiziert [1]:

- ▶ `pure` — Rückgabewert immer gleich

- ▶ `probably(true)` — Hinweis an den Compiler auf den wahrscheinlichen `if`-Ausgang

- ▶ `deprecated` — Warnung bei alten Funktionen

- ▶ `noalias` — eindeutige Interpretation einer Speicherstelle

- ▶ `unused` — nicht verwendeter Parameter

- ▶ `register` — vielleicht wird das Schlüsselwort mal irgendwann ein Attribut

- ▶ `owner` — Objekt wird Pointer wegräumen

- ▶ `omp::...` — Parallelisierungs-`#pragma` als Attribut

Die Liste ließe sich fortsetzen. Es ist offensichtlich, dass man für manche Anwendungen dem Compiler mehr Informationen mitgeben möchte. Die Zeit wird zeigen, ob und welche Attribute standardisiert werden und wie die Compiler damit umgehen werden. Wenn sie ein Attribut nicht kennen, dürfen sie sich verhalten, wie es ihnen am besten erscheint (»implementation-defined«). Quittieren sie eines mit einem Fehler, erschwert das Portieren von Code von einem anderen Compiler.

Laut oder Leise

Andererseits kann nicht von jedem Compiler die Unterstützung aller Features verlangt werden. Als wichtige Grundregel gilt, dass ein Attribut die Semantik eines Programms nicht verändern darf. Aber ob deshalb ein Compiler ein unbekanntes Attribut still ignorieren sollte? Zu leicht wird dann ein Tippfehler in einem Attribut übersehen. Und vielleicht taucht dadurch ein Fehler an ganz anderer Stelle auf: Eine dynamische Bibliothek exportiert eine bestimmte Funktion nicht mehr und erzeugt beim Laden in einem Programm einen Fehler — mehr als ärgerlich.

Ein Attribut auszuwerten oder nicht kann also durchaus kritisch sein. Der *Gnu Compiler* schreibt eine Warnung bei ihm unbekannten Attributen (im Moment in der `__attribute__`-Notation). Zu viele Warnungen sind im Programmieralltag aber auch gefährlich.

Wer ganz sicher gehen will, bis sich eine »Best Practice« für Attribute bei den unterschiedlichen Compilern einstellt, benutzt für Programme, die portiert werden sollen, besser nur die aktuell standardisierten Attribute.

[+] **Mantra**

Mit `[[...]]` gibt es eine erweiterbare Syntax für Attribute. Compiler *können* unbekannte Attribute ignorieren, darüber warnen oder mit einem Fehler stoppen.

Verweise

[1] **Towards support for attributes in C++ (Revision 4)**, Jens Maurer, Michael Wong, N2553

[2] **Override control: Eliminating Attributes**, Maurer, Hall, Voutilainen, N3206,
http://www.open-std.org/jtc1/sc22/wg21/docs/papers/2010/n3206.htm

[3] **Core issue 951: Various Attribute Issues (revision 1)**, Daveed Vandevoorde, N3033

[4] **7.6 Attributes [dcl.attr]**, C++11

[5] **7.(1) Declarations [dcl.dcl]**, C++11

22 Kopieren, Verschieben und Weiterleiten

[rval.intro] Vor allem zweierlei Dinge, die den Erdenkern von C++ schon immer ein Dorn im Auge waren, werden mit dem Hinzufügen von *RValue-Referenzen* in dem neuen Sprachstandard gelöst:

▶ Die Sprache definiert eine Semantik für das *Verschieben* des Zustands des einen Objekts in ein anderes Objekt (*Move Object State*).

▶ Bibliotheken können mit weniger Überladungen alle Argumente an eine andere Funktion *weiterleiten* (*Perfect Forwarding*).

Diese beiden doch sehr unterschiedlich klingenden Features kann der Programmierer nun benutzen, indem er explizit mit der &&-Syntax auf temporäre Objekte (*RValues*) referenzieren kann.

An vielen Stellen braucht der Programmierer sich jedoch um gar nichts zu kümmern, sondern allein durch die nun eingeführte Semantik kann der Compiler RValue-Referenzen für Optimierungen nutzen.

Hintergrund und Beispielcode

RValue-Referenzen sind eine der gravierendsten Neuerungen in C++11. Deshalb besprechen wir deren Kernaspekte hier in separaten Kapiteln:

▶ Das Kapitel 23, »Klassen fürs Verschieben entwerfen«, erklärt, wie man mit RValue-Referenzen Verschieben praktisch implementieren kann.

▶ In Kapitel 24, »Kein Return von RValue-Referenzen«, gehen wir kurz darauf ein, dass && als Rückgabewert selten Sinn macht.

▶ Kapitel 25, »RValue-Referenzen für Perfect Forwarding«, erklärt Perfect Forwarding im Detail.

▶ Auf spezielle Aspekte beim Überladen von Methoden und Funktionen mit &&-Argumenten wird in Kapitel 26, »Überladen auf RValues«, eingegangen.

In der vorliegenden Einführung geben wir einen kurzen Überblick und erklären, was der Begriff RValue-Referenz bedeutet.

Beginnen wir mit dem Namen: Ein temporärer Wert wird in C++ schon lange RValue genannt — »R«, weil er häufig auf der *rechten* Seite einer Zuweisung vorkommt.[1] Während eine Referenz auf ein *wirkliches*, nicht-temporäres Objekt (*LValue*) schon lange vorkommt, führt C++11 ein, dass Sie auch eine Referenz

---

1 Jedoch ist diese Namensgebung mehr historisch bedingt und nicht wirklich präzise.

auf ein temporäres Objekt in den Quelltext schreiben können: eine RValue-Referenz. Während eine normale LValue-Referenz mit & notiert wird, stellt man eine RValue-Referenz mit && dar.

Kopieren unnötig

Der erste Aspekt von RValue-Referenzen hat das Ziel, Kopieroperationen zu vermeiden. Der Mechanismus greift vor allem, wenn *temporäre Variablen* im Spiel sind. Durch RValue-Referenzen kann der Programmierer diese anders behandeln als dauerhafte Werte — und so unnötige Kopien ihrer Membervariablen vermeiden. An einigen Stellen sind sogar nicht einmal temporäre Variablen nötig, um RValue-Referenzen auszunutzen, zum Beispiel bei Rückgabewerten aus Funktionen.

Objekte und Zustände

Wenn man über die neuen Möglichkeiten von C++11 liest, wird oft erwähnt, man könne jetzt verschieben. Das dürfen Sie aber nicht missverstehen, als dass sich irgendeine Datenentität irgendwie durch den Speicher bewegt wie ein LKW — das wäre die falsche Vorstellung.

Vielmehr bedeutet es, dass man ein Objekt aus zwei Teilen bestehend auffasst:

▶ seine *Hülle*, die Instanz des Objekts selbst

▶ seinen *Zustand*, der die Daten des Objekts widerspiegelt

Verschieben heißt nun, dass der Zustand eines Objekts A in ein anderes Objekt B nicht kopiert wird, sondern übergeben — wie der Stab eines Staffelläufers. Im Normalfall hat nach der Übergabe Objekt A seinen Zustand verloren und Objekt B enthält ihn — also dessen Daten.

```
struct Objekt {
  int *zustand; // beliebig viele Daten
};
void verschiebe(Objekt &A, Objekt &B) {
  B.zustand = A.zustand; // A übergibt Zustand an B
  A.zustand = nullptr;   // A gibt seinen Zustand auf
}
```

Listing 22.1 Verschieben des Zustands von Objekt A nach Objekt B

Mit einem rohen Pointer konnte der Programmierer das natürlich von Hand schon immer machen. Aber erstens mögen wir ja keine rohen Pointer, sondern bevorzugen zum Beispiel vector<int>, und zweitens lässt uns der Compiler manchmal nicht genau dort eingreifen, wo wir verschieben möchten.

Betrachten wir zum Beispiel die *Factoryfunktion* mit der Signatur vector<string> getData(). Beinahe egal, wie sie implementiert ist, irgendwo darin wird return result oder etwas Ähnliches stehen. Der wird dann zum Beispiel vector<string> data = getData(); zugewiesen, wie in Abbildung 22.1 oben dargestellt.

Im allgemeinen Fall muss man in C++03 hier annehmen, dass result dafür nach data kopiert werden muss (Abbildung 22.1 mitte).[2] Für diesen Fall gibt es in C++ schon lange die *Zuweisung* mit operator= und die Kopie mit dem *Kopierkonstruktor* Objekt(const Objekt&). Diese implementieren die *Kopiersemantik*.

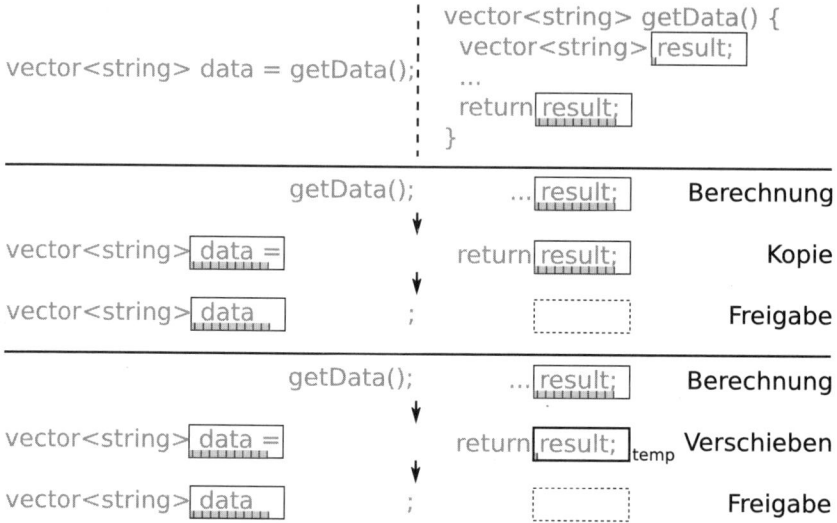

Abbildung 22.1 Für die Rückgabe wird der Compiler den Inhalt von »temp« verschieben, anstatt ihn zu kopieren.

Wenn wir einen dieser beiden auf Objekt aus Listing 22.1 anwenden, dann machen wir eigentlich einen semantischen Fehler — schließlich ist das Feld zustand als int* nach der Kopie von zwei Objekten referenziert. Wem »gehört« zustand? Eigentlich verwenden wir hier falsche Semantik — es wäre korrekter gewesen, hätten wir unsere Funktion verschiebe angewandt. Aber woher soll der Compiler wissen, dass er diese statt operator= für Zuweisung oder Kopierkonstruktor hätte verwenden sollen?

Der verschiebende Konstruktor

Sagen wir es ihm doch! Nur, nennen wir die Funktion anders: Wir nennen sie Objekt(Objekt&&):

---

2 Es gibt die Return-Value-Optimization, die in vielen Fällen diese Kopie vermeidet — wenn es zum Beispiel nur ein einziges return in getData() gibt.

```
struct Objekt {
  int *zustand; // beliebig viele Daten
  Objekt(Objekt &&A)
    : zustand{A.zustand}       // A übergibt Zustand an this
    { A.zustand = nullptr; } // A gibt seinen Zustand auf
};
```

Listing 22.2 Unser erster Verschiebekonstruktor

Der somit definierte *Verschiebekonstruktor* erledigt genau die Aufgabe von `ver-schiebe()`. Durch `Objekt&&` sagen wir dem Compiler, dass er diese Operation nur auf ein `Objekt` anwenden darf, das seinen Zustand »nicht mehr braucht«. Bei `return result;` ist das mit Sicherheit der Fall – nach dem `return` wird `result` sehr bald verworfen. Also wird, wie in Abbildung 22.1 unten dargestellt, der innere Zustand von `result` nach außen an `data` weitergereicht. Eine komplette Kopie ist nicht nötig.

Die verschiebende Zuweisung

Analog zum Kopierkonstruktor mit seinem Bruder, der *Zuweisung*, gesellt sich zum Verschiebekonstruktor auch eine *Verschiebezuweisung*. Die Faustregel »wenn man einen Kopierkonstruktor definiert, sollte man auch die Zuweisung definieren« hat ihr Pendant »wenn man einen Verschiebekonstruktor definiert, sollte man auch die Verschiebezuweisung definieren«, und deswegen komplettieren wir das Beispiel und haben somit die Verschiebesemantik implementiert:

```
struct Objekt {
  int *zustand; // beliebig viele Daten
  Objekt(Objekt &&other)                  // Move
    : zustand{other.zustand}
    { other.zustand = nullptr; }
  Objekt& operator=(Objekt &&other) {     // Move-Assign
    zustand = other.zustand;
    other.zustand = nullptr;
    return *this;
  }
  Objekt(const Objekt &other);            // Copy?
  Objekt& operator=(const Objekt &other); // Assign?
};
```

Listing 22.3 Komplette Verschiebesemantik für die Klasse »Objekt«

Darüber, ob und was für *Copy* und *Assign* zu implementieren ist, müssen Sie sich getrennt Gedanken machen, das ist von Fall zu Fall verschieden. Semantisch korrekt wären hier zum Beispiel:

► Löschen mit = `delete` und damit die Verwendung verbieten (siehe Kapitel 27, »Delete löscht vordefinierte Methoden«) oder

► Implementieren durch Kopie der Daten `zustand`.

Hiermit sind Sie für die häufigste Anwendung im Alltagsgebrauch von `T&&` gerüstet. In Kapitel 23, »Klassen fürs Verschieben entwerfen«, wird noch etwas genauer auf die Hintergründe und Stolpersteine beim Verschieben eingegangen.

Was ist ein Temporary?

Die Syntax `T&&` mutet etwas seltsam an. Sie steht für eine RValue-Referenz auf einen Typ `T`.

Wie einleitend schon gesagt, ist ein RValue ein »anonymes temporäres Objekt«. Im Gegensatz zu LValues, können sie (normalerweise) nicht das Ziel einer Zuweisung sein. RValue-Ausdrücke stellen Objekte ohne »persistente Identität« dar — und somit würde das Ergebnis der Zuweisung nirgendwo landen können.

Als Faustregel gilt: Ein Ausdruck, dem Sie keine Adresse zuordnen können, ist ein RValue. Wenn Sie also mit dem `&`-Operator seine Adresse ermitteln können, dann ist es auf jeden Fall ein LValue [1]. Einige Beispiele [2]:

► Das sind LValues:

  ► `obj`, `*ptr`, `ptr[index]`, `++x`

  ► `e` in `e = [...];`

  ► `fref()` in `fref() = 42;`, wenn `int& fref();` definiert ist

► Und das sind RValues:

  ► `1729`, `x+y`, `string("miau")`, `x++`

  ► `func()` in `int i = func();`, wenn `int func();` definiert ist

Beachten Sie besonders:

► Der Rückgabewert einer Funktion ist genau dann ein LValue, wenn sie eine Referenz zurückliefert. In allen anderen Fällen liefert sie ein »temporäres Objekt« zurück (das ist schon in C++03 so) [2].

► Der Unterschied zwischen `++x` und `x++`: Beide (sollten) inkrementieren, `++x` verändert direkt das persistente Objekt, aber `x++` erzeugt zunächst ein temporäres Objekt — und ist somit ein *RValue*.[3]

---

3 Sich die Schreibweise `++i` statt `i++` anzugewöhnen, wenn es ansonsten egal ist, vermeidet im Zweifelsfalle ein temporäres Objekt.

▶ Die Faustregel hilft hier. Während &obj, &*ptr, &ptr[index], &++x alles gültige (wenn auch vielleicht sinnlose) Ausdrücke darstellen, sind &1729, &(x + y), &std::string("miau"), &x++ alle ungültig und werden vom Compiler bemängelt.

Perfect Forwarding

Der zweite Aspekt, der durch die &&-Syntax gelöst wird, ist Perfect Forwarding. Auch dieser Begriff bedarf einer Erklärung. In einem Satz zusammengefasst heißt es, dass eine (Template)-Funktion ein Argument an eine andere Funktion weiterleiten *(forwarden)* kann und dabei seine const- und Referenz-Eigenschaft nicht berührt wird *(perfect)*.

Anders als bei der Semantik fürs Verschieben ist weniger der innere Zustand des Objekts relevant, als die Regeln dafür, wie &&-Argumente zu handhaben sind.

Übertrieben überladen

Wann tritt diese Problematik genau auf?

Man stelle sich vor die Aufgabe, dass man eine Factory-Funktion make_thing schreiben soll, die Argumente beliebiger Typen T, U und V nehmen kann und dieses an einen Konstruktor von Thing weiterleitet. Dieser Funktion soll es egal sein, ob die Argumente const-Referenzen (wie bei make_thing(3+4,...)) oder Referenzen (wie bei make_thing(a,...)) sind.

Im bisherigen C++ hätten Sie für *n* Argumente von make_thing dann 2^n Überladungen definieren müssen, was nur durch schwerste Makroprogrammierung Codeduplikation hätte vermeiden können.

Die C++11-Lösung ist, alle Argumente an make_thing als T&& zu übergeben, denn in Funktions-Templates passt das dann sowohl auf a als auch auf 3+4. Zusammen mit der Standardfunktion forward sieht das Ganze dann so aus:

```
template<typename T, typename U, typename V>
Thing make_thing(T&&t,U&&u,V&&v) {
   return Thing(forward<T>(t),forward<T>(u),forward<T>(v));
}
int main() {
   int a=3, b=2, c=1;
   Thing t1 = make_thing(a,b,c);
   Thing t2 = make_thing(a,3+4,c);
}
```

Listing 22.4 Das erste Perfect Forwarding

Wie gesagt, das gilt in Templates — der Mechanismus ist, dass die unterschiedlichen Aufrufarten die benötigten Funktionen dann passend generieren. Mit einer normalen Funktion ginge das nicht, wie in Kapitel 25, »RValue-Referenzen für Perfect Forwarding«, genauer beschrieben wird.

```
int mult(int&&t,int&&u,int&&v) {
  return t + u + v;
}
int main() {
  int x=3, y=2, z=1;
  cout << mult(1+2,2+3,3+4) << endl; // OK, alles temporäre Werte
  cout << mult(x,y,z) << endl;   // Fehler! x,y,z sind LValues
}
```

Listing 22.5 Explizit auf RValues zu überladen ergibt nur in Template-Funktionen den erwünschten Effekt.

[+]

Mantra
RValue-Referenzen ermöglichen Verschiebesemantik und in Template-Funktionen Perfect Forwarding.

Verweise

[1] **C++ Rvalue References Explained**, Thomas Becker,
  http://thbecker.net/articles/rvalue_references/section_01.html [2011-08-25]

[2] **Rvalue References: C++0x Features in VC10, Part 2**,
  http://blogs.msdn.com/b/vcblog/archive/2009/02/03/rvalue-references-c-0x-features-in-vc10-part-2.aspx

[3] **The Forwarding Problem: Arguments**, Dimov, Hinnant, Abrahams, N1385,
  http://www.open-std.org/jtc1/sc22/wg21/docs/papers/2002/n1385.htm

[4] **Rvalue References and Perfect Forwarding in C++0x**, Anthony Williams,
  http://www.justsoftwaresolutions.co.uk/cplusplus/rvalue_references_and_perfect_forwarding.html
  [2011-05-21]

23 Klassen fürs Verschieben entwerfen

[rval.std.move] Mit der Einführung von *RValue-Referenzen* gibt es zwei neue Standardoperationen für Klassen. Beide bekommen als Argument eine solche `&&`-Referenz, die im Normalfall für ein temporäres Objekt steht — also eines, das sehr bald verworfen werden wird.

- *Verschiebekonstruktor (Move Constructor)*

    - verwandt dem *Kopierkonstruktor (Copy Constructor)*

    - Signatur `T::T(T&& other)`

    - zur Erzeugung eines neuen Objekts aus einem anderen heraus (`other`), dessen Daten entnommen werden sollen

- *Verschiebezuweisung (Move Assign)*

    - verwandt der *Zuweisung (Assign)*

    - Signatur `T& T::operator=(T&& other)`

    - zum Überschreiben eines bestehenden Objekts (`this`) mit den Daten eines anderen (`other`), dessen Daten entnommen werden sollen

Das Argument `other` ist jeweils *nicht* `const`, denn es repräsentiert das temporäre Objekt. Ihm sollen die Daten »gestohlen« werden können, mit dem Ziel, kostbare Kopieraktionen zu vermeiden. Daher muss es veränderbar bleiben.

Da an vielen Stellen Objekte bewegt werden, zum Beispiel bei der Verwendung der Standardcontainer, lohnt es sich, seine Klassen mit den beiden Verschiebeoperationen auszustatten. Die zugrunde liegenden Algorithmen wählen, wenn sie können, dann die performancesparende Verschiebeoperation statt der Kopie.

In manchen Szenarien macht es Sinn, Kopieren seines Objekts ganz zu verbieten. Das können Sie erreichen, indem Sie Zuweisung und Kopierkonstruktor mit `= delete` löschen. Sie können dann stattdessen Verschiebekonstruktor und Verschiebezuweisung implementieren. Trotzdem bleiben Sie flexibel und können zum Beispiel Standardcontainer weiter verwenden.

Hintergrund und Beispielcode

Was waren noch einmal die Gründe, bestimmte Dinge vom Design her zu verbieten? Gefährliche *flache Kopien (shallow copy)* zum Beispiel:

```
struct PtrHolder {
  int *data;
  PtrHolder(int from, size_t len)
    : data{new int[len]} {            // allozieren
    // irgendwelche Daten [from,from+1,from+2,...,from+len-1]
    generate_n(data, len, [&from](){ return ++from; });
  }
  ~PtrHolder() { delete[] data; }   // löschen
  PtrHolder(const PtrHolder& other)
    : data{other.data} {}           // Oh-oh: flache Kopie.
},
int main() {
  {
    PtrHolder p1 {10,40};
    {
      PtrHolder p2 = p1;            // flache Kopie!
    } // p2 löscht sein data
  } // Fehler! p1 löscht das gleiche data
}
```

Listing 23.1 Gefährliche flache Kopie

Nun, es sollte selten nötig sein, einen Raw-Pointer direkt als Membervariable zu verwenden — erwägen Sie Standardcontainer, `unique_ptr` oder `shared_ptr`. Aber das Beispiel funktioniert ebenso gut mit anderen Arten von Ressourcen, wie Dateien oder Locks.

Verbessern wir das Design und verbieten Kopie und Zuweisung:

```
struct PtrHolder {
  int *data;
  PtrHolder(int from, size_t len); // impl wie vorher
  ~PtrHolder() { delete[] data; }
  PtrHolder(const PtrHolder&) = delete;
  PtrHolder& operator=(const PtrHolder&) = delete;
};
```

Listing 23.2 Gefährliche flache Kopie, entschärft

Damit verhindern wir das unvorsichtige `p2 = p1`. Aber wir verhindern auch allerlei Nützliches! Nun können wir `PtrHolder` zum Beispiel nicht mehr in einen `vector` packen. Schade. Oder können wir?

Verschieben hui, Kopieren pfui

Wir können! Und zwar indem wir statt der Kopie das *Verschieben* erlauben, siehe auch Kapitel 27, »Methoden per delete und default«.

```cpp
struct PtrHolder {
  int *data;
  PtrHolder() : data{nullptr} {}
  PtrHolder(int from, size_t len); // impl wie vorher
  ~PtrHolder() { delete[] data; }
  // teures Kopieren verbieten
  PtrHolder(const PtrHolder&) = delete;
  PtrHolder& operator=(const PtrHolder&) = delete;
  // Verschieben erlauben
  PtrHolder(PtrHolder &&other)
   : data{other.data} {        // Stehlen
     other.data = nullptr;     // Aufräumen
  }
  PtrHolder& operator=(PtrHolder &&other) {
    if(data) delete[] data; // Selbstaufgabe
    data = other.data;        // Stehlen
    other.data = nullptr;     // Aufräumen
    return *this;
  }
};
```

Listing 23.3 Kopieren verbieten, aber Verschieben erlauben

Und schon haben wir eine Klasse, deren Instanzen Sie nicht kopieren, wohl aber verschieben können.

Das kanonische Muster, nach dem Sie bei der Implementierung von Verschiebekonstruktor und Verschiebezuweisung vorgehen sollten, ist [4]:

1. bei Verschiebezuweisung freigeben der selbst belegten Ressourcen, die durch die Zuweisung sonst verloren gingen (»Selbstaufgabe«)

2. alle direkten und ererbten Membervariablen per Verschiebezuweisung zuweisen (»Stehlen«)

3. Ressourcen als freigegeben markieren bzw. freigeben, was nicht in Schritt 2 übertragen wurde (»Aufräumen«)

Ein Test auf Selbstzuweisung — mit if(&other!=this) bei der normalen Zuweisung üblich — ist nicht nötig. Eine solche Situation kann mit einem Temporary nicht versehentlich entstehen. Nur absichtlich, durch ein explizites move(x), dazu gleich mehr. Aber der Standard sagt, dass Sie in dem Fall, dass Sie move explizit verwenden, als Aufrufer sicherstellen müssen, dass x wirklich wie ein Temporary verwendet werden kann — also nicht noch irgendwo anders verwendet wird. So etwas wie x = move(x) wäre also auf der *aufrufenden* Seite illegal oder, um genau zu sein, führt zu »undefiniertem Verhalten«.

Und das ist alles, was Sie für die Verwendung in Standardcontainern benötigen:

```
vector<PtrHolder> vec;
vec.push_back( PtrHolder{100, 50} );
vec.emplace_back( 200, 40 );
PtrHolder p1 { 300,30 };
vec.push_back( move(p1) );
```

Listing 23.4 Verschiebbare Objekte im Standardcontainer

Zunächst wird der Vektor leer erzeugt. PtrHolder{100,50} erzeugt dann ein temporäres Objekt, und als solches wird es push_back() übergeben. Darin wird dann eine Zuweisung mit operator=(PtrHolder&&) ausgeführt, denn darauf passt das temporäre Objekt. Dem werden dann seine Daten »gestohlen«, weil es als temporäres Objekt ohnehin bald verworfen wird. Die zunächst im temporären Objekt erzeugten Daten gehen durch »billige« Verschiebeoperationen in den Besitz des Vektors über.

Mit emplace_back() kommen wir sogar ohne das temporäre Objekt aus. Diese neue Funktion nimmt alle ihre Argumente und übergibt sie dem passenden Konstruktor der Zielklasse. Das Objekt wird dann direkt an der Stelle konstruiert, an welcher der neue Platz geschaffen wird. Das ist möglich durch *Perfect Forwarding* der Argumente an den Konstruktor, in Zusammenarbeit mit der Definiton von emplace_back als Template-Funktion mit *variabler Anzahl Parameter* — beides neue Möglichkeiten in C++11. Alle Standardcontainer bringen neue emplace-Methoden mit.

Neue Standardfunktion move

Man kann jedoch auch nicht-temporäre Objekte wie p1 in den Vektor stecken. Mit vec.push_back(move(p1)) wird der Inhalt von p1 in den Vektor *verschoben*. Nach der Operation ist p1 also leer.

Das Objekt p1 passt aber eigentlich gar nicht zu den Operationen, die wir implementiert haben: Es ist kein temporäres Objekt und daher kein PtrHolder&&. Wir müssen *explizit* aus dem konkreten Objekt vom Typ PtrHolder ein PtrHolder&& machen und genau dies geschieht mit der neuen Standardbibliotheksfunktion move. Diese Funktion führt nur die nötige Typumwandlung für den Compiler durch, Aktionen zur Laufzeit gibt es durch move allein keine. Ähnlich wie ein static_cast macht sie dabei selber nichts; es kommt darauf an, was mit ihrem Rückgabewert passiert. Aber durch die Umwandlung von PtrHolder nach

PtrHolder&& geben wir den Inhalt von p1 auf, und push_back wird erlaubt, *verschiebende Zuweisung* statt *kopierende Zuweisung* einzusetzen (durch eine passende Überladung auf PtrHolder&&) — und sich somit die Ressourcen aus p1 zu stehlen.

Mit einem solchen Vektor, der nur verschiebbare Elemente enthält, können Sie durchaus arbeiten:

```
vector<PtrHolder> huetchen{ 3 };            // 3 leere Elemente
huetchen[0] = PtrHolder{40, 10};            // ein volles Element
huetchen[1] = move( huetchen[0] );          // verschieben
swap(huetchen[1], huetchen[2]);             // günstiger Tausch
PtrHolder result = move( huetchen[2] );     // herausverschieben
```

Listing 23.5 Verschiebbare Objekte im Standardcontainer

Unter der Annahme, dass die drei leeren Objekte von vector<PtrHolder> huetchen{3} billig zu erzeugen sind, ist mit PtrHolder{40, 10} nur ein einziges komplettes Objekt teuer erzeugt worden. Dessen wertvoller *Inhalt* wird aber auf verschiedenste Art und Weise immer weitergereicht.

Nach = move(...) ist der entsprechende PtrHolder leer — aber immer noch ein gültiger PtrHolder. Es ist *nicht* etwa direkt ein nullptr im Vektor, sondern ein PtrHolder, dem seine Daten hier gestohlen werden und der daher danach durch die Implementierung der Verschiebezuweisung selbst einen nullptr enthält.

Die Funk tion std::swap() kann neuerdings ebenfalls mit Objekten hantieren, die *Verschiebesemantik* (*Move Semantics*) implementieren. Das heißt, der Aufruf ist hier ebenfalls sehr kostengünstig.

Aber auch eine Klasse, die nicht einen so kritischen Inhalt wie einen Raw-Pointer hat, kann durch das Hinzufügen der Verschiebeoperationen enorm profitieren. Durch die »Magie«, die der Compiler mit RValue-Referenzen durchführen kann, werden schon im einfachsten Fall Kopien gespart.

Nicht werfen

In komplexeren Klassen sollten Sie für die Implementierung der Verschiebezuweisung noch auf weitere Dinge achten, die Ihnen das Leben auf lange Sicht leichter machen werden.

Zum Übertragen der Ressourcen verwenden wir in Listing 23.3 der Einfachheit halber =, also die kopierende Zuweisung T::operator=(const T&). Die ist aber eigentlich Teil der Kopiersemantik. Da wir aber verschieben wollen, ist es korrekter, hier die Verschiebesemantik zu verwenden. Die Zuweisungen sollten also stattdessen den Operator für die Verschiebezuweisung `T::operator=(T&&)` verwenden:

```
data = move(other.data)
```

Dadurch wird `other.data` in `&&` umgewandelt und die korrekte Überladung von `operator=` ausgewählt.

Eine Verschiebezuweisung wird wohl seltenst irgendwelche Ressourcen neu allozieren, sondern nur transferieren. Es sollte deshalb leicht sein, sicherzustellen, dass keine Exception geworfen wird. Wenn Sie sich bei der Implementierung nur auf andere Verschiebezuweisungen und Destruktoren beschränken (die ja auch keine Exception werfen sollen, aber können), sollte das kein Problem sein. Sie können dies dann in der Deklaration mit `noexcept` verdeutlichen:

```
T::operator=(T&&) noexcept
```

Codeduplikation vermeiden

Etwas ärgerlich ist sie schon, die Codeduplikation, die entstehen kann:

▶ Man deklariert innerhalb einer Klasse alle Membervariablen,

▶ dann listet man sie wieder auf, wenn man sie in den Konstruktoren initialisiert,

▶ dann muss man bei der Implementierung von Kopierkonstruktor und Zuweisung an alle Member denken,

▶ dann wird empfohlen, `swap()` für die eigene Klasse zu implementieren, in der man sich auch um alle Elemente kümmern muss

▶ und nun das Gleiche auch noch für Verschiebekonstruktor und Verschiebezuweisungen.

Dabei entsteht eine Menge immer gleich aussehender Code. Und wenn Sie in einer Klasse mit vielen Members mal einen neuen hinzufügen, müssen Sie alle diese Dinge durchgehen.

Hinzu kommt die Schwierigkeit, dass Sie ja für die Zuweisung (und neuerdings auch Verschiebezuweisungen) auch noch die ererbten Felder auflisten müssen. Wird also in einer Basisklasse etwas hinzugefügt, müssen Sie in allen abgeleiteten Klassen allerlei Aufwand treiben. Das ist sehr zerbrechlich.

Deswegen wird häufig vorgeschlagen, die ganzen Aufzählungen soweit wie möglich zu zentralisieren und dann an den anderen Stellen aufzurufen. Die Technik des *Copy-and-Swap* verwendet dazu hauptsächlich eine ausimplementierte `swap()`-Funktion und den *Kopierkonstruktor*, die dann für die *Zuweisung* genutzt werden [1]:

```
struct Image {
  string name = "";            // default-init #2
  vector<char> data;
  // normale Konstruktoren
  explicit Image(const string &fn);
  explicit Image()
    : Image{""} { }            // delegiere zum anderen Init #1
  // Copy und Assign
  Image(const Image &other);
  Image& operator=(const Image other);
  // Move and Move-Assign
  Image(Image &&other);
  Image& operator=(Image &&other);
  // helper
  friend void swap(Image &a, Image &b) noexcept { // #6
    // elementweiser Swap
    swap(a.data, b.data);
    swap(a.name, b.name);
  }
};
// normaler Konstruktor
    Image::Image(const string &fn)
      : name{fn}
      , data{} { /* Daten aus Datei laden */ }
// Copy und Assign
    Image::Image(const Image &other)
      : name{other.name}, data{other.data} { }
    Image& Image::operator=(Image other /* by-value */) { // #3
      swap(*this, other);
      return *this;
    }
// Move and Move-Assign
    Image::Image(Image &&other)                    // #4
      : Image{} // delegiere zum einfachsten Init #1
      { swap(*this, other); }
    Image& Image::operator=(Image &&other) {       // #5
      swap(*this, other);
      return *this;
    }
```

Listing 23.6 Zuweisung implementiert mit Copy-and-Swap

Das reduziert Stellen, bei denen Sie sich um alle Felder kümmern müssen, auf Kopierkonstruktor und `swap()` — und eingeschränkt auf die Benutzer-Konstruktoren: Denn bei Konstruktoren können Sie seit C++11 durch *Delegation* die Duplikation reduzieren, wie bei #1. Durch die neue verallgemeinerte Default-Intitialisierung von Membervariablen bei #2 sparten Sie sich ebenfalls etwas.

Doch wie wird hier im Detail gespart:

▶ Die Zuweisung #3 bekommt ihr Argument `other` nicht als Referenz, sondern *by-value*. Die Kopie dafür hat der Compiler mit dem Kopierkonstruktor erzeugt. Aus dieser Kopie können Sie sich nun per `swap` bedienen. Was vorher in `*this` war, geht dann in den Parameter, den der Compiler danach ordnungsgemäß wegräumt.

▶ Der Verschiebekonstruktor #4 initialisiert sich zunächst ordentlich durch die *Delegation* an einen der simplen Konstruktoren. Nach dem folgenden `swap` enthält dann `&&other` die fast leeren Ressourcen und `*this`, das was zuvor in `other` war.

▶ Die Verschiebezuweisung #5 vertauscht die Inhalte per `swap` direkt.

Die Implementierung von `swap` #6 selbst sollte `noexcept` sein, um dem Standard zu genügen. Das ist meistens nicht sonderlich schwer, weil eigentlich niemals Ressourcen angefordert werden, sondern auch wieder nur `swap` aufgerufen wird.

Dadurch, dass Sie es als `friend` markieren, wird es zu einer *freien Funktion*. Es ist keine Memberfunktion mit einem impliziten `*this`-Argument mehr, sondern wandert in den Namensraum, in dem die Klasse definiert ist. Dadurch können andere, die `Image` verwenden, mit einem einfachen `swap(i,j)` zwei Instanzen vertauschen [2][1].

Wenn es mal schneller gehen soll

Doch das kanonische Vorgehen hat auch Nachteile. Einige Initialisierungen werden durchgeführt, nur um gleich wieder überschrieben zu werden. Zuweisungen, die `swap` durchführt, landen manchmal an einem temporären Ziel und wären unnötig. Im Fall der Verschiebezuweisung kommt ein unnötiger Destruktoraufruf hinzu, der eingespart werden könnte. An kritischen Codestellen kann sich das durchaus bemerkbar machen. Dann sollten Sie überlegen, ob Sie nicht besser vom Copy-and-Swap-Paradigma zum ursprünglichen *Selbstaufgabe-Stehlen-Aufräumen*-Programmieridiom überwechseln [4].

In den ersten Implementierungen der Standardbibliothek wurde in der Verschiebezuweisung einiger Klassen `swap` verwendet. Gerade in der Standardbibliothek erwarten viele zu recht optimale Performance, und die Seiteneffekte des Destruktoraufrufs sind ebenfalls nicht akzeptabel. Daher wird inzwischen die eher ausführlichere Variante implementiert. Nach welchem Schema man vorgeht, hängt letztendlich vom Einsatzgebiet und den Vorlieben ab.

Eine genaue Gegenüberstellung zweier Varianten von `unique_lock` hat Howard Hinnant in [4] geschildert. Und da die Standardbibliothek eine so zentrale Rolle in vielen Programmen spielen wird, hat er dort die performantere Implementierung gewählt (Beispielcode hier etwas abgewandelt).

```
unique_lock()                    // 2x speichern
  : mtx_(nullptr), owns_(false) { }
void swap(unique_lock& oth) { // 4x speichern, 4x laden
  std::swap(mtx_, oth.mtx_);
  std::swap(owns_, oth.owns_);
}
```

Listing 23.7 Es seien dieser Default-Konstruktor und »swap« für »unique_lock« gegeben

Dann unterscheiden sich die beiden Implementierungsarten für den Verschiebekonstruktor immerhin in »2x speichern plus 2x laden«: Die linke optimierte benötigt vier Speicher- und zwei Ladeoperationen, die rechte kanonische dagegen sechs Lade- und vier Speicheroperationen:

```
unique_lock(unique_lock && oth)         unique_lock(unique_lock&& oth)
  : mtx_(oth.mtx_)                        : unique_lock() {
  , owns_(oth.owns_) {                    swap(oth);
  oth.mtx_ = nullptr;                    } // 4x speichern + 2x laden
  oth.owns_ = false;
} // 2x speichern + 2x laden
```

Listing 23.8 Optimierte und kanonische Verschiebe-Implementierung

Was der Compiler tun kann

Aber müssen Sie nun wirklich zu jeder Ihrer Klassen die `&&`-Operationen definieren? Oder kann Ihnen der Compiler dabei helfen? Schließlich kann er das beim Kopieren ja auch: In vielen Fällen synthetisiert der Compiler Kopierkonstruktor und Zuweisung nach bestimmten Regeln, so dass Sie sie nicht selbst definieren müssen.

Ja, das ist auch für den Verschiebekonstruktor und die Verschiebezuweisung so. Der Compiler fasst Verschieben als »Optimierung fürs Kopieren« auf und synthetisiert auch diese beiden Operationen unter den folgenden Voraussetzungen:

▶ **Alle Datenfelder verschiebbar**
   Das ist für alle eingebauten Datentypen wie `int` und Pointer der Fall (allerdings ist bei denen Kopieren das Gleiche wie Verschieben) und für die meisten Datentypen der Standardbibliothek, zum Beispiel alle Containertypen wie `vector` oder `map`.

▶ **Kein benutzerdefiniertes »Kopieren« oder »Verschieben«**
Weder als Konstruktor noch als Zuweisung. Definiert der Benutzer auch nur eine dieser Operationen, ist der Compiler lieber vorsichtig, weil er davon ausgeht, dass die Klasse eine spezielle Semantik fürs Kopieren oder Verschieben benötigt.

▶ **Kein benutzerdefinierter Destruktor**
Wenn der Benutzer einen Destruktor selbst definiert, geht der Compiler davon aus, dass auch hier ein besonderes Verhalten der Klasse nötig wäre, und definiert keine Verschiebeoperationen selbst.

Wenn der Compiler diese Arbeit übernimmt, dann sind die Verschiebeoperationen *implizit definiert*. Dies sind für eine Klasse T:

▶ `T::T(T&&);`

▶ `T& T::operator=(T&&);`

Die vom Compiler durchgeführten Aktionen dieser impliziten Operationen sind die gleichen wie beim Kopierkonstruktor oder der Zuweisung, nur dass die Elemente nicht der Reihe nach kopiert, sondern verschoben werden. Wie gesagt: Wenn eines der Datenelemente nicht verschiebbar ist, synthetisiert der Compiler keine Verschiebeoperationen:

```
struct CopyOnly {
  CopyOnly() {};
  CopyOnly(const CopyOnly&) {};
}; // Kopie deklarieren heißt, kein implizites Move
struct Question {
  vector<int> data_;
  CopyOnly    copyOnly_;
}; // Kopie implizit synthetisiert, aber wegen copyOnly kein Move synthetisiert
int main() {
  Question q;
  Question r = q;              // Kopie wurde synthetisiert
  Question x( Question{} );  // kein Move, deshalb Kopie
  Question y( move(q) );     // kein Move, deshalb Kopie
}
```

Listing 23.9 Keine impliziten Verschiebeoperationen

Eigentlich versucht `move(q)` ja die Überladung `Question(Question&&)` zu finden. Der Compiler hat diese aber nicht synthetisiert, weil das Element `data_` der Klasse nicht verschiebbar ist. Verschieben wird aber als Optimierung von Kopieren angesehen, und daher sucht er die Überladung `Question(const Question&)` —

und diese Operation hat der Compiler für uns synthetisiert. Der Vektor `data_` wird dann natürlich auch kopiert, nicht verschoben.

Hätten wir in `Question` das Datenfeld `copyOnly_` weggelassen, dann hätte `Question` mit `data_` tatsächlich nur verschiebbare Datenelemente enthalten. Dann hätte der Compiler die Verschiebeoperationen implizit deklariert und auch mit Leben gefüllt — also `data_` verschieben können.

Beachten Sie jedoch, dass wir hier mit den runden Klammern den Konstruktor *explizit* angefordert haben. Hätten wir mit `Question x{ Question{} }` die geschweiften Klammern verwendet, dann hätte die *vereinheitlichte Initialisierung* versucht, `Question` als *Aggregat* zu initialisieren (kein Konstruktor) — also versucht, die Datenelemente nach C-Manier der Reihe nach zuzuweisen. Mit `( ... )` verhindern wir eine Aggregat-Initialisierung und rufen explizit den Konstruktor auf.

Mach mal, Compiler

Wenn Sie mit dem, was der Compiler generieren würde, zufrieden sind, dann können Sie ihm mit `= default` auch für die Verschiebeoperationen sagen, dass er sie so einsetzen soll, wie er sie generieren würde. Ist ein Element nicht verschiebbar, kann der Compiler da natürlich keine Magie anwenden: Er markiert die Funktion dann als *deleted* — als hätten wir dort `= delete` geschrieben, siehe Kapitel 27, »Methoden per delete und default«:

```
struct CopyOnly; // wie vorher
struct Question {
  vector<int> data_;
  CopyOnly    copyOnly_;
  Question() = default;
  Question(const Question&) = default; // Compiler synthetisieren lassen
  Question(Question&&) = default;      // wirkt hier wie '= delete'
};
int main() {
  Question q;
  Question r = q;              // Kopie wurde synthetisiert
  Question x( Question{} );    // Fehler: Move-Operationen effektiv deleted
  Question y( move(q) );       // Fehler: Move-Operationen effektiv deleted
}
```

Listing 23.10 Verschiebesemantik kann man explizit generieren lassen

Wenn wir also x oder y erzeugen wollen und mit `Question{}` oder `move(q)` explizit die Überladung `Question(Question&&)` ansprechen, macht uns der Compiler darauf aufmerksam, dass diese leider deleted ist.

Nun haben wir natürlich einen eigenen Konstruktor deklariert, und der Compiler hat für uns nicht automatisch einen *Default-Konstruktor* Question() erzeugt. Deshalb mussten wir diese eben noch implizite Aufgabe nun explizit machen. Aber mit dem vom Compiler synthetisierten Code sind wir ebenfalls einverstanden und setzen auch hier – default ein.

Nicht bewegen!

Wenn Sie dem Compiler verbieten, Kopierkonstruktor und Zuweisungsoperator für Ihre Klasse zu generieren, indem Sie sie mit = delete als zu löschen markieren, dann verhindert das auch, dass der Compiler die jeweilige Verschiebung definiert:

```
struct Proxy {
  char *cache_;
  explicit Proxy(size_t size);
  Proxy(const Proxy&) = delete;      // kein Copy UND kein Move
  Proxy& operator=(Proxy&&) = delete; // kein Assign UND Move-Assign
};
```

Listing 23.11 »Proxy« kann weder kopiert noch verschoben werden.

Ein typisches Beispiel ist die Klasse mutex (und Verwandte) der Standardbibliothek — Instanzen dieser Klasse können Sie weder kopieren noch verschieben. Gleiches gilt für type_info, error_category, locale::facet, random_device, seed_seq und scoped_lock, bei denen Sie von der Semantik her schnell sehen können, dass weder Kopieren noch Verschieben im Sinne des Erfinders wäre. Dies ist keineswegs eine komplette Liste [5].

Andersherum ist es ähnlich: Definieren Sie in Ihrer Klasse nur die Verschiebeoperationen, oder löschen sie mit = delete, dann synthetisiert der Compiler nicht von selbst die Kopieroperationen.

Und Multithreading?

Generell können Sie das Verschieben als Optimierung des Kopierens betrachten. An einer Stelle müssen Programmierer und Compiler gemeinsam aber sehr vorsichtig sein: Während das Kopieren konzeptionell »sicher« ist, weil das Quellobjekt nicht verändert wird, ist dies für das Verschieben anders. In vielen Fällen ist das kein Problem, da der Compiler nur auf RValues Verschiebeoperationen generiert — und die sind normalerweise nur innerhalb ihres eigenen *Threads* sichtbar.

Wenn der Programmierer aber zum Beispiel mit `std::move` die Verschiebung eines Wertes selbst anfordert, der in mehreren Threads benötigt wird, dann ist wie üblich eine Synchronisation nötig — zum Beispiel mit `lock_guard` oder dem allgemeineren `unique_lock`.

Mantra   [+]

Unterstütze Verschiebesemantik in deinen Klassen, indem du Verschiebekonstruktor und Verschiebezuweisung implementierst. Erwäge auch eine `friend`-Methode `swap`.

Verweise

[1] **Answer to: What is the copy-and-swap idiom?**, GMan, Stackoverflow,
 http://stackoverflow.com/questions/3279543#3279550 [2011-08-20]

[2] **public friend swap member function**, towi,
 http://stackoverflow.com/questions/5695548 [2011-08-21]

[3] **17.6.3.2 Swappable requirements [swappable.requirements]**, C++11

[4] **Why do some people use swap for move assignments?**, Howard Hinnant, Stackoverflow,
 http://stackoverflow.com/questions/6687388#6687520 [2011-08-16]

[5] **Are all stdlib types in C++0x movable?**, Scott Meyers, Daniel Krügler, comp.std.c++,
 https://groups.google.com/group/comp.std.c++/browse_thread/thread/a423b542a6f75dae/f357f7da 59c4f268 [2011-09-17]

[6] **12.8.(15/28) Copying and moving class objects [class.copy]**, C++11

24 Kein Return von RValue-Referenzen

[rval.noreturn] Zuerst einmal sind *RValue-Referenzen* auch nur Referenzen — das heißt, wenn ihr zugrunde liegendes Objekt nicht mehr existiert, dann ist die Referenz ungültig. Reicht man eine *Referenz* danach herum und verwendet sie, macht das Programm sehr wahrscheinlich nicht (verlässlich), was es soll.

Und 'RValue-Referenzen sind obendrein ja auch noch nur solche auf *temporäre* Objekte — per Faustregel auf etwas ohne Adresse [1]. Eine Funktion zu schreiben, die etwas zurückgibt, was per Definition nur temporär und adresslos ist, wird in den meisten Fällen keine gute Idee sein. Die Ausnahme bilden die Funktionen, die eine Ressource fürs Verschieben freigeben wollen.

Hintergrund und Beispielcode

Rufen wir uns die Beispiele in Erinnerung, wann wir RValue-Referenzen erhalten:

```
vector<string> generate(const char *fn) {
  if(fn == nullptr) return {"Karl", "Fred", "Hans"};
  vector<string> res;
  fillFromFile(res, fn);
  return res; // als RValue-Referenz
}
int main() {
  vector<string> data = generate("users.dat");
}
```

Listing 24.1 Im »return« automatisch

In C++03 wird dieser Code bei `return res` eine Kopie des zurückgegebenen Vektors erzeugen müssen.[1] Eine Signatur einer erzeugenden Funktion wie `vector<string> generate(...)` sollte den Benutzer immer zumindest kurz innehalten und über Performance nachdenken lassen.

Glücklicherweise führt C++11 hier eine Neuerung ein: Der Rückgabewert kann als *Temporary* betrachtet werden, und eine Kopie kann eingespart werden, wenn das Objekt *Verschiebesemantik* unterstützt. Das geschieht durch den Compiler automatisch, ohne dass man eine Referenz oder gar RValue-Referenz als Rückgabetyp hätte angeben müssen.

---

1 Ohne die `if`-Abfrage hätte »Return Value Optimization (RVO)« hier schon in C++03 verhindern können, dass für den Rückgabewert kopiert wird. Daher haben wir das Beispiel hier mit dem `if` etwas komplexer gemacht.

176

Diebstahl erwünscht

Es kommt schon mal vor, dass man sein Interface so gestaltet, dass man *möchte*, dass Daten gestohlen werden. Das Stehlen selbst überlässt man aber besser dem *Verschiebekonstruktor* oder der *Verschiebezuweisung*. Dann will man mit dem Rückgabetyp && eigentlich den *Cast* durchführen, aber noch keine Daten verschieben oder kopieren.

```
typedef vector<string> Vieh;
struct Stall {
  Vieh vieh;
  Stall(const initializer_list<string> &lst)
    : vieh{begin(lst), end(lst)}  {}
  Vieh&& klau()
    { return move(vieh); };  // bewegt noch nicht, aber erlaubt es
  size_t size() const { return vieh.size(); }
};
int main() {
  Stall stall {"Bock", "Ente", "Schwan" };
  Vieh geklaut = stall.klau(); // hier wird bewegt, nicht kopiert
  return geklaut.size() == 3 && stall.size() == 0
    ? EXIT_SUCCESS : EXIT_FAILURE;
}
```

Listing 24.2 Herausbewegen erlauben

Hier sagen Sie mit std::move(): »Ich gebe hiermit die in vieh enthaltenen Daten frei.« Damit kann der Rückgabewert den Typ Vieh&& erhalten. Dabei passiert noch nichts. Erst wenn geklaut = ... ausgeführt wird, passt nun der Verschiebekonstruktor Vieh(Vieh&&) besser als der *Kopierkonstruktor* Vieh(const Vieh&) — und der führt dann die eigentliche Datenbewegung aus, und der stall ist nachher leer.

In den Bibliotheken finden Sie dazu den Adapter move_iterator [1], dessen Kern der Dereferenzierungsoperator V&& operator*() { return move(*i_); } ist.

```
template <class Iter>
class move_iterator {
private:
  Iter i_;
public:
  ...
  value_type&& operator*() const {return std::move(*i_);}
  ...
};
```

Listing 24.3 Dereferenzierung mit dem »move_iterator«

Zu erzeugen ist dieser Adapter mittels der Hilfsfunktion `make_move_iterator`, und da wird der Diebstahl auch schon viel einfacher:

```
#include <iterator>
 vector<string> vieh {"Bock", "Ente", "Schwan"};
vector<string> kopiert(
    vieh.cbegin(), vieh.cend()
  );
vector<string> geklaut(
    make_move_iterator(begin(vieh)), make_move_iterator(end(vieh))
  );
```

Listing 24.4 Einen Vektor mal anders initialisieren

Und schon wird aus jeder Zuweisung, die sonst mit *Assign* `T operator=(const T&)` stattdessen ein *Move-Assign* `T operator=(T&&)` durchführt — oder statt *Copy* `T(const T&)` nun ein *Move* `T(T&&)` —, ein Adapter. Denn durch die »Cast«-artige Verwendung des Typs `&&` passen diese Operationen nun auf die Verschiebeoperationen.

Das Operator-Pattern

Bisher war es in C++ eher unüblich, die arithmetischen Operatoren auf eigenen Datentypen zu überschreiben. Der performancebewusste Programmierer wusste um die Gefahr, dass ständig neue temporäre Werte entstehen und wieder verworfen werden müssen. Daher wurde häufig auf den Luxus eines zweiwertigen Operators wie `operator+` verzichtet und lieber mit Operatoren wie `operator+=` gearbeitet:

```
Matrix a, b, c, d;
// Liest sich einfach, aber viele Temporaries:
const Matrix res1 = a*b + c*d;
// Daher bisher bevorzugt, doch schwerer zu lesen:
Matrix res2 = a;
res2 *= b;
Matrix tmp = c;
c *= d;
res2 += tmp;
```

Listing 24.5 Übliches Pattern für teure Arithmetik

Ein Nachteil ist, dass Sie `res2` nicht `const` deklarieren können wie sein Vorbild `res1`.

Zweistellige Operatoren geben immer ein neues Objekt zurück und keine Referenz. Das bedeutet für die Berechnung für res1, das viele Temporaries erzeugt und wieder zerstört werden. Darum greifen viele Programmierer lieber auf die einstelligen *Immediate-Operatoren* wie bei res2 zurück, die ohne Temporaries auskommen.

Andere versuchen manchmal, die Temporaries der *Operatoren mit zwei Argumenten* zu umgehen, indem sie doch irgendwie eine Referenz zurückgeben. *Das ist eine sehr schlechte Idee.*[2] Allzu leicht gibt man eine Referenz auf ein temporäres Objekt zurück — sei es eines, das man sich selbst in der Funktion erzeugt hat, oder eines, das einem Argument entstammt (siehe auch Erklärung zu Listing 26.5). Wer es sich bis jetzt noch nicht abgewöhnt hat, der sollte es schnell tun: operator+(T,T) (und Verwandte) liefern *keine* Referenz zurück! Sowohl in C++03 als auch in C++11 sollten Sie Ihr Design überprüfen.

In C++11 ist es nun möglich, ohne Temporaries auszukommen, indem Sie die Argumente für RValues überladen. Wir erwähnen es hier — zusätzlich zu Kapitel 26, »Überladen auf RValues« —, weil es verdeutlicht, warum für zweistellige Operatoren keine Referenz als Rückgabe gewünscht ist.

```
class Matrix;
Matrix operator+(const Matrix &, const Matrix &); // a + b
Matrix operator+(const Matrix &, Matrix &&);       // a + c*d
Matrix operator+(Matrix &&,       const Matrix &); // a*b + c
Matrix operator+(Matrix &&,       Matrix &&);      // a*b + c*d
```

Listing 24.6 Signaturen für zweistellige Operatoren

Hier liefert man weder & noch && zurück. Voraussetzung ist nur, dass die Klasse Verschiebesemantik unterstützt, wie in Kapitel 23, »Klassen fürs Verschieben entwerfen«, erklärt wird.

Sie implementieren die Varianten, die ein && nehmen, indem Sie den RValue für die Berechnung verwenden und dann zurückgeben.

```
Matrix operator+(const Matrix& a, Matrix&& b) {
    b += a;
    return move(b);
}
```

Listing 24.7 Pattern zur Implementierung eines zweistelligen Operators mit einem RValue

Das move ist nötig, weil der Compiler b nicht als einen Temporary betrachten kann. Es ist keine lokale Variable, sondern ein Argument der Funktion. Daher ist

---

2 Auch wenn die Sprache das zulässt und der Compiler es akzeptiert.

jede Verwendung von b in der Funktion ein *LValue*, auch im return. Wir müssen hier mit return move(b); dem Compiler explizit mitteilen, dass er den Inhalt von b wirklich für die neue Matrix der Rückgabe verwenden kann.

Die vierte Überladung operator+(Matrix &&, Matrix &&) wird zum Beispiel bei einem Ausdruck wie (a*b)+(c*d) benötigt. Der Compiler kann einen RValue sehr wohl an ein &-Argument binden und eine der anderen Überladungen mit Matrix&&-Beteiligung verwenden. Aber weil wir ihm jetzt zwei gleichwertige anbieten, wüsste er nicht, welche der beiden er bevorzugen soll. Um diese Mehrdeutigkeit aufzulösen, bedarf es der vierten Überladung.

Machen Sie dies für alle gewünschten arithmetischen Operatoren, wird auch in komplexen Ausdrücken kein unnötiger Temporary erzeugt. Auch in Matrix x = a*b+c/d; entsteht nur einer, der immer weitergereicht wird — bis er per Verschiebekonstruktor im Endergebnis ankommt.

[+]

> **Mantra**
>
> Eine RValue-Referenz als Return-Typ macht in den seltensten Fällen Sinn. Eine der Ausnahmen ist, Daten aus einer Struktur nach außen zu bewegen.

Verweise

[1] **24.5.3 Move Iterators [move.iterators]**, C++11

[2] **12.8 Copying and moving class objects [class.copy]**, C++11

25 RValue-Referenzen für Perfect Forwarding

[rval.forward] Mit Hilfe von *RValue-Referenzen* können Sie *Perfect Forwarding* implementieren. Zugegeben, eine Funktion, die Perfect Forwarding implementiert, ist eher etwas für »spezielle« Aufgaben und Bibliotheksautoren. Doch *verwenden* werden es wahrscheinlich viele.

Sie finden es bei Funktionen, die eine *beliebige Anzahl* Parameter *beliebigen Typs* nehmen und an eine andere Funktion (häufig einen Konstruktor) weiterleiten (»forward«). Dabei soll aber weder die const-Eigenschaft, noch der Referenztyp beeinflusst werden (»perfect«). In der Standardbibliothek wird davon reichlich Gebrauch gemacht [1], zum Beispiel in make_shared [2]:

```
const Point ORIGIN = {0,0,0};
auto q0 = make_shared<Point>(ORIGIN);   // Copy-Konstruktor
auto q1 = make_shared<Point>(1,0,0);    // Konstruktor (int, int, int)
```

Listing 25.1 Einfaches Beispiel für »make_shared«

Die Funktion make_shared<Point> leitet alle Argumente dem Konstruktor von Point weiter. Egal, ob wir mit ORIGIN nur einen oder mit 1,0,0 drei Parameter übergeben.

Andere Beispiele sind:

▶ emplace-Methoden der Standardcontainer, zum Beispiel set::emplace, vector::emplace_back und forward_list::emplace_after

▶ Erzeugen mit automatischer Konvertierung, zum Beispiel tuple<double, double, double> aus einem tuple<int,int,int>

Hintergrund und Beispielcode

Man verwendet make_shared vor allem, um doppelten Code zu vermeiden. Ausgeschrieben sähen die beiden Beispiele oben wie folgt aus:

▶ shared_ptr<**Point**> p0(new **Point**{ORIGIN});

▶ shared_ptr<**Point**> p1(new **Point**{1,0,0});

Hier wird der Klassenname Point also doppelt genannt.

Wir können hier nicht `auto` verwenden, denn sonst bekämen p0 und p1 einfach den Typ `Point*`. Durch die Verwendung von `make_shared` sparen wir uns die doppelte Nennung des Typs `Point`.

Genau betrachtet, ist `make_shared` eine sehr trickreiche Funktion:

▶ Es ist ihr egal, wie viele Parameter Sie ihr übergeben. Sie leitet alle Parameter an einen Konstruktoraufruf weiter. Sie kann typsicher eine beliebige Anzahl Parameter nehmen und ist damit eine *variadische Template-Funktion*.

▶ Es ist ihr egal, ob der Konstruktor ein Argument als Wert, Referenz oder `const`-Referenz erwartet, sie kommt mit allem klar. Sie können sich darauf verlassen, dass sie die Argumente nicht kopiert oder verändert (dies wird höchstens der Ziel-Konstruktor tun). Dazu verwendet sie Perfect Forwarding.

Der erste Aspekt ist für sich schon knifflig genug und wird in Kapitel 32, »Templates mit variabler Argumentanzahl«, genauer besprochen. Aber bei genauer Betrachtung ist der zweite eigentlich viel bemerkenswerter. Jemand, der schon einmal eine generische *Factory-Funktion* geschrieben hat, kennt das Problem vielleicht.

Eine Schar Factory-Funktionen

Lassen wir den Aspekt der variablen Anzahl Argumente einmal außen vor. Angenommen, wir möchten eine Funktion schreiben, die ein paar Parameter beliebigen Typs bekommt und diese an einen Konstruktor weiterleitet.

```
template<class Klasse, class Arg1>
  Klasse factory1(Arg1 a) { return Klasse(a); }
```

Listing 25.2 Factory mit einem Wert-Parameter

Aufzurufen wäre dies dann mit `auto x = factory1<int>(1)` — einfacher, aber ähnlich wie `make_shared`.

So weit, so gut, nur ist natürlich nicht akzeptabel, dass a immer kopiert wird, bevor es zum Konstruktor kommt. Der Parameter sollte eine Referenz sein:

```
template<class Klasse, class Arg1>
  Klasse factory1(Arg1 &a) { return Klasse(a); }
```

Listing 25.3 Factory mit einem Referenz-Parameter

Das klappt nun also mit `int a=1; factory1<int>(a)`, aber nicht mit `factory1<int>(3+4)`. Kein Problem, eine Überladung löst auch dies:

```
template<class Klasse, class Arg1>
  Klasse factory1(Arg1 &a) { return Klasse(a); }
template<class Klasse, class Arg1>
  Klasse factory1(const Arg1 &a) { return Klasse(a); }
```

Listing 25.4 Überladene Factory für ein Argument

Jetzt kommt noch ein zweiter Parameter hinzu, den wir auch dem Konstruktor weiterleiten wollen. Und da haben wir dann ein Problem: Auf den müssen wir dann auch const& und & überladen. Und ich will es schon verraten: Bei drei Parametern sind es schon acht Überladungen:

```
template<class K1, class T,class U,class V> //... vor jeder Funktion:
K1 factory3(      T &t,       U &u,       V &v) { return K1(t,u,v); }
K1 factory3(      T &t,       U &u, const V &v) { return K1(t,u,v); }
K1 factory3(      T &t, const U &u,       V &v) { return K1(t,u,v); }
K1 factory3(      T &t, const U &u, const V &v) { return K1(t,u,v); }
K1 factory3(const T &t,       U &u,       V &v) { return K1(t,u,v); }
K1 factory3(const T &t,       U &u, const V &v) { return K1(t,u,v); }
K1 factory3(const T &t, const U &u,       V &v) { return K1(t,u,v); }
K1 factory3(const T &t, const U &u, const V &v) { return K1(t,u,v); }
```

Listing 25.5 Überladene Factory für drei Argumente

In der Tat ergibt das für n Argumente dann 2^n Überladungen. Die Nachteile dieser Methode brauchen wir hier nicht weiter auszuführen.

Eine Referenz, die passt

Die Lösung kommt in C++11 mit *RValue-Referenzen*. Denn als Argument in einer Template-Funktion passt sich der Typ dem tatsächlichen Argument an. Das Ergebnis verwendet die &&-Notation und die Standardfunktion forward:

```
template<class Klasse, class T, class U, class V>
Klasse factory3(T&& t, U&& u, V&& v) {
   return Klasse(forward<T>(t),forward<U>(u),forward<V>(v));
}
```

Listing 25.6 Factory-Template mit Perfect Forwarding

Fertig. Doch um dahinterzukommen, was hier genau passiert, müssen wir mehrere Dinge betrachten [3]:

▶ *Reference Collapsing*, wenn mehrere Referenzen & und && sich aneinanderreihen würden

- die Regeln zur *Typermittlung für Argumente von Template-Funktionen*, die ein && als Argument nehmen

- die Definition von forward()

In C++03 konnten Sie von einer Referenz nicht wieder eine Referenz nehmen. Das Folgende ergab einen Compilerfehler:

```
typedef int& intref;
int func(const intref& a)   // Fehler!
  { return a; }
int main() {
  int x = 5;
  func(x);
}
```

Listing 25.7 Referenz von einer Referenz war in C++03 ein Fehler.

Faktisch bekommt die Funktion func nun einen Parameter vom Typ const int& &. Beachten Sie das Leerzeichen zwischen den & — hier ist nicht && gemeint.

Weil es in C++11 neben der einfachen Referenz & noch den neuen Referenztyp && gibt, wäre wohl zu erwarten, dass man da noch mehr aufpassen müsste. Das wäre unschön, und daher wurde ein Regelwerk definiert, als was ein Typ betrachtet wird, wenn mehrere Referenzen aufeinandertreffen. Dies wird Reference Collapsing genannt:

- Wenn A& auf & trifft, ist das Ergebnis A&.

- Wenn A&& auf & trifft, ist das Ergebnis A&.

- Wenn A& auf && trifft, ist das Ergebnis A&.

- Wenn A&& auf && trifft, ist das Ergebnis **A&&**.

Wenn also eine der beteiligten Referenzen eine &-Referenz ist, dann ist das Ergebnis immer &. Nur wenn beide Referenzen && sind, bleibt diese bestehen.

Um nun die Typermittlung für Argumente von Template-Funktionen zu entschlüsseln, vereinfachen wir die factory-Funktion und betrachten auch nur das Argument:

```
struct A {};
struct Ding { Ding(A){}; };
template<typename T> Ding fact(T&& t) {
    return Ding(forward<T>(t));
}
```

```
int main() {
  A a;
  fact(a);    // a ist ein LValue
  fact(A{});  // A{} ist ein RValue
}
```

Listing 25.8 LValue und RValue für »&&«

Die Regel besagt:

▶ Wenn `fact` mit einem *LValue* des Typs `A` aufgerufen wird, dann ist `T` in `<ty-pename T>` als `T&` zu betrachten. Das Argument von `fact` wäre dann `& &&`. Nach den Reference-Collapsing-Regeln wird daraus also effektiv `A&`. Das ist bei `fact(a)` der Fall. Im Aufruf `forward<T>(t)` handelt es sich bei `t` also effektiv um ein `&a`.

▶ Wenn `fact` mit einem *RValue* des Typs `A` aufgerufen wird, dann ist `T` in `<ty-pename T>` als `T` zu betrachten. Das Argument ist `&&`, also insgesamt `A&&`. Das ist in `fact(A{})` der Fall. Dadurch ist das `t` in `forward<T>(t)` effektiv ein `&&a`.

Nun gilt zu klären, was `forward` in diesen beiden Fällen macht. Dessen Definition lautet in etwa[1] wie folgt:

```
template<class S>
S&& std::forward(S&& a) {
  return a;
}
```

Listing 25.9 In etwa die Definition von »forward«

In dem ersten Fall, dass effektiv `forward(A&)` (das Argument ist ein LValue) aufgerufen wird, ist das Argument also ein `A&`. Das Template ist als `S&& forward(S&&)` deklariert. Setzen wir für `S` nun `A&` ein, ergibt dies `A& && forward(A& &&)`. Das wird »kollabiert« zu `A& forward(A&)`. Genau das, was wir wollen: Wenn wir eine nicht-const-Referenz in die Factory hineingeben, soll diese genau so bei dem Konstruktor ankommen.

Im zweiten Fall wird effektiv `forward(A&&)` aufgerufen, das Argument ist ein RValue vom Typ `A&&`. Durch Einsetzen in `S&& forward(S&&)` erhalten wir `A&& && forward(A&& &&)`, was zu `A&& forward(A&&)` kollabiert. Somit kommt beim Konstruktor ein RValue `A&&` an, genau wie gewünscht.

---

1 Tatsächlich ist der Typ des Arguments etwas komplizierter, um mit allen Referenztypen umgehen zu können, aber darauf gehen wir hier nicht ein.

Forward immer mit Typargument

Wenn Sie eine solche Factory wie die hier besprochene implementieren, müssen Sie aufpassen, dass Sie `forward<T>(t)` immer *explizit* mit dem Typargument `<T>` angeben. Das ist nötig, weil das Argument der Factory-Funktion `fact(T&&t)` einen *Namen* und damit eine *Adresse* hat. Nach der Faustregel ist daher jede Verwendung von t in der Funktion ein LValue.

Würden wir dann nur `forward(t)` verwenden, würden wir den Compiler den Typ S des Arguments für `forward` selbst herausfinden lassen. Der würde für S dann den LValue-Typ `T&` einsetzen. Das Ergebnis nach Reference-Collapsing wäre, dass wir mit `A&` einen LValue weiterleiten würden. Dadurch, dass wir dem Compiler mit `forward<T>(t)` aber explizit sagen, dass er für S statt `T&` besser `T` verwenden soll, bleibt letztendlich `A&&` — wie gewünscht.

Automatische Konvertierung in tuple

Wie auch in Kapitel 39, »Tupel, das bessere Paar«, erklärt, können Sie aus einem Tuple t1 ein anderes t2 erzeugen, auch wenn ihre Elemente unterschiedlichen Typs sind. Das geht genau dann, wenn jedes Element aus t1 eine Konvertierung in das entsprechende Element von t2 erlaubt. Dieser Mechanismus nutzt ebenfalls Perfect Forwarding, so dass alle `const`- und Referenz-Eigenschaften erhalten bleiben und keine unnötigen Kopien entstehen:

```
typedef tuple<int,int,int> Tui;
typedef tuple<double,double,double> Tud;
Tui t1 { 1,2,3 };
Tud t2 { t1 };   // int to double
Tui t3 { t2 };   // double to int
```

Listing 25.10 Tupelkonvertierungen nutzen Perfect Forwarding.

Was man nicht forwarden soll

Es gibt Dinge, die man nicht forwarden *möchte* — wenn durch das Forwarden auf einmal Dinge durch den Compiler zugelassen würden, die mit einem direkten Konstruktoraufruf nicht gingen, wäre das gefährlich. Zum Beispiel können Sie den Konstruktor `A::A(int&, const double&)` nicht mit `A(5, 2.11)` aufrufen [4]. Das soll mit der Factory, die wir aufrufen und die dann weiterleitet, auch nicht gehen:

```
struct A {
  A(int&, const double&);   // Konstruktor nimmt Ref und const-Ref
};
template<typename T, typename U>
A makeA(T&& t, U&& u) {      // kanonische Factory
  return A(forward<T>(t), forward<U>(u));
}
```

```
int main() {
  int x = 3;
  A a1 { 7, 2.11 };        // Fehler: 7 ist kein Ref
  A a2 { x, 2.11 };        // Ok
  A a3 = makeA( 7, 2.11 ); // Fehler auch bei dieser 7
  A a4 = makeA( x, 2.11 ); // Ok
}
```

Listing 25.11 Referenzen können Sie nur forwarden, wenn es auch welche sind.

Eine 7 lässt sich nicht zu einem `int&`-Parameter machen, das schlägt bei der Initialisierung von `a1` fehl — wir erwarten vom Compiler nichts anderes. Wenn wir also durch die Factory `makeA` gehen und die diese Argumente weiterleitet, dann wollen wir auch eine entsprechende Fehlermeldung. Die Implementierung von `forward` in der Standardbibliothek garantiert genau das — »perfekt«.

Was man nicht forwarden kann

Aber Perfect Forwarding ist nur nahezu »perfekt«. Einige Beispiele, in denen es nicht funktioniert [5][6]:

▶ 0 als eine Konstante für den Nullpointer

▶ `std::endl` und andere Manipulatoren und Funktions-Templates

▶ `{}`-Initialisierungslisten

▶ in der Klasse initialisierte `const static`-Daten, die nicht außerhalb der Klasse definiert sind

▶ Bitfelder

```
struct A {
  A(const char*) {};
  A(const initializer_list<double>&) {};
  A(int,int) {}
  static const int mem = 44;
};
/* static const int A::mem = 44; */    // Alternative für #3, siehe Text

template<typename T> A makeA(T&& t) {
  return A(forward<T>(t));
}
template<typename T, typename U> A makeA2(T&& t, U&& u) {
  return A(forward<T>(t), forward<U>(u));
}
```

```
int main() {
    A a1(0);                        // Ok, 0 hier 'const char*'
    makeA(nullptr);                 // Ok
    makeA(0);                       // Fehler: 0 wird als 'int' weitergeleitet #1

    A a2{ 1.,2.,3.,4. };            // Ok, init-list
    makeA( {1.,2.,3.,4.} );         // Fehler (Warnung mit g++ 4.7.0) #2

    A a3( 6, A::mem );              // Ok, (int,int)
    makeA2( 6, A::mem );            // Fehler, Symbol nicht definiert #3
}
```

Listing 25.12 Perfect Forwardings, die nicht funktionieren

Im Falle von #1 wird 0 als `int` weitergeleitet. Die eigentliche Absicht, dass für portablen Code die 0 als ein spezieller Pointer verwendet werden kann, funktioniert hier nicht.

Mit Initialisierungslisten wie in #2 kann das Weiterleiten ebenfalls nicht funktionieren. Um Verwechslungen zu vermeiden, sind die Regeln, wann die Initialisierungsliste als Argument für Konstruktoren erkannt wird, sehr streng. Dass dann eine Factory diese Regeln statt des Initialisierungslisten-Konstruktors erkennt, würde in den Prozess eventuell kritisch eingreifen.[2] Schließlich bekommt die Factory *nicht* den Parameter `initializer_list`, sondern erst der Konstruktor.

Wenn Sie in #3 die Variable schon *in* der Klasse initialisieren, dann kann sich der Compiler die Generierung eines Symbols für `mem` eventuell ganz sparen. Das ergibt hier dann einen Fehler, spätestens beim Linken. Wird `mem` aber außerhalb der Klasse initialisiert, wie die »Alternative« andeutet, dann gibt es keine Probleme.[3]

[+]

Mantra

Benutzer der Standardbibliothek werden Perfect Forwarding indirekt häufig verwenden. Bibliotheksautoren können Massen an Überladungen sparen, zum Beispiel für Factory-Funktionen. Bei der Verwendung von `forward<T>` ist der Typ `T` immer explizit mit anzugeben.

---

2 Die aktuelle Beta 4.7.0 des g++ generiert eine Warnung.
3 Die zwei Argumente und makeA2 verwenden wir hier nur, um keinen Überladungskonflikt bei A a1(0) zu erzeugen.

Verweise

[1] **C9 Lectures: Advanced STL, 4 of n**, Stephan T Lavavej, Microsoft,
http://channel9.msdn.com/Shows/Going+Deep/C9-Lectures-Stephan-T-Lavavej-Advanced-STL-4-of-n
[2011-08-15]

[2] **20.7.2.2.6 shared_ptr creation [util.smartptr.shared.create]**, N3292

[3] **Rvalue References Explained**, Thomas Becker",
http://thbecker.net/articles/rvalue_references/section_08.html [2011-08-21]

[4] **20.2.3 forward/move helpers [forward]**, N3292

[5] **Perfect Forwarding Failure Cases**,
http://groups.google.com/group/comp.std.c++/browse_thread/thread/c2ee2bdc2586f951/d6b2baf4232d63bc
[2011-05-22]

[6] **Overview of The New C++**, Scott Meyers, Slide 289 notes, Rev. 2011-10-24

26   Überladen auf RValues

[rval.overload] Ein *RValue* vom Typ T wird als T&& notiert. Beim Überladen ist das ein eigener, von T& und T verschiedener Typ. Daher können Sie für diese Variante auch eine eigene Überladung vorsehen — der *Verschiebekonstruktor* ist ein wichtiges Beispiel dafür.

Aber auch andere Methoden und freie Funktionen lassen sich so überladen. Das lässt sich auf verschiedenste Weise nutzen:

```
void func(string);      // das Gleiche wie const string
void func(string &);
void func(const string &);
void func(string &&);
```

Listing 26.1 Überladen einer freien Funktion oder Methode mit einem »T&&« als Argument

Und eine weitere neue Variante der Überladung können Sie seit C++11 bei Memberfunktionen nutzen [1][2][3]:

```
class A {
  void func() &;   // Neu: Wenn Instanz von A ein LValue ist
  void func() &&;  // Neu: Wenn Instanz von A ein RValue ist
};
void main() {
  A a;
  a.func();       // a ist ein LValue, ruft die '&'-Variante auf
  A{}.func();     // A{} erzeugt eine Temp, also `&&`-Variante
}
```

Listing 26.2 Überladen einer Methode für den Fall, dass this ein RValue ist

In Kombination mit = delete zum Löschen von Methoden können Sie so auch bestimmte Operationen auf temporären Werten verhindern.

Hintergrund und Beispielcode

Das Überladen mit const T&& ist zusätzlich möglich, macht aber wenig Sinn:

▸ Wollen Sie die überladene Funktion implementieren, dann soll das Argument ja verändert werden.

▸ Möchten Sie nur = delete angeben, um einen bestimmten Aufruf zu verhindern, brauchen Sie das const nicht.

```
A& A::operator=(const A&& other) {
   // ... wie denn nun 'other' verändern?
}
A& A::operator=(const A&& other) = delete;
// das hätte man auch ohne const erreicht
```

Listing 26.3 Überladen mit »const T&&« macht wenig Sinn.

Verbieten für Temporaries

Wenn Sie verhindern möchten, dass `A::func` aufgerufen wird, wenn es sich bei dem konkreten `A` um eine temporäre Variable handelt, dann können Sie diese spezielle Verwendung mit `= delete` verbieten, siehe Kapitel 27, »Methoden per delete und default«. Bei Funktionen und Methoden geht das auch für die Argumentüberladung.

```
class A {
   void func() &;           // Verwendung ok
   void func() && = delete; // Verwendung verbieten
};
void append(const A &a);
void append(A &&a) = delete;
void main() {
   A a;
   a.func();      // ok
   A{}.func();    // Fehler!
   append(a);     // ok
   append(A{});   // Fehler!
}
```

Listing 26.4 Verbieten für Verwendung mit Temporaries

Schütze dich vor Gefahren

Im folgenden Beispiel ist die Funktion `getm()` auf Performance hin optimiert. Sie ist darauf ausgelegt, auf keinen Fall neue Objekte zu erzeugen, sondern nur auf Referenzen zu arbeiten. In der Verwendung dieser Funktion liegt jedoch die Gefahr.

```
struct Month { // Eine Klasse mit Move und leicht erzeugten Temps
   const int mnum_;
   Month(int mnum) // implizite Konvertierung von int
      : mnum_{mnum} {}
// den Compiler mit '= default' Copy, Assign und Move generieren lassen:
   Month(const Month&) = default;
   Month(Month&&) = default;
   Month& operator=(const Month&) = default;
```

```
      Month& operator=(Month&&) = default;
  };
  ostream& operator<<(ostream& os, const Month& m) {
    return os << m.mnum_;
  }


  typedef map<int,Month> TMap;


  // liefert 'dfl' zurück, falls nicht gefunden
  const Month& getm(const TMap& dict, const int key,
                    const Month &dfl) {
    auto where = dict.find(key);
    return where==dict.cend() ? dfl : where->second;
  }


  int main() {
    TMap dict { {1,Month{1} }, {2,Month{2}}, {3,Month{3}} };
    const Month nix {0};
    cout << getm(dict,  1, nix);      // gefunden, OK
    cout << getm(dict, 13, nix);      // nicht gefunden, aber OK
    cout << getm(dict, 14, Month{2}); // klappt gerade noch
    const Month &erg = getm(dict, 15, Month{3}); // Fehler!
    cout << erg;                      // BUMM!
  }
```

Listing 26.5 Zugriff auf Temporary führt zum Absturz.

Aus Geschwindigkeitsgründen hat der Autor von `getm` sich hier gedacht, »gebe ich mal eine Referenz zurück«. Schließlich hat man für alle möglichen Ausgänge ein Objekt, auf das man eine Referenz zurückgeben kann:

▶ Wird der Schlüssel gefunden, liefert man eine Referenz auf den Wert aus dem Argument `dict`.

▶ Wird er nicht gefunden, dann wird die übergebene Referenz auf `dfl` zurückgegeben.

Insbesondere im Fall, wenn `dfl` (als Referenz) zurückgegeben wird, muss das Original der Referenz existieren — dauerhaft. Mit 13 ist das auch so, denn `nix` ist als Instanz vorhanden. Wenn aber `Month{2}` als `dfl` übergeben wird, dann wird ein *Temporary* erzeugt — also ein `Month&&`! Und als solches wird es beim Semikolon weggeräumt — also gerade noch rechtzeitig, um es noch auf `cout` auszugeben.

Das ist für `Month{3}` aber zu spät: `erg` wurde eine Referenz `&` auf den Temporary zugewiesen — und der ist bei `cout << erg` schon weggeräumt. Ein Programmabsturz ist wahrscheinlich die Folge.

Was ist hier die Lösung? Zum einen, nicht so geizig mit der Performance sein — vielleicht sollten Sie hier keinen `const Month&` zurückgeben, wenn man damit gefährliche Dinge tun kann. Aber wenn Sie unbedingt müssen, können Sie das für RValues verbieten, indem Sie die folgende Überladung hinzufügen:

```
const Month& getm(const TMap& dict, const int key, const Month &&dfl)
  = delete;
```

Listing 26.6 Verbieten für den Aufruf mit Temporaries

Für einem `Month&&`, wie er mit `Month{2}` oder `Month{3}` erzeugt wurde, passt diese Überladung nun besser als `const Month&`. Der Compiler wählt sie und meldet, dass diese mit `= delete` vom Programmierer verboten wurde.

Sicher? Sicher!

Es gibt jedoch Situationen, in denen bei einer Überladung von `const X&` *und* `X&&` durch widrige Umstände eine der beiden »ausgeschaltet« ist — der Compiler zieht sie nicht in Betracht [4]. Man könnte sich wundern, warum der Compiler die Überladung nicht findet. Zum Beispiel kann `vector::push_back()` aus seinem Argument *kopieren* wie auch *bewegen*. Sinngemäß ist das durch die folgenden Überladungen definiert:

```
vector<T>::push_back(const T&);
vector<T>::push_back(T&&);
```

Listing 26.7 »push_back« kann RValues und LValues nehmen.

Die beiden Fälle werden zum Beispiel so verwendet:

```
vector<string> vec;
string wert = "Hallo";
vec.push_back(wert);        // Überladung, 'const T&' greift, kopiert
vec.push_back( move(wert) ); // Überladung 'T&&' greift, bewegt
```

Listing 26.8 Kopieren und bewegen mit »push_back«

Das erste `push_back` kopiert sein Argument, dem zweiten wurde durch das explizite Umwandeln in `string&&` mit `move` das Verschieben erlaubt. Doch das folgende Beispiel kompiliert zum Glück nicht:

```
#include <memory>
typedef unique_ptr<string> Val;
void upush(vector<Val> &vec, Val &val) {
  vec.push_back(val);    // Fehler!
}
```

Listing 26.9 Die LValue-Überladung ist unmöglich.

Wenn es kompilieren würde, dann hätte nämlich nur noch die Überladung push_
back(T&&) gefunden werden können! Der unique_ptr<> hat schließlich absichtlich keinen *Kopierkonstruktor*; das heißt, die Überladung push_back(const T&)
wird vom Compiler für diesen Aufruf »deaktiviert«. Bleibt die Überladung push_
back(T&&) — und die wäre an dieser Stelle fatal: Obwohl der Parameter val ein
LValue ist[1] und ohne dass wir move() verwendet hätten, wird val hier seines
Inhalts beraubt?

Nein, das ist zum Glück nicht der Fall: Ein LValue wird *niemals* durch den Compiler automatisch an einen RValue gebunden. Das heißt, das Implementieren der
beiden Überladungen const T& und T&& ist sicher.

Überladung mit Stringliteralen

Nachdem wir jetzt so viel darüber gelernt haben wann etwas ein LValue ist und
wann ein RValue und wann der Compiler welche Überladung wählt, prüfen wir
unser Wissen:

```
int main() {
  vector<string> vec;
  string s = "Stan";
  vec.push_back(s);        // 'const string&', also copy
  vec.push_back(move(s));  // explizit 'string&&', also move
  vec.push_back("Olli");   // ein temporary, also 'string&&', aber ...
}
```

Listing 26.10 Der Compiler wählt die LValue-Überladung trotz Temporary.

Die Überraschung ist womöglich groß: "Olli" ist eindeutig ein const char*[2].
Und wie wir erwarten, macht der Compiler mit dem Konstruktor string(const
char*) daraus sehr schnell einen string-Temporary also einen string&&. Wir
erwarten also, dass push_back("Olli") letztendlich push_back(string&&) ausführt. Das ist sehr gut so, denn dann wird eine Kopieroperation des Textes gespart.

---

1 Er hat ja einen Namen und dadurch eine Adresse.
2 Tatsächlich ist es ein const char[5]

Hier aber nun ein Einschub, denn in den vielen Definitionen zu *RValue-Referenzen* kann man sich schon verheddern. Denn dass hier wirklich `string&&` bei `push_back` ankommt, hat sich erst sehr spät im C++11-Designprozess ergeben. Der Grund dafür ist, dass es sich bei *Stringliteralen* um LValues handelt — das heißt, sie stehen als fester Text irgendwo im Kompilat und haben (nach der Faustregel) eine Adresse. Und die Regeln zum »Schutz« von LValues sagen, dass normalerweise ein LValue ein solcher bleibt, auch wenn er durch einen Funktionsaufruf »hindurchgegangen« ist. Und genau dies wurde kurz vor der Fertigstellung des Standards für *implizite Konvertierungen* — wie von `const char*` nach `string&` — wieder etwas aufgelockert.[3]

[+]

Mantra
T&& ist ein eigener, von T& und T unterschiedlicher Typ, mit dem du Methoden und Funktionen überladen kannst.

Verweise

[1] **How may I forbid calls to const member function of an rvalue object in C++ 2011?**, Stackoverflow, *http://stackoverflow.com/questions/5812631* [2011-04-28]

[2] **8.3.5.(1) Functions**, C++11

[3] **13.1.(2) Overloads**, C++11

[4] **A Safety Problem with RValue References (and what to do about it)**, David Abrahams, Doug Gregor, N2812, *http://www.open-std.org/Jtc1/sc22/wg21/docs/papers/2008/n2812.html*

---

3 Microsoft hat in Visual Studio 2010 schon RValue-Referenzen implementiert, aber das C++-Gremium hat diese Änderung erst nach dessen Erscheinen beschlossen. In der 2010er-Version wird hier also kopiert.

27 Methoden per delete und default

[class.delete] Das Schlüsselwort `delete` hat nun eine zusätzliche Funktion: Geben Sie statt eines Funktionskörpers = `delete` bei der Deklaration an, dann gilt die Funktion als nicht mehr vorhanden. Das vereinfacht vor allem die Definition von Klassen, denen der Compiler ansonsten Default-Implementierungen hinzufügt, wie zum Beispiel das Kopieren.

Möchten Sie eine Klasse erstellen, bei der das Kopieren, Zuweisen und leere Konstruieren (mit dem Konstruktor ohne Argumente) gleich beim Design verboten ist, dann können Sie das in C++11 nun mit = `delete` anzeigen:

```
struct Picture {
  explicit Picture(const string &filename) { /* Bild laden */ }
  Picture(const Picture&) = delete;          // verbiete Kopie
  Picture& operator=(const Picture&) = delete; // verbiete Zuweisung
};
void display(const Picture&) { /* Implementierung */ };
void display(Picture&&) = delete;            // verbiete auf Temporaries
```

Listing 27.1 Mit »delete« vordefinierte Methoden löschen

Es kann aber jede Überladung, wie bei `display()`, mit = `delete` als unbenutzbar markiert werden, auch freie oder Memberfunktionen.

Ebenfalls sehr nützlich beim Klassendesign ist das neue = `default`, mit dem Sie die vom Compiler generierten Deklarationen modifizieren können, ohne selbst die komplette Implementierung zu liefern:

```
struct Widget {
  explicit Widget() = default;      // +explicit
  virtual ~Widget() = default;      // +virtual
  Widget(Widget&&) = default;
protected:
  Widget(const Widget&) = default;  // +protected
};
```

Listing 27.2 Mit »= default«-Deklarationen leicht modifizieren, ohne zu implementieren

Normalerweise wären alle vom Compiler synthetisierten Deklarationen `public`, nicht-`virtual` und nicht-`explicit`. Diese Deklarationen können Sie nun leicht verändern. Im Fall des *Verschiebekonstruktors* wird der Compiler sogar dazu gebracht, diesen überhaupt bereitzustellen.

Hintergrund und Beispielcode

Wollte man bisher eine Klasse so erstellen, dass man sie nicht kopieren kann, dann hat man sich häufig des Tricks bedient, die Kopieroperationen `private` zu deklarieren [2]:

```
struct Picture {
  explicit Picture(const string &filename) { /* Bild laden */ }
private:
  Picture(const Picture&);                // kein Copy
  Picture& operator=(const Picture&); // kein Assign
};
```

Listing 27.3 Bisheriges Rezept: »private« und nicht implementieren

Dadurch, dass man die entsprechenden Methoden `private` gemacht hat, kann man weder irgendwo »versehentlich« eine Kopie mit `Picture p2{p1}` erzeugen noch kann eine abgeleitete Klasse dies tun. Der Compiler wird sich wahrscheinlich mit einer Meldung wie »Picture(Picture&) is private« beschweren. Der Grund, warum man für all diese Methoden keine Implementierung liefert, ist, dass man sie niemals braucht. Sie würden aber auch nicht schaden, außer dass sie den Code länger machen, vielleicht auch das Kompilat größer und den Leser auf den Irrweg bringt, er könne vielleicht *doch* kopieren.

Die Meldung des Compilers, dass die Methode `private` definiert ist, ist zwar richtig, aber eigentlich verwendet man ein ganz anderes Sprachfeature, um sein Klassendesign zu implementieren. Das geht jetzt besser: Mit = `delete` sagen Sie dem Compiler *und Leser* genau, was Sie sich bei dem Entwurf der Klasse gedacht haben. Ja, Sie können auch mit einer schweren Zange einen Nagel in die Wand schlagen, aber ein Hammer ist besser. Deshalb gibt es in vielen »Werkzeugkästen« zum Beispiel so etwas wie `boost::noncopyable` [3]:

```
#include <boost/noncopyable.hpp>
struct Picture : private boost::noncopyable {
  explicit Picture(const string &filename) { /* Bild laden */ }
};
```

Listing 27.4 In C++03 und mit der Boost-Bibliothek das Kopieren verbieten

So wird die Absicht des Klassendesigners genau wiedergegeben, und der Zweck ist erfüllt. Und — auch nicht zu verachten — die Klasse `boost::noncopyable` könnte ihr Werk nun mit C++11-Syntax verrichten, und wir müssten diesen Clientcode nicht einmal anpassen! Vorteile der Verwendung von Standard- und gut gepflegten Drittanbieter-Bibliotheken.

Delete auf freie Funktionen

Auch Funktionen außerhalb von Klassen können Sie mit = delete definieren und so den Compiler anweisen, bei der Benutzung eine Fehlermeldung auszugeben.

```
// Löschen einer bestimmten Überladung:
vector<const string*> alle;
void append(const string &str) {      // Überladung für LValues: ok
  alle.push_back( &str );
}
void append(string &&str) = delete; // Überladung auf RValues: verbieten
// Löschen einer bestimmten Template-Spezialisierung:
template<typename T>                  // allgemeingültiges Template: ok
void print(const T& arg) {
    cout << arg;
}
template<>                            // Spezialisierung nur für 'string': verbieten
void print<string>(const string& arg) = delete;
// Effekt:
int main() {
    string s1 = "Hallo";
    string s2 = "Welt";
    append(s1);                 // ok
    append(string("Welt"));     // Fehler: Temporäre Variable
    append(s1+s2);              // Fehler: Temporäre Variable

    print(44);                  // ok: print<int>
    print('\n');                // ok: print<char>
    print(s1);                  // Fehler: print<string>
}
```

Listing 27.5 Löschen einer Überladung oder Spezialisierung

Die Funktion append speichert die Adresse ihres Parameters in einer globalen Liste. Das wäre für eine temporäre Variable verhängnisvoll. Die Überladung auf das &&-Argument ist mit = delete markiert: Wenn der Benutzer aus Versehen ein solches Argument übergibt, wird der Compiler einen Fehler melden.

Das Gleiche geht auch für Template-Spezialisierungen von Funktionen. Wenn Sie ein allgemeingültiges Template geschrieben haben, das beinahe alle Template-Argumente behandeln kann, dann können Sie einzelne Spezialisierungen, anstatt sie zu implementieren, einfach mit = delete als »verboten« deklarieren. Beim Verwenden dieser speziellen Varianten wird der Compiler dann meckern und in allen anderen Fällen den allgemeinen Code verwenden.

Ein ausführliches Beispiel zum Verhindern des Aufrufs einer Funktion mit einem Temporary finden Sie in Kapitel 26, »Überladen auf RValues«.

Default-Methoden

Klassen haben eine Reihe von »speziellen« Methoden, die der Compiler synthetisiert, wenn Sie sie irgendwo im Programm anfordern und sie nicht selbst deklarieren. Hier sind in C++11 die beiden Verschiebeoperationen neu hinzugekommen [4]:

- *Default-Konstruktor* `A::A()` — nur wenn der Benutzer keinen eigenen Konstruktor deklariert

- *Destruktor* `A::~A()`

- *Kopieroperationen* `A::A(const A&)` und `A& operator=(const A&)` — nur wenn der Benutzer keine Verschiebeoperation deklariert

- *Verschiebeperationen* `A::A(A&&)` und `A& operator=(A&&)` — nur wenn der Benutzer keine Kopieroperation deklariert

Die Deklaration der vom Compiler synthetisierten Methode ist immer `public`, `inline`, nicht-`explicit` und nicht-`virtual`. Wenn Sie bisher eine dieser Eigenschaften anders als vom Compiler generiert haben wollten, mussten Sie die komplette Methode selbst implementieren — selbst dann, wenn Sie genau das Gleiche implementierten, was der Compiler sonst synthetisiert hätte.

In C++11 ist das nicht mehr nötig. Wollen Sie den Default-Konstruktor `explicit` haben oder den Destruktor `virtual`, müssen Sie nicht mehr die (triviale?) Implementierung angeben. Soll der Kopierkonstruktor lieber `protected` sein, aber Sie möchten nicht selbst alle zu kopierenden Felder auflisten? Für diesen Zweck können Sie nun die passende Deklaration mit `= default` versehen und die Implementierung so auf den Compiler abwälzen.

Die Angaben von `= default` in Listing 27.2 bewirken:

- Durch `explicit Widget() = default;` wird der Konstruktor ohne Argument `explicit`.

- Der Destruktor wäre ohne `virtual` `~Widget() = default;` nicht `virtual`.

- Weil wir einen Konstruktor definiert haben, hätte die Klasse ohne `Widget(Widget&&) = default;` keinen Verschiebekonstruktor.

- Die Nennung von `Widget(const Widget&) = default;` im `protected`-Bereich macht den Kopierkonstruktor nicht-`public`.

199

Die Deklaration für den Verschiebekonstruktor `Widget(Widget&&)` unterscheidet sich nicht von dem, was der Compiler deklariert hätte. Da wir aber eine Kopieroperation deklariert haben, hätte der Compiler nach obigen Regeln gar keine Verschiebeoperation generiert. Mit der Angabe von `= default` wurde er dazu gebracht, es doch zu tun.

Diese Regeln sind einfach genug und leicht im Kopf zu behalten. Nur die Interaktionen der Regeln miteinander sind manchmal schwer zu überblicken (wie im Fall der Verschiebeoperation). Ein ausführliches Beispiel dazu finden Sie in Kapitel 26, »Überladen auf RValues«, bei dem der Compiler fürs Verschieben oder Kopieren auch mal ein `= delete` synthetisieren muss.

[+]

Mantra

Mit `= delete` kannst du deutlich machen, welche Operationen eine Klasse nicht unterstützt und einzelne Funktionsüberladungen und Template-Spezialisierungen verbieten.

Mit `= default` kannst du vom Compiler generierte Deklarationen leicht verändern, ohne selbst eine Implementierung zu liefern.

Verweise

[1] **8.4.3 Deleted definitions [dcl.fct.def.delete]**, C++11

[2] **Item 6: Explicitly disallow the use of compiler-generated functions you do not want**, Scott Meyers, Effective C++, 3rd Ed., Addison Wesley 2005

[3] **Class noncopyable**, Boost, *http://www.boost.org/doc/libs/1_46_1/libs/utility/utility.htm* [2011-05-20]

[4] **Overview of the New C++ (C++11)**, Scott Meyers, Rev. 2011-10

28   Konstruktor-Delegation

[class.delegate] Ein Konstruktor erledigt die Initialisierungsaufgaben einer Klasse. Neuerdings können Sie einen zentralen Konstruktor definieren, den die anderen Konstruktoren dann aufrufen — also die Initialisierung *delegieren*.

```
class Coder; // woanders definiert
class AFile {
  fstream file_;
  Coder    coder_;
public:
  struct WRITE {};
  // open for reading
  AFile(const string &fn, const Coder &coder)
    : file_{fn.c_str(), fstream::in}
    , coder_{coder}
    { }
  // open for writing
  AFile(const string &fn, const Coder &coder, WRITE)
    : file_{fn.c_str(), fstream::out}
    , coder_{coder}
    { }
  // delegators
  AFile(const string &fn, const string &codepage, WRITE)
    : AFile{fn, Coder{codepage}, WRITE{}} {}
  AFile(const string &fn, const string &codepage)
    : AFile{fn, Coder{codepage}} {}
  AFile(const string &fn, WRITE)
    : AFile{fn, Coder{"iso-8859-16"}, WRITE{}} {}
  AFile(const string &fn)
    : AFile{fn, Coder{"iso-8859-16"}} {}
};
```

Listing 28.1 Delegation der Initialisierung an einen anderen Konstruktor

Dabei rufen die delegierenden unteren vier Konstruktoren zunächst einen der beiden anderen Haupt-Konstruktoren auf und fahren dann mit ihrem eigenen Konstruktor-Body fort — hier der Kürze halber leer.

Hintergrund und Beispielcode

Durch das Delegieren an andere Konstruktoren, können Sie nun enorm viel Codeduplikation vermeiden. War es zuvor nötig, dass Sie die gesamte Liste aller Datenfelder bei jedem Konstruktor auflisten, so können Sie die Initialisierung nun zentralisieren. Die vorigen Gefahren, die mit der Duplikation einhergingen, werden reduziert:

▶ Wenn Sie ein neues Datenfeld hinzufügen, müssen Sie es an weniger Stellen nachpflegen.

▶ Der Code wird insgesamt kürzer.

▶ Es ist einfacher, die Gemeinsamkeiten der verschiedenen Initialisierungen zu verstehen.

Wie man nicht delegiert

Wie in [1] angemerkt, können Sie *nicht* delegieren, indem Sie einfach einen gemeinsamen Konstruktor im Funktionskörper eines anderen Konstruktors aufrufen. Neulinge freuen sich, dass der folgende Code kompiliert, aber leider erzeugt X{} im Konstruktor X(int) nur eine temporäre Variable und hat somit keine Auswirkung auf das eigentlich zu initialisierende Objekt:

```
struct X {
  int i_;
  X() { DoSomethingObservableToThisObject(); }
  X(int i)
    : i_{i}
    { X{}; } // Ups! Kompiliert, aber keine Auswirkung.
};
```

Listing 28.2 Keine Delegation; zu initialisierendes Objekt wird nicht verändert.

Es muss also ein anderer Mechanismus her, den es bis jetzt in C++ nicht gab. Mit der neuen Delegation rückt der aufzurufende Konstruktor in die *Initialisierungsliste*, also X(int i) : X{}, i_{i} {}? Nicht ganz!

Eine Konstruktordelegation kann nicht *zusätzlich* zu einer Initialisierungsliste angegeben werden, sondern nur *stattdessen*. Sie müssen den Code also umordnen:

```
struct X {
  int i_;
  X(int i)
    : i_{i}          // Initialisierungsliste
    { DoSomethingObservableToThisObject(); }
  X()
    : X{0}           // delegiert
    {}
};
```

Listing 28.3 Delegation statt Initialisierungsliste

Aber was nach außen hin so einfach aussieht, ist im Detail ganz und gar nicht ohne! Denn für dieses sehr nützliche Feature muss eine Frage besonders betrachtet werden: Was passiert bei einer Exception?

Ohne Delegation

Bisher war die Regel, dass das Objekt als erzeugt gilt, wenn der Konstruktor der konstruierten Klasse komplett durchlaufen wurde. Das ist deshalb wichtig, weil dann — und nur dann — der Destruktor des Objekts aufgerufen werden wird, wenn es aus irgendeinem Grund ungültig wird. Typischerweise ist das der Fall, wenn das Programm den *Scope* verlässt, in dem die Instanz erzeugt wurde.

```cpp
struct Data {
  Data(int d)
    { if(d==666) throw runtime_error{"ditsch"}; }
};
struct Base {
  Data d_;
  Base(int d, char x)
    : d_{d}
    { if(x=='X') throw runtime_error{"bong"}; }
};
struct Derived : public Base {
  Data e_;
  Derived(int d1, char x, int d2)
    : Base{d1,x}, e_{d2}
    { if(d2==999) throw runtime_error{"pock"};  }
  ~Derived() {}
};
void probiere(int d1, char x, int d2) {
  try {
    Derived h{d1,x,d2};
    cout << d1 << x << d2 << endl;
  } catch(runtime_error& e) {
    cout << e.what() << endl;
  }
}
int main() {
  probiere(666,'a',0); // Exception ditsch! Nicht erzeugt
  probiere(0,'X',0);   // Exception bong! Nicht erzeugt
  probiere(0,'a',999); // Exception pock! Nicht erzeugt
  probiere(0,'a',0);   // keine Exception. Erzeugt
}
```

Listing 28.4 Ohne Delegation gilt ein Objekt als erzeugt, wenn der Konstruktor der erzeugten Klasse korrekt verlassen wird.

Nur genau dann, wenn der Konstruktor von `Derived` komplett durchlaufen und nicht mit einer Exception verlassen wurde, gilt das Objekt als erzeugt. Das heißt, alle anderen bis zum Fehler durchgeführten Initialisierungsschritte werden »rückgängig« gemacht (Destruktoren von Basisklassen und schon initialisierten Feldern durchlaufen und Speicher freigeben) und die Exception wird weitergeworfen.

In der Konsequenz heißt das, `~Derived()` wird für 1, 2 und 3 nicht aufgerufen werden, weil in diesen Fällen kein Objekt erzeugt wurde.

Ausnahmen während der Delegation

Was passiert aber nun in C++11 bei der Delegation, wenn ein Konstruktor einen anderen aufruft?

▶ Ist das Objekt erzeugt, wenn der *aufgerufene* Konstruktor seinen Funktionsblock erfolgreich durchlaufen hat? Der kehrt dann zum *aufrufenden* Konstruktor zurück, und dort gibt es eventuell auch noch ein Stück Funktionsblock zu durchlaufen, das ja noch Exceptions werfen kann.

▶ Oder ist das Objekt erst komplett erzeugt, wenn der *aufrufende* Konstruktor komplett erfolgreich beendet wurde? Aber ein anderer Konstruktor *wurde* ja schon beendet; und Konstruktoren sind dafür da, Objekte in einem »guten« Zustand zu hinterlassen. Warum sollte das Objekt also jetzt nicht gültig sein?

Zwischen diesen beiden Optionen musste das Standardisierungskomitee wählen, und es hat sich für die erste entschieden [1].

Einer ist genug

In C++11 gilt ein Objekt als erzeugt, sobald *einer der Konstruktoren* komplett durchlaufen wurde. Wie bisher wird also der Destruktor der zu erzeugenden Klasse *nicht* aufgerufen werden, wenn eine Ausnahme den innersten Konstruktor verlässt.

Wenn aber der innere Konstruktor seine Arbeit erfolgreich abschließen konnte und erst der äußere, delegierende Konstruktor eine Exception wirft, ist das Objekt für einen Moment gültig, und der Destruktor wird (sofort) aufgerufen.

```
struct Bruch {
  double wert;
  Bruch(int z, int n) : wert{z/n} {}
  Bruch(int z) : Bruch{z,1} { if(z<0) throw runtime_error{"z<0"}; }
  ~Bruch() { cout<<"weg damit"<<endl;; }
};
```

Listing 28.5 Wenn »Bruch(z,n)« durchläuft, dann wird auch »~Bruch()« aufgerufen.

Da man beim Aufruf von `Bruch(x,0)` eine »Division durch Null« verursacht, wird der Konstruktor nicht komplett durchlaufen. Ein Objekt wird nicht erzeugt und der Destruktor nicht aufgerufen. Bei `Bruch(-3)` hat aber die Delegation an `Bruch{-3,1}` zunächst Erfolg, erst der Body des Delegierenden verursacht die Exception — das Objekt ist aber schon vorhanden, und deshalb wird der Destruktor aufgerufen werden [2].

Der Fall, dass der innerste Aufruf mit einer Exception fehlschlägt, aber von einem delegierenden Aufruf gefangen wird, um das Objekt doch noch irgendwie gültig zu initialisieren, kann nicht vorkommen. Denn es gibt keine Möglichkeit, dass ein delegierender Konstruktor die Exception eines aufgerufenen Konstruktors fängt und komplett behandelt (so, dass keine Exception weitergeworfen wird).

Mit anderen Worten heißt das also: Wenn der *innerste* Konstruktor regulär — ohne Exception — verlassen wurde, dann wird der Destruktor des Objekts aufgerufen werden. Auch wenn ein äußerer, delegierender Konstruktor weitere Arbeit verrichtet, die zu einer Exception führt.

Konstruktor-Try

Wenn die Initialisierung über mehrere Konstruktoren nun komplexere Szenarien erlaubt (aber dadurch im Aussehen nicht *komplizierter* wird), dann können Sie im Laufe der Zeit auch auf ungewöhnlichere Sprachkonstrukte treffen, wie den *Constructor-Function-Try-Block*:

```
struct Base {
  Data d_;
  Base(int x);
};
Base::Base(int x)
  try
    : d_{x}
    { if(x==0) throw runtime_error{"bong"}; }
  catch(...)
    { cout << "d error" << endl; } // implizites throw
```

Listing 28.6 Function-Try-Blocks gab es schon vorher, auch für Konstruktoren.

Wenn innerhalb irgendeiner Member-Initialisierung eine Exception geworfen würde, dann könnte sie von dem `catch` behandelt werden. Anders als bei den innerhalb von Funktionen stehenden `catch`-Abschnitten, wird hier aber am Ende *implizit* die Exception weitergeworfen, wenn dort kein *explizites* `throw` steht.[1]

---

1 Steht der Function-Try-Block an einer normalen Funktion, wird nicht automatisch weitergeworfen.

Daher hat dieses `try-catch` keine Auswirkungen auf den Gültigkeitszustand des zu konstruierenden Objekts, sondern soll nur eventuell »Schlimmeres verhindern« [5].

Dieses Feature ist nicht neu, es existiert schon im C++03 [4]. Es wird aber im Moment in freier Wildbahn sehr selten gesichtet.

Vorkehrungen im Destruktor

Ob ein Objekt nun schon gültig war oder nicht, entscheidet, ob der Destruktor aufgerufen wird oder nicht. Und dort müssen Sie dann eventuell berücksichtigen, dass *ein* Konstruktor komplett durchlaufen wurde, aber ein delegierender mit einer Exception beendet wurde.

Eventuell belegte Ressourcen sind freizugeben; aber keine, die im delegierenden noch nicht angefordert wurden.

```
struct Buffer {
  Buffer()
    : Buffer{100}      // delegiert
    { f_.open(); }     // könnte werfen
  ~Buffer() {
    delete[] buf_;
    f_.close();        // Achtung! geht das?
  }
private:
  int *buf_;
  File f_;
  Buffer(size_t n)
    : buf_{new int[n]}, f_{"lotr.txt"}
    {}
};
```

Listing 28.7 Im Destruktor aufpassen, welche Konstruktoren durchlaufen wurden

`Buffer()` delegiert die Anforderung des Speichers an `Buffer{size_t}`. Das geht nur bei zu wenig Speicher schief, und dieser Konstruktor wird erfolgreich verlassen. Dadurch ist das Objekt gültig. Wenn dann `f_.open()` im delegierenden Konstruktor eine Exception verursacht, dann wird `~Buffer()` aufgerufen werden. Es ist selbstverständlich, dass dort mit `delete[] _buf` der Speicher wieder freigegeben wird. Aber ist `f_.close()` ebenfalls korrekt? Es kommt auf das API der Klasse `File` an, ob dieser Aufruf in Ordnung ist, auch wenn die Datei nicht geöffnet werden konnte.

Es muss also im Destruktor Sorge dafür getragen werden, dass Teile der Initialisierung komplett durchlaufen wurden, aber andere Teile nicht komplett ausgeführt werden konnten.

Sicheres Locking für Kopie und Verschieben

Konstruktordelegation macht auch ein sehr wichtiges Feature um vieles einfacher, als es zuvor möglich war. Wenn Sie für Ihre Klasse *Konstruktoren, Kopieren* und *Verschieben* auch *threadsicher* implementieren möchten, dann benötigen Sie dafür einen *Mutex* — eine »mutual exclusion« für den gegenseitigen Ausschluss mehrerer Threads. Diesen Mutex können Sie für die Dauer der Kopie mit einem *Lock* versehen, so dass kein anderer in der Zeit die Instanz manipulieren kann.

Üblicherweise bekommt die Klasse dafür einen Mutex als Membervariable, der dann sofort nach Eintritt in einer Funktion mit einem lock_guard blockiert wird. Das ist ein Lock, der so lange gilt, bis das Programm den Gültigkeitsbereich der Lockvariable verlässt.

```
#include <mutex>
struct A {
  int data_;
  mutex mtx_;
  void func() {
    lock_guard<mutex> lk{mtx_};
    // ... zu schützende Arbeit hierhin ...
  }
};
```

Listing 28.8 Typische Verwendung eines Lock-Guards

Das Schwierige daran im Fall von Konstruktoren ist, dass deren Initialisierungsliste ja noch außerhalb des Körpers des Konstruktors liegt und damit nicht innerhalb des Bereichs, den der lock_guard schützt. Dieser ist nur ab seiner Definition wirksam bis zum Ende des Bereichs, in dem er sich befindet.

Für einen Kopierkonstruktor, der threadsafe sein soll, ist es vielleicht nötig, einen Lock auf die zu kopierende Instanz zu setzen, damit man einen zuverlässigen »Schnappschuss« ihres Zustandes bekommt. Daher muss die Reihenfolge der Operationen sein:

1. Mutex der *Quelle* der Kopie mit einem Lock versehen

2. Datenelemente kopieren

3. Mutex-Lock freigeben

Es klappt also zum Beispiel nicht, wenn Sie die Datenelemente innerhalb der Initialisierungsliste kopieren und den Lock dann im Funktionskörper setzt.

```
struct A {
  int data_;
  A(const A& a)
    : data_{a.data_}                   // kopieren
  {
    lock_guard<mutex> lk{a.mtx_};  // Zu spät!
  }
private:
  mutable mutex mtx_;                   // verändert im copy-ctor
};
```

Listing 28.9 Dieser Lock wirkt sich nicht auf die kopierten Daten aus!

Damit Sie in der Quelle a, die ja im Kopierkonstruktor const ist, mtx_ überhaupt ändern können, müssen Sie ihn auch noch mutable machen — das ist keine elegante Lösung, aber nach unserer Anforderung, dass wir im Ziel einen Mutex setzen wollen, unausweichlich.

Es gibt viele Lösungen zu diesem Problem. Manche verlangen, dass der Benutzer von außen vor der Kopie den Lock setzt, manche verwenden eine künstliche Klassenhierarchie und einige andere Tricks [3].

Glücklicherweise liefert die *Konstruktordelegation* eine elegantere Lösung. Denn mit ihr können Sie das Kopieren zentralisieren — und doch zuvor den Lock setzen:

```
struct A {
  int data_;
  A(const A &a)
    : A{a, lock_guard<mutex>(a.mtx_)} // delegieren
  { }
private:
  A(const A &a, const lock_guard<mutex> &)
    : data_{a.data_} {}                 // kopieren
  mutable mutex mtx_;
};
```

Listing 28.10 Geordnetes Locking auch für Konstruktoren durch Delegation

Wird der Kopierkonstruktor A::A(const A&) aufgerufen, delegiert dieser die Kopierarbeit an einen anderen Konstruktor — hier einen, der private markiert ist. Zuvor erzeugt der delegierende Konstruktor aber noch eine temporäre Variable mit lock_guard<mutex>{a.mtx_} und blockiert so den Mutex in der Kopierquelle. Als temporäre Variable wird diese am Ende der Kopieraktion wieder entfernt und damit der Mutex wieder freigegeben.

Da der einzige Zweck dieser Variable nur ihre Existenz ist, wird sie als Parameter dem eigentlichen Kopierkonstruktor mitgegeben. Der muss nur dafür sorgen, dass sie existieren darf, und deshalb hat der Parameter in seiner Liste nicht einmal einen Namen. Allerdings unterscheidet sich dadurch die Parameterliste von dem `public`-Konstruktor, was zur Überladung notwendig ist.

Die Lösung mag eleganter sein, ist aber dennoch nicht ganz ohne Probleme. Zum Beispiel ist es nicht die »gute Schule« den Mutex eines anderen Objekts zu benutzen: Ein Mutex gehört einem Objekt, und eigentlich ist der Eigentümer dafür selbst zuständig — dass man `mutable` benötigt, weist schon darauf hin.

Auch zu bedenken ist, ob die temporäre Variable, nicht *mehr* blockiert, als Sie möchten. In einem Ausdruck wie `A a; A b{a}, c{a};` blockiert die Kopie, die `b` braucht, die Kopie, die `c` braucht: Die temporäre Variable (der Lock aus `b`, der den Mutex auf `a` hält) würde erst am `;` wieder freigegeben. Wie die meisten Lösungen für Multithreading keine allumfassend perfekte.

Mantra [+]

Dass ein Konstruktor an einen anderen delegieren kann, reduziert Codeduplikation. Bei Exceptions im delegierenden Konstruktor wird dennoch der Destruktor aufgerufen, weil ein anderer Konstruktor schon durchlaufen wurde.

Verweise

[1] **Delegating Constructors (revision 3)**, Herb Sutter, Francis Glassborow, N1986, *http://www.open-std.org/jtc1/sc22/wg21/docs/papers/2006/n1986.pdf*

[2] **Mehr als Modellpflege**, Torsten T. Will, c't 2010/7, S. 197, Heise Verlag

[3] **Thread-Safe Copy and Move Constructors**, Anthony Williams, Just Software Solutions, 17 August 2011, *http://www.justsoftwaresolutions.co.uk/threading/thread-safe-copy-constructors.html* [2011-08-27]

[4] **15 Exception handling [except]**, ISO/IEC, Programming languages – C++, 2nd Ed., 14882:2003(E), 2003-10-15

[5] **What's the Point of Function Try Blocks**, Anders Schau Knatten, June 4, 2010, *http://blog.knatten.org/2010/06/04/whats-the-point-of-function-try-blocks/* [2011-08-28]

29 Membervariablen initialisieren

[class.mdecl] Für Membervariablen kann man jetzt eine Standardinitialisierung bei der Deklaration angeben, die ausgeführt wird, wenn der Konstruktor keine Initialisierung dieser Variablen definiert.

```
class Url {
  const int port = 80;
  const string url = "http://localhost";
public:
  Url(int p) : port{p} {}                    // url default
  Url(string u, int p) : port{p}, url{u} {}
  Url(string u) : url{u} {}                   // port default
  Url() {}                                    // beides default
};
```

Listing 29.1 Default-Initialisierung von Membervariablen bei der Deklaration

Hier werden `port` und `url` jeweils dann mit den Werten aus ihrer Deklaration initialisiert, wenn sie im konkreten Konstruktor nicht anders initialisiert wurden. Es entsteht keine doppelte Initialisierung, weswegen die Variablen ruhig `const` sein können.

Hintergrund und Beispielcode

Das in Listing 29.1 gegebene Beispiel ist äquivalent zum C++03-Code:

```
class Url {
  const int port;
  const string url;
public:
  Url(int p) : port{p}, url{"http://localhost"} {}
  Url(string u, int p) : port{p}, url{u}  {}
  Url(string u) : port{80}, url{u} {}
  Url() : port{80}, url{"http://localhost"} {}
};
```

Listing 29.2 Duplikation aus C++03-Zeiten

Das enthält viel duplizierten Code, weswegen man zuvor meist auf eine statische Variable zurückgriff:

```
class Url {
  const int port;
  const string url;
  static const int DEFAULT_PORT = 80;
  static const string DEFAULT_URL;
public:
  Url(int p) : port{p}, url{DEFAULT_URL} {}
  Url(string u, int p) : port{p}, url{u}    {}
  Url(string u) : port{DEFAULT_PORT}, url{u}    {}
  Url() : port{DEFAULT_PORT}, url{DEFAULT_URL} {}
};
const string Url::DEFAULT_URL = "http://localhost";
```

Listing 29.3 Immer noch ist vieles doppelt, auch wenn es etwas sauberer ist.

Das reduziert die Codeduplikation nur bedingt — der doppelte Code ist noch da, auch wenn er nun an zentraler Stelle geändert werden kann. Unglücklich nur, dass man statische Konstanten komplexerer Typen (wie den `string DEFAULT_URL`) nicht direkt in der Klasse definieren darf.

Und nicht zuletzt können pingelige Compiler (oder solche, die Sie gebeten haben pingelig zu sein) und Codeanalyse-Werkzeuge eine Menge Warnungen ausspucken, wenn Sie die Variablen in der Initialisierungsliste des Konstruktors nicht in der gleichen Reihenfolge auflisten, wie sie deklariert waren. Das ist im Extremfall tatsächlich eine böse Stolperfalle, die sehr schwer zu identifizieren ist, aber im Normalfall der Initialisierung mit einer Konstanten unnötig. Im letzten Beispiel würde eine solche Warnung für `Url(string u, int p) : url{u}, port{p} {}` erzeugt, denn in der Klasse wurde erst `port`, dann `url` deklariert.

Der böse Fall, bei dem der Programmierer die Kontrolle über die Reihenfolge der Initialisierung braucht, ist durch die neue Möglichkeit nicht berührt:

```
class Pict {
  vector<char> data;  // zu früh
  string fn;
  AFile f;
public:
  Pict(const char* name)
    : fn{name}, f{fn}, data{f.read()} {}
};
```

Listing 29.4 Die Reihenfolge in der Deklaration ist relevant.

Das wird schiefgehen: Auch wenn in der Initialisierungsliste von `Pict` die Reihenfolge die Intention des Autors angibt — erst Dateinamen zuweisen, dann Datei mit Dateinamen öffnen, dann aus offener Datei Daten lesen —, so ist doch die

Reihenfolge bei der *Deklaration* relevant. Also würde zuerst versucht, data aus der Datei zu lesen — noch bevor die Datei geöffnet wurde. In diesem Fall ist eine Warnung des Compilers also sehr wohl sinnvoll.

[+]

> **Mantra**
>
> Default-Initialisierung von Membervariablen reduzieren Codelänge und -duplikation.

Verweise

[1] **12.6.2 Initializing bases and members [class.base.init]**, C++11

[2] **Non-static data member initializers**, Michael Spertus, Bill Seymour, N2756, *http://www.open-std.org/jtc1/sc22/wg21/docs/papers/2008/n2756.htm*

30 Konstruktoren erben

[class.using] Normalerweise erbt eine Klasse die Konstruktoren von ihrem Vorgänger nicht. Nur die, die Sie implementieren, können zum Erzeugen von Instanzen verwendet werden. Mit `using` können Sie die Konstruktoren des Vorgängers zu den eigenen hinzufügen [1].

```
struct Base {
  explicit Base(int);
};
struct Derived : public Base {
  using Base::Base;        // alle ererbten Konstruktoren mit aufnehmen
  Derived(int x, int y);   // neue Überladung einführen
};
int main() {
  Derived d1 {5, 10};      // neu deklarierten Konstruktur verwenden
  Derived d2 {44};         // mit 'using' eingeführten Konstruktor verwenden
}
```

Listing 30.1 Mit »using« können nun auch Konstruktoren ererbt werden.

Dies ging zuvor nur für normale Methoden. Mit Konstruktoren war `using` nicht möglich.

Hintergrund und Beispielcode

Der ererbte Konstruktorcode wird mit `using` aber nicht 1:1 bei `Derived` übernommen. Der wirkliche Konstruktor wird vom Compiler erzeugt und macht Folgendes:

▶ Er bekommt die gleiche Deklaration wie der Vorgänger, insbesondere werden `explicit` und `constexpr` übernommen.

▶ Es erfolgt ein Aufruf des Vorgängerkonstruktors mit den gleichen Argumenten.

▶ Neue Datenelemente werden nach den üblichen Regeln initialisiert.

Definieren wir also ein `Derived` mit neuen Datenfeldern:

```
struct Derived : public Base {
  string name;             // neues Objekt-Datenfeld
  int x,y;                 // neue POD-Datenfelder
  using Base::Base;        // deklariert 'explicit Derived(int)'
  Derived(int x, int y);
};
```

```
// entspricht:
struct Derived2 : public Base {
  string name;
  int x,y;
  explicit Derived2(int i)
  : Base{i}                  // Vorfahre
  , name{}                   // Default-initialisiert
    {}                       // x,y bleiben uninitialisiert
  Derived2(int x, int y);
};
```

Listing 30.2 »Derived2« ohne »using« entspricht in etwa »Derived«.

Die Membervariablen x und y sind Datentypen, die es schon in C gab — daher der Name »POD« für »Plain Old Data«. Und wie in C vorgesehen, würden sie auch in C++ nicht initialisiert, wenn Sie dies nicht *explizit* tun.

Dass x und y uninitialisiert bleiben, ist natürlich gefährlich. Das Mittel dagegen ist, sie schon bei der Deklaration mit Default-Werten zu belegen, siehe auch Kapitel 29, »Membervariablen initialisieren«.

```
struct Derived : public Base {
  string name = "-nix-";    // Statt Default-Initialisierung
  int x = 0, y = 0;         // Werte bei fehlender Initialisierung
  using Base::Base;
  Derived(int x, int y);
};
```

Listing 30.3 Neue Membervariablen am besten auch Default-initialisieren

Nun wird der generierte Konstruktorcode sowohl x und y initialisieren, als auch name mit einem anderen als dem Standardwert belegen.

Da der generierte Konstruktor als Erstes seinen Vorgänger aufruft, darf der nicht private deklariert sein. Das ist eigentlich keine Überraschung, denn das würde auch nicht gehen, würden wir den Code selber schreiben und nicht vom Compiler generieren lassen. Das Generieren des Konstruktorcodes durch den Compiler geschieht nur dann, wenn wir irgendwo im Programm den Konstruktor Derived::Derived(int) auch *benutzen*. Passiert das nicht, dann wird kein Programmcode erzeugt. Es entsteht also kein extra Ballast.

Alle Konstruktoren

Die bisherigen Beispiele erben nur einen einzigen Konstruktor. Hätte Base aber mehr als diesen einen deklariert, dann würden diese *alle* geerbt. Das gilt insbesondere auch für Konstruktoren, die Default- oder Template-Argumente haben [2].

```
struct BaseX {
  explicit BaseX(float);
  BaseX(int i, int j=3, int=4);        // Default-Argumente
  template<typename T> BaseX(T);       // Template-Argumente
};
struct DerivedX : public BaseX {
  using BaseX::BaseX;
  DerivedX(int x, int y);              // eigener Konstruktor
};
```

Listing 30.4 Alle Konstruktorvarianten sind Kandidaten, um geerbt zu werden.

Hier bekommen wir alle Konstruktoren aus BaseX auch in DerivedX. Die Variante mit den Default-Argumenten erzeugt potenziell *drei* Konstruktoren — einen mit einem int, einen mit zwei und einen mit drei. Da wir aber selbst eine Variante mit zwei int deklariert haben, nämlich DerivedX::DerivedX(int x, int y), gilt die explizite, nicht die (potenziell) geerbte.

Nur einige zu erbende Konstruktoren auszuwählen, geht mit using nicht. Es gilt also: »alle oder keine«. Unerwünschte Neuankömmlinge müssen Sie neu definieren — so wie DerivedX(int x, int y) den eigentlich mit using geerbten Konstruktor selbst definiert.

Mantra	[+]
Mit using kannst du nun auch Konstruktoren des Vorgängers erben.	

Verweise

[1] **Overview of the New C++ (C++11)**, Scott Meyers, Rev. 2011-10

[2] **12.9 Inheriting constructors [class.inhctor]**, C++11

31   Explizite Konvertierung

[class.explicit] Bisher konnten Sie nur bei einem Konstruktor das Schlüsselwort `explicit` angeben. Damit wird angezeigt, dass der Compiler den Konstruktor nicht zur automatischen Typumwandlung der Konstruktorargumente in die Klasse verwenden soll. Neu ist, dass das Schlüsselwort `explicit` nun auch für die Umwandlungsoperatoren zur Verfügung steht.

```
struct Widget {
  explicit Widget(int i);   // wie bisher
  explicit operator string() const;   // neu
};
```

Listing 31.1 »explicit« nun auch für Cast-Operatoren

Damit wird dem Compiler die Wahl eingeschränkt, Typumwandlungen implizit vorzunehmen.

Die bemerkenswerte Ausnahme ist hier die Konvertierung zu `bool`, die an bestimmten Stellen trotzdem implizit erlaubt ist, wenn es vom Kontext eindeutig ist.

Hintergrund und Beispielcode

Durch die bisherige Regel für das `explicit` am Konstruktor wurde verhindert, dass der Compiler hier »aus Versehen« ein Widget konstruiert [1]:

```
struct Widget {
  explicit Widget(int i);   // wie bisher
};
void widget_func(const Widget& w);
int num = 4;
int main() {
  widget_func(num);   // Fehler: keine automatische Konvertierung
  widget_func(static_cast<Widget>(num));   // OK: Benutzerkontrolle
}
```

Listing 31.2 Ein Widget, absichtlich oder unabsichtlich?

Hätte man das `explicit` weggelassen, würde der Compiler den Konstruktor mit dem `int`-Argument automatisch verwenden, um aus dem `int num` für den Funktionsaufruf `widget_func(const Widget&)` ein `Widget` zu machen. Durch das `explicit` muss der Benutzer für den Fall, dass er dies doch will, wie im Beispiel, den Cast mit angeben, zum Beispiel mit `static_cast<Widget>` oder im guten alten C-Stil als `(Widget)`.

Durch diese einargumentigen Konstruktoren definieren Sie also auch zusätzlich Typumwandlungen aus einem anderen Typ.

An manchen Stellen kann es Probleme verursachen, dass der Compiler hier die Kontrolle übernimmt. Zum Beispiel bei versteckten Umwandlungen, die in komplexen Szenarien schwer zu diagnostizieren sind. Daher gibt es schon seit C++98 das Schlüsselwort `explicit` für Konstruktoren.

Cast von Objekt nach ...

Sie können mit `operator typ` auch einen Cast *in* einen anderen Typ definieren:

```cpp
struct Widget {
  operator string() const;   // neu
};
void string_func(const string& s);
Widget widget;
void run() {
  string_func(widget);
}
```

Listing 31.3 Umwandlung in einen anderen Typ

Und schon kann der Compiler automatisch das `widget` für das Funktionsargument so aufbereiten, dass es zum `string` wird. Das ist manchmal sehr praktisch, aber aus den gleichen Gründen wie bei Konstruktoren auch gefährlich.

Die Lösung, die mit C++11 nun angeboten wird, ist, dass man auch diese *Cast-Operatoren* `explicit` machen kann. Definieren Sie also in `Widget` den `operator string()` nun `explicit`, dann gäbe der Compiler im vorigen Beispiel einen Fehler aus.

Ein korrektes Beispiel mit beiden `explicit`-Varianten und deren Benutzung sähe so aus:

```cpp
struct Widget {
  explicit Widget(int i);   // wie bisher
  explicit operator string() const;   // neu
};
void string_func(const string& s);
void widget_func(const Widget& w);
Widget widget{44};       // ein neues Widget
int num = 66;            // eine neue Zahl
```

```
void run() {
  // weil widget_func(num) nicht geht:
  widget_func(static_cast<Widget>(num));
  // weil string_func(widget) nicht geht:
  string_func(static_cast<string>(widget));
}
```

Listing 31.4 Verwendung des alten und neuen »explicit«

In einem überschaubaren oder sehr sorgfältig geplanten und refaktorierten Projekt müssen Sie nicht durchweg diesen länglichen, vorsichtigen Weg der Programmierung wählen. Wenn es aber größer und unüberschaubarer wird, ist es vielleicht besser, Sie wählen häufiger explicit für den Konstruktor (wie bisher), explicit für Cast-Operatoren (neu) und kombinieren die dann beim Aufruf mit ausgeschriebenen Casts.

Alternative: Getter-Methode

Wenn Sie dann *doch* bei jedem Aufruf einen Cast explizit hinschreiben müssen, können Sie meist auch gleich ganz auf den Cast verzichten und eine ganz normale Methode verwenden:

```
struct Widget {
  explicit Widget(int i);
  string getString() const;
};
void string_func(const string& s);
Widget widget{44};      // ein neues Widget
void run() {
  string_func(widget.getString());
}
```

Listing 31.5 Ein Getter statt eines Cast-Operators

Jedem Leser ist klar, was gemeint ist. Es entsteht weniger Tipparbeit als beim explicit mit ausgeschriebenem Cast und etwas mehr als beim Cast-operator ohne explicit und static_cast. Für den Standardfall ist eine Getter-Methode also ein geeigneter Weg.

Aber manchmal bekommt man durch einen Cast-Operator tatsächlich etwas mehr:

▶ Wenn Sie ein komplexes Template schreiben, dann kann ein Cast-Operator durchaus mal das sein, was dem Benutzer das gewisse Etwas bietet.

► Möchten Sie während einer Refaktorisierung den Typkonvertierungen des Compilers auf die Schliche kommen, dann ist ein `explicit` innerhalb der Klassendefinition schnell hinzugefügt. So können Sie den Compiler bitten, Fehlermeldungen dort zu produzieren, wo die Konvertierung verwendet wurde. Dann können Sie sich immer noch entscheiden, ob Sie lieber mit dem Cast weiterleben, oder an der Stelle einen neuen Getter aufrufen.

Die Ausnahme: bool

Es gibt jedoch eine Ausnahme, bei der das `explicit` für die `operator`-Typumwandlung vom Compiler übergangen wird. In dem Fall, dass Sie nach `bool` konvertieren und der Kontext passt, ist trotz `explicit` die Typumwandlung ohne ausgeschriebenen Cast erlaubt.

```
struct Widget {
    explicit Widget(int);
    void prepare();
    explicit operator bool() const;
};
void run() {
    Widget widget{44};      // ein neues Widget
    widget.prepare();
    if(!widget) throw runtime_error("Kaputt");
}
```

Listing 31.6 Trotz »explicit« kann in bestimmten Kontexten implizit in »bool« umgewandelt werden.

In diesem Beispiel haben wir durch das `explicit` verhindert, dass der Compiler `bool i = widget;` akzeptieren würde. Nach dem `!` hat er die implizite Konvertierung jedoch erlaubt, weil dort vom »Sprachkontext eine Konvertierung zu bool verlangt wird« [2]. Das heißt konkret, dass ein Ausdruck ausnahmsweise trotzdem *implizit* konvertiert werden kann, nämlich:

► im Bedingungsteil von `?:`-Ausdrücken,

► als Operand eines unären `!`,

► als Operanden von `&&` oder `||`,

► als Bedingung in einem `if`-Ausdruck, einer `for`-, `do`- oder `while`-Schleife,

► als Bedingung einer `static_assert`-Anweisung oder

► als Vergleichsfunktor, der bei `sort` und den verwandten Funktionen angegeben werden kann [7].

Obwohl `YesNo` eigentlich nur *explizit* nach `bool` konvertiert werden kann, ist es möglich, für alle Sortierfunktionen auf Containern (vor allem natürlich `sort()`) einen Vergleichsfunktor wie `LessYesNo` zu verwenden, der solche Instanzen zurückliefert.

```cpp
#include <vector>
struct YesNo {                  // bool-artiger Datentyp
  int val_;
  explicit YesNo(int y) : val_{y} {}
  explicit operator bool() // eigentlich nur "explizit" umwandelbar
    { return val_!=0; }
};
static const YesNo yes{1};
static const YesNo no{0};
struct LessYesNo {              // Comperator mit speziellen Rückgabewerten
  YesNo operator()(int a, int b) const { return a<b ? yes : no; }
};
int main() {
  vector<int> data {2,3,4,1,2};
  sort(begin(data), end(data),
    LessYesNo{});               // nutzt kontextuelle Umwandlung
}
```

Listing 31.7 Kontextuelle Konversion nach »bool« for »sort«

[+]

> **Mantra**
>
> Das Schlüsselwort `explicit` kannst du nun auch zu einem `operator`-Cast hinzufügen.

Verweise

[1] **Overview of the New C++ (C++11)**, Scott Meyers, Rev. 2011-10

[2] **4.(3) Standard conversions [conv]**, C++11

[3] **5.3.1.(9) Unary Operators [expr.unary.op]**, C++11

[4] **5.14.(1) Logical AND operator [expr.log.and]**, C++11

[5] **5.14.(1) Logical OR operator [expr.log.or]**, C++11

[6] **5.16.(1) Conditional operator [expr.cond]**, C++11

[7] **25.4.(2) Sorting and related operations [alg.sorting]**, C++11

32 Templates mit variabler Argumentanzahl

[templ.variadic] Schon lange kann man Funktionen wie `printf` eine beliebige Anzahl an Argumenten übergeben. In C99 geht dies sogar für Makros. Der C++-Weg führt zu *Templates mit variabler Argumentanzahl*, die mit C++11 eingeführt werden. Man findet dafür häufig den Namen *Variadic Templates* (*Variadische Templates*).

Wenn Sie über ein Template stolpern — sei es eine Klasse oder Funktion —, in dessen Typliste ». . .« vorkommt, dann können Sie dort bei der Verwendung beliebig viele Typargumente einsetzen.

```
template<typename ... Args>
class EineKlasse
  { /* Inhalt */ };
template<typename ... Args>
void eineFunktion(int value, Args ... args)
  { /* Inhalt */ }
int main() {
  EineKlasse<string,int> ding1;
  EineKlasse<char,char,double,string> ding2;
  EineKlasse<> ding3;
  eineFunktion(42, 1,2,3, "Tag");
  eineFunktion(42, "Nacht", 'c', ding1);
}
```

Listing 32.1 Verwendung von Templates mit variabler Argumentanzahl

Es müssen dabei nicht alle Argumente variabel sein, einige können schon festgelegt sein, wie `value` bei `eineFunktion`. Und auch leer darf die Liste der Argumente sein, wie Sie bei `ding3` sehen.

Die durch ». . .« zusammengefassten Parameter werden *Parameter Pack* genannt. Bei der Implementierung dient ». . .« als *Wiederholungsoperator* auf die Elemente des Parameter Packs.

Während die Verwendung von Templates mit variabler Argumentanzahl den meisten unterkommt, die die Standardbibliothek einsetzen, ist ihre Implementierung eher für jene, die sich mit dem Erstellen von Bibliotheken beschäftigen.

Hintergrund und Beispielcode

Sie sehen, dass die Typen im Parameter Pack durchaus unterschiedlich sein können. Hier ist eine gewisse Verwandtschaft zu Tupeln zu sehen (siehe Kapitel 39, »Tupel, das bessere Paar«). Ebenso wie bei diesen ist es nicht möglich, eine Laufzeitschleife mit `for`, `while` oder Ähnlichem zu verwenden, um über die Elemente zu iterieren. Das Parameter Pack muss zur Übersetzungszeit behandelt werden. Dazu gibt es zwei Möglichkeiten, die Sie auch miteinander kombinieren können:

▸ Rekursion über die Anzahl der Template-Parameter

▸ Wiederholungsoperator »...«

Rekursiv

Bei der Rekursion wird die Liste der Argumente von einem Rekursionschritt zum nächsten jeweils um eins verkürzt. Dazu definieren Sie einfach eine Variante der Funktion mit *festgelegter* Typanzahl (für das Ende der Rekursion) und eine Variante für beliebig viele Argumente — Sie können die beiden Formen also durchaus mischen [1]:

```
template<typename T>                          // feste Anzahl: 1 Argument
void kommaListe(T value) {                     // #1
  cout << value << endl;
}
template<typename First,typename ... Rest>     // mindestens 1 Argument
void kommaListe(First first,Rest ... rest) {   // #2
  cout << first << ",";                         // 1. Arg ausgeben
  kommaListe(rest...);                          // Rekursion um 1 verkürzt
}
```

Listing 32.2 Häufig werden variadische Template-Funktionen rekursiv definiert.

Wenn nun `kommaListe` mit einem einzigen Argument aufgerufen wird, dann passt die Überladung #1 besser, und das Element wird einfach per `<<` ausgegeben. Das klappt, wenn der `operator<<` für diesen Typ definiert ist, sonst wird sich der Compiler — wie üblich — beschweren.

Wenn aber zum Beispiel `kommaListe(42, "hello", 2.3, 'a')` aufgerufen wird, dann passt nur #2. Die Typen werden dann in die »festen« und »variablen« Anteile aufgeteilt:

▸ Der Typ `First` ermittelt sich zu `int`,

▸ `Rest` als Parameter Pack ergibt sich zu Typ `<const char*,double,char>`

Dazu passend bekommt der Parameter `first` dann den Wert 42 und auf den Parameter Pack können Sie in der Funktion mit `rest` referenzieren. Den einzelnen Parameter `first` auszugeben ist trivial. Sein Typ ist `int`, und daher können Sie ihn mit `<<` einfach ausgeben.

Der dann folgende rekursive Aufruf ist nun um eins verkürzt und lautet ausgeschrieben:

▶   `kommaListe("hello", 2.3, 'a')`

In jedem Schritt passiert das Gleiche: Das erste Argument wird direkt ausgegeben und dann mit dem verkürzten Rest die Funktion wieder aufgerufen:

▶   `kommaListe(2.3, 'a')`

▶   `kommaListe('a')`

Für den letzten Aufruf passt die Überladung #1, in der dann nur noch `'a'` ausgegeben wird — es folgt keine weitere Rekursion, und die Aufrufkette ist beendet.

Typsicher

Dass für jedes `first` der richtige `operator<<` aufgerufen wird, ist schon ein klein wenig bemerkenswert. Denn durch diesen Ansatz bleibt die C++-Typsicherheit zur Übersetzungszeit erhalten. Anders als zum Beispiel bei `printf`: Bei dem können die Argumenttypen — wenn überhaupt — nur zur Laufzeit geprüft werden.[1] Hier dagegen bleibt alle Typinformation erhalten und kann zur Lauf- und Übersetzungszeit genutzt werden.

Nur so ist es möglich, mit den üblichen Mitteln die korrekten Überladungen für einzelnen Argumente vom Compiler herausfinden zu lassen.

Kopieren nicht nötig

Die gezeigte Implementierung würde natürlich die Argumente jeweils kopieren, da wir sie *by-value* übergeben haben. Wir können sie, wenn möglich, auch als Referenz übergeben — oder bei Template-Funktionen gleich als *RValue-Referenz*.

```
template<typename T>
void kommaListe(T &&value) {
  cout << forward<T>(value) << endl;
}
```

---

1 Weil `printf` eine so häufig verwendete Funktion ist, prüfen einige Compiler die korrekte Verwendung schon während der Übersetzungszeit. Allgemein ist das für das althergebrachte `varargs` aus `<stdarg.h>` aber nicht möglich.

```
template<typename First,typename ... Rest>
void kommaListe(First&& first,Rest&& ... rest) {
  cout << forward<First>(first) << ",";
  kommaListe(forward<Rest>(rest)...);
}
```

Listing 32.3 Wenn man nicht by-value übergeben will, kann man auch Referenzen verwenden.

In diesem Beispiel wäre das `forward` wohl nicht nötig, doch dadurch wird der genaue Referenztyp für den Aufruf der nächsten Funktion erhalten — für `operator<<` und den tieferen Rekursionsschritt von `kommaListe`. Das kann in manchen Szenarien wichtig sein, wie in Kapitel 25, »RValue-Referenzen für Perfect Forwarding«, gezeigt.

Punkte zum Entpacken

Hier fällt vor allem das `forward<Rest>(rest)...` ins Auge. Jeder Ausdruck kann durch das Anhängen von »...« (*Ellipsen,* von engl. *Ellipsis*) der Reihe nach auf alle Elemente des Parameter Packs angewendet werden. Jede Nennung des Typs `Rest` wird iteriert, ebenso jede Nennung der Variablen `rest`. Dies nennt man *entpacken (unpack),* und es ist eine der wenigen Operationen, die Sie auf Parameter Packs durchführen können.

So wird dann aus

▶ `kommaListe(f<Rest>(rest)...);` ein

▶ `kommaListe(f<Rest1>(rest1),f<Rest2>(rest2),◊,f<RestN>(restN));`

wobei `N` hier die Anzahl der Argumente des Parameter Packs ist. Das Symbol ◊ steht dafür, dass hier alle Elemente des Packs »ausgerollt« werden.

Das haben wir schon bei einem einfacheren Ausdruck gesehen, als wir in Listing 32.2 `rest...` geschrieben haben. Da sah es intuitiv nach »alle Parameter, bitte« aus, aber auch dort wird `rest` durch `...` zu `rest1,rest2,∝,restN` entpackt.

Der zu entpackende Ausdruck darf auch komplexer sein. Hier wird zum Beispiel in `us*us...` für jedes Element sein Quadrat berechnet.

```
int sum() { return 0; }                          // Rek.-Ende
template<typename T, typename ...US>
int sum(T t, US...us) {  return t + sum(us...); } // Rekursion
template <typename ...US>
int sumQuadrate(US...us) {
  return sum(us*us...);   // etwas komplexerer Ausdruck von ... entpackt
}
```

```
int main() {
  cout<< "1     : "<< sumQuadrate(1) <<endl;           // 1
  cout<< "1,2   : "<< sumQuadrate(1,2) <<endl;         // 1+4 = 5
  cout<< "1,2,3: "<< sumQuadrate(1,2,3) <<endl;        // 1+4+9 = 14
}
```

Listing 32.4 Mit ». . .« können Sie beliebige Ausdrücke entpacken.

Nicht alle variadischen Templates müssen rekursiv definiert sein. Die Funktion sumQuadrate selbst ist nicht rekursiv, diese Aufgabe wird von sum wahrgenommen. Diese beendet die Rekursion diesmal leicht anders, nämlich mit sum() ganz ohne Template-Argumente. Dies kann als Überladung der Funktion sum(...) normal gefunden werden. Alle anderen Parameteranzahlen sind durch die Template-Variante abgedeckt.

In der Standardbibliothek ist zum Beispiel make_shared für eine variable Anzahl an Argumenten definiert. Rekursion ist in dieser Funktion auch nicht nötig, da außer dem zu konstruierenden Typ alle Argumente einfach an den Konstruktor weitergeleitet werden:

```
template<class T,class...As> shared_ptr<T> make_shared(As&&...as);
```

Wobei eine einfache Implementierung dann in etwa so aussehen könnte:

```
return shared_ptr<T>{ new T{ forward<As>(as)... } };
```

Parameter Packs oder Tupel

Wem das Parameter Pack unhandlich erscheint, der kann ohne große Mühe daraus ein tuple machen:

```
template<typename ...Args>
auto func(Args... args) -> decltype(make_tuple(args...)) {
  return make_tuple(args...);
}
```

Listing 32.5 Mit »make_tuple« und ». . .« ein Parameter Pack umwandeln

Anzahl Operator

Immer wenn Sie den Namen des Parameter Packs — Typ Rest oder Parameter rest — nennen, *muss* immer ein Entpack-Operator . . . in der Nähe sein.

Es gibt nur eine einzige weitere Operation auf Parameter Packs, nämlich den neuen Operator sizeof...(). Mit deiner Hilfe bekommen Sie zur Übersetzungszeit die Größe — die Anzahl der tatsächlichen Elemente — des Packs heraus, zum Beispiel cout << sizeof...(rest).

Variadische Klassen-Templates

Bisher haben wir nur Funktions-Templates behandelt. Aber auch Klassen können Sie nun mit *variabler Anzahl von Template-Parametern* definieren. Über ein sehr prominentes Beispiel könnten Sie schon gestolpert sein — das `tuple` wird genauer in Kapitel 39, »Tupel, das bessere Paar«, besprochen.

Der einzige Weg bisher, um so etwas Ähnliches wie Klassen-Templates für mehrere Argumentanzahlen auszurüsten, waren Default-Argumente. So können Sie

```
template<typename X=int,typename Y=double> struct Klasse;
```

zum Beispiel verwenden als `Klasse<>`, `Klasse<string>` oder `Klasse<char,long>` — aber so richtige Variabilität entsteht hier nicht.

Eine echt variadische Template-Klasse hat auch nur zwei Möglichkeiten, implementiert zu werden:

► Sie »borgen« die Variabilität von einer anderen Klasse (zum Beispiel `tuple`) und leiten die Argumente nur an sie weiter.

► Sie implementieren die Klasse rekursiv.

Das ist bei Klassen zugegebenermaßen etwas komplexer als für Template-Funktionen, aber am folgenden Beispiel aus [1] ganz gut zu erkennen:

```
template<typename ... Types> class simple_tuple;   // #1 Deklaration
template<> class simple_tuple<>                     // #2 Rekursionsende
  {};
template<typename First,typename ... Rest>          // #3 Rekursion
  class simple_tuple<First,Rest...>
    : private simple_tuple<Rest...>
  {
    First member;
  public:
    simple_tuple(First const& f,Rest const& ... rest)
      : simple_tuple<Rest...>{rest...}
      , member{f}
      {}
    First const& head() const {
      return member;
    }
    simple_tuple<Rest...> const& rest() const {
      return *this;
    }
  };
```

Listing 32.6 Rekursiv definierte variadische Template-Klasse

In der Deklaration #1 kündigen wir dem Compiler an, dass es eine variadische Template-Klasse simple_tuple gibt, liefern aber noch keine Implementierung.

Die folgt dann bei #2, die mit null Typargumenten das Rekursionsende darstellt.

Bei #3 wird es dann rekursiv. Wie oben auch bei kommaListe passt diese Variante ab einer Typargumentliste der Länge eins. Das private Erben ist die eigentliche Rekursion. Das jeweilige First wird zum Datenfeld jeder Rekursionsebene und im Konstruktor initialisiert. Mit head() können Sie darauf zugreifen.

Die Funktion rest() liefert als Typ ein um eins verkürztes simple_tuple zurück. Das hat auch ein first, aber weil die Typliste um eins verkürzt wurde, ist es insgesamt Nummer Zwei. Und so können Sie etwas umständlich auf die Elemente der Reihe nach zugreifen.

▶ Mit t.head() bekommen Sie das erste Element,

▶ mit t.rest().head() das zweite,

▶ mit t.rest().rest().head() das dritte

▶ usw.

Da bietet tuple der Standardbibliothek mit der get<N>()-Funktion viel mehr Komfort. Natürlich wäre es möglich, dies auch für simple_tuple zu implementieren.

Mehrere Packs

Sie können sogar Template-Funktionen schreiben, die mehrere Parameter Packs enthalten. Diese werden dann durch Typmatching vom Compiler passend zugewiesen. Um zum Beispiel eine Funktion zu schreiben, die zwei Tupel jeweils mit beliebigen Typlisten bekommt, können Sie diese so deklarieren, wie der Vergleichsoperator für Tupel der Standardbibliothek [2]:

```
template<typename ...TS, typename ...US>
bool operator==(const tuple<TS...> &ts, const tuple<US...> &us);
```

Listing 32.7 Template-Funktionen können auch mehrere Parameter Packs enthalten.

Der Compiler kann das behandeln, weil die eigentlichen Parameter des Operators ja zwei tuple sind. Mit *Pattern Matching* kann der Compiler dann den jeweiligen tuple-Argumenttypen TS und US zuordnen. Beachten Sie, dass die Funktion selbst *keine* variable Anzahl an Argumenten hat, sondern genau zwei — diese beiden Argumente sind es, die variabel sind.

Ein Klassen-Template kann nicht auf diese Art mit mehreren Parameter Packs auftreten.

[+]

Mantra
Variadische Templates für Funktionen und Klassen verwenden Parameter Packs, die mit dem Operator ». . . « entpackt werden.

Verweise

[1] **An Introduction to Variadic Templates in C++0x**, Anthony Williams, *http://www.devx.com/cplus/Article/41533* [2011-08-20]

[2] **Overview of the New C++ (C++11)**, Scott Meyers, Rev. 2011-10

33 Alias für Templates

[templ.alias] Mit einer neuen Syntax für `using` können Sie nun ein *Template-Alias* definieren, die schon einige Parameter des Templates vorbelegen, aber bis zur Verwendung andere noch unbelegt lassen. So können Sie von einem sehr allgemeinen Template mit vielen Parametern für den Benutzer mehrere Varianten sichtbar machen, ohne gleich schon alle Parameter festlegen zu müssen.

```
template <class T> struct indirect_less {
  bool operator()(const T& x, const T& y)
    { return *x < *y; }
};
template<typename K,typename V>
  using indirect_map = map<K,V,indirect_less<K>>;
indirect_map<unique_ptr<int>,string> imap1;
indirect_map<unique_ptr<string>,string> imap2;
```

Listing 33.1 Mit Template-Alias schon einige, aber nicht alle Parameter vorbelegen

Hintergrund und Beispielcode

Mit einem `typedef` können Sie immer nur *alle* Parameter eines Templates vorbelegen.

Wollte man den Benutzer über einige Parameter noch später entscheiden lassen, konnte man das bisher nur über *Default-Parameter* von Templates tun. Die meisten Benutzer werden dies von den `Allocator`-Parametern vieler Standardbibliothek-Templates her kennen. Zum Beispiel für `vector` oder `map` [2]:

```
namespace std {
  template<class T,
           class Allocator = allocator<T> >
  class vector { ...
  };
  template<class Key,
           class T,
           class Compare = less<Key>,
           class Allocator = allocator<pair<const Key, T>> >
  class map { ...
  };
}
```

Listing 33.2 Vorbelegung mit Default-Template-Parametern

Bei `vector` hat der Benutzer also immerhin die Wahl zwischen dem Default und der Angabe eines eigenen Typs. Sind jedoch wie bei `map` mehrere Default-Parameter möglich, können diese nur in ihrer deklarierten Reihenfolge angegeben werden. Das heißt, wenn Sie bei der Template-Instanziierung oder bei einem `typedef` bei `map` einen Nicht-Default-`Allocator` angeben möchten, sind Sie gezwungen, auch einen `Compare`-Parameter zu setzen — den in der Deklaration angegebenen Default müssen Sie also explizit machen.

Als hübscher typedef

Sie können mit einem Template-Alias auch *alle* Parameter eines Templates vorbelegen. Dann verhält sich das definierte `using` wie ein entsprechendes `typedef`, und das vorstehende `template<...>` fällt weg.

So sind die folgenden beiden Definitionen zum Beispiel gleichwertig:

▶ `typedef map<wstring,long> NameToNum;`

▶ `using NameToNum = map<wstring,long>;`

Man könnte vielleicht sogar so weit gehen und sagen, dass diese Definition besser zu lesen ist. Immerhin enthält sie ein = wie bei einer Zuweisung, was dem C++-Neuling vielleicht leichter zugänglich ist. Insbesondere bei `typedef`s für Typen von Funktionspointern, wie im Beispiel der Definition von `CallBackPtr` [1]:

▶ `typedef void (*CallBackPtr)(int);`

▶ `using CallBackPtr = void (*)(int);`

▶ oder gleich `using CallBackPtr = function<void (int)>;`

Für die letzte Option benötigen Sie `function` aus dem Header `<functional>`, siehe Kapitel 47, »function und bind«. Wer die neue *alternative Syntax für Rückgabetypen* bevorzugt, kann dies auch mit `using CallBackPtr = function<auto (int) -> void>` kombinieren. Für ein `void` ist das wenig nützlich, aber für komplex berechnete Rückgabetypen kann dies Sinn machen und besser lesbar sein siehe Kapitel 8, »Typinferenz bei der Initialisierung mit auto«.

Ein Name, ein Alias

Das mit dem `using` teilweise definierte Template kann nicht weiter *spezialisiert* werden. Das ist also anders als bei wirklichen Templates, bei denen Sie unter dem gleichen Namen zum Beispiel eine Template-Spezialisierung für `T&` und eine für `T*` definieren können. Als Faustregel gilt: Der Name hinter `using` darf nur einmal definiert werden.

```
// für T
template<typename T>
  using MyAllocVec = std::vector<T, MyAllocator>;
// Spezialisierung für T*
template<typename T>
  using MyAllocVec = std::vector<T*, MyPtrAllocator>; // Fehler!
```

Listing 33.3 Ein »using«-Name kann nur einmal vergeben werden, spätere Spezialisierung ist nicht möglich.

Stattdessen kann die Spezialisierung aber auf althergebrachtem Weg über einen *Trait* erfolgen. Ein Template-Alias hilft hier aber auch dem Benutzer zur einfachen Verwendbarkeit [1]:

```
template<typename T>                    // allgemeines Trait-Template
struct VecAllocator {
  typedef MyAllocator type;
};
template<typename T>                    // spezialisierter Trait für T*
struct VecAllocator<T*> {
  typedef MyPtrAllocator type;
};
// hilfreiches Alias, mit eingesetztem Trait
template<typename T>
using MyAllocVec = std::vector<T, typename VecAllocator<T>::type>;
```

Listing 33.4 Statt zu spezialisieren, besser auf einen Trait zurückgreifen

Mantra	[+]
Mit `template using` kannst du die Benutzung von Template-Parametern vereinfachen.	

Verweise

[1] **Overview of the New C++ (C++11)**, Rev. 2011-10

[2] **23.4.2 Header <map> synopsis [associative.map.syn]**

34 Klassen-Enums sind typsicher

[enum.typed] Bei einem enum können Sie neuerdings zusammen mit class mehrere Vorteile genießen. Ein enum class ist komplett typsicher und seine Elemente werden nicht mehr automatisch von und nach int konvertiert.

Weitere Vorteile sind, dass Sie angeben können, welcher int-Typ einem enum zugrunde liegen soll. Auch rutschen die Elemente nicht in den äußeren Namensraum und verursachen so keine Namenskonflikte mehr. Man spricht sie stattdessen inklusive ihres Klassennamens an.

```
enum class RGB { Red, Green, Blue, Black };
enum class CMY { Cyan, Magenta, Yellow, Black };     // auch Black
enum class Masks : unsigned long long {              // Basis-int
  Zero=0, One=1, Hundred=100, Big=0xFFFFFFF0U
};
enum Usual { UOne, UTwo, Uthree };                   // 'alter' enum
bool isDark(RGB color) { return color==RGB::Black; } // scoped
bool isLarge(Masks m) { return (int)m >= 100; }      // Cast zu int
int main() {
  RGB rgb = RGB::Black;                              // scoped
  CMY cmy = CMY::Black;                              // scoped
  Usual usual = Usual::UOne;                         // auch scope-bar
}
```

Listing 34.1 »enum class« im Einsatz

Hintergrund und Beispielcode

Sowohl RGB als auch CMY haben Black als Elemente. Die kommen sich aber nicht ins Gehege, da Sie sie nun mit ihrem »vollen Namen« ansprechen, also inklusive des Namens ihres jeweiligen enum.

Damit Sie im Umgang mit alten Enums (ohne class) nicht ständig im Kopf umschalten müssen, hören deren Elemente nun zusätzlich auf ihren vollen Namen. So klappt außer Usual u = UOne auch Usual u = Usual::UOne.

Breitenangabe

Bisher hat der *Compiler* immer entschieden, was für einen int er dem enum als Datentyp zugrunde legt; je nach den Elementen, die man darin verwendet hat und je nach Architektur.

Ein herkömmlicher enum, der Big enthielt, speicherte diesen Wert mal als positive Zahl, mal als negative Zahl. Das hat der Standard dem Compiler überlassen, der nur verlangt, dass der *Basisdatentyp* des enum »groß genug« sein muss. Gerade weil man doch die Konstante mit U als unsigned markiert hat, ist dieses Verhalten besonders unintuitiv [1]. Durch die implizite Konvertierung in einen (unsigned?) int werden Vergleiche auf größer oder kleiner Null erschwert.

Wenn man sparsam sein möchte, kann man definieren, dass ein char als Breite für den enum reicht.

Manchmal will man sich der Breite eines Elements in einer größeren Datenstruktor besonders sicher sein. Wenn man einen enum zum Beispiel als Versionsmarkierung in einem struct nutzt [1]:

```cpp
#include <cstdint> // uint8_t
enum class Version : uint8_t { Ver1 = 100, Ver2 = 200 };
struct Packet {
  Version ver;
  // ... mehr Daten ...
  Version getVersion() const { return ver; }
};
```

Listing 34.2 Sichere portable Breite des Versionsheaders

Nun können Sie sich sicher sein, dass das Feld ver auf Plattformen mit uint8_t auch durch eine 8-Bit-Zahl dargestellt wird. Vielleicht hätten manche Compiler ohne enum class hier selbst eine 8-Bit-Repräsentation gewählt. Aber: Ein späteres Hinzufügen von Ver3=300 zu Version hätte dann unbemerkt ein Verschieben der Daten in Packet zur Folge gehabt. Fügen Sie in den gezeigten enum class das Element Ver3=300 hinzu, beschwert sich der Compiler [4].

Typsicherheit

Die Typsicherheit und dass die Elemente nun über den Namen des Enums angesprochen werden müssen (»scoped«) wird in [1] an einem augenzwinkernden Beispiel dargestellt, bei dem Farben unterschiedliche Bedeutung haben können:

```cpp
enum Color { ClrRed,ClrOrange,ClrYellow,ClrGreen,ClrBlue,ClrViolet};
enum Alert { CndGreen,CndYellow,CndRed };
Color c = ClrRed;        // c bekommt eine 'Color'-Farbe
Alert a = CndGreen;      // a bekommt eine 'Alert'-Farbe
a = c;                   // Fehler; hier ist a typsicher
a = ClrYellow;           // Fehler; hier ist c typsicher.
bool armWeapons = ( a >= ClrYellow ); // int; ups: CndYellow war gemeint!
```

Listing 34.3 Riskante Enums ohne Typsicherheit und Scoping

In vielen Situationen werden die Elemente der Enums still und heimlich in int-Typen konvertiert. Das ist meist auch praktisch, denn es erlaubt einen schnell zu tippenden Vergleich, die Ausgabe des Wertes auf der Konsole oder das Formatieren in einem String. Aber es hat auch allerlei Stolperfallen.

Ein enum class ist wirklich typsicher. Die Elemente haben so lange den Typ des enums, in dem sie deklariert sind, bis Sie ihn explizit umwandeln — zum Beispiel durch (int)elem.

Hätten Sie Color und Alert als enum class deklariert, dann wäre der Vergleich a >= Color::ClrYellow vom Compiler als Typfehler zurückgewiesen worden, denn a ist vom Typ Alert, während ClrYellow den Typ Color hat.

Namenssache

Eigentlich ist es auch schon unangenehm, dass es sich aus der Not heraus eingebürgert hat, Enum-Elemente mit einem unterscheidbaren Präfix wie Clr und Cnd zu versehen. Da althergebrachte Elemente ja ohne den sie umgebenden enum-Namen angesprochen werden, sondern in dessen Namensraum aufsteigen. Die Elementnamen könnten sich ins Gehege kommen, und so haben sich die meisten Programmierer die Präfixe angewöhnt.

Das ist nun nicht mehr nötig. Wie im Beispiel am Anfang des Kapitels mit der Farbe Black kommen sich auch hier die Elemente nicht mehr ins Gehege. In C++11 sähe das obige Beispiel also korrigiert vielleicht so aus:

```
enum class Color { Red, Orange, Yellow, Green, Blue, Violet };
enum class Alert { Green, Yellow, Red };
Color c = Color::Red;          // c bekommt eine 'Color'-Farbe
Alert a = Alert::Green;        // a bekommt eine 'Alert'-Farbe
a = c;                         // wie gehabt, Fehler; hier ist a typsicher
a = Color::Yellow;             // wie gehabt, Fehler; hier ist c typsicher.
bool armWeapons = ( a >= Color::Yellow ); // Puh: Jetzt ein Typfehler!
```

Listing 34.4 Scoping und Typsicherheit für neue Enums

Beispiele in der Standardbibliothek

In der Standardbibliothek finden Sie sehr viele Beispiele, in denen enum class eingesetzt wird. Zum Beispiel dient errc aus dem Header <system_error> zur Darstellung von Fehlercodes, siehe Kapitel 61, »Fehlerfälle mit Fehlercode«. Hier nur ein kurzer Auszug:

```
enum class errc {
  address_family_not_supported,
  address_in_use,
  address_not_available,
  already_connected,
  argument_list_too_long,
  argument_out_of_domain,
  /* ... */
}
```

Listing 34.5 Die »enum class errc« aus dem Header »system_error«

Mantra	[+]

Die Verwendung von enum class erzeugt typsichere Enums. Jedes enum-Element mit einem Präfix zur Unterscheidung zu versehen ist nicht mehr nötig.

Verweise

[1] **Strongly Typed Enums (revision 3)**, Miller, Sutter, Stroustrup,
http://www.open-std.org/jtc1/sc22/wg21/docs/papers/2007/n2347.pdf

[2] **System error support in C++0x - part 4**, Thinking Asynchronously in C++,
http://blog.think-async.com/2010/04/system-error-support-in-c0x-part-4.html [2011-05-01]

[3] **enum**, George Flanagin, 2011-06-17,
http://www.georgeflanagin.com/c++11/enum.php [2011-10-03]

[4] **7.2 Enumeration declarations [dcl.enum]**, C++11

35 Keine Exceptions bei noexcept

[lang.noexcept] Wenn eine Funktion mit dem neuen `noexcept` markiert ist, garantiert der Autor, dass diese unter *keinen* Umständen eine Exception wirft. Das kann der Compiler eventuell für die Optimierung des Codes verwenden.

Funktionen bei ihrer Deklaration mit einer `throw`-Spezifikation zu versehen – und damit auch `throw()` –, wird seit C++11 als *veraltet (deprecated)* angesehen. Außerdem nennt man diese Angabe zur Unterscheidung von `noexcept` nun *dynamische Exceptionspezifikation*.

Hintergrund und Beispielcode

Faktisch haben sich in den 20 Jahren Erfahrung mit C++ nur zwei Ausprägungen der Angaben des Werfens von Exceptions als nützlich erwiesen:

▶ Wenn bei der Spezifikation der Funktion nichts angegeben wurde, die Funktion also eine *beliebige* Exception werfen kann.

▶ Die Angabe von `throw()`, um zu zeigen, dass die Funktion *keine* Exception wirft.

Die Option, dass mit `throw(...)` wirklich eine Liste von geworfenen Exceptions gepflegt wird, wurde kaum verwendet. Als `throw(...)` in C++98 eingeführt wurde, sind die Bibliotheksfunktionen — wenn überhaupt — mit `throw()` versehen worden.[1] Das war wahrscheinlich schon ein Indiz in die Richtung, in die sich die Praxis entwickeln würde [4].

noexcept und throw()

In der Praxis hat sich also `throw(something)` nicht durchgesetzt. Aber was ist mit `throw()`, und was ist der Unterschied zum neuen `noexcept`?

Betrachten wir die Funktionsdeklarationen von `f_throw_nothing` und `f_noexcept`:

```
string f_throw_nothing(const char* s) throw() {
  return s;
}
string f_noexcept(const char* s) noexcept {
  return s;
}
```

Listing 35.1 Angabe von »noexcept« und »throw()«

---

1 und eine halbe Handvoll mit `bad_alloc`

Der Hauptunterschied zwischen der Angabe von `throw()` und `noexcept` im Funktionsinterface ist:

▶ Wenn `f_throw_nothing` dennoch eine Exception wirft, dann wird die Standardbibliotheksfunktion `unexpected()` aufgerufen. Vorher wird jedoch der Aufrufstack wiederhergestellt. Dabei werden eventuell Destruktoren aufgerufen, Ressourcen freigegeben usw. *Theoretisch* war das dazu gedacht, damit `unexpected()` einen fehlerfreien Zustand herstellen kann und das Programm weiterlaufen könnte. *Praktisch* wurde diese Absicht nie umgesetzt. Das Standardverhalten ist also, dass dann doch `terminate()` aufgerufen wird [11].

▶ Wenn `f_noexcept` eine Exception wirft, dann wird `terminate()` aufgerufen. Hier wird also nichts außer dem Essenziellen abgewickelt, und das Programm wird normalerweise sofort beendet.

Dies erlaubt dem Compiler nun tatsächlich, einige Vorkehrungen zu treffen. Während `throw(...)` zur *Laufzeit* überprüft werden soll[2], *kann* der Compiler zur Übersetzungszeit sicherstellen, dass bei `noexcept` die Bedingung eingehalten wird. Stünde in `f_noexcept()` zum Beispiel `throw something()`, dann *kann* der C++11-Compiler einen Fehler oder eine Warnung ausgeben.

Im Gegensatz dazu muss der Compiler, wenn er jegliche `throw(...)`-Klausel überprüfen will, stattdessen *zusätzlichen* Code einbauen: überhaupt auf die Exception überprüfen, bei deren Eintreten ordentlich aufräumen, um dann `unexpected()` aufzurufen — was häufig *auch* nur zum Beenden des Programms führt und damit die ganze Arbeit vorher unnötig macht. Für `noexcept` kann sich der Compiler stattdessen das Aufbauen der gesamten Exception-Maschinerie sparen. Hier hat der Compiler also wirklich Optimierungsmöglichkeiten.

Überhaupt, bei der Implementierung von generischen Datentypen mit Templates ist es letztendlich sehr müßig gewesen, in deren Interfaces `throw(...)` anzugeben. Selten weiß man, mit welchen Typargumenten das Template verwendet wird und welche Exceptions diese dann verursachen. Und da seit der Einführung von `throw(...)` inzwischen jedes Buch und jeder Lehrer dafür plädiert, dass man die Standardbibliothek verwendet, hat sich `throw(...)` sehr viel weniger durchgesetzt, als damals gedacht.

Dennoch wurde mit `noexcept` ein neues Schlüsselwort eingeführt. Man konnte `throw()` nicht einfach umdefinieren. Zum einen mag es ja doch Software geben, die sich auf das beschriebene dynamische Verhalten verlässt, und zum anderen ist der Unterschied zu dem, was bei `throw(...)` und `noexcept(...)` in den Klammern stehen kann, zu groß — dazu weiter unten mehr.

---

2 nicht muss

Der Aufwand bei Exceptions

Wie genau Exceptions implementiert werden, darüber schweigt sich der Standard aus. Jedoch muss bei der Möglichkeit, dass Exceptions geworfen werden *können*, eine ganze Menge berücksichtigt werden. Vor allem, um sicheres *RAII*, siehe Kapitel 1, »Resource Acquisition Is Initialization«, zu implementieren.

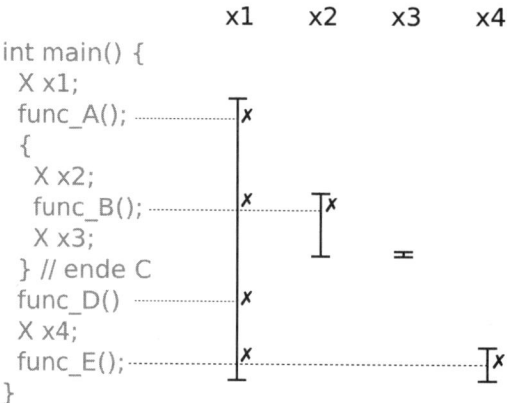

Abbildung 35.1 Wenn eine Exception geworfen wird, muss außer der Reihe alles sauber aufgeräumt werden.

Wenn zum Beispiel in `func_A` eine Exception geworfen wird, dann muss sichergestellt werden, dass `x1` sauber weggeräumt wird (Abbildung 35.1). Wenn dies in `func_B` passiert, dann müssen `x1` und `x2` weggeräumt werden. Da nach dem Verlassen des inneren Blocks bei »ende C« aber `x2` und `x3` schon entfernt wurden, muss sich bei einer Exception in `func_D` nur wieder um `x1` gekümmert werden, bei `func_E` aber dann um `x1` und `x4` [10].

Um dieses komplexe Szenario zu implementieren, bedarf es in jedem Fall etwas Overhead, auch wenn *keine* Exception geworfen wird. In der Praxis haben sich zwei Ansätze verbreitet:

▶ Es wird ein *Shadow Stack* mit gepflegt, der für jedes neue Objekt mit notiert, dass es im Fall einer Exception weggeräumt werden muss. Es entsteht also ein wenig Zeitaufwand zur Laufzeit, auch wenn *keine* Exception geworfen wird.

▶ Zu jeder Funktion erzeugt der Compiler eine statische Tabelle, die in den Maschinencode der Funktion zeigt und für jede Stelle notiert, welche Objekte beim Auftreten einer Exception weggeräumt werden müssen. Wenn keine Exception geworfen wird, ist zur Laufzeit *keine* Pflege der Datenstrukturen nötig, aber die Größe des Programms nimmt zu.

Wenn der Compiler per `noexcept` also sicherstellen kann, dass keine Exceptions geworfen werden *können*, dann kann er sich den jeweiligen Overhead sparen.

Bevor aber jemand aufschreit und nun alle Exceptions ausschalten möchte: Die Implementierung der Tabellen ist kompakt, und zusammengenommen vergrößern sich Daten und Code des Programms beim GCC auf aktueller Hardware um etwa 7 %. Bei der Laufzeitimplementierung mag man mit einer Verlangsamung von etwa 0.5 % rechnen [5][6].

noexcept oder Throws: nothing

Beim Durchblättern des Standards fällt auf, dass manche Funktionen mit noexcept definiert sind und andere nur in der Interfacebeschreibung zur Dokumentation »Throws: nothing« stehen haben, auf die Angabe von noexcept für den Compiler aber verzichten. Es hat während der Designphase des Standards auch mehreres Hin und Her zwischen noexcept und Throws: nothing gegeben.

Einer der Gründe, *kein* noexcept zu verwenden, ist, dass die Debugphase der Arbeit mit Bibliothekscode schwerer würde [9]. Ein assert() in einer Bibliotheksfunktion wie vector::front() könnte in einem Testframework mit einer Treiberfunktion für assert verknüpft sein, die im Fall einer Verletzung der Bedingung eine Exception auslöst. Die gibt dann eine Fehlermeldung aus und fährt mit dem nächsten Test fort oder ist Teil des Fail-Tests und das erwartete Ergebnis.

```
T& std::vector<T>::front() noexcept {
    assert(!this->empty());      // widerspricht möglicherweise noexcept
    return *this->data();
}
```

Listing 35.2 Hypothetische Methode »front« mit eingebautem »assert« für das Testframework

Markieren Sie also großzügig Funktionen mit noexcept, wird es zum Beispiel schwer, Fail-Tests zu implementieren. Der Compiler soll optimieren und jeglichen Code, der eine saubere Ausnahmebehandlung ermöglicht, aus dem Programm entfernen. Eine Exception in front() oder assert() ist dann entweder schier unmöglich, oder würde zu undefiniertem Verhalten führen.

Deswegen hat man sich für die Standardbibliothek auf das folgende Grundprinzip bei der Entscheidung für noexcept gegenüber Throws: nothing geeinigt. Diese mögen dem geneigten Leser auch beim Design seines Codes nützlich sein [1]:

▶ Kein Destruktor der Standardbibliothek sollte eine Exception werfen. Dies ist implizit und wird nicht extra angegeben.

▶ Jede Funktion, die ihrem Aufrufer wenige Vorbedingungen auferlegt (»wide contract«) und für die sich darauf geeinigt wurde, dass sie nichts werfen kann, wird mit noexcept markiert, zum Beispiel numeric_limits<T>::max().

▸ Für bestimmte Kernfunktionen der Standardbibliothek, bei denen ein noexcept von bestimmten Bedingungen abhängt (zum Beispiel Template-Typen), sollte das noexcept mit diesen Regeln verknüpft angegeben werden. Diese Kernfunktionen sind swap, *Verschiebekonstruktor* und *Verschiebezuweisung*. Bei keinen anderen Funktionen der Standardbibliothek sollte noexcept mit Regeln verknüpft angegeben werden.

▸ Funktionen, die mit C kompatibel sein sollen, können mit noexcept markiert werden.

▸ In allen anderen Fällen sollte statt noexcept in der Definiton die Interfacebeschreibung »Throws: nothing« angegeben werden.

Bedingtes noexcept

Mit noexcept können Sie auch eine Bedingung verknüpfen, die dann in Klammern angegeben wird, also zum Beispiel:

```
static constexpr bool DEBUG = true;
int addPositive(int a, int b)
  noexcept(!DEBUG)            // #1 keine Exception in Produktionscode
{
  if(DEBUG && a<0 || b<0)
    throw runtime_error("[Debug] a&&b>0!");
  return a+b;
}
// eingebaut: bool operator==(int i, int j) noexcept;
bool operator==(const Number &i, Number &j) noexcept;
bool operator==(const Image &i, const Image &j);
template<typename T>
bool compare(T i, T j)
  noexcept( noexcept(i==j) ) { // #2 wenn i==j nicht wirft, dann auch nicht compare
    return i==j;
}
```

Listing 35.3 Eine Bedingung an »noexcept«

Der Ausdruck in Klammern muss zur Übersetzungszeit zu bool berechnet werden können #1, also eine constexpr sein — ähnlich wie bei static_assert (siehe Kapitel 14, »Sicherheit beim Kompilieren«).

Häufig — besonders bei Templates — wird man die Berechnung davon abhängig machen, ob ein anderer Ausdruck mit noexcept markiert ist oder nicht. Dazu können Sie noexcept(...) als Operator verwenden [12], der diese Eigenschaft für seinen Argumentausdruck überprüft #2. Der wird dabei nicht wirklich ausgewertet (ähnlich wie das neue `decltype`, siehe Kapitel 10, »Typinformationen mit decltype«), der Compiler ermittelt nur das `noexcept`-Verhalten.

Somit ist `compare` für `int`- und `Number`-Argumente `noexcept`, für `Image`-Argumente aber nicht. Denn ob `compare` die `noexcept`-Eigenschaft hat, hängt vom `operator==` ab, der für `Image` nicht mit `noexcept` markiert ist.

Effektiv können Sie deswegen das einfache `noexcept` ohne Klammern als Abkürzung für `noexcept(true)` betrachten. Das Weglassen einer `noexcept`-Angabe wäre dann das Gleiche wie `noexcept(false)`.

Vor allem in zentralen Bibliotheken kann die Verknüpfung mit Bedingungen Sinn machen. In der Standardbibliothek wird davon einige Male Gebrauch gemacht. In Benutzercode wird es eher die Ausnahme sein.

Man könnte dieses Feature aber vielleicht nutzen, um dem eben beschriebenen Dilemma für Tests aus dem Weg zu gehen. Anstatt ein unbedingtes `noexcept` zu verwenden, könnte man es mit einer Konstanten verknüpfen, die nur während der Tests wahr ist. Das Makro `NDEBUG` steuert `assert()`, und man könnte es verwenden:

```
#ifdef NDEBUG      // asserts sind aus
static constexpr bool ndebug = true;
#else              // asserts sind an
static constexpr bool ndebug = false;
#end
Elem& Liste::front() noexcept(ndebug) {
    assert(!empty());
    return data_[0];
}
```

Listing 35.4 »assert« und »noexcept« verbinden

Oder Sie definieren sich gleich ein Makro `NOEXCEPT`, das im Fall von eingeschaltetem `assert()` einfach leer ist. Doch bei der Angabe von `noexcept(ndebug)` ist die Verknüpfung mit dem Debugging-Übersetzungsmodus klarer zu sehen.

[+]

Mantra

Bei Funktionen, die keine Exception werfen können, `noexcept` mit anzugeben, dokumentiert die Funktion und kann den Compiler eventuell optimaleren Code generieren lassen.

Verweise

[1] **Conservative use of noexcept in the Library**, Alisdair Meredith, John Lakos, N3279,
http://www.open-std.org/jtc1/sc22/wg21/docs/papers/2011/n3279.pdf

[2] **Why is C++0x's 'noexcept' checked dynamically? (answer)**, Vicente Botet Escriba, Stackoverflow,
http://stackoverflow.com/questions/2762078#2762099 [2011-05-24]

[3] **The Debate on noexcept**, Danny Kalev,
http://www.informit.com/guides/content.aspx?g=cplusplus&seqNum=481 [2011-05-24]

[4] **Programming languages — C++, ISO 14882**, 2nd Ed

[5] **Using Exceptions**, Gnu libstdc++,
http://gcc.gnu.org/onlinedocs/libstdc++/manual/using_exceptions.html [2011-05-25]

[6] **How much footprint does C++ exception handling add? (answer)**, anon,
http://stackoverflow.com/questions/691168 [2011-05-25]

[7] **15.1 Throwing an exception [except.throw]**, C++11

[8] **15.4 Exception specifications [except.spec]**, C++11

[9] **noexcept Prevents Library Validation**, Meredith, Lakos, N3248,
http://www.open-std.org/jtc1/sc22/wg21/docs/papers/2011/n3248.pdf

[10] **How a C++ compiler implements exception handling**, Vishal Kochhar, 2002-04-15,
http://www.codeproject.com/KB/cpp/exceptionhandler.aspx [2011-08-07]

[11] **D.11.1 unexpected_handler [unexpected.handler]**, C++11

[12] **5.3.7 noexcept operator [expr.unary.noexcept]**, C++11

36   Unterstützung von Unicode

[lang.unicode] C++11 unterstützt an mehreren Stellen nun die Implementierung von Programmen für Unicode [1]:

▶ Es gibt die neuen Zeichentypen `char16_t` und `char32_t` mit fixer Breite.[1]

▶ Daraus werden die Stringtypen `u16string` und `u32string` gebildet.

▶ Unicode-Stringliterale können mit den neuen Präfixen `u`, `U` und `u8` in den Quelltext geschrieben werden.

▶ Konvertierungen zwischen den Unicodevarianten werden durch die *Code Conversion Facetten* von `codecvt` unterstützt [4].

▶ Zu den Konvertierungen während Eingabe und Ausgabe gesellen sich mit `wstring_convert` und `wbuffer_convert` solche zwischen Stringobjekten.

```
char16_t a = u'x';  // ein (mindestens) 16bit breites Zeichen
char32_t b = U'x';  // ein (mindestens) 32bit breites Zeichen
const char16_t *az = u"Ein UTF-16 kodierter String";
const char32_t *bz = U"Ein UTF-32 kodierter String";
u16string as = u"Ein UTF-16 kodierter String";
u32string bs = U"Ein UTF-32 kodierter String";
string c = u8"Ein UTF-8 kodierter String";       // 'char'-basiert
```

Listing 36.1 Zeichen- und Stringtypen für Unicode und ihre Literale

Unicodezeichen in einem String können Sie mit `\u`*nnnn* und `\U`*nnnnnnnn* angeben, also zum Beispiel `\U0001d11e` oder `\u2620`.

Hintergrund und Beispielcode

Das Thema Unicode ist ein weites Feld. Wir können hier nur auf einige Fußangeln hinweisen.

UTF-8 und UTF-16 sind *Multibyte Encodings*. Das heißt, ein Unicodezeichen (*Codepoint*) benötigt eventuell mehr Platz als ein `char` bzw. `char16_t`. Das heißt, dass ein `\u`- oder `\U`-Escape eventuell zu mehr als einem solchen Element im String wird.

Zum Beispiel wird `string us = u8"\u03c0"` (Unicodezeichen für »pi«) die Bytefolge {`0xcf`, `0x80`} nach us schreiben und `u8"\u271d"` (ein Kreuz) sogar {`0xE2`, `0x9C`, `0x9D`}. Ähnliche Beispiele gibt es für `char16_t*` und `u16string`.

---

1 Der Datentyp `wchar_t` hat auf manchen Plattformen 16 Bit und auf anderen 32 Bit.

Was in Stringliteralen geht, ist in Zeichenliteralen unmöglich. Während `u'\u03c0'` geht, weil die Sequenz in einen einzelnen `char16_t` passt, geht dies für `u'\U0001d11e'` (ein Symbol aus der Musik) nicht: Es würde in `char16_t` zwei Plätze belegen, in UTF-16 kodiert nämlich `{0xd834, 0xdd1e}` und ist als Zeichenkonstante deshalb nicht erlaubt.[2]

Die Unicode-Stringliterale können Sie auch gemeinsam mit `R` als *Rohstring* angeben, also auch mit einem *Suffix für benutzerdefinierte Literale* kombinieren, siehe Kapitel 37, »Rohstringliterale«, und Kapitel 38, »Rezept für benutzerdefinierte Literale«.

Literale zusammenfügen

Wenn der Compiler den Quellcode einliest, fügt er sehr früh angrenzende Stringliterale zu einem zusammen. Das ist schon immer so gewesen — aus `"abc" "def"` wird dadurch `"abcdef"`. Die Sache wird aber wegen der vielen neuen Präfixe um einiges komplexer:

▶ Wenn unter zwei angrenzenden Literalen keines ein Präfix hat, ist die Sache einfach: Der Compiler fügt die beiden zusammen.

▶ Ebenso, wenn beide das gleiche Präfix haben, also `u8"Eins" u8"Zwei"`.

▶ Hat nur eines der beiden ein Präfix, dann wird das andere auch mit diesem Präfix interpretiert. `U"Eins" "Zwei"` wird zu `U"EinsZwei"`.

▶ Mischt man `u8` mit `U` oder `u`, ergibt das einen Compilerfehler.

▶ Das Ergebnis anderer Mischungen ist dem Compiler überlassen.

Konvertierungen

Zu den Konvertierungen zwischen `char` und `wchar_t`, die in C++98 schon definiert waren, gesellen sich eine ganze Reihe Konvertierungen zwischen den verschiedenen neuen Stringtypen. Das Template `codecvt` erhält zusätzliche *Facetten*, die Sie in Tabelle 36.1 (gekürzte Liste) sehen [1].

Facette	Konvertierung
`codecvt_utf8_utf16`	UTF-16 ↔ UTF-8
`codecvt<char32_t,char,mbstate_t>`	UTF-32 ↔ UTF-8
`codecvt_utf8`	UTF-8 ↔ UCS2/4
`codecvt_utf16`	UTF-16 ↔ UCS2/4

Tabelle 36.1 Neue Konvertierungsfacetten für Unicodestrings

---

2 Der gcc-4.7.0-beta gibt im Moment eine Warnung aus.

In der Anwendung während der Ein- und Ausgabe hat sich nichts geändert. Aber mit dem neuen `wstring_convert` können Sie nun auch Zeichenketten direkt ineinander umwandeln [4][5]. Auch ein `wbuffer_convert` existiert, auf das wir hier nicht genauer eingehen [6].

```
#include <locale>
#include <codecvt>
// wchar_t-strings (UCS2 oder UCS4) nach UTF-8
wstring_convert<codecvt_utf8<wchar_t>> conv1;
string str1u8 = conv1.to_bytes(L"Hello\n");
cout << str1u8;
// UTF-16 nach UTF-8
wstring_convert<codecvt_utf8_utf16<char16_t>,char16_t> conv2;
string str2u8 = conv2.to_bytes(u"String in UTF-16 Kodierung\n");
cout << str2u8;
```

Listing 36.2 Konvertierungen von Unicodestrings

Den Unterschied zwischen den Kodierungen *UTF-16* und *UCS2* illustriert das folgende Beispiel [7]. In *UCS2* passt jedes Zeichen in ein `uchar16_t`. Dafür können aber nicht alle Zeichen dargestellt werden — der Versuch, sie zu konvertieren, verursacht einen `range_error`.

```
#include <locale>
#include <codecvt>
int main() {
  // UTF-8 Daten: Das Zeichen U+1d10b (Musiksymbol segno) passt nicht in UCS2/char16_t
  string utf8 = u8"z\u6c34\U0001d10b";

  // UTF-8 / UTF-16 Standard-Konvertierungsfacette
  wstring_convert<codecvt_utf8_utf16<char16_t>, char16_t> utf16conv;
  u16string utf16 = utf16conv.from_bytes(utf8);
  cout << "UTF-8 nach UTF-16, " << utf16.size() << " Codepoints:";
  for(char16_t c : utf16)
    cout <<' '<<hex<<showbase << c;
  cout << '\n';

  // UTF-8 / UCS2 Standard-Konvertierungsfacette
  wstring_convert<codecvt_utf8<char16_t>, char16_t> ucs2conv;
  try {
    u16string ucs2 = ucs2conv.from_bytes(utf8);
  } catch(const range_error& e) {
    const string bis = utf8.substr(0, ucs2conv.converted());
    u16string ucs2 = ucs2conv.from_bytes(bis);
    cout << "UTF-8 nach UCS2 brach nach "
        << dec<<ucs2.size() << " Zeichen ab:";
```

```
    for(char16_t c : ucs2)
      cout <<' '<<hex<<showbase<< c;
    cout << '\n';
  }
}
// Ausgabe:
// UTF-8 nach UTF-16, 4 Codepoints: 0x7a 0x6c34 0xd834 0xdd0b
// UTF-8 nach UCS2 brach nach 2 Zeichen ab: 0x7a 0x6c34
```

Listing 36.3 Unterschied zwischen UTF-16 und UCS2

Zeichen oberhalb der *Basic Multilingual Plane* [8] können nicht in einem einzelnen char16_t dargestellt werden. Daher schlägt die Konvertierung in die Fixlängenenkodierung *UCS2* fehl. Die *BMP* reicht im Normalfall aus — außerhalb liegen vor allem alte Schriftzeichen, besondere Symbole und die großen Bereiche für applikationseigene Benutzung (*Private Use Area*).

[+]

> **Mantra**
>
> Stringliterale kannst du im Quelltext mit den Präfixen u, U und u8 in den Encodings, *UTF-16*, *UTF-32* und *UTF-8* in Unicode schreiben.
>
> Die werden dann in char*, char16_t* und char32_t* abgelegt. Für Letztere gibt es auch mit u16string und u32string neue Stringtypen.

Verweise

[1] **Overview of the New C++ (C++11)**, Scott Meyers, Rev. 2011-10

[2] **2.14.5 String Literals [lex.string]**, C++11

[3] **2.14.5.(13) String Literals [lex.string]**, C++11

[4] **22.5 Standard code conversion facets [locale.stdcvt]**, C++11

[5] **C++0x convert between string, u16string & u32string (Answer: bames53)**, Stackoverflow, *http://stackoverflow.com/questions/7232710#7235204* [2011-10-09]

[6] **Proposed Library Aadditions For Code Conversion**, P. J. Plauger, N2007, *http://www.open-std.org/jtc1/sc22/wg21/docs/papers/2006/n2007.html*

[7] **std::codecvt_utf8**, 29 September 2011, *http://en.cppreference.com/w/cpp/locale/codecvt_utf8* [2011-10-10]

[8] **Plane (Unicode)**, Wikipedia, *http://en.wikipedia.org/wiki/Plane_%28Unicode%29* [2011-10-10]

37 Rohstringliterale

[lang.rawstring] Statt innerhalb eines Stringliterals bestimmte Zeichen mit einem Backslash »\« zu versehen (zu *quoten*), gibt es jetzt die *Rohstringliterale* (*raw string literals*). Diese beginnen mit `R"(` und enden mit `)"`. Dadurch können Anführungszeichen, Backslashes und sogar Zeilenumbrüche ohne weitere Vorkehrungen innerhalb des Strings vorkommen.

Wenn das mal nicht reichen sollte, weil auch die Kombination `)"` im String vorkommt, können Sie zwischen Klammer und Anführungszeichen noch eine beliebige Erkennungszeichenfolge einfügen, die dann zusätzlich zum Beenden des eigentlichen Literals nötig ist (Tabelle 37.1).

Rohstringliteral	Ergebnis
`R"(String ohne Klammern)"`	*String ohne Klammern*
`R"(String mit () Klammern)"`	*String mit () Klammern*
`R"(Ich hab 1 \ Backslash)"`	*Ich hab 1 \ Backslash*
`R"(Ich sag "Hallo".)"`	*Ich sag "Hallo".*
`R"**(Start "(drin)" Ende)**"`	*Start "(drin)" Ende*
`R"Xyz(Abc-Xyz-Def)Xyz"`	*Abc-Xyz-Def*
`R"(\d{1,3}\.)?\d+(,\d+)?)"`	ein regulärer Ausdruck
`R"(<(\w+)(\s+\w+="[^"]+")/?>)"`	eine Regex für ein XML-Element

Tabelle 37.1 Beispiele für Rohstringliterale

Im Vergleich zu den letzten beiden Beispielen sähen die entsprechenden althergebrachten Literale noch undurchsichtiger aus:

▶ `"\\d{1,3}\\.)?\\d+(,\\d+)?"`

▶ `"<(\\w+)(\\s+\\w+=\"[^\"]+\")/?>"`

Hintergrund und Beispielcode

Das `R` ist hierbei das *Encoding-Präfix*, wie auch schon `L` eines ist, um *Wide Strings* als Literal zu kodieren. Die Zeichengruppen `"(` am Anfang und `)"` am Ende sind die *Delimitersequenz*.

Mit `R` können Sie normale 8-Bit-Strings darstellen, wie die obigen Beispiele zeigen. Sie können es aber auch zusammen mit den anderen Encoding-Präfixen verwenden — sowohl dem alten `L` als auch den neuen `u`, `U` und `u8`. Das ergibt dann die Kombinationen `R`, `LR`, `uR`, `UR` und `u8R`. Dann gilt auch hier: Quoten ist nicht möglich, Backslashes haben keine besondere Bedeutung. Während u"\u27f6" ein String mit nur einem einzigen char16_t-Zeichen ist (plus der terminierenden 0), steht uR"(\u27f6)" für eine sechs Zeichen lange Folge (plus 0) beginnend mit dem Backslash und endend mit der 6.

```cpp
const wchar_t  *s = LR"(Wide-String \t)";   // enthält \t als zwei Zeichen
const char     *t = u8R"(UTF-8 \n)";        // \n als zwei Zeichen
const char16_t *u = uR"(UTF-16 \\)";        // zwei \\ hintereinander
const char32_t *v = UR"(UTF-32 \u2620)";    // \u2620 sind hier 6 Zeichen
```

Listing 37.1 Rohstrings kombiniert mit Encoding-Präfixen

Zum Beispiel HTML

Ein Stringliteral mit HTML-Code (und vielen darin enthaltenen Anführungszeichen) wird um vieles leichter lesbar. Auch die \n fallen weg, da auch die Zeilenumbrüche um String erhalten bleiben [2]. In diesem Beispiel ist der String von R"(und)" begrenzt:

```cpp
const char *x = ""
"<HTML>\n"
"<HEAD>\n"
"<TITLE>Auto-generated html formatted source</TITLE>\n"
"<META HTTP-EQUIV=\"Content-Type\" "
    "CONTENT=\"text/html; charset=windows-1252\">\n"
"</HEAD>\n"
"<BODY LINK=\"#0000ff\" VLINK=\"#800080\" BGCOLOR=\"#ffffff\">\n"
"<P> </P>\n"
"<PRE>\n";

// wird zu
const char *y = R"--(\
<HTML>
<HEAD>
<TITLE>Auto-generated html formatted source</TITLE>
<META HTTP-EQUIV="Content-Type"
    CONTENT="text/html; charset=windows-1252">
</HEAD>
<BODY LINK="#0000ff" VLINK="#800080" BGCOLOR="#ffffff">
<P> </P>
<PRE>
)--";
```

Listing 37.2 Ein HTML-Fragment als Rohstringliteral

Gerade bei den neuen regulären Ausdrücken (siehe Kapitel 55, »Reguläre Aus-drücke«) wird sich dies als unschätzbar erweisen. Der String

```
"'(?:[\\\\']|\\\\.)*'|\"(?:[\\\\\\"]|\\\\.)*\")|"
```

aus einem tatsächlichen Programmstück stellt die Ausgabe einer gequoteten Regex dar — ist dieser mit fünf aufeinanderfolgenden »\« tatsächlich korrekt? Das zu analysieren, fällt auch Experten schwer. Als Rohstringliteral

```
R"('(?:[\\']|\\.)*'|"(?:[\\"]|\\.)*")|)"
```

wird die Situation zumindest ein wenig entschärft.

Mantra   [+]

Mit Rohstringliteralen kannst du dir das Quoten von Sonderzeichen sparen.

Verweise

[1] **2.14.5 String Literals [lex.string]**, C++11

[2] **Raw String Literals**, Beman Dawes, 2053,
   http://www.open-std.org/jtc1/sc22/wg21/docs/papers/2006/n2053.html

[3] **Overview of the New C++ (C++11)**, Scott Meyers, Rev. 2011-10

38 Rezept für benutzerdefinierte Literale

[lang.userlit] Ein *benutzerdefiniertes Literal* ist ein selbst festgelegtes *Suffix*, das Zeichenketten oder Ziffernfolgen nachgestellt werden kann. Das Suffix ist dabei ein normaler *Bezeichner*. Der Benutzer kann selbst bestimmen, wie ein Literal interpretiert wird, indem er ein Mitglied der neuen `operator""`-Familie überschreibt.

```
namespace my {
  Complex operator"" _i(const char*);  // 0+ni
  Complex operator"" _j(long double);  // n+0i
  Puzzle operator"" _puzzle(const char*, size_t);
}
using namespace my;
Complex imag4 = 4_i;         // operator"" _i(const char*)
Complex real3 = 3.331_j;     // operator"" _j(long double)
Puzzle p1 = "oXo"            // operator"" _puzzle(const char*, size_t)
            "XoX"_puzzle;
```

Listing 38.1 Eigene Literaloperatoren

Hintergrund und Beispielcode

Grob gesagt, sind Literale

▸ entweder Folgen von Ziffern mit ein paar besonderen Zeichen für Komma oder Exponent vermischt, zum Beispiel 7, 3.14, 0xff oder 2.1e+4.8,

▸ oder in Anführungsstriche eingeschlossene Zeichenketten, wie "hallo" und "oktal\0123",

optional mit

▸ einem Suffix, wie zum Beispiel L oder d für den genauen Datentyp und/oder

▸ für die Zeichenketten das Präfix L oder eines der neuen Stringpräfixe für Unicode- oder Rohstringliterale — u, u8, U oder R"(.

Ausnahmen[1] sind noch die Literale, welche die sehr abgeschlossene Menge der *Booleschen Literale* true und false und des (neuen) einzigen *Pointerliterals* null-ptr.

---

1 Zumindest fühlen sie sich für den Benutzer als solche an — im Sinne der Sprache sind sie keine Ausnahmen.

Das ist im Prinzip auch unverändert geblieben. Nur wurden in C++11 ja die *fundamentalen Datentypen* erweitert, so dass der Bedarf für neue Auszeichnungen für Literale da war. Außer dem nun endlich offiziellen `long long` gibt es jetzt zusätzlich die »breiteren« Zeichentypen `char16_t` und `char32_t`. Und wenn Sie für die ein Literal definieren möchten, wollen Sie womöglich internationale Zeichen adäquat eingeben, womöglich in Unicode.

Eine Erweiterung der Syntax für Literale stand also ohnehin an. Es galt, ein System zu definieren, das alle möglichen Präfixe und Suffixe berücksichtigt und festlegt, was wie kombiniert werden kann. Dabei war noch zu berücksichtigen, dass Strings nun auch noch eine erweiterte Syntax genießen (siehe Kapitel 37, »Rohstringliterale«). Es bot sich an, dass man sich gleich ein erweiterbares System ausdenkt.

Wäre es nicht schick, wenn man statt der Codesequenz `\u2122` für ein »Trademark-Symbol« ™ schreiben könnte

```
"Coca Cola{TRADE MARK SIGN}"_unicode
```

Denn im Unicodestandard hat jedes Zeichen auch einen eindeutigen Namen [4]. In der Internationalisierungsbibliothek ICU [5] ist so etwas möglich, doch will man nicht den Compiler schon mit den riesigen dafür nötigen Tabellen aufblähen. Aber wenn der Benutzer die ICU vielleicht schon sowieso verwendet, dann könnte er für Stringliterale daraus Nutzen ziehen wollen.

Prinzipiell können Programmierer nun also die *Suffixe* für Literale selbst definieren. Und mit dem Suffix legt der Benutzer fest, was für eine *freie Funktion* zur Interpretation des Literals im Quelltext verwendet wird.

Namensregeln

Der Standard schränkt den Benutzer in der Wahl dieses Bezeichners jedoch ein, so dass Sie sich für portablen Code an folgende Regeln für den Bezeichner halten sollten:

▶ Der Bezeichner muss mit einem Unterstrich »_« beginnen — alle anderen Literal-Suffixe sind zukünftigen Spracherweiterungen vorbehalten.

▶ Insbesondere sollen sie *nicht* mit zwei Unterstrichen beginnen — der Standard reserviert dies für den Compiler und die Standardbibliothek. Besonders Makros, die der Compiler oder die Bibliothek definieren, könnten hiermit ins Gehege kommen. Daher ist es besser, diesem potenziellen Konflikt aus dem Weg zu gehen.

▶ Aus dem gleichem Grund sollte der Bezeichner nicht mit *Unterstrich-Großbuchstabe* beginnen.

▶ Also sollte das zweite Zeichen ein Kleinbuchstabe oder eine Ziffer sein.

▶ Es ist eine gute Praxis, die neuen Literaloperatoren in einem eigenen Namespace zu definieren. So können Sie mit `using namespace`-Direktiven genau steuern, welche Operatoren gerade sichtbar sind [7]. Wenn Sie das Suffix `_x` definieren, ist nicht der Bezeichner `_x` vergeben: Nur zusammen mit `operator""` wird ein Bezeichner daraus. Ein Suffix `_x` und eine Variable `_x` kommen sich also nicht ins Gehege.

> **Tipp**
>
> Operatoren für benutzerdefinierte Literale sollten in einem eigenen Namensraum definiert werden. Ihre Namen *müssen* mit *einem* Unterstrich anfangen, und es sollte mit einem Kleinbuchstaben weitergehen.

Phasenweise

Um zu verstehen, warum es die unterschiedlichen Überladungen des `operator""` gibt, müssen Sie wissen, dass der Compiler das Verarbeiten von Literalen in verschiedene Phasen aufteilt. Dies sind grob:

▶ Bei der Aufteilung in *Tokens* werden die Sprachelemente des Quelltextes in *Schlüsselwörter, Zahlen, Symbole, Zeicheketten* usw. eingeordnet. Literale aus dieser Phase können `operator""` als »rohe Literale« übergeben werden. Für Zahlen sind das dann `const char*` (ohne `size_t` für die Länge) oder die Template-Variante, für Stringliterale die Zeichenkettenvarianten (mit `size_t` für die Länge).

▶ Dann werden Zahlenliterale in ihre numerischen Werte umgewandelt. Nach dieser Phase können diese den `operator""`-Varianten mit den Zahlenparametern übergeben werden und sind dann »cooked« (vorverarbeitet; nicht mehr roh, also gekocht).

Überladungsvarianten

Allen Möglichkeiten, eigene Suffixe zu benutzen, ist gemein, dass sie durch den `operator""` definiert werden. Dann folgen aber die Unterschiede:

▶ Typ
Der *Rückgabetyp* ist immer der, den das Literal letztlich haben soll. Dabei sind eingebaute Typen ebenso möglich wie benutzerdefinierte.

▶ `Typ operator "" _x(const char*)`
Die `const char*`-Form ohne Längenparameter verarbeitet *rohe* Zeichenketten. Eine Ziffernfolge wie `1234_x` bekommt der `operator "" _x(const char*)` als Folge von vier Zeichen *und* dem abschließenden `'\0'`-Zeichen übergeben.

Beachten Sie, dass hier *nicht* die Stringliterale gemeint sind, auch wenn das Argument `const char*` ist: *Roh* heißt hier, dass die Ziffernfolge dem Operator nicht *vorverarbeitet* übergeben wird. Jedoch, weil im Quelltext keine Anführungszeichen um das Literal stehen, können Sie so nur numerische Literale parsen. Während Sie `234_x` oder `9.87_x` im Quelltext schreiben können, wird sich der Compiler bei `hallo_x` ohne Anführungszeichen beschweren, denn dies hat er in der Zwischenzeit als *Identifier*-Token eingeordnet, nicht als Literal.

► Typ operator `""` `_x(unsigned long long)`
  Typ operator `""` `_x(long double)`
  Vorverarbeitete (»cooked«) Zahlenliterale werden mit den Parametern `unsigned long long` und `long double` prozessiert. Also würde `4847_x` zu einem einzigen Aufruf von `operator` `""` `_x(unsigned long long)` mit der dezimalen Zahl `4847`. Zum gleichen Aufruf würde aber auch `0x12ef_x` führen; der Compiler »kocht« das Präfix `0x` weg und rechnet die Zahl um. Auch `10000.0_x` und `1+e4_x` führen zum gleichen Aufruf von `operator` `""` `_x(long double)`.

► Typ operator `""` `_x(const CHAR*, size_t)`
  Wobei `CHAR` für `char`, `wchar_t`, `char16_t` oder `char32_t` stehen kann. Dies sind vom Compiler vorverarbeitete Strings und die einzige Möglichkeit, in Anführungszeichen stehende Literale zu parsen. Die Operatoren erhalten zwei Parameter, wobei im zweiten mit einem `size_t` die Länge angegeben ist. Der String muss nicht durch das `'\0'`-Zeichen abgeschlossen sein. Vorverarbeitet heißt hier, dass der Compiler die Präfixe vor den Stringliteralen wie zum Beispiel `u8`, `R"(` oder `L` schon interpretiert hat und angrenzende Literale schon zu einem zusammengefügt hat: `"mein" "text"_x` ergibt nur einen `operator` `""` `_x(const char*,size_t)`-Aufruf.

► template<char...> Typ operator `""` `_x()`
  Die *Template*-Variante verarbeitet rohe Literale, also Ziffernfolgen ohne Anführungszeichen. Anders als die `const char*`-Form können Sie sie aber auch für Kommazahlen verwenden. Das Literal `2.17_x` würde zum Aufruf `operator` `""` `_x<'2', '.', '1', '7'>()` führen — ohne das abschließende `'\0'`-Zeichen. Meist werden Sie diesen Operator rekursiv definieren.

Wann genau welche dieser Überladungen vom Compiler verwendet wird, sieht in der Praxis dann so aus [3]:

```
namespace lits {
  long double operator"" _w(long double);
  string      operator"" _w(const char16_t*, size_t);
  unsigned    operator"" _w(const char*);
}
```

```
int main() {
  using namespace lits;
  1.2_w;        // operator"" _w(long double), mit (1.2L)
  u"one"_w;     // operator"" _w(char16_t, size_t), mit (u"one", 3)
  12_w;         // operator"" _w(const char*), mit "12"
}
```

Listing 38.2 Welches Literal führt zu welchem Operatoraufruf?

Zu dem Literal "two"_w würde der Compiler operator"" _w(const char*, size_t) suchen. Da wir das nicht definiert haben, gäbe der Compiler eine Fehlermeldung aus.

Benutzerdefiniertes Literal mittels Template

Auch die Template-Variante ist leicht zu implementieren, wenn Sie nur eine wohldefinierte Menge von Literalen behandeln müssen.

```
namespace lits {
  // Allgemeines Template
  template<char...> int operator"" _bin2();
  // Spezialisierungen
  template<> int operator"" _bin2<'0','0'>() { return 0; }
  template<> int operator"" _bin2<'0','1'>() { return 1; }
  template<> int operator"" _bin2<'1','0'>() { return 2; }
  template<> int operator"" _bin2<'1','1'>() { return 3; }
}
int main() {
  using namespace lits;
  int one   = 01_bin2;
  int three = 11_bin2;
}
```

Listing 38.3 Ein Template für Literale der exakten Länge vier

Zuerst wird das allgemeine Template deklariert, aber ohne es zu implementieren (»definieren«). Hier benötigen wir für operator"" auf jeden Fall ein *Variadisches Template* mit dem Template-Argument char... Die Definitionen folgen dann in einer Liste von *Template-Spezialisierungen* für genau die Literale, die Sie benutzen möchten.

Hier würden 0_bin2 und 11111_bin2 natürlich einen Fehler erzeugen, denn dafür haben wir ja keine Spezialisierungen definiert. Außerdem ist diese Art der Aufzählung mühsam und fehlerträchtig — alles in allem nicht zu empfehlen. Aber es führt uns an das Konzept heran, das Template *rekursiv* zu definieren, siehe Kapitel 32, »Templates mit variabler Argumentanzahl«.

```
namespace lits {
    // Template-Hilfsfunktion für _ein_ Argument
    template<char C> int bin();   // allgemeiner Fall
    template<>       int bin<'1'>() { return 1; } // Spez.
    template<>       int bin<'0'>() { return 0; } // Spez.
    // Template-Hilfsfunktion ab _zwei_ Argumente
    template<char C, char D, char... ES>
    int bin() {
        return bin<C>() << (sizeof...(ES)+1) | bin<D,ES...>() ;
    }
    // eigentlicher operator""
    template<char...CS> int operator"" _bin()
        { return bin<CS...>(); };
}
int main() {
    using namespace lits;
    int eins = 1_bin;
    int acht = 1000_bin;
    int neun = 1001_bin;
    int zehn = 1010_bin;
    int elf  = 1011_bin;
    int hundertachtundzwanzig = 10000000_bin;
}
```

Listing 38.4 Rekursive Definition für beliebige Literallängen

Die eigentliche Arbeit des operator"" _bin wurde in die normale (rekursive Template-)Hilfsfunktion bin ausgelagert. Diese wird mit bin<CS...>() einfach aufgerufen und das Ergebnis durchgereicht.

Dort wird dann die eigentliche Konvertierung durchgeführt. Hier dienen die beiden Spezialisierungen auf <'0'> und <'1'> als *Anker*, bei dem die Rekursion endet. In der allgemeinen Hilfsfunktion wird immer ein Zeichen mit bin<C> konvertiert und mit << um so viele Bits nach rechts geschoben, wie noch Template-Argumente übrig sind. Das wird mit sizeof...(ES) ermittelt. Der rekursive Aufruf bin<D,ES...> konvertiert dann den Rest des 1/0-Strings ohne das vorderste Zeichen C. Beide Teile werden mit Bit-Oder »|« verknüpft.

Diese Rekursion führt der Compiler schon zur Übersetzungszeit aus. So hat man beste Chancen, dass im übersetzten Programm für jedes _bin-Literal nur noch die errechnete Konstante enthalten ist und zur Laufzeit keine Berechnungen mehr durchgeführt werden müssen.

Roh oder gekocht

Der Unterschied zwischen *rohen* (*raw*) und *vorverarbeiteten* (*cooked*) Literalen ist, dass erstere immer die `const char*`-Varianten als Argument bekommen (ohne die Länge) und letztere die schon zu `unsigned long long` oder `long double` interpretierten. Beides kann Literale wie `1234` und `23.45` verarbeiten. Der `const char*`-Operator, der zusätzlich die Länge als Parameter bekommt, ist für die Verarbeitung der Stringliterale wie `"abcd"` gedacht.

Roh oder vorverarbeitet macht also bei Zahlenliteralen einen Unterschied [8]:

```
#include <complex>
// rohe Form
int operator"" _dual(const char*);
int answer = 101010_dual;      // dezimal 42
// vorverarbeitete Form
complex<long double> operator"" _i(long double d) {
  return complex<long double>(0, d);
}
auto val = 3.14_i; // val = complex<long double>(0, 3.14)
```

Listing 38.5 Ob vorverarbeitet oder roh besser ist, hängt von der Anwendung ab.

Ob Sie ein Zahlenliteral lieber als vorverarbeiteten Wert bekommen möchten oder als Sequenz von Zeichen, können Sie selbst bestimmten. Für die Umwandlung einer Folge von 0/1 ist eine Zeichensequenz wohl praktischer. Vorverarbeitet hätte der Compiler `operator"" _dual` die dezimale Zahl »einhunderteinstausendundzehn« übergeben, und die hätten wir aufwändig binär interpretieren müssen. Die Template-Alternative haben wir ja schon mit `operator"" _bin` gezeigt.

Andersherum ist es für `operator"" _i` sehr praktisch, einfach den Konstruktor von `complex` verwenden zu können, der einen `double` als Argument nimmt. Hätten wir das Literal roh als `const char*` erhalten, hätten wir die Umwandlung in eine Zahl selbst machen müssen.

Automatisch zusammengefügt

Das Zusammenfügen angrenzender Literale birgt natürlich immer ein paar Gefahren — hat man das Trennzeichen nur vergessen oder ist es Absicht des Benutzers, um den Quellcode hübsch formatiert zu halten? Im Prinzip hat sich hier nichts geändert, denn der Compiler hat diese Aufgabe schon immer für uns erledigt.

Nur wurde die Aufgabe durch die vielen Suffixe und Präfixe um einiges komplexer. Die Regel für Strings mit benutzerdefinierten Suffixen besagt Ähnliches wie für Präfixe, siehe Kapitel 36, »Unterstützung von Unicode« [3]:

- Haben alle Strings das gleiche Suffix, ist das Ergebnis eindeutig.

- Haben angrenzende Strings unterschiedliche Suffixe, ist das ein Fehler.

- Hat nur einer der zusammengefügten Strings ein Suffix, dann wird der gesamte String interpretiert, als hätte er dieses. Welcher von den Strings das Suffix hat, ist gleichgültig.

Im Standard werden einige Beispiele angeführt, die das verdeutlichen [3]:

- `L"A" "B" "C"_x;` wird zu `L"ABC"_x` zusammengefügt.

- `"P"_x "Q" "R"_y;` ergibt einen Fehler, weil zwei verschiedene Suffixe verwendet werden.

Unicodeliterale

Die Formen mit Stringlänge werden für Literale mit den unterschiedlichen *Encoding-Präfixen* aufgerufen. Das heißt je nach `CHAR` für die Form:

`Typ operator"" _x(const CHAR*, size_t)`

Wobei dann `CHAR` und das *Encoding-Präfix* wie in Tabelle 38.1 sind.

Präfix	Literal	CHAR
	`"Wackeldackel"`	`char`
u8	`u8"B\x3c\0xbcgeleisen"`	`char`
L	`L"Wie gehabt"`	`wchar_t`
u	`"B\u00fcgeleisen"`	`char16_t`
U	`"B\U000000fcgeleisen"`	`char32_t`

Tabelle 38.1 Encoding-Präfixe und die passenden Überladungen

Literale in normaler- und *UTF-8*-Kodierung rufen also beide `operator""` `(const char*, size_t)` auf, um interpretiert zu werden.

Fußangel

Bei der Definition eines eigenen `operator"" _suffix()` ist darauf zu achten, dass nach den `""` *auf jeden Fall* ein Leerzeichen steht. Fehlt dies, erkennt der Parser dies als ein einzelnes Token und stoppt mit einem Syntaxfehler. Auch ist kein Zeichen zwischen `""` erlaubt — auch kein Leerzeichen.

Zwischen `operator` und `""` darf dagegen ein Leerzeichen stehen, muss aber nicht. Die Eselsbrücke ist hier, dass aus `operator""` ein einzelner »Bezeichner« wird — wie bei allen Operatoren — und dort deshalb *kein* Leerzeichen dazwischengehört.

[+]

Verweise

[1] **17.6.4.3.5 User-defined literal suffixes [userlit.suffix]**, C++11

[2] **17.6.4.3.2 Global Names [global.names]**, C++11

[3] **2.14.8.(8) User-defined Literals [lex.ext]**, C++11

[4] **Unicode 6.0 Character Code Charts**, *http://unicode.org/charts/* [2011-09-09]

[5] **International Components for Unicode**, *http://icu-project.org/* [2011-09-09]

[6] **C++0x**, Wikipedia, *http://en.wikipedia.org/wiki/C%2B%2B0x* [2011-09-09]

[7] **C++0x, user-defined literals with friend operator "()**, Stackoverflow, *http://stackoverflow.com/questions/7358233* [2011-09-09]

[8] **User-defined literals in C++11, a much needed addition or making C++ even more bloated?**, Motti, Stackoverflow, *http://stackoverflow.com/questions/237804/* [2011-10-11]

TEIL III

Neues zu Containern, Pointern und Algorithmen

Die Container wurden vor allem auf die neuen Möglichkeiten des Sprachkerns angepasst. Move und Move-Assign finden sich in allen Standardcontainern. Ganz Neues findet mit unique_ptr Einzug, der den auto_ptr ersetzen soll, und auf die ungeordneten Container haben alle lange gewartet.

39 Tupel, das bessere Paar

[stl.tuple] Ein *Tupel* (engl. *tuple*) ist ein »Bündel« fester Größe mit Elementen wohldefinierter Typen, die auch unterschiedlich sein können. Grob gesagt, handelt es sich bei tuple um eine Verallgemeinerung von pair, und die Operationen die man damit machen kann, sind sehr ähnlich.

Statt mit first und second wie pair greifen Sie auf die Elemente mit get<n> zu, wobei n für die Position des Elements im Tupel steht. Die Zählung beginnt mit 0.

```
#include <tuple>     // für 'std::tuple<>'
void zeigAuto(const tuple<string,int,double> &car) {
  cout << "Marke: " << get<0>(car) << endl;
  cout << "Preis: " << get<1>(car) << endl;
  cout << "Verbrauch: " << get<2>(car) << endl;
}
int main() {
  tuple<string,int,double> meinAuto { "Golf", 20000, 5.5 };
  zeigAuto( meinAuto );
}
```

Listing 39.1 Tupel verwendet »get« für den Zugriff.

Hintergrund und Beispielcode

Ein zweielementiges Tupel ist mitnichten das Gleiche wie ein pair. Für C++ sind die Typen unterschiedlich.

```
#include <utility> // für 'std::pair<>'
#include <tuple>    // für 'std::tuple<>'
template<typename A, typename B>
void zeigmal(const pair<A,B> &arg) {
  cout << arg.first << ": " << arg.second << endl;
}
template<typename A, typename B>
void zeigmal(const tuple<A,B> &arg) {
  cout << get<0>(arg) << ": " << get<1>(arg) << endl;
}
int main() {
  pair<string,int> meinHaus { "Klinker", 150000 };
  tuple<string,int> meinAuto { "Golf", 20000 };
  zeigmal( meinHaus ); // ruft die erste Funktion auf
  zeigmal( meinAuto ); // ruft die zweite Überladung auf
}
```

Listing 39.2 Das Paar und das 2-Tupel sind unterschiedliche Dinge.

Allerdings liefert die Standardbibliothek Cast-Operatoren mit, die eine nahtlose Umwandlung zwischen einem Tupel und einem Paar erlauben.

```
template<typename A, typename B>
void zeigTupel(const tuple<A,B> &arg) {
  cout << get<0>(arg) << ": " << get<1>(arg) << endl;
}
int main() {
  pair<string,int> meinHaus { "Klinker", 150000 };
  zeigTupel( tuple<string,int>(meinHaus) );
}
```

Listing 39.3 Von Tupel zu Paar und umgekehrt

Iterieren per Rekursion

Eigentlich kann man ein Tupel auch als struct ansehen, dessen Elemente keine Namen, sondern feste Positionsnummern haben. Im Unterschied zum Array können die Elemente unterschiedliche Typen haben — und Sie können nicht zur Laufzeit entscheiden, auf welches Element Sie zugreifen möchten. Dies muss zur Übersetzungszeit passieren. Über Tupelelemente können Sie nicht mit einer for-Schleife iterieren, sondern nur zur Übersetzungszeit, mittels ein wenig Template-Programmierung [1].

```
template<unsigned int N> // Element drucken, dann rekursiv
struct zeigmir_ {
    template<typename... ArgsT, typename... Args>
    static void rekursiv(tuple<ArgsT...> const& tup) {
      zeigmir_<N-1>::rekursiv(tup);
      cout << N-1 << ":" << get<N-1>(tup) << " ";
    }
};
template<> // Rekursion beenden
struct zeigmir_<0> {
    template<typename... ArgsT, typename... Args>
    static void rekursiv(tuple<ArgsT...> const&) { }
};
template<typename... ArgsT> // die eigentliche Funktion ruft die Helfer auf
void zeigmir(tuple<ArgsT...> const& tup) {
    zeigmir_<sizeof...(ArgsT)>::rekursiv(tup);
}
int main() {
  tuple<int,string,int,double> kram { 42, "Bach", -1, 3.1415 };
  zeigmir( kram );
}
```

Listing 39.4 Etwas für alle Elemente eines Tupels ausführen

Mit einem `for(int i=0; i<4; ++i)` und `get<i>(kram)` geht das nicht: Wie immer bei Template-Argumenten benötigt auch `get<>` in den spitzen Klammern einen *konstanten* Ausdruck.

Daher verwenden wir in `zeigmir_` eine Übersetzungszeit-Rekursion. Das Tupel `tup` wird immer komplett mitgeschleift, aber das Argument für `get` — das `N-1` — wird rekursiv dekrementiert, bis die Spezialisierung für den Fall `0` erreicht ist. Das erste `N` wird mit `sizeof...(ArgsT)` ermittelt — eine durch die Einführung der *Variadischen Templates* mitgelieferte Hilfsfunktion, die die *Anzahl* der variablen Elemente ermittelt.

Mit tie zuweisen

Sehr nützlich im täglichen Umgang mit Tupeln ist die Funktion `tie`. Sie liefert ihre Argumente gebündelt in einem Tupel als Referenzen zurück. Und weil man Tupel einander zuweisen kann, lässt sich dies zum Beispiel auf den Rückgabewert von Funktionen anwenden.

```cpp
#include <tuple> // tuple, tie, ignore
tuple<string,string,size_t> holTier(const string &name) {
  if(name=="Butch") return make_tuple("Hund", "bissig", 80);
  if(name=="Binky") return make_tuple("Pferd", "weiss", 210);
  if(name=="Maurice") return make_tuple("Katze", "spricht", 30);
  return make_tuple("unbekannt","?",0);
}
int main() {
  auto binky = holTier("Binky"); // binky wird ein 3-tuple
  cout << "Art: " << get<0>(binky);
  string art;
  string eigenschaft;
  size_t groesse;
  tie(art, eigenschaft, groesse) = holTier("Maurice");
  tie(art, ignore, groesse) = holTier("Butch");
}
```

Listing 39.5 Mit »tie« zuweisen

Anstatt also mit `get<>` die Elemente herauszuholen, können Sie sie mit `tie` gleich einzelnen Variablen zuweisen. Und wenn Sie sich für das eine oder andere nicht interessieren — kein Problem —, `tie` versteht das spezielle Argument `ignore` an beliebiger Stelle.

Namen oder Nummern

Ein Tupel bündelt also mehrere Dinge unterschiedlichen Typs. Jedes gegebene Tupel ist dabei nicht dynamisch, sondern hat den durch seine Definition festgelegten Typ. Die Elemente haben jedoch nur *Nummern*, obwohl sie mit Sicherheit innerhalb des Tupels unterschiedliche *Bedeutung* haben. Für so etwas bietet C++ eigentlich schon seit jeher `class` und `struct` an. Dort können Elemente dann unabhängig von ihrer Position über ihren Namen angesprochen werden — sehr viel resistenter gegenüber Änderungen.

Tendenziell sollten Sie deswegen die Verwendung von Tupeln nicht überstrapazieren. Ein kleines zwei- oder dreielementiges `struct` ist im Allgemeinen leichter zu warten, als den gesamten Programmtext nach den richtigen `get<2>` zu durchsuchen.

Ihren Vorteil spielen Tupel in ähnlichen Fällen wie *Variadischen Templates* aus, nämlich um breiter einsetzbare Schnittstellen und abstraktere Datentypen kompakter zu implementieren. Einsatzbereiche von Tupeln sind daher vor allem:

▶ in Bibliotheken für sehr allgemeine Funktionen und abstrakte Datentypen

▶ als Hilfskonstrukt, um *Varargs* als Ganzes weiterzureichen

▶ um in Funktionen »mal eben« eine halbe Handvoll Dinge zurückzuliefern

[+] **Mantra**

`tuple` ist die Verallgemeinerung von `pair`, der Zugriff erfolgt über `get<n>`.

Verweise

[1] **C++0x: Tuple unpacking as arguments in function call**, Matti Rintala, *http://groups.google.com/group/comp.lang.c++.moderated/msg/d8dc09e34bbb9661* [2011-03-01]

[2] **20.4 Tuples [tuple]**, C++11

40   Ungeordnete Container

[stl.unordered] Zu den Containern mit Laufzeitgarantien gesellen sich die lang ersehnten *hashenden* Container `unordered_map` und `unordered_set` (und deren `multi`-Varianten). Ihre wichtigsten Operationen *sollten* im Normalfall immer etwa gleich lange brauchen — nämlich *O(1)*. Das können sie jedoch nicht garantieren — im Gegensatz zu ihren geordneten Verwandten.

Die Gemeinsamkeiten mit den bestehenden Containern sind:

▸ `unordered_map` und `unorderd_multimap` speichern zu einem *Schlüssel* einen *Wert*, ebenso wie `map` und `multimap`.

▸ Bei `unordered_set` und `unordered_multiset` wird der Wert auch als Schlüssel verwendet, wie bei `set` und `multiset`.

▸ `unordered_map` und `unordered_set` enthalten wie `map` und `set` jedes (Schlüssel-)Element nur einmal.

▸ Bei `unordered_multimap` und `unordered_multiset` können Elemente wie bei `multimap` und `multiset` mehrfach vorkommen.

Der Unterschied dieser Container zu den bestehenden ist:

▸ Schlüssel kommen zusammen mit anderen in einen *Bucket*; in welchen wird durch eine Hashfunktion für die Schlüssel entschieden.

▸ Bei Speicher- und Suchoperationen werden die Elemente *innerhalb* eines Buckets mit `operator==` auf *Äquivalenz* verglichen.

Während der Verwendung ist deshalb das *Äquivalenzkriterium* entscheidend. Sich beim Design für einen gute *Hashfunktion* zu entscheiden, ist wichtig für eine gute Performance.

Hintergrund und Beispielcode

Wenn wir in diesem Kapitel von `set`, `map`, `unordered_set` und `unordered_map` reden, dann gilt das Gesagte meistens auch für die `multi`-Varianten. Wenn nicht, werden wir das gesondert erwähnen. Das spart viele »und multi«-Nennungen.

Perl, Python, PHP, Java, C# und Javascript — alle Welt »hasht«, und endlich auch C++. Eigentlich schon länger, denn im TR1 waren diese Container schon länger definiert und auch für viele Compiler implementiert. Aber warum sind diese denn so wichtig, was haben sie, was die anderen nicht haben?

Vor allem wenn Sie von Java kommen, hier eine ganz kurze Einführung in die C++-Datentypen `map` und `set`, da sie zu den Java-Datentypen `Map` und `Set` unterschiedlich sind: In C++ werden diese Container ständig nach ihrem Schlüssel sortiert gehalten. Sie werden nicht per Hashing in eine Tabelle eingetragen, sondern anhand eines Vergleichskriteriums in einen *balancierten Baum*.[1] Wenn Sie über die Elemente iterieren, dann erhalten Sie sie automatisch in aufsteigender Reihenfolge.

Nun können die C++-Programmierer wieder mithören: Natürlich können Sie auch über die `unordered`-Varianten iterieren, nur eben nicht in *garantierter Reihenfolge*, sondern einer beliebigen.

Keine Garantie

Die bisherigen Container `map` und `set` haben die Eigenschaft, dass sie ein Laufzeitverhalten *garantieren*. Der Vorteil ist folgender: Auch wenn man in der Designphase immer dachte: »Niemand wird das Programm jemals mit mehr als 1.000 Elementen verwenden.« Wenn es doch mal passiert, dann geht es trotzdem.[2] Das Programm wird mit 1 Million Elementen immer noch funktionieren. Zumindest was die Performance der Container angeht. Es ist *garantiert*, dass bei Suche und Einfügen die benötigte Zeit nur »ein wenig« wächst, nämlich *O(log n)*. Das heißt also, wenn wir bei 1.000 Elementen zum Beispiel 10 Zeiteinheiten für das Suchen nach einem Element benötigt haben, dann brauchen wir bei 2.000 Elementen nicht 20, sondern nur etwa 11. Erst bei 1 Million Elementen wächst die Zeit für eine Suche auf 20 Zeiteinheiten. Und das wird *garantiert*, egal was wir in die Datenstruktur stecken.

Was den Zeitverbrauch angeht, sind hashende Container besser: Wenn diese von 1.000 Elementen auf 1 Million Elemente wachsen und sie vorher 10 Zeiteinheiten für eine Suche benötigt haben, dann sollten diese auch danach noch 10 Zeiteinheiten benötigen. Sie werben mit Operationen, die *O(1)* Zeit benötigen, also einem Zeitaufwand, der unabhängig von der Anzahl der Elemente ist. Der Haken: Sie garantieren es nicht.

Mit einem Umweg schneller ans Ziel

Die Performance von solchen Containern hängt sehr stark von der Qualität eines weiteren Faktors ab, nämlich von der Hashfunktion. Diese ermittelt für einen Schlüssel über eine programmierte Funktion eine Platznummer im Hash. Die Hashfunktion muss so gewählt werden, dass sie

---

1 Wie genau die Implementierung die Ordnung herstellt, ist ihr überlassen. Der balancierte Baum ist eine beliebte Methode.
2 Und so etwas passiert tatsächlich, oder?

▶ für gleiche (äquivalente) Schlüssel garantiert immer den gleichen Platz vergibt,

▶ für unterschiedliche Schlüssel möglichst (aber nicht zwingend) unterschiedliche Plätze vergibt und

▶ möglichst schnell zu berechnen ist.

Die »versprochene« Performance können ungeordnete Container nur mit einer *perfekten* Hashfunktion liefern. Eine solche müsste jedem Element absolut zufällig, aber reproduzierbar einen Platz im Container zuweisen können. Zufällig *und* reproduzierbar ist natürlich nicht möglich. Deshalb bedient man sich einer Art *Heuristik* für die Hashfunktion: Diese liefert für ein Element eine Platznummer. Allerdings können unterschiedliche Elemente dabei auch die gleiche Platznummer (*Bucket*) erhalten — ein sogenannter *Konflikt*. Nicht schlimm, denn in jedem Bucket können Sie mehrere Elemente speichern. Ein Bucket sollte klein genug sein, um ihn schnell genauer durchsuchen zu können. Kommt das gleiche Element noch einmal — ein äquivalentes Element —, dann wird mit der Hashfunktion erst der richtige Bucket ermittelt und dann der Bucket im Detail durchsucht. Diese Suche verbraucht die eigentliche Zeit. Und wenn zu viele Elemente in den gleichen Bucket gekommen sind (äquivalente und nicht äquivalente mit zufällig gleicher Bucket-Nummer), dann bricht die Performance des Containers ein.

Das heißt: Im Optimal- und Normalfall können Sie damit rechnen, dass die hashenden Container bei steigender Größe weniger als ein logarithmisches Wachstum im Zeitverbrauch haben. Im ungünstigen Fall jedoch sind sie viel schlechter als die Container mit Garantie.

Die eigene Hashfunktion

Es ist leicht, eine schlechte Performance auszuprobieren, denn die Hashfunktion können Sie bei unordered_map und unordered_set selbst festlegen.

```cpp
#include <unordered_set>
#include <iomanip>     // setw
#include <chrono>      // steady_clock, nanoseconds, duration_cast
using namespace chrono;

template<typename CONTAINER>
void run(const string &title, const size_t kloops) {
  CONTAINER cnt;
  const auto start = steady_clock::now();
  /* hart arbeiten */
  for(size_t elem=0; elem < kloops*1000; ++elem)
    cnt.insert( elem );
  const auto now = steady_clock::now();
  const nanoseconds dur_ns = now - start;
```

267

```
    cout << " " << setw(22) << title
         << setw(4) << kloops << "k:"
         << setw(10)<< duration_cast<microseconds>(dur_ns).count()
         << " us  " << endl;
}
template<typename CONTAINER>
void messen(const string &title) {
  for(size_t kloops : {1,2,4,8,16,32,64}) {
    run<CONTAINER>(title, kloops);
  }
}
```

Listing 40.1 Performancemessung von Container mit »insert«

Hier werden einfach nur unterschiedliche Ganzzahlen, keine doppelten, nach-
einander mit insert in den Container gepackt. Der Test wird mit 1.000, 2.000,
4.000, etc. Elementen durchgeführt, und die benötigte Zeit wird ausgegeben.

Das Testen der insert-Performance von verschiedenen Containern ist dann ein
Leichtes. Sie können sie dabei mit unterschiedlichen Hashfunktionen ausstatten:

```
int main() {
  messen<set<int>>("set");
  messen<unordered_set<int>>("unordered_set");
  struct bad_hash {
    size_t operator()(int i) const { return i % 7; };
  };
  messen<unordered_set<int,bad_hash>>("bad unordered_set");
  struct verybad_hash {
    size_t operator()(int) const { return 0; };
  };
  messen<unordered_set<int,verybad_hash>>("very bad unordered_set");
}
```

Listing 40.2 Messen von Containern mit schlechter Hashfunktion

Die ersten beiden messen-Aufrufe verwenden die eingebaute Hashfunktion. Bei
Gnu C++ 4.7.0 bedeutet das für int, dass die Zahl selbst der Hashwert ist. Da
die Eingabe der Hashfunktion ein int ist und die Ausgabe ein size_t, wird es
keine zwei gleichen Eingaben geben, die den gleichen Hashwert haben.[3] Wenn
die Implementierung des hashenden Containers dann sorgfältig ist, ist eine gute

---

3 Der Container wird intern den Zahlenbereich size_t noch auf die wirkliche Größe des
  angeforderten Speichers reduzieren, aber wir können davon ausgehen, dass dies schlau
  gemacht wird. Der C++-Standard erlegt den Qualitäten der Hashfunktion keine weiteren
  Bedingungen auf.

Performance zu erwarten. Der `bad_hash` reduziert die Menge der möglichen Hashergebnisse auf nur sieben verschiedene Werte, der `verybad_hash` sogar auf nur einen. Vor allem werden unterschiedliche Eingabewerte auf denselben Hashwert *gemappt*. Der Standard verlangt von der Hashfunktion aber qualitativ, dass Duplikate vermieden werden sollen und stattdessen der Raum von `size_t` möglichst gut ausgenutzt werden soll. Hier werden unnötig viele Elemente in einem Bucket landen, die die Standardbibliothek dann mit mehr Aufwand zusätzlich zur Hashfunktion auf ihre Äquivalenz hin testen muss. Das Ergebnis ist ein Einbruch der Performance (Tabelle 40.1).

Durchläufe	set	unordered set, std	— bad hash	— very bad hash
1k	544	1025	4913	5694
2k	1094	634	3899	23450
4k	2324	1269	24995	107275
8k	5050	2595	68144	368016
16k	10610	6205	234899	1420976
32k	33629	16148	894278	5640064
64k	61705	32850	3519892	22507949

Tabelle 40.1 Performance von »unordered_set« bei schlechter Hashfunktion, Zeit in Mikrosekunden

Auch ist ein `unordered`-Container nur dann schnell, wenn er den Hash des Schlüssels in einer konstanten Zeit berechnen kann. Einen `int` auf einen `size_t` zu mappen ist trivial, aber bei einem `string`, `Employee` oder `Image` kann es aufwändig sein. Eine gute Hashfunktion sollte trotzdem versuchen, sich nur »konstant viele« Dinge der Datenstruktur anzusehen und dabei trotzdem Ähnliches schon im Hash unterscheidbar zu machen.

Schnell berechnen

Für `string` ist es zum Beispiel üblich, Zeichen von vorne nach hinten mit Bit- oder arithmetischen Operationen zu verschränken. Zum Beispiel `h = 5*h+s[i++]` [2]. Der Aufwand ist etwa der Gleiche, wie die Äquivalenz zweier Strings zu prüfen. Im Falle von `Image` sollten Sie sich gut überlegen, ob sich die Hashfunktion wirklich alle Pixel ansehen sollte. Auch für Zeichenketten kann es in bestimmten Kontexten Sinn machen, eine weniger aufwändige Hashfunktion zu verwenden, zum Beispiel die Länge und einige Zeichen vom Anfang und vom Ende oder Ähnliches. Im generellen Fall sollten Sie mit solchen Spezialfunktionen vorsichtig sein und sich eher auf die Standardbibliothek verlassen, aber unter den richtigen Voraussetzungen kann es förderlich sein.

hash oder unordered

Beim Blick auf die Interfaces und Beschreibungen der neuen unordered-Container fällt auf, dass es schon länger die verschiedensten Implementierungen für *hashende Container* gibt. Es gibt sie im *Technical Report 1 (TR1* [1]), von Microsoft, in Boost, in den C++-Bibliotheken von Gnu und SGI, von HP und von vielen anderen Programmierern. Sie unterscheiden sich aber in manchen winzigen Details voneinander. Eingängig wurden sie oft hash_map und hash_set genannt. Damit sich hier keine Namen oder Implementierungsdetails ins Gehege kommen, wurden die neuen Datenstrukturen für C++11 nun unordered genannt — sie machen aber ziemlich genau das, was die hash-Verwandten auch machen und was man von ihnen erwartet.

[+]

> **Mantra**
>
> Die unordered Container liefern normalerweise ein sehr gutes Laufzeitverhalten, dies aber nicht garantiert. Eine gute Hashfunktion ist essenziell.

Verweise

[1] **C++ Technical Report 1 (TR1): C++ Library Extensions**, ISO/IEC TR 19768

[2] **hash_fun.h, hash_string(const char*)**, Gnu C++ 4.7.0

41 Neue Liste nur für vorwärts

[stl.forwardlist] Die neue `forward_list` implementiert den einfachst möglichen Standardcontainer. Die Elemente sind nur in eine Richtung miteinander verkettet. Jedes Element zeigt nur auf das nächste. Weitere Metainformationen — wie etwa die Größe — werden nicht explizit gespeichert.

```
#include <forward_list>
int main () {
  forward_list<int> fli { 1, 2, 3, 4, 5 };
  auto it = find(fli.cbegin(), fli.cend(), 3);
  fli.erase_after(it);                  // fli = 1, 2, 3, 5
  fli.push_front(0);                    // fli = 0, 1, 2, 3, 5
  fli.erase_after(fli.before_begin()); // fli = 1, 2, 3, 5
}
```

Listing 41.1 Operationen auf der einfach verketteten Liste sind etwas ungewohnt.

Das Designziel war, eine zur einfachen C-Implementierung einer *verketteten Liste* identische Performance bezüglich Geschwindigkeit und Speicherverbrauch zu erreichen. Daher unterscheidet sich das Interface dieses Containers von den Konventionen der anderen [3]:

▶ Die Funktion `size()` gibt es nicht, nur auf `empty()` kann man prüfen.

▶ Es existiert kein `erase()`, sondern nur `erase_after()` und kein `push_back()`, sondern nur `push_front()`.

▶ Iteratoren können sich nur vorwärts bewegen, also nur `++it`, kein `--it`.

Hintergrund und Beispielcode

In C implementiert man eine *einfache verkettete Liste* häufig nach dem Schema `struct Elem { void *data; Elem *next; };`. Das verbraucht neben den Daten wenig zusätzlichen Speicher, und Operationen haben eine angemessene Geschwindigkeit. Das Verhalten dieser Datenstruktur bei Operationen und Algorithmen ist wohlbekannt.

Implementierung

Genau wie eine von Hand geschriebene verkettete Liste in C enthält jedes Element nur genau zwei Dinge: Die Daten selbst und einen Zeiger auf das nächste Element. Das letzte Element zeigt »nirgendwohin« und markiert so für `end()` das Ende der Liste (Abbildung 41.1).

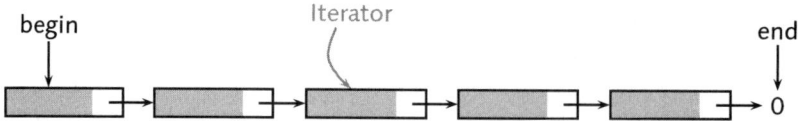

Abbildung 41.1 Die einzelnen Elemente sind nur vorwärts miteinander veknüpft.

Eigenschaften

Dieses minimale C-Interface will `forward_list` nachbilden. In Bezug auf Speicher- und Zeitverbrauch soll sie nicht schlechter sein, als es eine von Hand in C geschriebene verkettete Liste wäre. Dennoch ist `forward_list` ein Container der Standardbibliothek: Iterieren, Hinzufügen, Entfernen und vor allem die Algorithmen werden unterstützt. Somit sind die Kriterien für den Einsatz von `forward_list`:

▶ Es kommt auf wenig Speicheroverhead pro Element an, aber gleichzeitig auf Flexibilität durch häufiges Anhängen.

▶ Man kennt die Anzahl der Elemente für die Liste nicht vorab.

▶ Die Datenelemente sind eher groß im Vergleich zum Pointer.

▶ Die Operationen *vorne anhängen* und *vorne entfernen* sollen konstant viel Zeit benötigen.

▶ Die Iteration über alle Elemente soll schnell sein.

▶ Veränderungen sollten bestehende Iteratoren, die in die Liste zeigen, nicht unbrauchbar machen (wie es zum Beispiel bei `vector` der Fall wäre).

▶ Wo Wert auf die Nachbildung einer C-Datenstruktur gelegt wird, aber C++-Mittel wie `<algorithm>` genutzt werden sollen, ist der Einsatz ebenfalls sinnvoll.

Wegen der Einschränkungen dieser Implementierung sprechen die folgenden Kriterien gegen den Einsatz von `forward_list`:

▶ Es wird wahlfreier Zugriff auf die Elemente benötigt.

▶ Man möchte vorwärts *und* rückwärts über die Elemente iterieren.

▶ Große Datenmengen von winzigen Elementen wie `char` erzeugen großen Speicheroverhead. Hier wäre `vector` besser.

▶ Man benötigt die Elemente »am Stück«, um sie zum Beispiel in einem Schwung in einer Datei zu schreiben.

Operationen etwas ungewohnt

Wenn Sie einen Iterator (also so etwas wie einen Zeiger) auf ein Element in der Hand halten, dann können Sie über diesen *nicht* zum Vorfahren dieses Elements in dem Container gelangen. Sie können deshalb *nicht* an dieser Stelle ein neues Element einfügen. Angenommen, eine Liste besteht aus verketteten `Elem e0, e1` und `e2`, und Sie möchten ein neues `eN` zwischen `e0` und `e1` einfügen. Dann hängen Sie es wie folgt ein:

▶ `eN.next = &e1;` — neues Element auf sein nächstes Element

▶ `e0.next = &eN;` — neues Element seinem Vorgänger bekannt machen.

Eine Operation wie `fli.insert(e1, eN)` könnte also *nicht* das Element `eN` an der Stelle, wo `e1` ist, einfügen, weil man `e0` nicht erreichen kann, an dem man `next` verändern muss. Wohl aber kennt man mit einem Iterator auf `e0` die in dessen `next` gespeicherte Adresse `e1`. Dann verändert sich der Algorithmus leicht:

▶ `eN.next = e0.next;` — der Nachfolger des neuen Elements ist der, der eben noch `e0` nachfolgte.

▶ `e0.next = &eN;` — der neue Nachfolger von `e0` ist das neue Element.

Und somit können wir `insert` *nicht* implementieren, aber `insert_after`.

Das gilt für fast alle Operationen von `forward_list` — weil der Vorgänger eines Elements nicht direkt zur Hand ist, beziehen sich die meisten Operationen auf das Element *nach* dem Iterator, den man »in der Hand« hält.

Anfügen nur vorne

Auch auf das Einfügen am Rand der Liste wirkt sich das aus: Die Liste merkt sich nur das erste Element, aber nicht das letzte. Nach Konvention für alle Standardcontainer zeigt `end()` *hinter* das letzte Element — im Fall von `forward_list` auf 0[1]. Da Sie von `end()` nicht zum tatsächlich letzten Element gelangen können, ist es nicht möglich, `insert_after()` aufzurufen, was am Ende der Liste einem `push_back()` entspräche. Bleibt also nur `begin()`, mit dem Sie ohne Mühe `push_front()` implementieren können.

Keine Länge enthalten

Wenn Sie die Länge einer verketteten Liste herausfinden wollen, dann müssen Sie sich vom Anfang bis zum Ende hangeln und mitzählen. Einzige Abhilfe würde nur schaffen, wenn Sie in einem zusätzlichen Datenfeld die Größe speichern würden. Das macht `forward_list` aber nicht. So steht `size()` also nicht zur Ver-

---

1 Theoretisch muss das nicht sein, andere Implementierungen sind denkbar.

fügung. Immerhin können Sie statt `size()==0` die Funktion `empty()` verwenden. Um die Größe zur Not doch herauszufinden, müssen Sie keine Schleife selbst programmieren: `distance(fli.cbegin(), fli.cend())` erledigt das, benötigt aber bei `forward_list` ebensoviel Zeit wie das Iterieren über die Liste.

Aufwand

Vorne hinzufügen, vorne entfernen und über alle Elemente iterieren geht bei `forward_list` optimal schnell in *O(1)* pro Element *(konstante Zeit)*.

Die meisten anderen Operationen auf `forward_list`, die bei (der doppelt verketteten) `list` *O(1)* benötigen würden, sind hier aber nur *O(n)* *(linear)*. Sie sollten sie also bewusst einsetzen.

Auch das Verschmelzen zweier `forward_list` mit `splice_after` geht nicht in *O(1)*. Ein Algorithmus, der aus einer anderen Liste etwas bis `end()` entfernen sollte, müsste `end()-1` herausfinden. Das geht aber nicht in *O(1)*, weswegen das allgemeine »splicen« auch *O(n)* Zeit benötigt [4].

Unter diesen Voraussetzungen einen Sortieralgorithmus auf `forward_list` zu schreiben, der nicht langsamer ist als der für `list` und andere Container, ist nicht trivial.[2] Damit einem diese Arbeit erspart bleibt, gibt es `forward_list::sort()`, und die gewohnt gute Performance mit *O(n log n)* Vergleichsoperationen wird mitgeliefert.

[+]

> **Mantra**
>
> `forward_list` ist eine simple verkettete Liste, die einer C-Implementierung nachempfunden ist. Sie ist auf wenig Speicher- und Laufzeitoverhead ausgelegt. Man kann nur vorwärts iterieren und daher ist das Interface etwas anders als bei anderen Standardcontainern.

Verweise

[1] **23.3.4 Class template forward_list [forwardlist]**, C++11

[2] **STL singly linked lists (revision 3)**, Matt Austern, N2543, *http://www.open-std.org/jtc1/sc22/wg21/docs/papers/2008/n2543.htm*

[3] **Overview of the New C++ (C++11)**, Scott Meyers, Rev. 2011-10

[4] **897. Forward_list issues... Part 2**, *http://www.open-std.org/jtc1/sc22/wg21/docs/lwg-defects.html#897* [2011-10-10]

---

2 Ist aber auch nicht übermäßig schwer: ab in einen Vektor, sortieren, zurück in die Liste.

42   unique_ptr statt auto_ptr

[stl.uptr] Der neue `unique_ptr` ersetzt den alten `auto_ptr`. Während Letzterer mit dem Paradigma brach, dass eine Kopie die Quelle, von der kopiert wird, nicht verändern sollte, implementiert `unique_ptr` *strenge Besitzverhältnisse* für Pointer (*Strict Ownership*) mittels *Verschiebesemantik*.

Er beherrscht außerdem *eigene Deleter (Custom Deleter)* — Sie können bei der Deklaration oder Definition angeben, wie bei der Destruktion verfahren werden soll. Und er funktioniert mit einzelnen Objekten ebenso gut, wie mit `[]`-Arrays. Zum Beispiel wird automatisch statt `delete` am Ende `delete[]` aufgerufen.

Deswegen fügt er sich besser in die neuen C++11-Konzepte ein und lässt sich so auch sicher in Containern und mit Algorithmen verwenden.

Hintergrund und Beispielcode

Man könnte den `auto_ptr` als den »Vorreiter der Verschiebesemantik« bezeichnen [1]. Doch musste er in C++03 die *Kopie-Syntax* dafür »missbrauchen«. Mit `auto_ptr` sieht `a = b;` zwar wie eine Kopie aus, ist aber keine: Als Seiteneffekt wird `b` verändert — es gibt seinen Besitz an dem Objekt auf, auf das es verweist.

Mit `unique_ptr` ist die *Kopie* und die *Zuweisung* nicht möglich — der Compiler weist mit einer Fehlermeldung darauf hin, wenn Sie es versuchen. Stattdessen sind *Verschieben (Move)* und die *Verschiebezuweisung (Move Assign)* möglich und nötig. Die gleiche Funktionalität erreichen wir bei `unique_ptr` also per `a = move(b)`, weil hier `T& operator=(T&&)` zum Tragen kommt.

In einer typischen Verwendung sehen beide Pointer sehr ähnlich aus. Zum Beispiel in der folgenden schematischen Implementierung des *Source-Sink-Patterns*: Eine Funktion *erzeugt* eine Ressource, die andere *zerstört* (»verbraucht«) sie.

```
#include <memory> // unique_ptr
unique_ptr<int> factory(int i) {
  return unique_ptr<int>(new int{i});
}
void client(unique_ptr<int> p) {      // by-value
  // Besitz nach client() transferiert
  cout << *p << endl;
} // int* wird hier weggeräumt
```

```
int main() {
  unique_ptr<int> p = factory(66);  // *p == 66
  p.reset(new int{99});             // *p == 99
  client(factory(42));
}
```

Listing 42.1 Eine einfache Factory mit »unique_ptr«

Einen `unique_ptr` können Sie aus einer *Factoryfunktion* zurückgeben und den Besitz in *Sinks* (»Auslasse«) transferieren, indem Sie sie *by-value* übergiben.

Gemeinsamkeiten

Die wichtigsten von `auto_ptr` bekannten Funktionalitäten sind auch bei `unique_ptr` vorhanden:

▶ `operator*()` und `operator->()` für simulierte Pointernotation

▶ `get()` für den expliziten Pointerzugriff

▶ `release()` für die Aufgabe des Besitzes, aber den Erhalt des Pointers

▶ `reset()` für die Besitzübergabe eines neuen Pointers

Unterschiede

Beachten Sie, dass in Listing 42.1 jedes Mal wenn ein `unique_ptr` kopiert wird, die Quelle der Kopie ein *RValue* ist — also eine *temporäre Variable*. Von einem RValue-`unique_ptr` können Sie eine »Kopie« machen, aber nicht von einem *LValue*. Versuchen Sie in der letzten Zeile direkt `client(p);`, wird der Compiler einen Fehler ausgeben. Denn bei `client(factory(42));` wird dazu im Unterschied mit `factory(42)` ein temporärer Wert (also ein RValue) übergeben.

Ist ein `unique_ptr` aber mal ein LValue, und Sie wollen ihn verschieben, müssen Sie `move()` verwenden, um nicht die »verbotene« Kopie zu probieren.

```
int main() {
  unique_ptr<int> p = factory(66);
  p.reset(new int{42});    // 66 weg, 42 rein
  client(move(p));         // mit 'move' ok
  // 'p' ist hier 'nullptr'
}
```

Listing 42.2 Mit »move« explizit verschieben

Das liegt im Kern am folgenden Unterschied: Wenn man `a1` und `u1` sehr ähnlich definiert

▶ `auto_ptr<int> a1 { new int{42} };`

▶ `unique_ptr<int> u1 { new int{66} };`

dann ist

▶ `auto_ptr<int> a2 = a1;` *möglich*, aber

▶ `unique_ptr<int> u2 = u1;` *unmöglich*.

Die Kopie, die keine ist

Denn die Zuweisung, die wie eine Kopie aussieht, ist im Fall von `auto_ptr` gar keine. Das kann verheerende Folgen haben. Zum Beispiel in generischem Code, wie er in der Template-Programmierung häufig vorkommt:

```
template<class T>
void copyfunc(T &t) {
  T copy_of_t = t;
  assert(copy_of_t == t);
}
```

Listing 42.3 Generischer Code, der mit einer Kopie arbeiten möchte

Statt des `assert` mag dort anderer Code stehen, der sich aber effektiv auf die Gleichheit der Kopie zum Original implizit verlässt. Die Funktion `sort()` ist ein typisches Beispiel, denn eine Zwischenvariable könnte (und hat) das aktuelle Pivotelement in einer Kopie gespeichert haben.

Der obige Code wird mit

▶ `copyfunc(auto_ptr<int>{new int{42}})` kompilieren, aber die Assertion wird zur Laufzeit fehlschlagen,

▶ `copyfunc(unique_ptr<int>{new int{66}})` einen Fehler beim Kompilieren ausgeben und so den Programmierer vor Dummheiten bewahren.

Im Container

Da Standardcontainer wie `vector` mit Objekten klarkommen, die sich nur verschieben aber nicht kopieren lassen, können Sie `unique_ptr` im Gegensatz zu seinem Vorgänger ohne Reue dort hineinstecken:

```
bool operator<(const unique_ptr<int> &a, const unique_ptr<int> &b)
  { return *a<*b; }
int main() {
  vector<unique_ptr<int> > vec;
  vec.push_back(unique_ptr<int>(new int{8}));
  vec.push_back(unique_ptr<int>(new int{4}));
  vec.push_back(unique_ptr<int>(new int{1}));
  sort(begin(vec),end(vec));
}
```

Listing 42.4 Auch im Container fühlt sich »unique_ptr« wohl.

Der Algorithmus `sort` achtet auch darauf, dass er *verschiebt* statt *kopiert*, daher können Sie ihn hier verwenden. Das Ergebnis ist natürlich in der richtigen Reihenfolge 1, 4, 8. Container und Algorithmen, die auf dem Kopieren bestehen, ergäben einen Fehler beim Kompilieren.

Eigene Löschfunktion

Bei Pointern ist die Aufgabe des Destruktors von `unique_ptr`, den Speicher mit `delete` wieder freizugeben. Aber einem `unique_ptr` können Sie bei der Deklaration ein Funktionsobjekt mitgeben, das sich um das Wegräumen des gekapselten Objekts kümmert:

```
struct Closer {       // Funktor
  void operator()(ofstream* os) const {
    os->close();
  }
};
unique_ptr<std::ofstream, Closer> getLog() {
  static ofstream log;
  log.open("file.log");
  return unique_ptr<std::ofstream, Closer>{ &log };
}
int main() {
  auto plog = getLog();
  (*plog) << "some text" << endl;
} // custom deleter: plog->close() automatisch
```

Listing 42.5 Ein Custom-Deleter als Funktor

Hier handelt es sich bei der gekapselten Ressource nicht um ein *Heapobjekt*, sondern um den Zustand »geöffnet« eines Logfiles. Die Angabe des Funktors `Closer` als zweitem Template-Argument veranlasst ~`unique_ptr`, diesen aufzurufen, was die Datei dann schließt.

In wessen Brust immer noch das C-Herz schlägt, der kann auch mit Funktionspointern arbeiten. Statt new und delete lässt sich malloc und free verwenden:

```
#include <functional> // function
int main() {
  unique_ptr<int, function<void(void*)>> p{
    (int*)std::malloc(sizeof(int)),
    std::free };
  *p = 1;
} // free(p.get())
```

Listing 42.6 Mit »malloc« und »free«

Wenn statt eines Funktors allerdings ein Funktionspointer als *Custom Deleter* gewünscht wird, reicht es nicht, den Typ als Template-Argument anzugeben — wir haben hier function<void(void*)> statt der C-Notation void(*)(void*) verwendet. In diesem Fall ist dann der Funktionspointer selbst als weiterer Parameter des Konstruktors nötig, hier also std::free. Es kann eigentlich nicht passieren, dass Sie diesen kleinen, aber feinen Unterschied übersehen, denn der Compiler wird sich beschweren, wenn Sie das mal vergessen sollten.

In manchen Situationen darf der Custom Deleter nicht mehrfach erzeugt werden — wegen einer Ressource, die darin geschlossen wird oder Ähnliches. Für diesen Fall ist es möglich, als zweiten Konstruktorparameter eine *Referenz* auf eine existierende aufrufbare Instanz zu übergeben:

```
class LogDel {
  ofstream file_;
public:
  LogDel() : file_{"deletes.log"} {}
  template <class T>
  void operator()(T* t) {
    file_ << "deleting " << t << endl;
    delete t;
  }
};
LogDel logDel;
int main() {
  unique_ptr<int, LogDel&> p1{new int(1), logDel};
  unique_ptr<int, LogDel&> p2{new int(2), logDel};
  //...
}
```

Listing 42.7 Eine Referenz als Custom-Deleter

So werden am Ende des Programms beide Pointer p1 und p2 nicht nur gelöscht, sondern auch deren Wegräumen ins Logfile geschrieben.

Mit unique_ptr ein C-API so einpacken, dass es RAII-konform wird

In Kapitel 1, »Resource Acquisition Is Initialization«, wurde gezeigt, dass sich ein C-API durchaus gut in C++-Code verwenden lässt. Wir begannen mit dem folgenden, nicht ganz korrekten Code: Die zweite Exception verursacht beim Auslösen ein Ressourcenleck:

```cpp
#include <sqlite3.h> // struct sqlite3
void dbExec(const string &dbname, const string &sql) {
  sqlite3 *db;
  int errCode = sqlite3_open(dbname.c_str(), &db);  // Acquire
  if(errCode) {
    throw runtime_error("Fehler beim Öffnen der DB.");
  }
  errCode = sqlite3_exec(db, sql.c_str(), NULL, NULL, NULL);
  if(errCode) {
    throw runtime_error("Fehler SQL-Exec."); // Nicht gut!
  }
  errCode = sqlite3_close(db);   // Release
}
```

Listing 42.8 C-API in C++-Code verursacht leicht Ressourcenlöcher.

Mit einer simplen Wrapperklasse DbWrapper konnten wir die Ressource sqlite3* aber sicher verwalten.

Mit unique_ptr können Sie sich diese Wrapperklasse sogar sparen. Der Trick ist, hier einen Custom Deleter anzugeben, der bei der Freigabe der Ressource sqlite3_close aufruft. Das ist mit dem *Lambda* [](sqlite3* db) { sqlite3_close(db); } schnell erledigt.

Der Wermutstropfen ist, dass sqlite3_open die Ressource nicht als Rückgabewert liefert, was für unique_ptr praktisch wäre, sondern als Ausgabeargument. Das macht es ein wenig kniffliger — im Beispiel verwenden wir ein weiteres Lambda. Das folgende Beispiel dient vor allem zur Demonstration der Kombinierbarkeit der verschiedenen neuen Elemente von C++11. Der Klarheit halber mag man bei der Wrapperklasse bleiben.

```cpp
#include <functional> // function
#include <sqlite3.h> . // struct sqlite3
void dbExec(const char *dbname, const char *sql) {
  unique_ptr<sqlite3, function<void(sqlite3*)>> db = {
    [&dbname](){
      sqlite3 *db;
      const int errCode = sqlite3_open(dbname, &db); // Acquire
```

```
        if(errCode)            // throw verhindert sqlite3_close:
            throw runtime_error("Fehler beim Öffnen der DB.");
        return db;
    }() // sofortiger Aufruf des Lambdas mit () liefert 'sqlite3*'
    ,
    // Custom Deleter Funktion:
    [](sqlite3* db) {
        sqlite3_close(db);    // Release
    }
  };
  // use
  const int errCode = sqlite3_exec(db.get(), sql, NULL,NULL,NULL);
  if(errCode)
      throw runtime_error("Fehler SQL-Exec.");  // Jetzt geht es!
}
void run() {
  dbExec("tmp.db", "SELECT * FROM tbl");
}
```

Listing 42.9 RAII eines C-API mit »unique_ptr«

Der `unique_ptr` wird in diesem Beispiel mit zwei Argumenten initialisiert:

▶ Das erste ist ein `sqlite3*`, den wir im ersten Lambda öffnen. Dieses Lambda wird mit dem abschließenden `()` sofort aufgerufen, und der zurückgegebene `sqlite3*` wird im `unique_ptr` als dessen Ressource gespeichert.

▶ Das zweite Argument ist ein Lambda, das nicht sofort aufgerufen wird. Stattdessen merkt der `unique_ptr` es sich als Custom Deleter, der ausgerufen wird, wenn der `unique_ptr` seinen Gültigkeitsbereich verlässt.

So erklären sich dann auch die Template-Argumente:

▶ `sqllite3` sagt dem `unique_ptr`, dass er die Ressource `sqlite3*` verwalten soll. Diese wird vom ersten Lambdaaufruf zurückgegeben.

▶ `function<void(sqlite3*)>` ist die Signatur der *Custom-Deleter-Funktion*: `sqlite3*` als Argument und `void` als Rückgabe.

Für den Aufruf von `sqlite3_exec` kommen wir mit `db.get()` an die vom `unique_ptr` verwaltete Ressource heran.

Eigener Speichertyp

`unique_ptr` ist auch entworfen, um mit ganz besonderen Pointervarianten zu arbeiten. Zum Beispiel verlangen Pointer, die auf *Shared Memory* verweisen, häufig eine besondere Behandlung. Dann müssen Sie Ihre Deleter-Klasse nur mit einem eingebetteten Typ mit dem Namen `pointer` ausrüsten, der die üblichen Pointer-operationen öffentlich exportiert. Hier ein Anriss, der die Idee demonstriert:

```
template <class T>
struct ShrDel {
  struct pointer {
    friend bool operator==(pointer x, pointer y);
    friend bool operator!=(pointer x, pointer y);
    // ...
  };
  void operator()(pointer p); // ...
};
void run(){
  unique_ptr<int, ShrDel<int>> p;
  // Zugriff auf den eingebetteten Pointertypen:
  ShrDel<int>::pointer p2 = p.get();
}
```

Listing 42.10 Andere Custom-Deleter mit einer eingebetteten Klasse »pointer«

Verwendung mit void

Sie können mit `unique_ptr` auch `void*` verwalten. Dann müssen Sie allerdings auf `operator->` verzichten — worauf soll man in `void` auch zugreifen wollen? Außerdem ist es dann unbedingt notwendig, einen Custom Deleter mit anzugeben, denn auf dem Typ `void*` kann der Standard-Deleter nicht arbeiten.

Ansonsten ist `unique_ptr` aber wunderbar geeignet, schon mit einem *unvollständigen Typ* (*incomplete type*) zu arbeiten. Er eignet sich somit zum Beispiel als Hüter des Pointers bei der Implementierung des *Pimpl Patterns* [3].[1]

```
struct A;   // Vorwärts-Deklaration
class B {
  unique_ptr<A> pimpl_;
public:
  B();
  ~B();
  A& get() { return *pimpl_; }
  // ...
};
```

---

[1] Ein Pointer hält eine Instanz auf eine Klasse, welche die Hauptfunktionalität implementiert. So wird das Interface kleiner, und im Header stehen keine geheimen Implementierungsdetails.

```
int main() {
  B b;
  A& a = b.get(); // möglicherweise durchaus ok
}
```

Listing 42.11 »unique_ptr« funktioniert für unvollständige Klassen.

Beachten Sie, dass struct A hier nur *deklariert* und nicht *definiert* wird — also »unvollständig« ist. Dies ist durchaus okay. Sie müssen dann zur Implementierung aller Spezialfunktionen von B darauf achten, dass *dann* der komplette Typ von A bekannt ist. Typischerweise also innerhalb der cpp-Datei. Somit ist die genaue Implementierung von A vor neugierigen Augen verborgen — und im Header ist auch dessen Interface nicht zu sehen.

Im Fall, dass dies nicht möglich ist, wird der Compiler eine Fehlermeldung mittels static_assert ausgeben. Zum Beispiel, wenn ~B() oben weggelassen wurde und der Compiler somit die Default-Implementierung einsetzt. Das würde einen Verweis auf den kompletten Typ A nötig machen. Das wird vom Compiler geprüft, und eine Fehlermeldung ist die Folge.

Sicherer Umgang mit Arrays

Möchten Sie mit unique_ptr ein []-Array verwalten, können Sie das einfach mit der zusätzlichen Angabe von [] zum Template-Parameter tun.

```
int main() {
  unique_ptr<int[]> p{new int[3]};
  p[0] = 0;
  p[1] = 1;
  p[2] = 2;
} // weggeräumt per 'delete[] p.get()'
```

Listing 42.12 Auch mit Arrays ohne Komplikationen

Die Arrayform von unique_ptr hat jedoch keinen operator->. Stattdessen können Sie mit operator[] auf die einzelnen Elemente zugreifen.

Ein sehr großer Vorteil gegenüber »unverpackten« []-Arrays ist, dass automatisch das korrekte delete[] aufgerufen wird. Hier tappen Sie also nicht in die beliebte und gefürchtete Falle, dass Sie aus Versehen stattdessen delete aufrufen.

Mantra	[+]

Die Verwendung von unique_ptr macht viele ehemaligen Laufzeitfehler zu Übersetzungsfehlern, und sie sind deswegen früher zu entdecken.

Die Arrayvariante unique_ptr<[]> ruft automatisch delete[] statt delete auf und beseitigt so einen häufigen Flüchtigkeitsfehler.

Verweise

[1] **Who's the Smartest of 'Em All? Get to Know std::unique_ptr**, Danny Kalev,
     http://www.devx.com/cplus/10MinuteSolution/39071/1954 [2011-06-08]

[2] **unique_ptr**, Howard Hinnant, 2011-04-15,
     http://home.roadrunner.com/~hinnant/unique_ptr03.html [2011-06-08]

[3] **Vladimir Batov**, Vladimir Batov, January 25, 2008,
     http://drdobbs.com/cpp/205918714 [2011-09-11]

43 Smarte Pointer

[stl.shptr] Die beiden Templates `shared_ptr` und `weak_ptr` bilden zusammen die kleine Familie der *Smart Pointers*. Mit ihnen könne Sie leicht ein komplexes Ressourcenmanagement implementieren. Dabei ist das Konzept dieser beiden auf *geteilten Besitz* einer Ressource zwischen *mehreren* Objekten ausgelegt — anders als der `unique_ptr`, der für *exklusiven Besitz* entworfen ist.

Das Familienoberhaupt ist `shared_ptr`; mit ihm wird an einer Ressource *wirklich* festgehalten. Solange eine Ressource noch von *mindestens einem* `shared_ptr` referenziert wird, bleibt diese vorhanden. Beim Zerstören des letzten `shared_ptr` auf diese Ressource wird diese ebenfalls weggeräumt.

Eine Ressource, die von einem (oder mehreren) `shared_ptr` besessen wird, kann zusätzlich von `weak_ptr` referenziert werden. Diese verhindern das Wegräumen jedoch nicht, lassen sich aber darauf prüfen, ob andere `shared_ptr` diese Ressource inzwischen freigegeben haben.

Hintergrund und Beispielcode

Es ist im Standard zwar nicht explizit festgelegt, aber die meisten Implementierungen von `shared_ptr` werden wohl Referenzzähler verwenden. Beim Kopieren eines `shared_ptr` wird nicht die eigentliche Ressource kopiert, sondern nur der Referenzzähler erhöht. Und wenn der Pointer weggeräumt wird, wird nur der Referenzzähler erniedrigt. Nur wenn der Referenzzähler Null erreicht, dann wird auch die Ressource freigegeben.

Eine Ressource kann so von mehreren Stellen referenziert werden, und Sie müssen nicht an einer zentralen Stelle für die Aufräumarbeiten sorgen. In größeren Projekten ist das manchmal nicht leicht aufzulösen.

Am einfachsten erstellen Sie einen `shared_ptr` mit der Hilfsfunktion `make_shared` — eine Factory mit *Perfect Forwarding* aller ihrer Argumente an den Konstruktor des eigentlichen Objekts, siehe Kapitel 25, »RValue-Referenzen für Perfect Forwarding«.

```
#include <memory> // shared_ptr
struct Ship {
  int getPower() const;
  void award(int punkte);
};
struct Asteroid {
  Asteroid(int initHealth);
  void damage(int dmg);
```

```
    int getHealth() const;
};
void fireAt(shared_ptr<Ship> s, shared_ptr<Asteroid> a) {
  a->damage( s->getPower() );
  if(a->getHealth() <= 0)
    s->award( 100 );
}
int main() {
  auto s1 = make_shared<Ship>();
  auto a1 = make_shared<Asteroid>( 300 );
  //...
  fireAt(s1, a1);
}
```

Listing 43.1 Zur Verwendung bietet »shared_ptr« den »operator->« an.

Zum Zugriff auf die Ressource können Sie die überladenen `operator->` und `operator*` verwenden — so fühlt sich ein `shared_ptr` fast wie ein Raw-Pointer an.

Beachten Sie, dass `fireAt` seine Argumente als Wertparameter erhält und somit Kopien von `shared_ptr` angelegt werden — also Referenzzähler erhöht und beim Verlassen wieder erniedrigt werden. Die Ressourcen selbst werden natürlich nicht kopiert. Vor allem im Zusammenspiel mit `weak_ptr` (siehe unten) ist dieses Kopieren eine gute Strategie.

Sammlung

Dadurch, dass die Smart Pointer einfaches Kopieren unterstützen, können Sie sie in alle Standardcontainer packen und alle Algorithmen darauf anwenden.

```
#include <memory>      // shared_ptr
#include <algorithm>   // copy_if
#include <iterator>    // back_insert_iterator
using PInt = shared_ptr<int>;   // typedef shared_ptr<int> PInt
static constexpr int MAXNUM = 100;
int main() {
  vector<PInt> in;
  for(int n = 2; n < MAXNUM; ++n)
    in.emplace_back(make_shared<int>( n ));
  // Sieb des Eratosthenes
  vector<PInt> out;
  while(in.size() > 0) {
    auto beg = begin(in);
    // prim ausgeben
    const int n = *(*beg);
    cout << n << " ";
```

```
    // nicht-Teiler übernehmen; Pointer kopieren, nicht Ressource
    auto to = back_inserter(out);
    copy_if(++beg, end(in), to,
      [n](PInt x) { return *x % n != 0; } // Test auf 'teilt nicht'
    );
    in = move(out); // in wird out, out wird leer
  }
  cout << endl;
}
```

Listing 43.2 Container und Algorithmen sind mit »shared_ptr« kein Problem.

Der `vector` in wird mit einer Menge `shared_ptr` initialisiert. Exemplarisch sind die Ressourcen hier von Typ `int`, aber stellen Sie sich vor, Sie hätten hier etwas großes, teures — *beliebig lange Zahlen* oder Ähnliches.

Die einzelnen Elemente werden mit `emplace_back` an Ort und Stelle konstruiert, aber auch ein `push_back` wäre nicht sehr viel schlimmer gewesen: Es wird ja nur der `shared_ptr` und nicht die Ressource kopiert.

In der `while`-Schleife werden dann Elemente mit dem Algorithmus `copy_if` kopiert. Dabei wird aber nur der Referenzzähler hochgezählt — die Ressource selbst wird nicht kopiert.

Da `copy_if` die Elemente mit `operator=` überträgt, verwenden wir den Adapter `back_inserter`, der aus jedem = ein `push_back` im Zielcontainer macht.

Kurz vor Schleifenende machen wir die Ausgabe `out` wieder zur Eingabe `in` für den nächsten Schleifendurchlauf. Die Operation `in = move(out)` ist für `vector` besonders kostengünstig, und `out` ist danach wieder leer.

Hantieren mit `shared_ptr` in Containern und dem Anwenden von Algorithmen darauf ist also sehr unproblematisch. Das haben wir hier exemplarisch an einer Implementierung des *Siebs des Eratosthenes* gesehen — ein Primzahlgenerator. [1]

Best Practice

Um jegliche Speicherlecks zu vermeiden, könnte man der Regel folgen, jedes `new` in seinem Quellcode in einer Smart-Pointer-Variablen zu speichern. Jedes Vorkommen von `new` hätte in etwa die Form [2]:

```
shared_ptr<T> p(new Y);
```

---

1 Laut Wikipedia ist diese Implementierung besonders geeignet für sehr große Zahlenbereiche. Ich überlasse Ihnen daher die Hausaufgabe, statt `int` hier eine Implementierung sehr großer Zahlen einzusetzen und auszuprobieren.

Ein `unique_ptr` ist auch »smart« genug und kann hier, wenn adäquat, ebenfalls eingesetzt werden. `T` und `Y` müssen nicht unbedingt gleichen Typs sein, denn das gespeicherte Objekt ist ebenso polymorph wie ein Raw-Pointer. Typsicher wäre also, dass `Y` eine abgeleitete Klasse von `T` ist. Auf diese Art und Weise sparen Sie sich alle expliziten `delete`-Aufrufe. Das Konstruieren in `try/catch` zu kapseln wird selten vorkommen.

Es gilt jedoch zu beachten, dass `shared_ptr` in *temporären Variablen*, um Tipparbeit zu sparen (Konstruktion ohne Namen), gefährlich sein können:

```
void f(shared_ptr<int>, int);
int g();
void ok() {
  shared_ptr<int> p(new int{2});
  f(p, g());
}
void bad() {
  f(shared_ptr<int>(new int{2}), g());
}
void ok2() {
  f(make_shared<int>(2), g());
}
```

Listing 43.3 Vorsicht bei »shared_ptr« in Temporaries

Die Funktion `ok()` speichert den `shared_ptr` in einer Variablen mit Namen, die bis zum Ende der Funktion gültig ist. Bei `bad()` allerdings wird der Pointer in einem Temporary gehalten. Es ist nicht festgelegt, in welcher Reihenfolge Funktionsargumente ausgewertet werden. Daher ist es möglich, dass `new int{2}` zuerst ausgewertet wird, dann `g()` und erst dann der Konstruktor von `shared_ptr`. Und wenn `g()` eine Exception verursacht, dann treten wir nie in jenen Konstruktor ein, der für die Ressourcenverwaltung von `new int{2}` zuständig wäre — ein Speicherleck ist die Folge. Dem Standard nach ist dem Compiler diese Freiheit explizit gegeben [3].

Es ist also besser, den `shared_ptr` in einer Variablen zu speichern. Als Ausweichmöglichkeit bietet sich auch, wie in `ok2()`, die Verwendung von `make_shared<>` an. Sowohl das `new` als auch der Konstruktoraufruf geschehen dann in der Factory und werden durch den Aufruf von `g()` auf keinen Fall getrennt.

Geteilte Ressourcen

Die Verwendung von `shared_ptr` hat noch einen sehr großen Vorteil. Wenn zwei Objekte `a` und `b` gemeinsam auf eine Ressource zeigen, dann ist üblicherweise eines von ihnen das »Eigentümer« und der andere nur der »Nutzer« dieser

Ressource. Es gibt mehrere Möglichkeiten, dieses Szenario zu implementieren, nehmen wir zum Beispiel die Implementierung über einen einfachen Raw-Pointer:

```
struct Ressource {
  vector<int> data;
};
struct Objekt {
  Ressource *r;
};
int main() {
  // init;
  Objekt a; a.r = new Ressource{};
  Objekt b; b.r = a.r; // gemeinsame Nutzung der Ressource
  // nun: Zustand wie links in Abbildung 43.1
  delete a.r;            // Ressource freigeben
  a.r = nullptr;         // als gelöscht markieren
  // nun: Zustand wie rechts in Abbildung 43.1
  if(!b.r) { /* Falsches Ergebnis! 'b' hat keine Möglichkeit auf Gültigkeitscheck */ }
}
```

Listing 43.4 Fremdgelöschte geteilte Ressource

Wenn man a als Eigentümer der Ressource betrachtet, dann hat b keine Möglichkeit, herauszufinden, ob die gemeinsame Ressource überhaupt noch gültig ist.

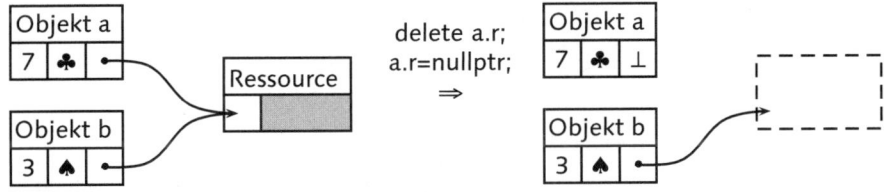

Abbildung 43.1 »a« entfernt Ressource, »b.r« zeigt ins Nirvana.

Eine mögliche Lösung ist der Weg durch einen »Proxy«: Beide Objekte halten einen Zeiger auf einen »Zwischenhändler«, und *der* verwaltet die eigentliche Ressource. Dieser Zwischenhändler ist shared_ptr. Von ihm können Sie mit get(), operator* oder operator-> zur wirklichen Ressource kommen und mit operator bool() oder get()!=nullptr dessen Gültigkeit prüfen.

Die nötigen Funktionen in shared_ptr sind hier reset, die Zuweisung und die Umwandlung nach bool. Mit reset können Sie sowohl einen neuen Pointer unter die Kontrolle des shared_ptr bringen als auch den aktuellen Inhalt löschen. Mit if und der Umwandlung nach `bool` prüfen Sie, ob der `shared_ptr` auf eine gültige Ressource zeigt. Die Zuweisung ermöglicht, dass zwei `shared_ptr` sich die tatsächliche Ressource teilen.

Abbildung 43.2 Mit einem »shared_ptr« als Proxy behalten beide Objekte die Kontrolle.

```
struct Ressource {
  vector<int> data;
};
struct Objekt {
  shared_ptr<Ressource> r;
};
int main() {
  // init;
  Objekt a; a.r.reset(new Ressource{});
  Objekt b; b.r = a.r; // gemeinsame Nutzung der Ressource
  // nun: Zustand wie links in Abbildung 43.2
  a.r.reset();          // Ressource freigeben + markieren
  // nun: Zustand wie rechts in Abbildung 43.2
  if(!b.r) { /* Test ok: 'b' bemerkt Löschung durch 'a' */ }
}
```

Listing 43.5 Ein »shared_ptr« zur Kommunikation

Zyklen vermeiden mit weak_ptr

Dieser Mechanismus funktioniert einwandfrei. Beide Objekte halten einen `shared_ptr` und können jederzeit die Ressource wegräumen, ohne selbst zu wissen, ob es noch andere Nutzer der Ressource gibt. Haben Sie Zweifel, ob der eigene `shared_ptr` noch auf eine gültige Ressource zeigt, dann können Sie dies vor dessen Verwendung prüfen.

In einem Detail kann der Ansatz mit zwei `shared_ptr` jedoch noch etwas verbessert werden. Im Beispiel war a der »Eigentümer« der Ressource und b nur der »Nutzer«. Wenn beide dafür `shared_ptr` verwenden, sind diese Besitzverhältnisse nicht optimal abgebildet. Deutlicher dargestellt ist das mit einem `weak_ptr` für den »Nutzer«.

Außerdem lösen Sie noch ein weiteres Problem: Mit weak_ptr können Sie vermeiden, dass zyklische Abhängigkeiten zwischen Ressourcen, die gegenseitig mit Smart Pointern aufeinander verweisen, sich beim Wegräumen gegenseitig blockieren.

Nehmen wir an, die Ressourcen sind Ship und Asteroid. Wenn ein Ship auf einen Asteroid schießt, hält es einen Smart Pointer auf ihn. Und weiter angenommen, dass der Asteroid hält eine ebensolche Referenz auf das Ship, das ihn zuletzt beschossen hat, um eventuell bei seinem Abschuss Punkte zu verteilen. Eine Realisierung könnte in etwa so aussehen:

```cpp
class Ship;
class Asteroid;
using PShip = shared_ptr<Ship>;          // wie ein typedef
using PAsteroid = shared_ptr<Asteroid>;  // wie ein typedef
struct Ship {
  PAsteroid target_;
  void award(int points) {}
};
struct Asteroid {
  PShip last_;
  void explode() {
    last_->award(30);
  }
};
void fireAt(PShip s, PAsteroid a) {
  s->target_ = a;
  a->last_ = s;
}
int main() {
  auto s1 = make_shared<Ship>();
  auto a1 = make_shared<Asteroid>();
  // ...
  fireAt(s1, a1); // ergibt einen Zyklus!
} // korrekt aufräumen schwierig
```

Listing 43.6 Zyklische Abhängigkeiten von »shared_ptr« verwirren Reference Counting.

Da shared_ptr oft mit *Reference Counting* implementiert sind, wird am Programmende der Referenzzähler für die Objekte, auf die a1 und s1 zeigen, niemals 0 erreichen — somit werden die Ressourcen niemals freigegeben: Die main()-Funktion hält mit a1 und s1 die ursprünglichen shared_ptr. Die jeweiligen Referenzzähler werden auf 1 gesetzt werden. Nach fireAt zeigt s1 per shared_ptr auf a1 und a1 auf s1. Das setzt die Zähler jeweils auf 2.

Wird der *Scope* von `main()` verlassen, werden a1 und a2 weggeräumt — allerdings zunächst nur ihre `shared_ptr`. Dadurch sinken die Referenzzähler auf 1 — und dort bleiben sie. Die Objekte bleiben bestehen.

Es gilt also zu vermeiden, dass die Ressourcen zyklisch aufeinander zeigen. Innerhalb von `Ship` und `Asteroid` könnten Sie das mit einem Raw-Pointer erreichen — der hat keine Auswirkung auf die Referenzzählungen. Der `shared_ptr`-»Anker« läge dann in `main()`. Doch dies hat den Nachteil, dass Sie mit Raw-Pointern nicht testen können, ob das Ziel überhaupt noch gültig ist (Abbildung 43.1).

Denn es könnte noch andere Gelegenheiten geben, bei der Objekte weggeräumt werden. Zum Beispiel könnte ein anderes `Ship` den mit `target_` referenzierten `Asteroid` inzwischen abgeschossen und schon weggeräumt haben. Diese Schwierigkeit lässt sich mit einem einfachen Beispiel demonstrieren:

```cpp
#include <cstring> // memset
int* alloc() {
  int *p = new int[12];
  memset(p, 0, sizeof(int)*12);
  return p;
}
void use(int* p) {
  if(p[3] == 666) { // jemand möchte entscheiden ...
    delete p;        // ... dass p weggeräumt wird
    p = NULL;        // nutzlos: p ist by-value übergeben
  }
}
void destroy(int* p) {
  delete p;
}
int main() {
  int *p = alloc();
  use(p);            // könnte p wegräumen wollen
  destroy(p);        // Oje! Ist p noch gültig?
}
```

Listing 43.7 Markieren, ob ein Raw-Pointer noch gültig ist, stößt oft auf Schwierigkeiten.

Der dargestellte Ablauf wird funktionieren: p wird alloziert, `use(p)` wird aufgerufen und `destroy(p)` wird p wegräumen. Was aber wenn das Programm komplexer wird und zwischen `alloc` und `use` p[3] auf 666 gesetzt wird? Entscheidend ist, dass in `use()` das p = `NULL` ohne Wirkung bleibt, weil p by-value übergeben wurde — das auf diese Art Markieren mit »ist nicht mehr gültig« bleibt also wirkungslos. Sie könnten p hier natürlich als `int**` oder `int*&` übergeben, doch das würde das Problem nicht generell lösen. Häufig halten mehrere Objekte

Pointer auf gemeinsame Daten — und wenn eines der Objekte entscheidet, dass es die Daten wegräumen will, dann kann es diesen Umstand den anderen nicht mitteilen, außer *alle* halten Pointer-zu-Pointer. Diese Indirektion nimmt einem weak_ptr ab.

Statt aber wie bei einem Raw-Pointer target_ != nullptr zu prüfen, gibt es weak_ptr::expired(). Damit können Sie »auf die Schnelle« checken, ob das Ziel noch gültig ist oder ob es vielleicht inzwischen weggeräumt wurde, weil kein shared_ptr mehr darauf verweist.

Um sicherzustellen, dass dies auch für die Zeit der Verwendung so bleibt, kopieren Sie ihn in einen shared_ptr.

```cpp
class Ship;
class Asteroid;
using PShip = shared_ptr<Ship>;          // wie ein typedef
using PAsteroid = shared_ptr<Asteroid>;  // wie ein typedef
struct Ship {
  weak_ptr<Asteroid> target_;            // weak_ptr
  void award(int points) {}
};
struct Asteroid {
  weak_ptr<Ship> last_;                  // weak_ptr
  void explode() {
    PShip s{ last_.lock() };             // #1 Kopie weak_ptr in shared_ptr
    if(s) s->award(30);                  // #2 falls nullptr, nicht mehr gültig
  }
};
void fireAt(PShip s, PAsteroid a) {      // #3
  s->target_ = a;
  a->last_ = s;
}
int main() {
  auto s1 = make_shared<Ship>();         // Besitzer
  auto a1 = make_shared<Asteroid>();     // Besitzer
  //...
  fireAt(s1, a1); // ergibt einen Zyklus!
} // korrekt aufräumen einfach
```

Listing 43.8 Zyklische Abhängigkeiten mit »weak_ptr« durchbrechen

Bei zyklischen Abhängigkeiten sollten Sie also immer eine der Abhängigkeiten mit einem weak_ptr implementieren. Ein Raw-Pointer ist weniger gut geeignet, weil Sie mit diesem keine Observationsmöglichkeiten über den Aufräumprozess haben.

`weak_ptr` bietet hier zum Testen `expired()` an. Das normale Usepattern ist, den `weak_ptr` für die Dauer der Verwendung in einen `shared_ptr` zu kopieren, damit die Ressource auch während der Verwendung nicht weggeräumt wird. Deshalb bietet `weak_ptr` auch weder `operator*` noch `operator->` für den einfachen Zugriff auf die Ressource an, wie es `shared_ptr` tut.

Für die »Umwandlung« des `weak_ptr` gibt es je nach Szenario zwei Möglichkeiten:

▶ Eine direkte Kopie mit `shared_ptr<Ship> sp { wp }` — diese schlägt dann fehl, wenn `wp` schon `expired()` ist. Es wird eine Exception geworfen.

▶ Eine Kopie mit `shared_ptr<Ship> sp { wp.lock() }` #1 — hier liefert `lock()` eventuell `nullptr` zurück. Wollen Sie `sp` verwenden, prüfen Sie das mit `if`, zum Beispiel `if(sp) sp->award(30);` #2.

Und hier bemerkt man dann den Nutzen, dass `fireAt` #3 seine Parameter als Wertparameter *Call-By-Value* und nicht *Call-by-Reference* erhält. Wird die Funktion irgendwann mit einem `weak_ptr` aufgerufen, dann erhält man eine Kopie in einem `shared_ptr` und somit eine innerhalb von `fireAt` gültige Ressource. Beim Aufruf von `fireAt` ist dann zu berücksichtigen, dass durch die Kopie eine Exception geworfen werden kann oder `lock()` mit Test auf `nullptr` verwendet werden muss.

Kostenfaktor

Der Standard lässt bei den Implementierungsdetails viele Freiheiten. Aber bei einer typischen Umsetzung können Sie erwarten, dass eine Dereferenzierung mit `operator->` oder `operator*` zur Laufzeit eine zusätzliche Indirektion bedeutet — in etwa so viel wie der Zugriff auf eine *virtuelle Methode* (also nahezu nichts). Der Speicherzuwachs in Boost 1.41 ist zwei Zähler und ein Pointer pro verwaltetem Objekt, plus für jeden `shared_ptr` selbst zwei Pointer [1].

[+]

Mantra

Der `shared_ptr` ist ein Smart Pointer — er erlaubt dir eine einfache und effektive Ressourcenverwaltung.

Verweise

[1] **Overview of the New C++ (C++11)**, Rev. 2011-10

[2] **shared_ptr class template**,
   http://www.boost.org/doc/libs/1_46_1/libs/smart_ptr/shared_ptr.htm [2011-06-14]

[3] **Item 21: An Unmanaged Pointer Problem, Part 2: What about auto_ptr?**, Herb Sutter, More Exceptional C++, Addison Wesley 2002

44 Mehr Algorithmen für Container

[stl.algorithm] In dem Header `<algorithm>` befinden sich 18 neue Funktionen, die Sie auf Container unterschiedlicher Art anwenden können (Tabelle 44.1).

Verschiebesemantik	
move	wie `copy`, verwendet aber die neue Verschiebesemantik
move_backward	wie `copy_backward`, verschiebt aber stattdessen
Tests auf Prädikat	
all_of	`true`, wenn ein Prädikat für *alle* Elemente erfüllt ist
any_of	wahr, falls für mindestens *eines* der Elemente erfüllt
none_of	wenn ein Prädikat für *keines* der Elemente gilt
find_if_not	das erste Element, für das eine Bedingung nicht erfüllt ist
Allgemeine Ergänzungen	
copy_if	Kopiert eine gefilterte Liste von Elementen.
copy_n	Kopiert eine feste Anzahl an Elementen.
iota	Weist Elementen aufsteigende Werte zu.
minmax	gleichzeitig Minimal- und Maximal-Wert
minmax_element	gleichzeitig Iteratoren auf Minimum und Maximum
Ergänzung bestehender Datenstrukturen	
partition_copy	Kopiert jedes Element entweder ins eine oder andere Ziel.
is_partitioned	Prüft Container auf saubere Trennung anhand eines Prädikats.
partition_point	Findet den Trennungspunkt, für den ein Prädikat `false` wird.
is_sorted	Prüft die Sortierung eines Containers.
is_sorted_until	Findet das erste nicht korrekt einsortierte Element.
is_heap	Prüft, ob die Elemente einen Heap darstellen.
is_heap_until	Findet das erste Element, das die Heap-Eigenschaft verletzt.

Tabelle 44.1 Neue Funktionen aus dem Header »<algorithm>«

Hintergrund und Beispielcode

Anstatt also ein Schleife zu schreiben oder eine lange Kette von && oder ||, können Sie mit einem *Prädikat* Eigenschaften der Elemente eines Containers ermitteln. Dafür lässt sich gut ein *Lambda* mitgeben, wenn es sich um ein sehr simples Prädikat handelt.

```
vector<int> v{100};
iota(v.begin(), v.end(), 30); // 30,31,...,129
auto beg = v.cbegin(); auto end = v.cend();
bool ersten30kl100 = all_of(beg, beg+30, [](int n){return n<100;});
bool teiler123456 = any_of(beg, end, [](int n){return 123456%n==0;});
```

Listing 44.1 Test auf ein Prädikat

Etwas mehr swap

Außerdem wurde swap so erweitert, dass es jetzt auch [] und array identischer Größe vertauschen kann:

```
#include <array>
int main() {
  int c1[5] = { 1,2,3,4,5 };
  int c2[5] = { 42,6,5,4,3 };
  swap(c1, c2);
  // nun: c1 { 42,6,5,4,3 }, c2 { 1,2,3,4,5 }
  array<int,5> d1 { 1,2,3,4,5 };
  array<int,5> d2 { 42,6,5,4,3 };
  swap(d1, d2);
  // nun: d1 { 42,6,5,4,3 }, d2 { 1,2,3,4,5 }
}
```

Listing 44.2 »swap« auf »[]« und »array«

Zu beachten ist hier jedoch, was wirklich vertauscht wird — nur Pointer oder die einzelnen Elemente? Um das zu prüfen, entwerfe man sich eine kleine Hilfsklasse, um die Konstruktoraufrufe und Ähnliches mitzuzählen:

```
struct Int {
  int val_;
  // zählt Konstruktionen und Ähnliches mit
  Int(int i) : val_{i} { ++cconstr_; }
  ~Int() { ++cdestr_; }
  Int(const Int& o) : val_{o.val_} { ++ccopy_; }
  Int& operator=(const Int& o)
    { val_=o.val_; ++cassign_; return *this; }
  // statics
  static size_t cconstr_, cdestr_, ccopy_, cassign_;
  static ostream& stat(ostream&os) {
    return os <<" +"<<cconstr_<<" :"<<ccopy_
              <<" ="<<cdestr_ <<" -"<<cdestr_;
  }
```

```
static void restat() { // reset counters
  cconstr_ = 0; cdestr_ = 0; ccopy_ = 0; cassign_ = 0;
}
};
size_t Int::cconstr_ = 0;
size_t Int::cdestr_ = 0;
size_t Int::ccopy_ = 0;
size_t Int::cassign_ = 0;
```

Listing 44.3 Hilfsklasse, die ihre Konstruktionen und Ähnliches mitzählt

Das können Sie dann mit den verschiedenen Varianten für Datenfelder testen:

```
cout << "swap with Int[]" << endl;
Int c1[5] = { 1,2,3,4,5 };
Int c2[5] = { 42,6,5,4,3 };
Int::restat();
swap(c1, c2);
Int::stat(cout) << endl;
```

Listing 44.4 Wie viele Konstruktionen, Zuweisungen und Kopien mit welchem »swap«?

Hier können Sie nun statt `Int c1[5]` und `Int c2[5]` einfach andere Feldtypen einsetzen (Tabelle 44.2), und die Anzahl der Aufrufe wird ausgegeben.

Feldtyp	Konstr.	Copy	Assign	Destr.
Int[5]	0	5	5	5
array<Int,5>	0	5	5	5
vector<Int>	0	0	0	0
Int*	0	0	0	0
unique_ptr<Int[5]>	0	0	0	0

Tabelle 44.2 Konstruktor- und andere Aufrufe bei »swap()« mitgezählt

Für `Int*` ist jedoch `Int* c1 = new Int[5]` und dann die nachfolgende Initialisierung nötig. Ebenso für `unique_ptr<Int[]>` `c1 { new Int[5] }`, doch bei dem müssen Sie sich um das Wegräumen nicht kümmern und erhalten RAII.

Dass für `Int*` und `unique_ptr<Int[5]>` nur 0-Werte auftauchen, sollte nicht überraschen. Schließlich werden hier offensichtlich nur Zeigeroperationen ausgeführt und keine `Int`-Objekte vertauscht. Die Zeile für `vector<Int>` erlaubt aber einen Einblick in die Innereien dieses Containers: Auch beim Vertauschen seines Inhalts werden offensichtlich nur Pointer vertauscht, weswegen die Tabelle für alle `Int`-Operationen nur 0-Werte darstellt.

min und max

Die {}-Notation, die wir schon bei der Initialisierung und bei Schleifen gesehen haben, können Sie auch für `min` und `max` verwenden.

```
cout << min( { 100, 42, 999, 6000 } );
int fourtytwo = 42;
cout << max( { 1, 6, fourtytwo, 3 } );
int wenig, viel;
tie(wenig,viel) = minmax( {a,b,c,d,e,f,g} );
```

Listing 44.5 »min« und »max« auf Listen mit neuer Syntax

Eine *Variadische Template*-Variante gibt es nicht. Ohne die inneren {}-Klammern geht es also nicht. Das wäre auch »zu allgemein«, denn dann könnten die einzelnen Argumente ja unterschiedlichen Typs sein. Durch die {}-Notation prüft schon der Compiler, ob alle Elementtypen gleich sind. Auch hat man sich für diese Variante entschieden, weil sie zur Laufzeit etwas schneller sein kann [2].

Normalerweise wird für den Vergleich `operator<` verwendet. Aber bei `min`, `max` und `minmax` können Sie auch einen alternativen *Comperator* mitgeben, der sich wie `operator<` verhalten soll.

```
string s = min( { string("hallo"), string("welt") },
  [](string a,string b){return a.size()<b.size();} );  // #1
using C = complex<int>;        // typedef complex<int> C;
C m = min( { C{1}, C{-2,3}, C{4,-1} },
  [](C a,C b){return a.real()<b.real();} );  // #2
```

Listing 44.6 Angeben eines Comperators

Damit können Sie das Standardverhalten verändern und zum Beispiel die Stringlänge statt des eingebauten Stringvergleichs als Kriterium implementieren, wie bei #1. Wollen Sie die Funktionen auf Elemente anwenden, für die gar kein `operator<` existiert, wie zum Beispiel `complex`, geben Sie so ihr eigenes Vergleichskriterium an, wie bei #2.

Elemente verschieben oder Container verschieben?

Statt mit `move` können Sie aber auch auf einfachste Weise mit dem `move_iterator` jedes `copy` in ein Verschieben umwandeln. Normalerweise würde der Konstruktor von `vector` mit den ihm übergebenen Iteratoren alle Daten zur Initialisierung kopieren. Die Instanzen von `move_iterator` bewegen die Daten aber stattdessen von der Quelle in das Ziel [1]:

```
#include <iterator> // make_move_iterator
int main() {
  vector<string> quelle { "Hans", "Horst", "Hubert" };
  vector<string> ziel{
    make_move_iterator(begin(quelle)),  // initialisiert 'ziel' und ...
    make_move_iterator(end(quelle)) };  // ... macht 'quelle' leer
  return quelle.size() == 3 && quelle[0] == "";
}
```

Listing 44.7 Der sonst kopierende Konstruktor wird zum Verschieben verwendet.

Nach der Initialisierung von `ziel` wird `quelle` nur noch leere Strings enthalten, denn die *Verschiebeoperation* bedeutet für einen String, dass in der Quelle nur `""` verbleibt. Da jedes einzelne Element bewegt wird und nicht der Container an sich, behält der seine Größe bei.

Das funktioniert natürlich auch mit anderen Elementen als `string`. Es müssen jedoch die Verschiebeoperationen für Elemente implementiert sein, da mit dem `move_iterator` jedes einzelne Element verschoben werden möchte. Hat man den Verschiebekonstruktor bzw. die Verschiebezuweisung nicht implementiert, wird der Compiler einen Fehler melden.

[+]

Mantra

Im Header `<algorithm>` sind immer wiederkehrende Standardaufgaben gelöst, die — passend zusammengesteckt — vielerlei Alltagsprogrammieraufgaben erledigen können.

Verweise

[1] **Overview of The New C++**, Rev. 2011-10-24

[2] **Variadic functions: Variadic templates or initializer lists?**, Loïc Joly, *http://www.open-std.org/jtc1/sc22/wg21/docs/papers/2008/n2772.pdf*

45   Sets sind nicht mehr modifizierbar

[stl.set] Der alte Standard erlaubte noch, dass man mittels eines `iterator` die Werte eines `set` verändern konnte. Das unterschied `set` von einer `map`. Nun sind die Werte von `set` ebenso `const` wie die Schlüssel einer `map`.

```
int main() {
  set<int> ss { 1,2,8,6,4 };
  auto it = ss.find(4);
  *it = 7;       // NEU: 'ERROR: assignment of read-only location'

  map<int,int> ss { {1,1},{2,2},{8,8},{6,6},{4,4} };
  auto it = ss.find(4);
  it->second = 42;   // OK, es wird nur der Wert verändert
  it->first = 7;     // Schon immer: 'ERROR: assignment of read-only member'
}
```

Listing 45.1 »set« hat jetzt unveränderbare Werte.

Für den `multiset` gilt dies analog: Dessen Werte sind nun unveränderbar, wie die Schlüssel einer `multimap`.

Hintergrund und Beispielcode

Kurz zur Terminologie dessen, was in `map` und `set` enthalten ist. Eine `map<int,string>` enthält *Werte* vom Typ `pair<int,string>` (`value_type`), die *Schlüssel* sind `int` (`key_type`) und die *Ergebnisse* sind `string` (`mapped_type`). Bei einem `set` sind Werte und Schlüssel identisch — bei `set<string>` ist also beides `string`.

Zuvor, in C++03, durfte man die Werte in einem `set` noch verändern. Der Standard verlangte nur, dass man dabei die Ordnung der bestehenden Elemente nicht durcheinanderbringt. Der Compiler konnte das jedoch nicht prüfen, das musste der Programmierer selbst sicherstellen.

Gültig, wenn auch gefährlich, war also:

```
int main() {
  const static int[] data = { 1,4,8,2,6,9 };
  set<int> ss(data, data+6);          // fülle C++03-set
  set<int>::iterator it = ss.find(4); // die Welt ohne auto
  it->first = 5;                      // 'key' verändern, oh Schreck!
}
```

Listing 45.2 In C++03 konnte man vorsichtig die Werte eines »set« verändern.

Vor der Veränderung zeigt it auf das Element 4, das zwischen 2 und 6 steht. Das Setzen des Wertes auf 5 war in C++03 erlaubt. Denn auch damit steht es immer noch zwischen 2 und 6.

In C++11 geht das nicht mehr. Die Iteratoren iterator und const_iterator sind bei einem set jetzt identisch [1].

Das ist somit anders gelöst, als bei einer map. Dort muss man per iterator natürlich den Wert ändern können, wenn auch nur den *Ergebnisteil* und nicht den Schlüssel. Daher sind die Einträge, der value_type, bei einer map<K,V> vom Typ pair<const K,V>.

[+]

Mantra
Bei set und multiset sind Werte nun const. Somit lassen sie sich ebenso wenig verändern wie schon immer die Schlüssel in einer map.

Verweise

[1] **23.3.4.(6) Associative containers [assoc.reqmts]**, C++11

46 Standardcontainer passend schrumpfen

[stl.shrink] Der Standardcontainer `vector` — und seine entfernten Verwandten `string` und `dequeue` — haben eine Methode spendiert bekommen, mit der unbelegte Kapazität freigegeben werden *kann*: Ruft man `shrink_to_fit()` auf, wird die Bibliothek versuchen, die schon allozierten, aber noch nicht benutzen Elemente freizugeben.

```
bool isPrime(unsigned);
vector<unsigned> primes(unsigned limit) {
  vector<unsigned> result;
  result.reserve(limit / 2); // viel Platz für alle Ungeraden
  result.emplace_back(2);
  for(unsigned num=3; num<limit; num+=2)
    if(isPrime(num))
      result.emplace_back(num);
  // nun ist viel Platz verschwendet
  result.shrink_to_fit(); // versuche Unbenutztes freizugeben
  return result;
}
```

Listing 46.1 Speicher sparen durch Schrumpfen auf die passende Größe

Hintergrund und Beispielcode

Meist macht man sich bei der Verwendung eines Vektors keine Gedanken über seine Größe und Kapazität — es funktioniert einfach. Selbst in zeitkritischen Anwendungen können Sie seit jeher einen Vektor mit einem einfachen Aufruf von `reserve()` dazu bringen, sich ebenso zeitstabil zu verhalten, wie das entsprechende rohe `[]`-Array.

Bei großen Datenmengen, die in verschiedenen Containern nebeneinander existieren sollen, müssen Sie sich aber doch ab und zu eine Strategie überlegen. Fügen Sie einem Vektor (viele) Elemente hinzu, wächst er automatisch mit. Nötigenfalls kopiert `vector` dazu seine Elemente aus dem zu kleinen Speicherbereich in einen größeren. Kurzzeitig wird dafür die *alte* plus die *neue* Menge an Speicher benötigt.

Die meisten Implementierungen der Standardbibliothek verdoppeln dabei jeweils die Kapazität und machen das bei 1.000 Elementen zehnmal [2]. Das bedeutet, dass die Zahl der Operationen weit über 1.000 liegt — eher Richtung 2.000.[1]

---

1 1000+500+ ... +4+2 sind ca 2.000.

Und wenn die letzte Vergrößerung kurz vor 1.000 stattfindet, kann es passieren, dass kurz der Platz der alten 1.000 plus der Platz der neuen 2.000 Elemente belegt wird.[2]

Bei bekannter Größe

Um das zu vermeiden, gibt es seit jeher die Methode `reserve(size_t)`. Mit ihr können Sie einen Vektor auf eine erwartete Anzahl von Elementen vorbereiten. Und wenn diese dann stimmt, wird weder Platz noch Zeit verschwendet — der optimale Einsatz eines Vektors.

```
vector<int> interleave(const vector<int>& a, const vector<int>& b) {
  vector<int> result;
  result.reserve(a.size() + b.size());  // Zielgröße ist exakt bekannt
  auto ita = a.cbegin();
  auto itb = b.cbegin();
  // abwechselnd
  for( ; ita!=a.cend() && itb!=a.cend(); ++ita, ++itb) {
    result.push_back( *ita );
    result.push_back( *itb );
  }
  // den Rest des längeren
  for( ; ita!=a.cend(); ++ita) result.push_back( *ita );
  for( ; itb!=b.cend(); ++itb) result.push_back( *itb );
  // fertig
  assert(result.size() == a.size() + b.size());
  return result;
}
```

Listing 46.2 Wenn man die Zahl der Elemente kennt

Bei unbekannter Größe

Wenn Sie die Zahl der kommenden Objekte aber nicht im voraus kennen, ist das nicht schlimm, wenn es nicht allzu viele Elemente werden können.

Will man aber die Wahrscheinlichkeit für die interne Kopieraktion des Vektors senken, dann schätzt man üblicherweise die Schranke großzügig ab. Kniffig: Was ist großzügig genug und nicht dauerhaft verschwenderisch? Vielleicht folgen danach ja noch weitere speicherintensive Operationen, und die Verschwendung könnte auf Dauer lästig bis bedrohlich werden. Das hier übliche Vorgehen für `vector` war:

---

2 Implementierungen, die um jeweils 50 % wachsen (zum Beispiel manche von Microsoft) führen im konkreten Beispiel zu noch mehr Operationen, jedoch zu weniger Spitzen-Speicherverbrauch.

▶ Zuerst einen temporären Vektor mit großzügigem `reserve` mit Elementen befüllen

▶ und dann alle Elemente in den Zielvektor mit der dann exakt bekannten und per `reserve` festgelegten Größe hineinkopieren und den temporären Vektor verwerfen.

Mit der in C++11 eingeführten *Verschiebesemantik* können Sie wenigstens, anstatt zu *kopieren*, aus dem temporären Vektor *verschieben*.

```
template<typename T>
vector<T> move_to_fit(vector<T> &src) {
  vector<T> result;
  result.resize(src.size());
  copy(make_move_iterator(begin(src)), make_move_iterator(end(src)));
  assert( src.size() == 0 );
  return result;
}
```

Listing 46.3 Move-to-Fit

Man hätte auch `result` schon gleich mit den Iteratoren initialisieren können, zu Demonstrationszwecken haben wir den Aufruf von `resize()` und `move()` explizit gemacht.

Nach dem Aufruf wird `src` ein leerer Vektor sein, denn seine Elemente wurden nach `result` verschoben. Und wenn die Funktion zum Beispiel so verwendet wird

```
vector<Typ> x = move_to_fit(data);
```

dann wird der Inhalt von `result` direkt nach x verschoben — dank neuer Verschiebesemantik für Rückgabewerte (siehe Kapitel 24, »Kein Return von RValue-Referenzen«).

Diese Strategie zahlt sich besonders für teuer zu kopierende Elemente aus. Bei großen Vektoren mit kleinen Datentypen wie `int` ist das jedoch kein Unterschied.

Häufig findet man auch, dass ein *Temporary* als Zwischenkopie des Originals und dann folgender `swap` eingesetzt wird. Nach der Anweisung `vector<int>{v}.swap(v);` ist v ebenfalls von passender Größe. Doch hier muss der Temporary kurz eine Kopie aller Werte halten [3].

Der Neue

Mit `shrink_to_fit` müssen Sie immer noch vorher die Zielgröße großzügig abschätzen, wenn Sie die Kopiererei vermeiden möchten. Der Hersteller der Standardbibliothek, der auf die Interna von `vector` zuzugreifen weiß, kann dann möglicherweise ganz ohne kopieren oder verschieben auskommen.

Das ist allerdings optional, denn laut Spezifikation *kann* viel, und es *muss* wenig:

▶ Er *kann* die Kapazität belassen wie sie ist.

▶ Er *kann* über Kopieren oder Verschieben die passende Größe produzieren und währenddessen temporären Speicher benötigen.

▶ Er *kann* seine internen Datenstrukturen optimal anpassen.

Welchen Weg der Compiler wählt, hängt von der Implementierung der Standardbibliothek ab. Doch ist zu erwarten, dass die Hersteller im Laufe der Zeit versuchen, den besten Weg umzusetzen. Die Implementierung von *Gnu C++ 4.7.0* kommt immerhin mit der Swap-per-Temporary-Variante — benötigt also temporären Speicher, passt die Kapazität aber an [4].

Die Klassen `string` und `dequeue` sind mit `vector` so nah verwandt, dass auch diese das Interface anbieten.

[+]

> **Mantra**
>
> Mit `shrink_to_fit` kannst du versuchen, Vektoren, Deques und Strings auf die passende Kapazität zu verkleinern.

Verweise

[1] **Overview of the New C++ (C++11)**, Scott Meyers, Rev. 2011-10

[2] **Item 14: Use reserve to avoid unnecessary reallocations**, Scott Meyers, Effective STL, 3rd Ed., Addison Wesley 2001

[3] **More C++-Idioms/Shrink-to-fit**, Wikibooks, [2011-07-30]

[4] **Gnu C++ 4.7.0**, *http://gcc.gnu.org/* [2011-07-30]

47 function und bind

[stl.functional] Funktionsobjekte aller Art haben an vielen Stellen in den neuen Standard Einzug gefunden. Den Umgang mit ihnen erleichtert der Header `<functional>`.

Hier ist neu, dass das Template `function<>` für jedweden aufrufbaren Datentyp stehen kann. Also C-Funktionspointer, Funktoren[1] und Lambdas — und nun auch für Memberfunktionen. Durch Letzteres entfällt die Notwendigkeit, die noch existierenden `mem_fun`-Adapter zu verwenden.

Die zweite Neuerung ist `bind`, das die allgemeinere Version für die als veraltet angesehenen `bind1st` und `bind2nd` ist.

Zu guter Letzt sind in diesem Header die Spezialisierungen der von den unordered Container benötigten `hash<>`-Funktoren der eingebauten Datentypen definiert.

Hintergrund und Beispielcode

In `<functional>` schon länger enthalten sind Funktionsobjekte für alles, was in C++ sonst Operatoren sind. Einem Algorithmus Sie können schlecht `<` oder `+` als Funktionsobjekt übergeben, wohl aber geht es mit `less_than<int>` und `plus<int>`. Genauso gibt es für alle anderen arithmetischen und logischen Operationen Entsprechungen.

Ein typisches Beispiel für die Verwendung von `plus<>` liefert der Standard in einem Beispiel gleich mit [1]:

```
#include <functional>
int main () {
  vector<double> a, b;
  // ...a und b füllen...
  transform(begin(a), end(a), begin(b), begin(a), plus<double>{});
  transform(begin(a), end(a), begin(a), negate<double>{});
}
```

Listing 47.1 Ein zweistelliger Funktor für einen Algorithmus

Vorausgesetzt, a und b wurden mit sinnvollen Daten befüllt, bewirkt der erste Ausdruck für alle Elemente a[i] = a[i] + b[i] und der zweite a[i] = -a[i] — nur dass statt mit i als Index mit Iteratoren gearbeitet wird.

---

1 Klassen mit `operator()`

Vorbelegung von Parametern mit bind

Das ist noch nicht wirklich neu, bind wurde generalüberholt, weil in C++11 mit einer variablen Anzahl von Argumenten besser umgangen werden kann. Doch was macht bind?

▶ Es nimmt ein Funktionsobjekt f, das für eine beliebige Anzahl von n Argumenten vorgesehen ist.

▶ Außerdem bekommt es ein paar Argumente, die dafür bestimmt sind, irgendwann mit f aufgerufen zu werden.

▶ Es bleiben aber noch ein paar »unbestimmte« Argumente übrig, die sich erst später entscheiden.

▶ bind fügt nun f und die schon feststehenden Argumente zu einem neuen Funktionsobjekt zusammen.

▶ Das Ergebnis ist also ein neues Funktionsobjekt, das weniger als n Argumente nimmt.

Zuvor konnte man nur den ersten oder zweiten Parameter von f vorbestimmen. bind1st und bind2nd sind aber nun als »veraltet« markiert (*deprecated*) und durch das allgemeinere bind ersetzt. Vor allem können Sie getrost die früher nötigen mem_func_ref vergessen [5].

Die folgende Berechnung der Standardabweichung eines Vektors von Zahlen verwendet zweimal bind, um einen neuen Funktor zu erstellen. Anstatt das Ergebnis auto zuzuweisen, hätte man den Ausdruck auch direkt übergeben können [2]:

```
#include <functional>
template<class ELEM>
void entferne_abweichungen(vector<ELEM> &data, const ELEM sigma) {
  const double mittel =
    accumulate( data.cbegin(), data.cend(), ELEM{0} ) / data.size();
  vector<double> abws { data };                    // Kopie
  using namespace placeholders;                    // _1, _2, ...
  auto abziehen = bind( minus<ELEM>{}, _1, mittel );
  transform(abws.cbegin(), abws.cend(), abws.begin(), abziehen);
  // berechne Standardabweichung
  ELEM abw = inner_product( abws.cbegin(), abws.cend(),
                            abws.begin(), ELEM{0} );
  abw = sqrt( abw / ( data.size() - 1 ) );
  // alle zu großen Werte für Löschung nach hinten
  auto abw_zu_gross = bind( greater<ELEM>{}, _1, mittel + sigma * abw );
  auto del_it = remove_if( data.begin(), data.end(), abw_zu_gross );
  data.erase( del_it, data.end() );
}
```

```
int main() {
  vector<double> data { 1, 1.3, 1.5, 0.9, 99.8, 0.1, 0.2 };
  entferne_abweichungen(data, 0.96);
}
```

Listing 47.2 Mit »bind« neue Funktionsobjekte erzeugen

Die Funktion `minus<double>` ist eine zweistellige Funktion `double minus(double a,double b)`. Durch das `bind` werden die Elemente a und b vorbelegt. Aber weil für das erste Argument statt eines konkreten Wertes _1 eingesetzt wurde, wird dieser Platz für den wirklichen Aufruf später freigehalten. _1 stammt aus dem Namensraum `placeholders`.[2]

Man muss hier natürlich nicht `bind` verwenden — wir kennen noch andere Konstrukte, die ein Funktionsobjekt erzeugen. Das Lambda `[=mittel](ELEM x){return x-mittel;}` können Sie genauso verwenden.

Was man mit den Funktionsobjekten alles machen kann, führt Bjarne Stroustrup [3] in seinen *C++11 FAQs* aus.

Wenn man zum Beispiel eine Funktion f mit der Signatur `int f(int,char,double)` hat, dann erzeugt man mit `auto ff = bind(f,_1,'c',1.2)` eine neue Funktion mit der Signatur `int ff(int)`. Ein Aufruf von `ff(7)` ist dann gleichbedeutend mit `f(7,'c',1.2)`.

In der Computerwissenschaft nennt man dies *Currying*. Für die Funktion, deren Argumente man festlegen möchte, verwendet man in C++11 die Platzhalter _1, _2 usw.[3] So ist es zum Beispiel auch möglich, die Argumente einer Funktion zu vertauschen. Wäre `f(int,char,double)` definiert, dann können Sie nach `auto frev = bind(f,_3,_2,_1)` nun `frev(1.2,'c',7)` aufrufen — und damit tatsächlich `f(7,'c',1.2)`.

Besonders nützlich ist hier `auto`, sonst müssten wir bei der Zuweisung an `frev` explizit die C++Syntax der Funktionssignatur hinschreiben.

Überladungen

Wenn Sie Argumente an eine Funktion binden möchten, dann muss dies an eine *konkrete Version* der Funktion geschehen. Gibt es zum Beispiel von einer Funktion mehrere Überladungen, müssen Sie sich schon beim Binden für eine

---

2 Diese seltsam anmutenden _1, _2 usw. sind spezielle Instanzen, an denen `bind()` erkennen kann, wo erst später ein echtes Argument hinkommt. Man konnte hier nicht `nullptr` oder einen `int`-Wert verwenden, weil die in diesem Moment Argumente sein würden.

3 Wie viele zur Verfügung stehen, hängt von der Implementierung der Bibliothek ab. Sie können sich mit `is_placeholder` nötigenfalls mehr erstellen.

davon entscheiden. Das geben Sie dann durch den genauen Typ der gewünschten Funktion an. Das ergibt leider häufig unschönen Code:

```
int g(int,int);                 // g() Überladung 1
double g(int,double);           // g() Überladung 2
auto g1 = bind(g,5,_2);         // Fehler: welches g() ist gemeint?
auto g2 = bind((double(*)(int,double))g,5,_2);   // OK
```

Listing 47.3 Bei mehreren Überladungen muss man sich schon beim Binden für eine entscheiden.

Statt die C-Schreibweise (double(*)(int,double)) zu verwenden, könnten wir auch function<auto(int,double)->double> schreiben, aber dazu kommen wir gleich.

Es existiert auch eine Variante von bind, bei der der Ergebnistyp explizit als Template-Parameter angegeben werden muss. Das ist jedoch ein Relikt aus C++98-Zeiten, weswegen Sie es in manchem existierenden Code auch finden. Sie können also auch auto f2 = bind<int>(f,7,'c',_1) verwenden.

function als Funktionstyp

Wir haben jetzt schon oft gesehen, dass wir ein Funktionsobjekt in einer Variablen speichern. Bisher haben wir jedoch meist den Compiler mit auto herausfinden lassen, was der genaue Typ ist. Der Header <functional> stellt aber auch das vielseitige Template function<> zur Verfügung, das solche Objekte repräsentieren kann.

Mit function<float (int x, int y)> f wird eine Variable f deklariert, die ein solches Funktionsobjekt ist. Eine Instanz dieses Typs wäre bereit, zwei int-Parameter zu erhalten und einen float zurückzuliefern. Alles, was Sie mit der normalen (...)-Aufrufsyntax benutzen können, lässt sich f zuweisen.

Sie können auch die neue Syntax mit *nachgestelltem Rückgabetyp* und stattdessen function<auto (int,int)->float> schreiben. Je nachdem, ob diese Syntax im eigenen Bereich Verwendung findet, ist hier der Rückgabetyp etwas deutlicher hervorgehoben [5].

Memberfunktionen haben einen impliziten ersten Parameter, der sich in function als Pointer auf die Klasse darstellt. Das Zuweisen erfolgt ähnlich wie bei normalen Funktionspointern über die &-Adresse der Memberfunktion. Beim Aufruf benötigen Sie dann eine Instanz der Klasse, die Sie als expliziten ersten Parameter übergeben müssen:

```
function<float(X*,int,int)> g;   // extra Argument 'this'
g = &X::mem;                      // auf Memberfunktion setzen
cout << g(&x, 7,8);              // x->mem(7,8)
```

Listing 47.4 Memberfunktionen haben einen impliziten ersten Klassenpointer-Parameter.

Definieren wir uns alles Aufrufbare dieser Art. Alle Varianten haben die Signatur float(int,int), nehmen also zwei int-Parameter und ergeben einen float.

```
// definiert einen einen Funktor
struct IntDiv {
  float operator()(int x, int y) const { return ((float)x)/y; }
};
// definiert einen C-Funktionspointer
float cfunc(int x, int y) { return (float)x+y; }
// eine Klasse mit Memberfunktion
struct X {
  float offset_;
  explicit X(float offset) : offset_{offset} {}
  float mbrf(int x, int y) const { return offset_+x/y; }
};
vector<int> v{1,2,3,4,5,6,7};
auto beg = v.cbegin();
auto end = v.cend();
```

Listing 47.5 Vorbereitung: Definiere alles Aufrufbare.

Dann können wir all diese function-Instanzen, hier f, zuweisen:

```
#include <functional>
template<typename IT> void example(IT beg, IT end) {
  function<float (int x, int y)> f;       // Ein Funktionsobjekt
  f = IntDiv{};   // Instanz zuweisen
  cout << f(5,3); // aufrufen
  float r1 = accumulate(beg, end, 1, f); // übergeben
  f = [](int x,int y)->float
    { return ((float)y)/x; };             // aus Lambda neu zuweisen
  float r2 = accumulate(beg, end, 1, f);
  f = &cfunc;                             // einen C-Funktionspointer zuweisen
  // Memberfunktionen
  X x{1.5};                               // Memberfunktionen brauchen Instanz
  using namespace placeholders;
  f = bind(&X::mbrf, &x,_1,_2);           // f wieder zuweisen, 'this' festlegen
  cout << f(6,9);
}
```

Listing 47.6 »function<>« ist mit allem Aufrufbarem kompatibel.

Bei den verwendeten Zuweisungen an f ist Manches hervorzuheben:

► In der ersten Zuweisung ist IntDiv{} ein Funktor; also eine Klasseninstanz, die operator() mit der passenden Signatur definiert.

► Im Lambda ist ->float die neue alternative Syntax zur Angabe des Rückgabetyps, um sicherzustellen, dass die Signatur passt.

► Die Funktionspointer gehören zu den Dingen, deren Typen *degradieren* können, ähnlich wie ein Feld mit fester Größe zu einem Pointer degradiert, zum Beispiel int[10] zu int* [4].

► An eine Memberfunktion müssen Sie zunächst eine Instanz als ersten Parameter *binden* — schließlich hat jede nicht-statische Klassenfunktion einen impliziten *this-Parameter.

Das bind nimmt als ersten Parameter eine Funktion mit drei Argumenten; das erste ist eine Instanzadresse, die restlichen beiden die normalen Funktionsparameter. Die Reihenfolge &x,_1,_2 in bind legt fest, wie die Reihenfolge der Argumente im Aufruf ist (Abbildung 47.1). Weil das &x jetzt schon existiert, sagt man, es wird an &X::mem »gebunden«. Zwei Parameter sind noch nicht belegt, also wird die »Restfunktion« — der Rückgabewert von bind, der f zugewiesen wird — noch zwei erwarten. Auf die Positionen dieser Argumente beziehen sich die Platzhalter _1 und _2. Der erste Parameter von f wird also _1 genannt, der zweite _2. Wird nun f(6,9) aufgerufen,

► kommt 6 auf Platzhalter _1 und 9 auf _2,

► im bind also zu bind(&X::mbrf, &x, 6, 9)

► und so schließlich zu X::mbrf(&x, 6, 9)

► was das Gleiche ist wie x->mbrf(6,9).

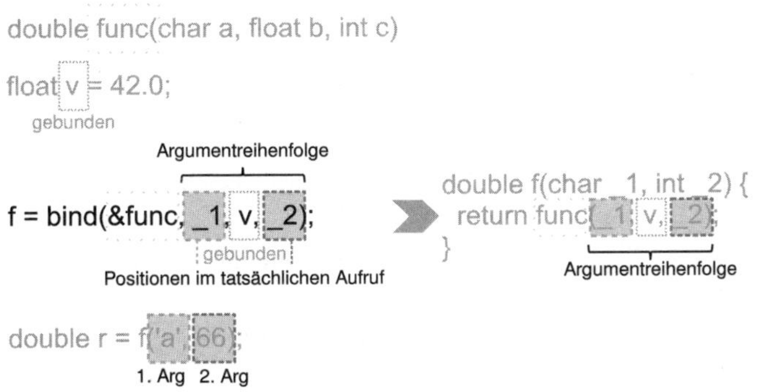

double func(char a, float b, int c)

float v = 42.0;
  gebunden

Argumentreihenfolge

f = bind(&func, _1, v, _2);
  gebunden
Positionen im tatsächlichen Aufruf

double f(char _1, int _2) {
  return func(_1, v, _2);
}
Argumentreihenfolge

double r = f(a, 66);
  1. Arg 2. Arg

Abbildung 47.1 Wie »bind« mit Argumenten umgeht.

> **Mantra**
>
> function kann alles darstellen, was aufrufbar ist.
>
> Mit bind kannst du Argumente vorbesetzen und eine Funktion mit weniger Argumenten erzeugen.

Verweise

[1] **20.8 Function Objects [function.objects]**, C++11

[2] **Compute the sample standard deviation**,
http://www.java2s.com/Code/Cpp/STL-Algorithms-Helper/Computethesamplestandarddeviation.htm
[2011-05-29]

[3] **C++0x FAQ**, Bjarne Stroustrup,
http://www2.research.att.com/~bs/C++0xFAQ.html#std-function

[4] **C++ – Questions about function pointers**,
http://stackoverflow.com/questions/4206660/c-questions-about-function-pointers [2011-05-31]

[5] **Overview of the New C++ (C++11)**, Scott Meyers, Rev. 2011-10

48 Die Verwendung von swap

[stl.swap] Eine kleine aber feine Änderung in `std::swap()` erlaubt eine eingängige und kanonische Implementierung eigener `swap`-Funktionen.

Ein Aufruf von `std::swap(a1,a2)` probiert nun zunächst eine *freie Funktion* mit dem passenden Argumenttyp für `a1` und `a2` aus. Wenn Sie Ihre Klasse `swap`-fähig machen möchten (und das sollten Sie), dann ist die beste Stelle dafür eine `friend`-Memberfunktion innerhalb der Klasse, mit zwei Argumenten des neuen Typs [2]:

```
struct Thing {
  // ... allerlei Zeug ...
  friend void swap(Thing &a, Thing &b) noexcept {
    // swap(a.*, b.*) <- Member für Member
  }
};
```

Listing 48.1 Kanonische Form einer »swap«-Definition

Durch die Definition als `friend` wird die Funktion von anderen Aufrufen der Form `swap(Thing,Thing)` gefunden. Und wie der Standard vorschlägt, sagt `noexcept`, dass die eigene `swap`-Funktion keine Exception verursachen wird.

Hintergrund und Beispielcode

Die `swap`-Funktionalität kann für die eigene Klasse auf unterschiedliche Arten implementiert werden, jeweils mit unterschiedlichen Vor- und Nachteilen. Wie werden die Felder der Klasse vertauscht? Benötigt man zwei Funktionen, eine freie und eine Memberfunktion? Wie verhindert man Codeduplikation? Wie stellt man die Erweiterbarkeit sicher, und wie erhält man am besten die Kompatibilität mit der Standardbibliothek? Hier bringt C++11 eine Neuerung mit, die dem Umgang mit `swap()` ein wenig vereinfacht.

Mit der Zeit hat sich herausgestellt, dass eine einzelne Definition als `friend` am besten ist. Doch betrachten wir dazu die Möglichkeiten unterschiedlicher `swap`-Definitionen.

Zunächst sehen Sie, dass die Standardcontainer wie `vector` eine `swap`-*Methode*[1] haben, die ein einzelnes Argument nimmt, also `vector<T>::swap(vector<T>)&)`.

---

1 Eine nicht-statische Methode hat einen impliziten this-Pointer als erstes Argument. Also wird eine Objektinstanz benötigt, auf der die Funktion aufgerufen wird. Eine Methode, die für ein Argument deklariert ist, nimmt also tatsächlich zwei.

Sollten unsere Klassen dies dann auch tun? Nein, nicht wirklich. Die Standardbibliothek enthält auch allerlei unnötigen Ballast, und diese swap-Methoden sind von dieser Sorte. Warum das so ist, sehen wir gleich.

Dazu müssen Sie erst einmal identifizieren, was *kanonisch* ist und was unsere Klasse benötigt, um kanonisch zu arbeiten. Das vermeidet schwer wartbare Code-duplikation, verkürzt den Quellcode und ein ebenfalls kanonisch programmierender Leser versteht sofort, was gemeint ist. Der kanonische Weg ist natürlich zum Vertauschen std::swap() zu verwenden — mit zwei Argumenten. Hier ist die ein-argumentige Methode nicht hilfreich: Bei der Verwendung von std::swap() werden diese Methoden nicht gefunden, und weitere Schritte wären nötig, um das zu erreichen.

Um dann doch mit std::swap() vertauschen zu können, wäre eine Möglichkeit, die in std definierte Template-Funktion [1]

```
template<typename T> swap(T&, T&) noexcept
```

wie folgt zu *spezialisieren*, oder?

```
namespace std {
   template<> // wir können durchaus im namespace std spezialisieren
   void swap<Thing>(Thing&, Thing&)
   { /*... hier swappen ... */   }
}
```

Listing 48.2 Man könnte »std::swap<>« spezialisieren.

Nun, das würde sicherlich in diesem Fall helfen, doch es bleibt ein größeres Problem: Eine teilweise Spezialisierung auf Template-Argumente ist nicht möglich — hier solchen, die wiederum Templates sind. Es geht zum Beispiel nicht:

```
namespace std {
   template<typename X> struct MyTempl {
   };
   template<>
   void swap<T>( MyTempl<X>&, MyTempl<X>&) // Fehler! Geht nicht
   { /*... hier swappen ... */   }
}
```

Listing 48.3 Spezialisierung geht nicht mit unvollständigen Templates.

Also muss ein besserer Weg her, der immer funktioniert. Und den gibt es: Wir können eine *friend-Funktion* definieren und den Compiler diese durch *Argument Dependent Lookup* (ADL) finden lassen:

```
namespace xyz {
  struct Thing {
    friend void swap(Thing&, Thing&);
  };
  template<typename X> struct MyTempl {
    friend void swap(MyTempl<X>&, MyTempl<X>&)
    { /* ...swapping... */ }
  };
}
```

Listing 48.4 Die »friend«-Funktion mit zwei Argumenten

Beachten Sie, dass dies mitnichten eine *Methode* innerhalb der Klasse definiert, sondern eine normale *freie Funktion* (also kein implizites this-Argument), die aber durch die friend-Deklaration vollen Zugriff auf alles innerhalb der Klasse hat.

Wenn wir nun etwas vertauschen wollen, dann »assoziieren« wir zunächst std mittels using std::swap; und verwenden dann swap, ohne einen Namespace anzugeben, also »unqualifiziert«.

```
using std::swap; // im Zweifel, finde auch std::swap ...
swap(x, y); // ... aber verwende passende Überladungen zuerst
```

Listing 48.5 Kanonisches Vertauschen in C++03, leider nicht intuitiv

Falls der Compiler für swap(x, y) eine passendere Überladung findet (mittels *ADL*), soll er diese verwenden; wenn er keine findet, dann verwendet er std::swap. So wurde es für C++03 vorgeschlagen und häufig praktiziert. Der Nachteil ist, dass es vielen Benutzern als nicht intuitiv erscheint, das using zu verlangen — in C++11 ist das nicht mehr nötig, doch dazu gleich mehr.

friend-Funktionen

Darüber, was eine friend-Funktion ist, herrscht bei Benutzern häufig etwas Unklarheit. Denn bevor C++ standardisiert wurde, verwendeten friend-Funktionen einen Mechanismus, der »friend name injection« genannt wurde: Der Code verhielt sich, als wäre die Funktion außerhalb der Klasse direkt in ihren umgebenden Namespace geschrieben worden. Diese beiden Varianten waren vor der Standardisierung also gleich:

```
struct MyClass {
  friend void func(){ /* func Implementierung */ }
};
```

```
// wurde vor der Standardisierung übersetzt nach:
struct MyClass {
    friend void func(); // nur die Bekanntmachung
};
void func() { /* func Implementierung */ }
```

Listing 48.6 Sehr frühe Realisierung von »friend«-Funktionen

Als dann jedoch *Argument Dependent Lookup* (*ADL*) eingeführt wurde, ist dieses Verhalten entfernt worden, und func() war nur noch über ADL zu finden — als freie Funktion war sie nicht mehr zu finden. Wollte man das, dann musste man sie nach der zweiten Variante ausprogrammieren.

unqualifiziert

Dass die swap-Funktion nun in den umgebenden Namensraum der Klasse wanderte, verursachte wiederum ein Problem: Wenn man nun direkt std::swap(t,u) schreibt, wird die neue Überladung swap(T&,T&) natürlich niemals gefunden, auch wenn t und u vom Typ T sind — weil man ja mit std:: angegeben hat: »Schau dort nach und nirgendwo sonst.« Das ist der Grund dafür, dass manche vorschlagen, dass man zwei Funktionen definieren sollte: eine freie Funktion, die via ADL gefunden wird, und eine andere Template-Spezialisierung, die dann von std::swap()-Qualifizierungen gefunden wird.

Aber wie zuvor gezeigt, ist das nicht in allen Fällen möglich, und es ergeben sich unschöne Inkonsistenzen. Stattdessen wählen Sie für das »kanonische« Vertauschen einen anderen Weg: Statt es der Klasse aufzubürden, eine eigene Implementierung für std::swap<T>() zu liefern, bürden Sie es dem Vertauschenden auf, *nicht* qualifiziertes swap() zu verwenden, wie in Listing 48.1 gezeigt.

Und das funktioniert ganz gut, solange alle davon wissen. Hier liegt die Krux: Es ist nicht intuitiv, dass man einen unqualifizierten Aufruf *braucht*.

Nun kanonisch und intuitiv

Glücklicherweise löst C++11 dieses letzte Problem nun auch noch. Die Implementierung von std::swap<T>() wurde derart verändert, dass diese Funktion einen *unqualifizierten* Aufruf zuerst probiert,[2] mit dem der Compiler dann über ADL die freie (friend-)Funktion finden und verwenden kann. Nun reicht es, eine einzige friend-Funktion in der Klasse zu definieren, und sowohl das intuitive std::swap(x,y) als auch das unqualifizierte using namespace std; swap(x,y); funktionieren.

---

2 zur Übersetzungszeit, nicht zur Laufzeit

Also kommen Sie beim kanonischen Vertauschen in C++11 jetzt ohne `using` `namespace` aus, was es ein bisschen leichter zu schreiben und zu lesen macht.

Mantra	[+]
Verwende `std::swap(x,y)`, um Elemente zu vertauschen. Implementiere `swap()` als `friend`-Funktion in der Klasse.	

Verweise

[1] **20.2.2 swap [utility.swap]**, C++11

[2] **17.6.3.2.(3) Swappable requirements [swappable.requirements]**, C++11

[3] **public friend swap member function**, Nicholas (Nick) Gorski, GMan, Stackoverflow, Der Kern der hier vorgestellten Erklärung stammt aus einer exzellenten Antwort des Users 'GMan', *http://stackoverflow.com/questions/5695548#5695855*

TEIL IV
Neues in der Standardbibliothek

Der Umfang der mitgelieferten Bibliotheken hat »etwas« zugenommen. Außer den Erweiterungen der Containerklassen, die in Teil III besprochen wurden, gibt es nun Unterstützung für Multithreading und Synchonisierung, reguläre Ausdrücke, viel Neues für Mathematiker und sehr viele allgemeine Hilfsmittel. Dieser Teil liefert ein paar Einblicke in diese große Schatzkiste.

49   Parallel arbeiten

[thread.intro] C++11 bringt mehrere Möglichkeiten mit, parallel oder asynchron zu arbeiten. Von »Highlevel«-Schnittstelle bis zur detaillierten Kontrolle wird alles unterstützt. In den weiteren Kapiteln beschäftigen wir uns mit einigen dieser Möglichkeiten sowie den Schwierigkeiten, die sie mit sich bringen und wie man sie behandelt.

Die Basisklasse für das Erzeugen eines Threads ist die Klasse `thread`, mit der man einfach einen nebenläufigen Programmfaden startet. Einen gänzlich anderen Ansatz verfolgt die Funktion `async`. Ihr Rückgabewert ist ein »Henkel«, über den Sie sich auch ein parallel berechnetes Ergebnis holen können.

Im folgenden Listing wird mit `th1` ein Funktor in einem eigenen Thread verwendet, um mehrere Fibonaccizahlen zu berechnen und auszugeben. Die mit `async` gestarteten Threads `th2` und `th3` berechnen einzelne Fibonaccizahlen asynchron und warten jeweils bei `get`, bis das Ergebnis vorliegt.

```
#include <thread>
#include <future>
static constexpr size_t fibrec(size_t n) {
  return n<2 ? 1 : fibrec(n-2)+fibrec(n-1);
}
struct Fibby {
  void operator()(size_t from, size_t to) {
    for(size_t n=from; n<=to; ++n)
      cout << "fib("<<n<<"): "<< fibrec(n) << endl;
  }
};
int main() {
  thread th1{ Fibby{}, 28, 33 };                  // Init und Starten
  auto th2 = async( fibrec, 35 );                 // asynchron berechnen
  auto th3 = async( []{ return fibrec(34);} );    // asynch. mit Lambda
  cout << "fib(34)= " << th3.get() << endl;        // Ergebnis abwarten
  cout << "fib(35)= " << th2.get() << endl;        // Ergebnis abwarten
  th1.join();                                      // Ende des Threads abwarten
};
```

Listing 49.1 Threads aus Funktionsobjekten erzeugen

Dabei kann das, was man in einem eigenen Thread laufen lassen möchte, ein beliebiges *ausführbares Objekt* sein. Mehr dazu in Kapitel 50, »Threads als Basis für Parallelität«.

Hintergrund und Beispielcode

Insgesamt sind die Hauptkomponenten für den Benutzer von Threads in C++11:

- **Threads**
  Ausführen von (eher) unabhängigen Programmeinheiten

- **Async und Futures**
  asynchrones Ausführen

- **Mutexe und Locks**
  gemeinsamen Zugriff auf Daten ordnen bzw. synchronisieren

- **Bedingungsvariablen**
  Ausführung pausieren, bis eine Bedingung eintritt

- **Atomics und Fences**
  Sichtbarkeit von Schreiboperationen zwischen Threads

- **Threadlokale Daten**
  Für jeden Thread eigene lokale Daten

Wir gehen auf die verschiedenen Aspekte in diesem und den nächsten Kapiteln ein. Für den Einstieg betrachten wir zunächst die beiden wichtigsten Möglichkeiten, Parallelität zu erzeugen: `thread` und `async`.

Erzeugen und Wegräumen

Die Standardbibliothek unterstützt vor allem zwei Wege, neue Threads zu starten. Während `thread` eher das »niedere« Interface hat, bieten `async` und `packaged_task` aus `<future>` eine höhere Abstraktion.

Innerhalb einer von `thread` gestarteten Funktion müssen Sie sich um die Behandlung von Exceptions kümmern: Verlässt eine Exception die aufgerufene Funktion, wird das ganze Programm mit `terminate()` beendet. Das Gleiche passiert, wenn der Bereich der Gültigkeit der Threadvariablen verlassen wird, aber der Thread noch läuft. Entweder warten Sie mit `join()`, bis der Thread fertig ist, oder Sie lösen die Verbindung zu ihm mit `detach()`. Wollen Sie mit dem Thread Daten austauschen — sei es auch nur, um ein Ergebnis zu erhalten —, dann müssen Sie dies über gemeinsame (zu synchronisierende) Variablen tun.

```cpp
#include <thread>
int fibrec(int n) {
  if(n<0) throw runtime_error("nicht negativ!");
  return n<2 ? 1 : fibrec(n-2)+fibrec(n-1);
}
```

```
int main() {
  thread th1{ fibrec, 36 };
  thread th2{ fibrec, -3 };   // Exception: terminate()
  // kein join oder detach
};                            // th1 läuft noch: terminate()
```

Listing 49.2 Threads sind kniffliger in der Verwendung als Futures.

Anders dagegen bei der Verwendung von `futures`. Während die folgenden Aufrufe von `async` letztlich auch in der Ausführung in einen eigenen Thread führen, werden Rückgabewerte und Exceptions aber anders behandelt. Exceptions tauchen an zentraler Stelle im Hauptthread auf, wenn Sie das Ergebnis mit `get()` abholen (Synchronisation eingebaut). Wird der Scope des verantwortlichen `future` verlassen, sorgt dessen Destruktor dafür, dass die Berechnung erst zu Ende ausgeführt wird, damit das Ergebnis nicht irgendwo in inzwischen ungültigen Speicherbereichen landet.

```
#include <future>  // async
int main() {
  auto f1 = async( fibrec, 36 );
  auto f2 = async( fibrec, -3 );  // Exception wird gespeichert
  // kein get
};                                // f1 läuft noch: wartet
```

Listing 49.3 Gegen Exceptions und vorzeitiges Verlassen des Blocks geschützt

Die Exception in `f2` würde man mit einem `try-catch` um `f2.get()` herum abfangen. Wenn das Hauptprogramm also sowieso eine Exceptionbehandlung implementiert, brauchen Sie nicht unbedingt eine innerhalb der durch Threads gestarteten Funktionen zu implementieren.

Mit Futures lassen sich aber noch ganz andere Dinge implementieren, wie wir in Kapitel 51, »Futures und Promises mit async«, anreißen.

Thread Lokal

Mit dem neuen Schlüsselwort `thread_local` kann ein Thread eine Variable nun »pro Thread verfügbar« deklarieren. Sie wird dann für jeden Thread, der sie benötigt, neu erzeugt und auch beim Beenden wieder weggeräumt [1]. Die Auszeichnung damit zählt wie `static`, `external` oder früher `auto` als *Speicherklasse*.

Eine mit `thread_local` initialisierte Variable kann auch von anderen Threads verwendet werden, wenn der erzeugende Thread die Adresse zu anderen Threads kommuniziert. Aber: Die Variable ist nur so lange gültig, wie der Ursprungsthread auch existiert. Denn wenn dieser sich beendet, dann werden auch alle seine `thread_local`-Variablen zerstört.

Diese Speicherklasse ist für Objekte aller Art erlaubt. Diese dürfen Konstruktoren und Destruktoren haben, *Plain Old Data* sein, sie sind als globale, lokale und Membervariablen erlaubt. Meistens wären die jetzt `thread_local`-Variablen wohl bisher `static` zu deklarieren gewesen — jetzt bekommt jeder Thread seine eigene Instanz, und Synchronisationsbedarf fällt damit weg. Die Adresse des `thread_local`-Objekts könnte jedoch anderen Threads irgendwie mitgeteilt werden. Auch dort ist das Objekt gültig und verwendbar, doch dann muss man sich natürlich wieder um die Synchronisation kümmern.

So kann man die folgenden Variablen `thread_local` deklarieren [2]:

▸ global im *Namespace* ohne `static`

▸ innerhalb einer Datei mit `static`

▸ lokal in einer Funktion mit `static`

▸ Membervariablen mit `static`

```
// statisch initialisiert:
thread_local int num = 4;
thread_local std::string* ps;
thread_local static char buf[200];          // #1
// dynamisch initialisiert:
thread_local std::string s("hello");
thread_local int num2 = func();
void foo() {
  struct MyClass { };
  static thread_local MyClass blockScope;   // #2
}
```

Listing 49.4 Threadlokale Variablen werden pro Thread initialisiert und weggeräumt.

Es ist sowohl erlaubt, *statisch initialisierte* Objekte `thread_local` zu deklarieren, also solche, die bei der Erzeugung des Threads schon fest in einer speziellen Datensektion des Programms stehen können, als auch *dynamisch initialisierte*, die einen Konstruktor- oder Funktionsaufruf zur Initialisierung benötigen [3].[1]

Auf Dateiebene verhält es sich mit einem zusätzlichen `static` und `extern`, wie gewohnt: Eine globale Variable, die zusätzlich um `thread_local` auch `static` #1 deklariert ist, ist nur in ihrer Datei bekannt. Auf `thread_local`-Variablen anderer Dateien könnten Sie durch ein zusätzliches `extern` herankommen.

---

1 Manche Implementierungen erlauben schon jetzt die Angabe von `__thread`, die aber nicht dynamisch initialisiert werden kann. Der aktuelle gcc-4.7.0-alpha implementiert `thread_local` noch nicht.

Innerhalb einer Funktion wird eine `static`- und gleichzeitig `thread_local`-Variable #2 pro Thread einmal initialisiert.

Mantra	[+]

C++11 unterstützt mehrläufige Programme mit klarer Semantik. Threads werden zum Beispiel mit `thread` oder `async` erzeugt.

Verweise

[1] **Thread-Local Storage**, Lawrence Crowl, N2659,
   http://www.open-std.org/jtc1/sc22/wg21/docs/papers/2008/n2659.htm

[2] **Thread-local Storage**, Wikipedia,
   https://secure.wikimedia.org/wikipedia/en/wiki/Thread-local_storage [2011-09-26]

[3] **Thread Local Storage**, Danny Kalev, Jul 30, 2008,
   http://www.informit.com/guides/content.aspx?g=cplusplus&seqNum=346 [2011-09-26]

50 Threads als Basis für Parallelität

[thread.thread] In diesem Kapitel zeigen wir, wie man *Threads* erzeugt und was dabei passiert. Nichts ist so einfach, wie es zunächst aussieht, in den späteren Kapiteln zeigen wir, worauf Sie besonders achten müssen.

Allen Möglichkeiten, ein parallel ausgeführtes Progammstück zu erzeugen — ob `thread`, `async` oder `packaged_task` —, ist gemein, dass dies beliebige ausführbare Objekte sein können. Jeweils das erste Argument ist eines der folgenden Dinge:

- ein *Funktor*, also eine Klasse mit einer Methode `operator()`
- ein *Lambda*, also eine anonyme Funktion
- ein althergebrachter Funktionspointer

Nicht-statische Objektmethoden, die mit *Pthreads*, einer verbreiteten Threading-Bibliothek, immer etwas knifflig waren, können Sie entweder in einem einfachen Lambda aufrufen oder zuvor mit `bind` an eine Objektinstanz binden.

Mit `thread` sieht das dann so aus:

```
#include <thread>
void printFibs(size_t from, size_t to);
struct Image {
  void fill(float r,float g,float b);
};
int main() {
  // Funktionspointer mit Argument
  thread th1{ printFibs, 28, 35 };
  Image img;
  // Lambda und Memberfunktion
  thread th2{ [&img]{ img.fill(0.3,0.5,0.7); } };
  th1.join(); th2.join();
};
```

Listing 50.1 Threads mit Funktionspointern und Lambdas

Hintergrund und Beispielcode

Wie für `printFibs` können Sie weitere Argumente, die für den wirklichen Aufruf verwendet werden sollen, einfach hinter dem Funktionspointer auflisten. Es passieren dann folgende Schritte:

▶ Das Threadobjekt wird erzeugt.

▶ Das ausführbare Objekt wird kopiert.

▶ Die Argumente für den Aufruf werden kopiert.

▶ Das ausführbare Objekt wird mit den Parameterkopien in einem separaten Thread aufgerufen. Mehr dazu in Kapitel 52, »Lebensdauer von Daten«.

Das ausführbare Objekt zu kopieren fällt bei einem Funktionspointer nicht ins Gewicht, kann aber bei einem Funktor wichtig sein, wenn dieser eigene Membervariablen hat.

Kopierte Argumente sind häufiger relevant, zum Beispiel wenn Sie große Objekte übergeben möchten. Ohne besondere Vorkehrungen erhält der neue Thread aber immer eine Kopie, die dem Original im Hauptablauf nicht ins Gehege kommt.

Entscheidend ist, dass das Lambda im obigen Beispiel keine Argumente bekommt, die kopiert werden müssen, sondern dass der Zugriff auf die Umgebung per *Capture Clause* stattfindet. In den meisten Fällen sollten Sie auch hier *by-value* zugreifen, damit der neue Thread seine eigene Kopie der Daten erhält — das wäre hier mit [img] getan. Doch hier verwenden wir mit [&img] den Zugriff *by-reference*, weil wir Daten aus dem gemeinsamen Bereich verändern wollen. Objekte wie img, auf die *gemeinsam* zugegriffen werden kann, bedürfen häufig der Synchronisation der Lese- und Schreibzugriffe sowie Überlegungen zur Lebenszeit dieser Daten. Darauf gehen wir in Kapitel 52, »Lebensdauer von Daten«, genauer ein.

Zu Ende ausgeführt

Neue Threads werden immer von einem Vaterthread aus erzeugt. Initial gibt es in jedem C++-Programm zunächst einen einzelnen Hauptthread. Somit gibt es im einleitenden Listing 50.1 insgesamt drei Threads: den Hauptthread und die von ihm erzeugten Threads th1 und th2.

Ein Aufruf von join() bewirkt, dass der Hauptablauf darauf wartet, dass der entsprechende Thread fertig ist. Das ist dann der Fall, wenn die aufgerufene Funktion verlassen wird bzw. mit der Ausführung fertig ist.

Hintereinander für th1 und th2 join() aufzurufen bewirkt also, dass sichergestellt wird, dass main() erst verlassen wird, wenn beide Threads mit ihrer Arbeit fertig sind. Wenn th2.join() aufgerufen wird, aber th2 schon fertig und schon beendet ist — weil th1.join() länger gedauert hat —, dann macht der Aufruf nichts. Laufen die Threads noch, obwohl der Gültigkeitsbereich von th1 und th2 verlassen wird, ruft der thread-Destruktor terminate() auf, und das Programm wird sofort beendet (siehe Kapitel 52, »Lebensdauer von Daten«).

Wenn in (irgend)einem Thread eine Exception nicht gefangen wird, sondern statt-dessen die Funktion, mit der der Thread gestartet wurde, verlässt, dann beendet sich das Programm so, wie es das in diesem Fall auch ohne Threads tut: Es wird `terminate()` aufgerufen, und das Programm wird insgesamt beendet.

Wollen Sie einen gestarteten Thread von einem anderen aus beenden — zum Beispiel dem Hauptthread —, dann ist das nur auf den üblichen Wegen der Interkommunikation zwischen Threads möglich. Im einfachsten Fall verwenden Sie also zum Beispiel Statusvariablen, die Sie von außen setzen, und innen immer wieder abfragen. Eine Art »Thread Abbrechen« gibt es nicht.[1]

Dazu können Sie sowohl eine globale Variable verwenden als auch eine stati-sche — diese sind von allen Threads aus erreichbar, dazu siehe auch Kapitel 53, »Mutexe, Locks und mehr«.

Sofort gestartet

Im Gegensatz zu einigen anderen Frameworks für Mehrläufigkeit können Sie einen Thread in C++11 nicht erst einmal vorbereiten und dann später starten — wie in Java, wo zum eigentlichen Ausführen explizit `th.start()` aufgerufen wird.[2] Aber ein ähnliches Verhalten können Sie mit `packaged_task` erreichen (siehe Kapitel 51, »Futures und Promises mit async«).

[+]

Mantra
Threads können alles starten, was ausführbar ist. Achte auf die Lebensdauer der Thread-variablen. Bevorzuge es, die verwendeten Daten kopieren zu lassen.

Verweise

[1] **C++ Concurrency Series; Part 1: Fork/Jion**, Bartosz Milewski,
   http://www.corensic.com/Learn/Resources/ConcurrencyTutorialPartOne.aspx [2011-09-05]

[2] **Overview of the New C++ (C++11)**, Scott Meyers, Rev. 2011-10

---

1 Auch hier mag die Plattform eine Möglichkeit anbieten.
2 Die Bibliothek erlaubt den Zugriff auf das `thread_handle`, über das diese Funktionalität je nach Plattform eventuell möglich sein kann.

51 Futures und Promises mit async

[thread.async] *Futures* erlauben es, Werte und Nachrichten zwischen Threads zu verschicken. Sie können sie warten lassen, bis das zu berechnende Ergebnis fertig ist oder die Nachricht eintrifft. Dabei nehmen sie dem Benutzer schon jede Menge Arbeit zur Synchronisation ab.

Eine der einfachsten Möglichkeiten ein *Future* zu erzeugen, ist mit der neuen Funktion `async`. Sie bietet gegenüber `thread` eine Schnittstelle auf einer höheren Ebene für die asynchrone Programmierung — nicht nur für Multithreading.

```cpp
#include <future>
int ackermann(int m, int n) { // Hilfsfunktion
  if(m==0) return n+1;
  if(n==0) return ackermann(m-1,1);
  return ackermann(m-1, ackermann(m, n-1));
}
int langeBerechnung() {          // Berechnung, die man gerne parallel macht
  return ackermann(3,12);
}
int main() {
  auto res = async(langeBerechnung);
  /* ... mache anderen Kram ... */
  cout << "Ackermann(3,12) ist " << res.get() << endl;
}
```

Listing 51.1 Mit »async« ein Future erzeugen

Hier liefert der Aufruf von `async` ein `future<int>` zurück, das aber nur einen »Henkel« für später darstellt. Die `langeBerechnung` wird in einem eigenen Thread gestartet, so dass der Hauptthread parallel »anderen Kram« machen kann. An das wirkliche Ergebnis der langen Berechnung kommen Sie mit der Methode `get()` von `future` heran. Wenn nötig, wartet dieser Aufruf so lange, bis das Ergebnis zur Verfügung steht.

Unsichtbar für den Anwender stellt `get()` auch sicher, dass das Ergebnis korrekt synchronisiert zwischen den Threads übertragen wird. Eine unbehandelte Exception innerhalb von `langeBerechnung` würde beim Aufruf von `get()` »erscheinen«.

Hintergrund und Beispielcode

Mit `asnyc` können Sie simple Algorithmen auf einfache Weise parallelisieren. Eine parallele Alternative zu `for_each` könnte so aussehen:

```cpp
#include <future>
template<typename It,typename Func>
void parallel_for_each(It first, It last, Func func) {
  ptrdiff_t const len = last-first;
  if(len == 0)
    return;
  if(len == 1) {
    func(*first);   // berechnen
    return;
  }
  It const mid = first+(len/2);
  // erste Hälfte asynchron
  auto bgtask = async(&parallel_for_each<It,Func>, // #1
                      first, mid, func);
  // zweite Hälfte selbst
  try {
    parallel_for_each(mid,last,func);                 // #2
  }
  catch(...) {
    bgtask.wait();
    throw;
  }
  bgtask.get();   // kann eine Exception werfen
}
```

Listing 51.2 Eine parallele Implementierung von »for_each«

Dabei wird das Intervall in immer kleinere Teile zerlegt. Bei einer Größe von eins angelangt, wird die func() ausgeführt.[1] Größere Intervalle werden in zwei gleich große Teile zerlegt. Der erste Teil in #1 wird asynchron ausgeführt, der zweite Teil in #2 rekursiv weiterbehandelt. Wegen der Rekursion landet jeder einzelne Aufruf von func() letztendlich in einem eigenen Thread, und die maximale Parallelisierung wird erreicht. Wir werden gleich sehen, dass async darauf ausgelegt ist, dass nicht zu viele Threads gleichzeitig gestartet werden und allein dadurch die Maschine überlastet wird.

Exceptions werden gespeichert

Der try-catch-Block um #2 stellt sicher, dass die asynchron gestartete Hälfte auch im Falle einer Exception in der rekursiven Hälfte fertig ist, bevor wir die Funktion verlassen. Sonst bestünde die Gefahr, dass im Hintergrund gestartete func-Aufrufe eventuell auf einem Bereich der Eingabedaten arbeiten, der nicht mehr gültig

---

1 Hier bietet sich Spielraum zur Optimierung, denn in der Praxis sollten Sie schon bei einem größeren Intervall die eigentliche Berechnung starten.

ist: Der äußerste Aufruf von `parallel_for_each` hat den Bereich zur Verfügung gestellt, und wenn wir zu dem zurückkehren, bevor alle `func`-Aufrufe fertig sind, dann könnte der Aufrufer irrtümlich fortfahren und den Bereich verändern oder zerstören. Damit die Exception aber nicht verloren geht, wird sie mit `throw;` erneut geworfen und kommt dadurch beim ursprünglichen Aufrufer an.

Der Aufruf von `get()` wartet, bis die asynchron gestartete Aufgabe fertig ist. Sie erfüllt aber noch einen zweiten Zweck: Eine Exception, die innerhalb des asynchronen Funktionsaufrufs passiert ist, tritt jetzt an dieser Stelle im aufrufenden Thread auf. Hier unterscheidet sich das Interface von `async` grundsätzlich von dem einfacheren `thread`. Exceptions, welche die von `thread` aufgerufene Funktion verlassen, führen zu `terminate()` und beenden so das ganze Programm (siehe Kapitel 50, »Threads als Basis für Parallelität«). `async` fängt Exceptions stattdessen auf der äußersten Ebene ab und speichert sie zwischen.

Wenn wir mit `get()` das Ergebnis abholen wollen, aber statt des Ergebnisses eine Exception auf Abholung wartet, dann wird sie in diesem Moment ausgelöst, und wir können sie im aufrufenden Thread sauber behandeln.

Durch das hier implementierte `parallel_for_each` kann beim Aufrufer nur eine einzelne Exception ankommen, bei mehreren würden einige also verschluckt. Wollen Sie es genauer wissen, müssten Sie Ihre eigene Exceptionklasse schreiben, die eventuelle Ausnahmen aus dem rekursiven Aufruf und dem `bgtask.get()` zusammenfasst und nach außen weiterreicht.

Aufruf auf später verschieben

Nicht immer muss `async` die zu berechnende Funktion in einem eigenen Thread ausführen. Sie wird ihrem Namen auch gerecht, wenn die Zielfunktion einfach noch nicht im Moment ihrer *Erzeugung* ausgeführt wird, sondern erst im Moment der *Anforderung* — als *verzögerte Ausführung* (*deferred execution*).

Dafür können Sie `async` eine *Launch Policy* (in etwa *Startrichtlinie* oder *Ausführungsart*) mitgeben. Der Default `launch::any` erlaubt der Plattform, die Ausführungsart selbst festzulegen. Mit `launch::async` können Sie die Parallelität erzwingen. Die Alternative dazu ist `launch::deferred`:

▶ `async(lauch::async, langeBerechnung)` — garantiert parallel

▶ `async(lauch::deferred, langeBerechnung)` — Ausführung erst bei `get()`

▶ `async(langeBerechnung)` — Plattform wählt Ausführungsart.

In den meisten Fällen können Sie die Bibliothek den besten Weg auswählen lassen. Die sollte dann sicherstellen, dass Sie Ihre Maschine nicht mit zu vielen Threads überlasten, aber die Möglichkeiten mehrerer vorhandener Kerne ausnutzen. Die Bibliothek weiß es aber nicht immer so gut wie der Programmierer, wann welche Policy am besten ist [9]. So können Sie für spezielle Anforderungen oder bestimmte Anwendungen selbst die Kontrolle übernehmen.

Futures auseinandergenommen

Ein Future kann nicht nur mit `async` erzeugt werden. Wenn Sie unter seine Haube schauen, dann finden Sie *Promise* (*Versprechen*) — das Mittel, um das Ergebnis oder die Exception vom ausführenden Thread an den Aufrufer weiterzureichen. So gesehen, könnten Sie ein Promise als eine Art *Kanal* (*Channel*) zur Kommunikation zwischen Threads sehen [4]. Diesen Begriff findet man in manchen anderen APIs.

Das typische Vorgehen, wenn Sie mit Futures und Promises arbeiten, ist wie folgt [6]:

▶ neues `promise` erzeugen

▶ ein zum `promise` gehörendes `future` anfordern

▶ neuen `thread` starten und ihm das `promise` mitgeben

▶ im neuen Thread die eigentliche Berechnung durchführen, dem `promise` das Ergebnis zuweisen

▶ im Aufrufer warten, bis das `future` ein Ergebnis liefern kann

▶ den Wert des Ergebnisses vom `future` abholen

Der neue Thread, in dem die Berechnung asynchron ausgeführt wird, muss natürlich Zugriff auf das Promise haben, um mit dessen Hilfe zu kommunizieren. Sie können es dem neuen Thread zum Beispiel als Argument übergeben. So gehören ein Future und ein Promise immer zusammen. Das Future verbleibt beim Aufrufer zum Empfang der Nachricht mit `get()` (bei Channels entspricht das in etwa *receive*). Die aufgerufene Funktion bekommt das Promise und verwendet `set_value`, um ein Ergebnis zu senden (was bei Channels *send* entspräche). Tritt eine Exception auf, verwenden Sie stattdessen `set_exception`.

Kommunikation mittels Promise und Future

Konkret heißt das: Wenn wir eine Funktion asynchron, zum Beispiel einen `int`, berechnen lassen wollen, dann machen wir ein »Versprechen«, dass wir den `int` berechnen werden. Dieses erzeugen wir mit

```
promise<int> intPromise;
```

Von diesem Promise fordern wir dann mit `get_future()` ein `future` für den Verbleib im Aufrufer an, während das `intPromise` selbst in die asynchrone Funktion mit `move()` verschoben wird — ein Promise kann nicht kopiert werden:

```
#include <future>
void langeBerechnung(promise<int> intPromise) {
  try {
    int result = ackermann(3,12);
    intPromise.set_value(result);                        // Ergebnis mitteilen
  } catch (exception e) {
    intPromise.set_exception(make_exception_ptr(e));     // Exception mitteilen
  } catch (...) {
    intPromise.set_exception(current_exception());       // Exc. ohne Namen
  }
}
int main () {
  promise<int> intPromise;                               // Promise erzeugen
  future<int> intFuture = intPromise.get_future();       // Future anfordern
  thread th{ langeBerechnung,                            // starten
            move(intPromise) };                          // Promise übergeben
  th.detach();                                           // weiterlaufen lassen
  // könnte eine Exception werfen:
  int result = intFuture.get();                          // Ergebnis anfordern
  cout << result << endl;
}
```

Listing 51.3 Ein »future« und ein »promise« arbeiten zusammen.

In `main()` geschieht der eben geschilderte Ablauf. Zunächst wird ein neues promise für ein int-Ergebnis erzeugt. Von dem fordern Sie dann mit get_future ein assoziiertes Future an, das im Hauptthread verbleibt.

Der gestartete Thread

In diesem Beispiel wird für die eigentliche Ausführung dann ein Thread erzeugt. Aber Sie können sich hier ebenso gut eine ausgefallenere Methode einfallen lassen, die neue Aufgabe zu verteilen, zum Beispiel eine asynchrone Warteschlange, die Aufgaben abarbeitet, solange welche da sind [4]. Das intPromise wird der im Thread auszuführenden Funktion als Parameter übergeben — kopieren ist nicht möglich, daher wird intPromise mit move() verschoben. Das nachfolgende th.detach() löst den neu gestarteten Thread von der Variablen th. In unserem kleinen Beispiel könnte es sonst passieren, dass langeBerechnung noch läuft, wenn der Hauptthread den Gültigkeitsbereich von th schon verlassen hat. Dann würde bei der Beendigung des Threads eventuell in einen Speicherbereich geschrieben, der nicht mehr gültig ist. Das verhindert die Standardbibliothek rigoros, indem der thread-Destruktor im Falle eines noch laufenden Threads terminate() aufruft und somit das Programm abrupt beendet. Durch detach() wird diese Verbindung gelöst. Stattdessen hätten wir auch vor dem Verlassen von main() mit th.join() sicherstellen können, dass th erst ungültig wird, wenn der Thread auch fertig ist (siehe Kapitel 50, »Threads als Basis für Parallelität«).

Ergebnis als Wert oder Exception

Die von thread gestartete Funktion langeBerechnung hat als Parameter das int-Promise zur Kommunikation mit dem Aufrufer mitbekommen. Führt die Berechnung zum regulären Ergebnis, kommunizieren Sie dies über intPromise.set_value().

Weil innerhalb von thread unbehandelte Exceptions zu terminate() und damit zum Ende des Programms führen, ist hier die eigene Ausnahmebehandlung wichtig. Wollen Sie eine Exception kommunizieren, verwenden Sie intPromise.set_exception(). Das macht man meistens in einem catch-Block. Wenn Sie die Exception in einer Variablen e halten, können Sie sich mit make_exception_ptr(e) eine Referenz holen, die das promise bis zur Abholung mit get() zwischenspeichern kann. Halten Sie die Exception *nicht* in einer Variablen, dann können Sie diese Referenz mit current_exception() erhalten.

Im Hauptthread wird dann mit get() das Ergebnis angefragt. Dieser Aufruf wartet so lange, bis es bereitsteht. Das kann der reguläre Wert sein, der dann result zugewiesen wird, oder eine gespeicherte Exception, die dann hier im Hauptthread wieder ausgelöst wird.

Ein Zusammenspiel von Threads, Promises und selbst erzeugten Futures kann zum Beispiel *Asynchrone Ein- und Ausgabe* realisieren. Anthony Williams zeigt dies exemplarisch mit einer Klasse aio in [1]. Asynchrone Ein- und Ausgabe spielt in modernen Programmierparadigmen eine zunehmende Rolle. Deswegen lohnt sich auch ein Blick auf andere Implementierungen wie *Asio C++* aus [8].

Zur Task zusammenschnüren

Wenn Sie async verwenden, taucht praktischerweise der Promise-Teil der Kommunikation gar nicht auf, da dieser im Normalfall ohnehin immer sehr ähnlich aussähe. Dafür wird aber entweder die Ausführung *sofort* oder im Moment des Aufrufs von get() gestartet.

Wollen Sie mehr Kontrolle darüber haben, wann die Berechnung ausgeführt wird, können Sie packaged_task verwenden. Auch hier hat der Benutzer nur mit dem Future-Teil der Kommunikation zu tun. Das Vorbereiten der Berechnungsfunktion und das Anstoßen der Berechnung wird hier voneinander getrennt.

```
#include <future>
int main () {
  packaged_task<int(void)> task1 {      // Signatur der Restfunktion
    bind(&ackermann, 3,11) };           // ackermann(3,11) vorbereiten
```

```
auto f1 = task1.get_future();          // Kommunikationskanal
thread th1 { move(task1) };             // In neuen Thread
cout << "  ack(3,11):" << f1.get() << endl; // Ergebnis abholen
th1.join();
}
```

Listing 51.4 Packaged Task vorbereiten für die spätere Ausführung

Den Umgang mit `get_future` und `get` kennen Sie schon. Neu ist, dass Sie mit `task1` den späteren Funktionsaufruf schon vorbereiten. Der Template-Parameter von `packaged_task` spiegelt die Signatur der *später* aufzurufenden Funktion wider: `int(void)` ist eine Funktion ohne Parameter, die einen `int` zurückliefert. Da `ackermann` aber eigentlich zwei Parameter bekommt, benutzen wir `bind`, um diese schon vorzubelegen und eine Funktion ohne Parameter zu machen. Wir hätten auch ein Lambda verwenden können (siehe Kapitel 47, »function und bind«):

```
{ return ackermann(3,11); }
```

Wir könnten nun jederzeit die Ausführung der Funktion mit `task1();` anstoßen. Im Beispiel soll dies aber in einem neuen Thread geschehen. Dafür erzeugen wir ein `thread`-Objekt mit der Task als Parameter. Auch Tasks lassen sich nicht kopieren, sondern nur verschieben, deswegen ist `move` notwendig.[2]

Die Task sorgt dafür, dass das Berechnungsergebnis intern über ein Promise kommuniziert wird und über das Future `f1` abgefragt werden kann. Das `join()` stellt wieder sicher, dass der Thread sauber beendet ist, wenn `th1` seinen Gültigkeitsbereich verlässt.

Für ein anderes Szenario, bei dem wir noch nicht im Moment des Erzeugens der `packaged_task` alle Argumente festlegen wollen, sondern erst beim Starten des Threads, ergeben sich kleine Unterschiede:

```
#include <future>
int main () {
  packaged_task<int(int,int)> task2 { &ackermann }; // andere Signatur
  auto f2 = task2.get_future();
  thread th2 { move(task2), 3, 12 };                // Parameter hier
  cout << "  ack(3,12):" << f2.get() << endl;
  th2.join();
}
```

Listing 51.5 Packaged Task erst später mit Argumenten versorgen

---

2 Die aktuellen *gcc*-Versionen 4.6 und 4.7.0-beta können mit Move-Only-Funktionsobjekten für Threads noch nicht umgehen und liefern einen Fehler. Eine alternative, kommerzielle Implementierung, die unter gcc-4.6 und MSVC2010 funktioniert, finden Sie unter [2].

Die Signatur, die beim Konstruieren von `packaged_task` angegeben werden muss, ist immer die, die für den wirklichen Aufruf — hier durch `thread` — übrig bleibt. Da wir `ackermann` ohne schon vorher gebundene Parameter in `task2` einpacken, ist dies eine Funktion, die zwei `int` bekommt und einen zurückliefert, also `int(int,int)`. Diese Signatur entscheidet darüber, dass wir jederzeit zum Beispiel `task2(3,12);` aufrufen könnten. Da diese Aufgabe aber nun `thread` übernehmen soll, werden diese beiden Parameter jetzt zusätzlich bei der Threaderzeugung mit angegeben.

Threadpools

Diese *Packaged Tasks* sind so gestaltet, dass Sie aus ihnen *Threadpools* aufbauen könnten. Funktionen und Parameter sind schon zu *Tasks* zusammengeschnürt, Sie können sie in einen (synchronisierten) Container packen, an dem so viele *Workerthreads* arbeiten, wie das System verkraften kann [7].

[+]

> **Mantra**
>
> `async` bietet ein höheres Interface als `thread`. Im Inneren tun `future` und `promise` ihr Werk.

Verweise

[1] **Multithreading in C++0x part 8: Futures, Promises and Asynchronous Function Calls**, Anthony Williams, Just Software Solutions Ltd; Thursday, 11 February 2010,
http://www.justsoftwaresolutions.co.uk/threading/multithreading-in-c++0x-part-8-futures-and-promises.html
[2011-09-25]

[2] **just::thread C++ Thread Library**, Just Software Solutions,
http://www.stdthread.co.uk/ [2011-09-26]

[3] **30.6.1 Futures [futures]**, C++11

[4] **Broken promises - C++0x futures**, Bartosz Milewski,
https://bartoszmilewski.wordpress.com/2009/03/03/broken-promises-c0x-futures/ [2011-09-25]

[5] **An Asynchronous Call for C++**, Lawrence Crowl, N2889,
http://www.open-std.org/jtc1/sc22/wg21/docs/papers/2009/n2889.html [2011-09-25]

[6] **An Asynchronous Future Value (revised)**, Vollmann, Hinnant, Williams, N2627,
http://www.open-std.org/jtc1/sc22/wg21/docs/papers/2008/n2627.html

[7] **Packaging Tasks for Asynchronous Execution**, Anthony Williams, N2709,
http://www.open-std.org/jtc1/sc22/wg21/docs/papers/2008/n2709.html

[8] **Asio C++ Library**,
http://think-async.com/ [2011-10-03]

[9] **Async Tasks in C++11: Not Quite There Yet**, Bartosz Milewski, October 10, 2011,
http://blog.corensic.com/2011/10/10/ [2011-12-04]

52   Lebensdauer von Daten

[thread.datalife] Bei mehrläufigen Programmen ist die Kontrolle darüber, welche Daten von den Threads gemeinsam genutzt werden sollen, von zentraler Bedeutung. Für die maximale Sicherheit durch Trennung kopiert die Klasse thread beim Erzeugen alle Argumente. Das gilt auch dann, wenn das Argument der Zielfunktion *by-reference* deklariert ist [1].

Möchten Sie, dass eine von thread erzeugte Funktion gemeinsam mit dem Vaterthread auf Daten arbeitet, dann dürfen Sie dieses thread nicht als Argument übergeben, sondern sollten ein Lambda mit einer *Capture-Referenz* verwenden [1]:

```
#include <thread>
void show(int bgcolor, const Image& image);
void run() {
  int red;
  Image img;
  thread th{
    [&img](int c){ show(c, img); }, red }; // Thread verwendet img
  th.join();
}
```

Listing 52.1 »thread th« soll »img« als gemeinsame Daten verwenden.

Hintergrund und Beispielcode

Der Versuch, nicht ein Lambda zu verwenden, sondern nach dem Funktionspointer für show die Argumente aufzulisten, würde nicht das gewünschte Ergebnis erzielen:

```
void show(int bgcolor, const Image& image);
void run() {
  int red;
  Image img;
  thread th{
    show,
    red, img}; // Achtung! Hier würde auch 'img' kopiert
  th.join();
}
```

Listing 52.2 »thread« kopiert alle nötigen Argumente, auch solche, die der Zielfunktion als Referenz übergeben werden.

Bevor thread also show() aufruft, erzeugt er für den neuen Thread eine Kopie von red und img.

Sie dürfen natürlich nicht vergessen, dass der Compiler es nur gut mit Ihnen meint. Schließlich ist gemeinsamer Zugriff eine gefährliche Sache. Das gilt für die Synchronisation genauso wie für die Lebensdauer der referenzierten Daten.

Auf den Thread warten

Besondere Vorsicht ist schon geboten, wenn ein Thread noch läuft, aber der Gültigkeitsbereich der Threadvariablen verlassen wird [2]:

```
void wert_aendern(int *wert) {
  *wert = 42;
}
void run() {
  int i;
  thread th{ wert_aendern, &i };
} // hier läuft th vielleicht noch und könnte auf i zugreifen
```

Listing 52.3 Thread läuft vielleicht noch und greift auf »i« zu, wenn »run« verlassen wurde.

Es könnte sein, dass der erzeugte Thread noch läuft, die Variable th aber ihren Gültigkeitsbereich verlässt und weggeräumt wird. Wenn das der Fall ist, ruft der Destruktor von thread std::terminate() auf — das Programm wird sofort beendet. Das soll verhindern, dass ein Thread unkontrolliert weiterläuft und auf Speicherbereiche schreibend (oder auch nur lesend) zugreift, die gar nicht mehr für ihn vorgesehen sind.

Vor dem Verlassen von run sollten Sie hier also

▶ mit th.join() darauf warten, dass der Thread fertig gelaufen ist oder

▶ mit th.detach() die Verbindung des Threads zur Threadvariablen th lösen, damit diese nicht mehr für ihn »verantwortlich« ist.

Der letztere Fall ist natürlich mit Vorsicht zu genießen, denn dann muss der Programmierer sicherstellen, dass alle benötigten Daten des Threads über die Gültigkeit der Threadvariablen hinaus zugreifbar bleiben.

Gültigkeit

Referenzen (oder Pointer) zu verwenden ist immer verlockend, wenn Sie optimale Ausführungsgeschwindigkeit erreichen möchten. Doch gerade die Gültigkeit von Daten ist im Multithreadingumfeld kritisch und nicht immer so leicht zu durchschauen wie hier:

```
{
    Image pic;
    // ...
    thread th1{ [&]{ show(pic); } };    // riskante Referenz
    thread th2{ [=]{ show(pic); } };    // sichere Kopie
    thread th3{ show, pic };            // ebenfalls Kopie
    thread th4{ show, ref(pic) };       // Alternative für Referenz
    thread th5{ show, move(pic) };      // sicher und schnell: Verschieben statt Kopie
} // img wird ungültig
```

Listing 52.4 Die Gültigkeit von geteilten Daten ist ebenfalls zu beachten.

Sie müssen beachten, dass pic beim Verlassen des Blocks ungültig wird. Es kann ja sein, dass show recht lange seine Arbeit tun wird. Wenn pic beim Verlassen seines Blocks zerstört wurde, dann ist es auch für th1 und th4 nicht mehr vorhanden. Ein Programmabsturz beim Versuch, daraus zu lesen oder zu schreiben, wäre wahrscheinlich.

Die Threads th2 und th3 werden auf Kopien von pic arbeiten. Deren Gültigkeitsbereich ist also von pic unabhängig, und es ist sicher, dass diese Threads auch als Langläufer auf ihren Kopien arbeiten können.

Daher ist es gut, dass es zum Standardverhalten zum thread gehört, dass es die Argumente für die aufzurufende Funktion *auf jeden Fall kopiert*. Es ist der sicherere Weg — wenn Sie ein anderes Verhalten benötigen, müssen Sie es explizit so programmieren.

Synchronisieren

Das zweite Risiko, das immer bei Verwendung geteilter Daten mit Threads auftritt, ist natürlich eine eventuell nötige Synchronisation von Schreib- und Lesezugriffen, wie es hier bei th1 der Fall sein könnte. Wie wir bei img in Listing 52.1 gesehen haben, kann das in einigen Fällen erwünscht sein — doch das ist immer riskant und fehlerträchtig und muss sehr sorgfältig programmiert werden. Eine *Capture-all Clause* ist hier besonders gefährlich. Für th1 wäre hier eine Einschränkung auf pic mit [&pic] besonders angebracht (siehe Kapitel 17, »Zugriffsdeklaration für Lambda«).

Eine Alternative, um der Funktion, die im Thread ausgeführt wird, keine Kopie, sondern eine Referenz mitzugeben, ist die Funktion ref(), wie im Beispiel für th4. Diese Form der Referenz wird der Compiler nicht entfernen. Wenn also show(Image&) deklariert ist, dann bekommt die Funktion eine *Referenz* auf das Original. Es gäbe auch cref(), um ein const Image& zu übergeben, aber da ist es einfacher, die Funktion ist selbst passend deklariert, also show(const Image&) — das const wird dann auch bei ref() automatisch hinzugefügt.

Während sich `ref()` sehr kurz schreiben lässt, hätte ein Lambda noch die Flexibilität, eine kleine Funktion vor Ort unterzubringen. Welchen Weg Sie nun wählen — ob `ref()`, ein Lambda oder etwas anderes — hängt von der zu lösenden Aufgabe ab.

Verschieben, wo es geht

Zum Glück kann der Compiler aber auch eine Kopie einsparen, wenn diese nicht wirklich nötig ist. Vielleicht haben wir das Argument ja extra für den Threadaufruf als temporäre Variable erzeugt:

```
thread th5{ show, move(pic) };          // wie oben
thread thi{ show, Image{filename} };
Matrix a,b,c,d;
thread thm{ multiply, a+b, c+d };
```

Listing 52.5 Der Compiler vermeidet die Kopie, wenn er verschieben kann.

Für `thi` wird mit `Image{filename}` extra das Argument mit einem Konstruktor erzeugt — als *temporäre Variable*. In diesem Fall vermeidet `thread` die *Kopie* und verwendet stattdessen *Verschieben* mit dem *Verschiebekonstruktor* `Image(Image&&)`. Wenn die Klasse diesen Konstruktor unterstützt, wird also viel eingespart.

Auch `a+b` erzeugt eine temporäre Variable. Wenn es einen Konstruktor `Matrix(Matrix &&)` gibt, dann wird der temporäre Wert nicht extra für den Thread noch einmal kopiert, sondern per Verschieben übergeben.

Wenn es die Aufgabenstellung zulässt, ist es eine gute Alternative, das Argument absichtlich in die Zielfunktion zu verschieben. Das können Sie mit `move()` bewerkstelligen, wie es zum Beispiel in `th5` passiert.

[+]

> **Mantra**
>
> `thread` kopiert alle Argumente für die aufzurufende Funktion. Eine Alternative ist das explizite Verschieben mit `move()`.
>
> Mit einem *Capture-by-Reference* und einem Lambda kannst du die Kopie für zu teilende Daten umgehen. Achte dann besonders auf den Gültigkeitsbereich der Daten.

Verweise

[1] **Overview of the New C++ (C++11)**, Scott Meyers, Rev. 2011-10

[2] **Designing Multithreaded Programs in C++0x**, Anthony Williams, 23rd April 2009, *http://www.justsoftwaresolutions.co.uk/files/designing_mt_programs.pdf* [2011-09-26]

[3] **30.2.6 decay_copy [thread.decaycopy]**

[4] **20.9.7.6 Other transformations [meta.trans.other]**

53 Mutexe, Locks und mehr

[thread.mutex] Jeder Zugriff auf geteilte Variablen, bei dem mindestens einer ein Schreibzugriff sein kann, sollte ordentlich *synchronisiert* werden. Andernfalls könnten mehrere Threads beim gleichzeitigen Zugriff auf dieselben Objekte die Daten überschreiben oder modifizieren. Da dies von der quasi-zufälligen Reihenfolge abhängt, in der die Threads laufen, kann der Compiler nicht garantieren, dass das Programm sich immer gleich (oder vorhersehbar, *deterministisch*) verhält. Sogenannte *Data Races* müssen Sie vermeiden.

Das können Sie auf viele Arten tun. Hier zum Beispiel ein *Mutex* (*Mutual Exclusion*, gegenseitiger Ausschluss), bei dem mit einem *Scoped Lock* verhindert wird, dass zwei Threads gleichzeitig eine Variable schreiben:

```
#include <thread> // thread
#include <mutex>  // mutex, lock_guard
int counter = 0;
mutex counter_mtx;
void inc() {
   lock_guard<mutex> lk{ // schützt in seinem Scope
      counter_mtx };
   ++counter;              // kritischer Bereich
}
void million() {
   for(int i=0; i<1000000; ++i)
      inc();
}
int main() {
   thread th1{ million };
   thread th2{ million };
   thread th3{ million };
   for(auto th : { &th1, &th2, &th3 })
      th->join();
   cout << counter << endl;
};
```

Listing 53.1 Ein sehr kurzes Mutex-Lock-Beispiel

Hätten wir statt inc() zum Beispiel direkt ++counter geschrieben — also die Variable ohne den Lock verändert —, dann wäre es sehr wahrscheinlich passiert, dass zwei Threads gleichzeitig ++counter ausführen. In der Praxis wird einer der Threads »gewinnen« und nur sein Ergebnis geschrieben. Der andere wird sein ++counter ausführen, das aber ohne Wirkung bleibt.

Hintergrund und Beispielcode

Der Mutex `counter_mtx` wird als »Anker« verwendet, um mit dem `lock_guard` einen *kritischen Bereich*, der Synchronisation erfordert, zu schützen. Gäbe es mehrere Stellen, an denen `counter` geschützt werden müsste, dann würde es mehrere Lock-Variablen geben, aber alle würden den `counter_mtx` verwenden.

Solange die `lock_guard`-Variable gültig ist, ist der ihr zugeordnete Mutex *gesperrt*. Kommt irgendein Thread an einen Lock eines schon gesperrten Mutex, dann wartet dieser darauf, dass der andere den Mutex wieder freigibt — erst dann läuft der Wartende in den geschützten Bereich ein. Daher kann immer nur ein einziger Thread zu ++counter gelangen. Somit ist sichergestellt, dass `counter` am Ende auch wirklich den Wert 3 Millionen enthält.

Wenn ich in diesem Moment `inc()` durch ++counter austausche und das Programm einige Male ausführe bekomme ich — wie erwartet — immer andere Ergebnisse: 2112207, 2117742, 2397143, 2101212 etc. Bei einem solch einfachen Programm ist das harmlos. Komplexere Programme stürzen häufig ab. Schlimm: Manchmal nur unter bestimmten Bedingungen, manchmal nur auf bestimmten Maschinen.

Automatisch geschützt

Um Locks und Mutexe einmal in Aktion zu sehen, möchten wir deren Zusammenwirken mit *RAII* (siehe Kapitel 1, »Resource Acquisition Is Initialization«) an einem nützlichen Beispiel aus [1] präsentieren.

Die Ursprungsproblematik ist, dass normalerweise jede Datenentität ihren eigenen Mutex benötigt, der dann beim Zugriff immer mit einem Lock versehen werden muss — und nicht aus Versehen ein anderer:

```
mutex m1;
int value1;
mutex m2;
int value2;
int readValue1() {
  lock_guard<mutex> lk{m1};
  return value1;
}
int readValue2() {
  lock_guard<mutex> lk{m1}; // Ups: Falscher Mutex!
  return value2;
}
```

Listing 53.2 Aus Versehen den falschen Mutex für die Variable verwendet

Das wird dazu führen, dass `value2` nun ungeschützt gelesen wird und der Zugriff auf `value1` unnötig gebremst wird.

Besser wäre es, ein Wert wäre mit seinem Mutex fest verbunden. Neben dem Verhindern von lästigen Copy-&-Paste-Fehlern würde sich auch die Lesbarkeit des Codes erhöhen.

Die Lösung bietet das Template `SynchonizedValue<T>`, das einen Wert vom Typ `T` einpackt und beinahe transparent nach außen weitergibt. Ähnlich wie zum Beispiel `unique_ptr` verwendet `SynchonizedValue` die Operatoren `->` und `*` für den Zugriff. Packen Sie einen `string` ein, bedient sich das so:

```
SynchronizedValue<string> value3;
string readValue3() {
    return *value3;        // Lesen des Inhalts
}
void setValue3(string const& newVal) {
    *value3 = newVal;      // Neuen Wert zuweisen
}
void appendToValue3(string const &extra) {
    value3->append(extra); // Methodenaufruf
}
```

Listing 53.3 Transparente Operationen auf den gekapselten Wert

Die beiden Formen der Dereferenzierung liefern nicht direkt `string` zurück, sondern zunächst nur einmal *Proxyobjekte*. Die sind dann dafür verantwortlich, dass ein Lock gehalten wird, solange der Wert wirklich gelesen oder geschrieben wird. Durch eine automatische Typumwandlung von und nach `string` ist das für den Benutzer transparent.

Wenn Sie mehr als nur eine Schreibmethode wie `append()` aufrufen möchten, dann bedienen Sie sich am besten eines weiteren Proxyobjekts, das für die Dauer seiner Existenz den exklusiven Zugriff garantiert:

```
void addTrailingSlashIfMissing(SynchronizedValue<string> &path) {
    SynchronizedValue<string>::Updater u = path.update();
    if(u->empty() || (*u->rbegin() != '/')) {
        *u += '/';
    }
}
```

Listing 53.4 Geschützter Zugriff von längerer Dauer

Mit `path.update()` bekommen Sie ein Proxyobjekt zurück, das sich wiederum wie ein »Zeiger auf String« verhält. Nur dass diesmal der Lock besteht, solange u gültig ist. So können Sie sicher sein, dass zwischen dem Test, ob der String auf ein '/' endet, und dem Anfügen mit += niemand inzwischen path verändert hat.

Sie müssen hier auch nicht SynchronizedValue<string>::Updater schreiben, das haben wir zur Verdeutlichung getan. Der Compiler kann den Typ für uns einsetzen:

```
auto u = path.update();
```

Synchronisierter Wert

Der Quellcode zu SynchronizedValue besteht nur aus einem schlanken Headerfile aus [2] und ist leicht angepasst in Listing 53.5 zu sehen:

```
template<typename T>
class SynchronizedValue {
  T data;                                  // die eigentlichen Daten
  mutex m;                                 // der zugehörige Mutex
public:
  class Updater {
    friend class SynchronizedValue;
    unique_lock<mutex> lk;
    T& data;
    explicit Updater(SynchronizedValue& outer)
      : lk{outer.m}, data{outer.data} {}    // hier geschieht der Lock
  public:
    Updater(Updater&& other)
      : lk{move(other.lk)}, data{other.data} {}
    T* operator->() { return &data; }
    T& operator*() { return data; }
  }; // end Updater
  Updater operator->() { return Updater{*this}; }
  Updater update()     { return Updater{*this}; }
private:
  class Deref {
    friend class SynchronizedValue;
    unique_lock<mutex> lk;
    T& data;
    explicit Deref(SynchronizedValue& outer)
      : lk{outer.m}, data{outer.data}  {}   // hier geschieht der Lock
    Deref(Deref&& other)
      : lk{move(other.lk)}, data{other.data} {}
  public:
    operator T() { return data; }           // automatisch Lese-Kopie
    Deref& operator=(T const& newVal) {      // setze neuen Wert
      data = newVal;
      return *this;
```

```
    }
  }; // end Deref
public:
  Deref operator*() { return Deref{*this}; } // geschützt schreiben
};
```

Listing 53.5 Auszug aus dem »SynchronizedValue«-Template

Die Variable T data und der dazugehörige mutex m spielen die zentrale Rolle. Mit den Zugriffsfunktionen bedient sich die Klasse beinahe wie ein Zeiger-auf-T:

▶ Deref operator*()

▶ Updater operator->()

▶ Updater update()

Wenn ein Deref oder Updater als Proxyobjekt zurückgeliefert wird, dann setzt dies auch gleichzeitig den Lock auf den Mutex m, so dass konkurrierende Zugriffe warten müssen. Hier wird unique_lock verwendet, der eine etwas flexiblere Schnittstelle als lock_guard bietet. Sobald das Proxyobjekt ungültig wird (weil sein Scope verlassen wird), wird in dessen automatisch generiertem Destruktor der Lock jeweils wieder freigegeben.

Den wirklichen Lese- und Schreibzugriff erlaubt Deref mittels der Umwandlungsmöglichkeiten:

▶ operator T() für die automatische Konvertierung in den eigentlichen Typ

▶ Deref& operator=(T const& newVal), damit man neue Daten zuweisen kann

Lesen von SynchronizedValue<string> sync sieht dann zum Beispiel so aus:

▶ string x = *sync;

▶ void func(string x); func(*sync);

Dabei wird *immer* eine Kopie der Daten erstellt. Das ist unbedingt nötig, da auch das Nur-Lesen vor einem Schreibvorgang geschützt werden muss. Diese Kopie zu verändern hat natürlich keine Auswirkungen auf das eigentliche Datenobjekt.

Schreiben wird man deshalb also entweder durch die Zuweisung eines neuen Wertes mit *sync = newValue oder — wie schon gesehen —, indem man sich einen dauerhafteren Lock mit der update()-Methode holt.

Lazy Initialization

Mutexe und Locks (und besonders *Atomics* und *Fences*, siehe Kapitel 54, »Memory Order und Fences«) sind dafür ziemliche »Low-Level-Interfaces«. Oft kann aber dank »höherer« Mechanismen die Feinarbeit ganz verborgen bleiben, zum Beispiel durch die Funktion `call_once` mit einem `once_flag` der Standardbibliothek.

Manchmal hat man eine teuer aufzubauende Datenstruktur, die nur dann initialisiert werden soll, wenn sie wirklich benötigt wird, oder die Initialisierung soll in den Ablauf verlagert werden, damit das Starten des Programms nicht zu lange dauert.

Für singlethreaded Programme konnte man dafür schon jeher eine *lokale statische Variable* verwenden.

```
ExpensiveData& getExpensiveData() {
  static ExpensiveData expensiveData;
  return expensiveData;
}
```

Listing 53.6 Lokale statische Variablen werden beim ersten Passieren initialisiert.

Dieses Pattern konnte man bisher in Programmen mit mehreren Threads *nicht* einsetzen, weil immer die Gefahr bestand, dass zwei Threads gleichzeitig die `static`-Zeile zum ersten Mal passieren. Dann wäre `expensiveData` zweimal erzeugt worden und zwei unterschiedliche Instanzen würden im Programm verwendet.

In C++11 werden statische Variablen nun auch in einem multithreaded Programm *sicher* erzeugt. Damit wird dieses Vorgehen wieder möglich. Der Compiler kümmert sich nötigenfalls um die Synchronisation mehrerer Threads: Nötigenfalls warten mehrere vor dem `static`, während nur einer die Initialisierung vornimmt. Auf manchen Plattformen kann das eventuell sogar ohne Mutexe und Locks geschehen.[1]

In komplexeren Softwaresystemen[2] funktioniert auch der Ansatz mit der neuen Funktion `call_once()` [3]. Das Synchronisationsmittel ist dabei eine Instanz vom Typ `once_flag` [4]. Von der Klasse `LazyInit` können auch mehrere Instanzen existieren, jede mit ihrem eigenen `ExpensiveData`:

```
#include <mutex>  // once_flag, call_once
#include <memory> // unique_ptr
class LazyInit {
  mutable once_flag flag_;  // mutable: veränderbar in const-Methoden
  mutable unique_ptr<ExpensiveData> data_;
  void doInit() const {
    data_.reset(new ExpensiveData{});
  }
```

---

1 Der Java-Ansatz, dass der ausführbare Bytecode umgeschrieben wird und die Initialisierung löscht, ist im C++-Umfeld vielleicht möglich, aber eher unwahrscheinlich.
2 ... oder solange der gcc das Maschinenmodell noch nicht komplett unterstützt...

```
public:
  ExpensiveData const& getData() const {
    call_once(flag_, &LazyInit::doInit, this); // 1x aufrufen
    return *data_;
  }
};
```

Listing 53.7 »once_flag« verbirgt einen Großteil der Synchronisierungsmaschinerie.

Der Aufruf der `call_once`-Funktion sorgt mittels `flag_` dafür, dass die *Member-funktion* `doInit` nur einmal aufgerufen wird. Da es sich um eine Memberfunktion handelt, müssen wir dem tatsächlichen Aufruf noch `this` als Argument hinzufügen.

Wird die Methode `getData()` von mehreren Threads gleichzeitig aufgerufen, sorgen die Innereien von `flag_` zusammen mit `call_once` für die korrekte Synchronisation.

Eine kleine Anmerkung noch zu `mutable`, weil einem dies (zum Glück) selten unterkommt. Dies ist kein neuer C++11-Mechanismus: Mit `mutable` deklarierte Membervariablen können auch innerhalb von `const`-Methoden verändert werden. Das ist hier nötig, weil wir die eigentliche Initialisierung in einer solchen Funktion vornehmen wollen. Der Rückgabewert ist `const`, damit die benutzenden Threads diesen nicht verändern können — denn kein Schreibzugriff heißt, dass keine Synchronisation nötig ist. Sollte ein Thread schreiben müssen, fällt das `const` weg, und wie immer ist Synchronisationsaufwand nötig.

[+]

> **Mantra**
>
> C++11 bietet Mutexe und Locks als Basis zur Synchronisation.
>
> Für speziellere Aufgaben existieren viele andere Mechanismen, wie zum Beispiel `call_once`.

Verweise

[1] **Enforcing Correct Mutex Usage with Synchronized Values**, Anthony Williams, May 26, 2010, *http://drdobbs.com/cpp/225200269*

[2] **synchronized_value.hpp**, Anthony Williams, 2010 Just Software Solutions Ltd, *http://www.justsoftwaresolutions.co.uk* [2011-09-13]

[3] **30.4.4 Call once [thread.once]**, C++11

[4] **Lazy initialization and double-checked locking with atomics**, Anthony Williams, *http://www.justsoftwaresolutions.co.uk/threading/multithreading-in-c++0x-part-6-double-checked-locking.html* [2011-09-26]

54 Memory Order und Fences

[thread.dclp] Um schnell zu sein, nehmen sich Compiler und Prozessor die Freiheit heraus, Instruktionen und Speicherzugriffe umzuordnen. Das kann in bestimmten Fällen zu Schwierigkeiten führen, insbesondere wenn ein Programm auf mehreren CPUs gleichzeitig läuft.

Dem Benutzer werden in der Standardbibliothek Mittel in die Hand gegeben, das Verhalten von Compiler und Maschine im Detail zu beeinflussen. Er bekommt die Kontrolle über *Memory Barriers (Speicherbarrieren)* und *Fences (Zäune)* [1]. An manchen Stellen muss der Programmierer dem Compiler mitteilen, wann Speicherzugriffe auf keinen Fall von *einer* CPU umsortiert werden dürfen und auch bei *mehreren* CPUs in einer definierten Reihenfolge stattfinden müssen. Zum Beispiel darf in dem folgenden Beispiel [2] nicht auf »CPU 2« die Reihenfolge der beiden dargestellten Instruktionen vertauscht werden. Der CPU mag es so erscheinen, als ob diese beiden Instruktionen nichts miteinander zu tun haben und sie diese deshalb umordnen kann — davon muss man sie mit einer Speicherbarriere abhalten.

```
CPU 1:
  while(f == 0)
    { }
  write(x);

CPU 2:
  x = 42;
  // hier ist eine Speicherbarriere nötig
  f = 1;
```

Listing 54.1 Wenn eine Speicherbarriere nötig wird

Für die meisten Benutzer wird sich hier nicht viel ändern, sie können bei der Programmierung von Multithreading *Mutexe*, *Locks*, *Atomics* etc. verwenden. Wer aber schon mit *Speicherbarrieren* zu tun hatte, wird es begrüßen, dass C++11 diese jetzt unterstützt. Ein Blick in das API [1] wird dann genügen.

Für diejenigen, die sich an das Thema herantasten wollen, beschreiben wir in diesem Kapitel, wie man, von einem globalen Mutex ausgehend, zu einer Implementierung kommt, die eine Speicherbarriere einsetzt. Damit sollte dem Compiler und der CPU mehr Spielraum gelassen werden, um eine optimale Performance zu erreichen.

Hintergrund und Beispielcode

Als Programmierer sollten Sie darauf bauen, dass der Compiler die in Quellcode gegossene Intention in ein verlässliches Programm umsetzen kann. Mit der einen oder anderen Macke kommen Sie dabei schon klar.

Die Entwickler der Hardware und Compiler mussten ebenfalls mit einer »kleinen Macke klarkommen«: Mit dem Aufkommen von Mehrprozessorsystemen wurde irgendwann klar, dass das Maschinenmodell, das der C++-Standard zugrunde gelegt hat, zu allgemein gehalten ist, um verlässlich mehrläufigen Code zu produzieren. Bei der Implementierung mussten deshalb Einschränkungen vorgenommen werden, damit — wenn der *Benutzer* nicht eingeschränkt werden sollte — dennoch verlässliche (»deterministische«) Programme möglich waren.

Das in C++11 definierte Maschinenmodell beschreibt nun abstrakt, welche *Operationen* auf dem *Speicher* Veränderungen durchführen und wann diese in welchem Rahmen umorganisiert werden dürfen. Damit können sich Compiler- und Hardwarehersteller bei ihren Implementierungen darauf beziehen und verlässliche Unterstützung gewährleisten. Und die Benutzer können erwarten, dass Implementierungen des Standards, soweit fehlerfrei umgesetzt, auch gute Performance ergibt.

Data Race Free

Die Sicht, dass bei mehreren Threads doch »nur« mehrere sequenzielle Programme nebeneinander laufen, wird vor allem durch die modernen Architekturen aufgeweicht. CPUs machen Abhängigkeitsanalysen und ordnen Instruktionen um, unterbrechen zu beinahe beliebigen Zeitpunkten eine Berechnung.

```
Initial:   x = 0, y = 0
CPU 1                    CPU 2
   x = 1                    y = 1
   a = y                    b = x
```

Listing 54.2 Auf einer modernen Architektur (x86) kann hier auch »a=0, b=0« herauskommen.

So kann bei Listing 54.2 auf einem normalen Desktop-PC für (a,b) jedes der Ergebnisse (1,1), (1,0), (0,1) und sogar (0,0) herauskommen, weil die Hardware die Instruktionen umgeordnet hat [8].

Um darüber die Kontrolle zu haben, mussten sich Hardwarehersteller und Compilerbauer auf ein Modell einigen, auf das sie sich für ihre Designs und Überlegungen beziehen können.

Aus dem Dilemma

Bei den Implementierungen von Hardware, Compiler und Bibliotheken können Sie sich nun auf ein wohldefiniertes mehrprozessorfähiges Maschinenmodell beziehen.

Letztendlich wird sich für die meisten Benutzer von C++ nicht viel ändern. Und dennoch, an einigen Stellen kann auch der Programmierer als Endbenutzer aufatmen. Denn eines der Beispiele, mit denen man vielleicht irgendwann mal in Berührung kommt, ist das *Double-Checked Locking Pattern*, das wir exemplarisch einmal herausgreifen möchten, um zu beschreiben, warum eine Veränderung des Maschinenmodells in C++ nötig war. Oder wie es auch der *Stackoverflow*-Benutzer »MSalters« ausdrückte:

> *Das Double-Checked Locking Pattern ist wie ASCII und IEEE754-Fließkommazahlen. Man kann wohl annehmen, dass es auf jedem System, das einem jemals unter die Finger kommt, gut genug funktioniert, aber es ist nicht formal garantiert.*

Double-Checked Locking Pattern

Möchten Sie einen *Singleton* implementieren, können Sie eine statische Methode `instance()` schreiben, in der Sie entweder beim ersten Aufruf die frische und einzige Instanz erzeugen, oder eine schon initialisierte zurückliefern. Dazu bedarf es nur eines einzelnen Checks [3]:

```
// hpp-File
struct Singleton {
    static Singleton* instance();
private:
    static Singleton* pInstance;
};
// cpp-File
Singleton* Singleton::pInstance = nullptr;
Singleton* Singleton::instance() {
    if(pInstance == nullptr) // Check #1
        pInstance = new Singleton;
    return pInstance;
}
```

Listing 54.3 Singleton Pattern mit einem einzelnen Check

Bei mehreren Threads kann es jedoch passieren, dass zwei Threads beinahe gleichzeitig `instance()` aufrufen. Und wenn bei beiden der Check #1 ergibt, dass `new Singleton` ausgeführt werden muss, dann erhalten die beiden Aufrufer möglicherweise eine unterschiedliche (Nicht-Singleton)-Instanz zurück.

Aus Geschwindigkeitsgründen möchte man nicht jedes Mal in `instance()` einen expliziten Lock ausführen, denn ein Lock ist teuer — das sind hohe Kosten, die eigentlich nur für die einmalige Initialisierung investiert werden. Das Double-Checked Locking Pattern liefert hier Abhilfe. Aber Vorsicht: Nur in 99 % der Fälle, wie Sie in [5] sehen:

```
#include <mutex> // lock_guard, mutex
mutex mtx;
Singleton* Singleton::instance() {
  if(pInstance == nullptr) {        // Check #1
    lock_guard<mutex> lk{mtx};      // außen #a
    if(pInstance == nullptr) {      // Check #2
      pInstance = new Singleton;    // innen #i
    }
  }
  return pInstance;
}
```

Listing 54.4 99 % Sicherheit durch Double-Checked Locking

Bei der Initialisierung von `pInstance` bei #i müssen drei Dinge geschehen:

1. Speicher für das neue `Singleton`-Objekt allozieren

2. das `Singleton`-Objekt im Bereich des neu allozierten Speichers konstruieren

3. `pInstance` auf den neu allozierten Speicherbereich zeigen lassen

Der Compiler hat aber die Freiheit, insbesondere die Schritte 2 und 3 in beliebiger Reihenfolge auszuführen. Nehmen wir an, er hat sie zur Reihenfolge 1-3-2 umorganisiert, was ihm durchaus erlaubt ist, wenn der Konstruktor keine Exception verursacht. Dann kann das Folgende passieren:

▶ *Thread A* läuft in `instance()` ein, stellt fest, dass `pInstance` noch nicht gesetzt ist, sichert sich den `lock` und beginnt mit der Konstruktion. Der Thread führt 1. und 3. aus und wird dann zufällig vom Multithreading unterbrochen und pausiert.

▶ *Thread B* läuft in `instance()` ein, und #1 ergibt, dass `pInstance` schon gesetzt ist. Daher wird diese sofort zurückgeliefert.

Das Ergebnis ist, dass der Aufrufer auf einer noch nicht komplett initialisierten Objektinstanz arbeitet, und ein Programmabsturz kann die Folge sein.

Ob dieser Fall nie, selten oder häufig eintritt[1], sei jetzt einmal dahingestellt. Der Standard lässt dem Compiler genau diese Freiheiten.

Es sind viele Lösungsvorschläge durchdacht worden, wie der Programmierer den Compiler austricksen kann und ein garantiert funktionsfähiges instance() programmiert werden müsste. Doch es stellt sich heraus, dass dies ohne weitere Mechanismen nicht geht, wenn man nicht für jeden Zugriff einen Lock haben möchte.

Der Atomic-Versuch

C++11 liefert für allerlei Datentypen *atomare* Varianten. Bei denen ist garantiert, dass sie nicht während einer zweigeteilten Operation unterbrochen werden. Im folgenden Beispiel wird der Wert des Pointers mit load() gelesen und mit store() geschrieben — jeweils so, dass kein anderer Thread gleichzeitig die Pointervariable verändert.

```
#include <atomic>
struct Singleton {
  static Singleton* instance();
private:
  static atomic<Singleton*> pInstance;
};
atomic<Singleton*> Singleton::pInstance {nullptr};
Singleton* Singleton::instance() {
  static mutex m;
  Singleton* p = pInstance.load();
  if(pInstance == nullptr) {
    lock_guard<mutex> lock(m);
    if(pInstance == nullptr) {
      p = new Singleton;
      pInstance.store(p);
    }
  }
  return p;
}
```

Listing 54.5 Double-Check Locking mit Atomic

---

1 Wenn man davon ausgeht, dass durch die Umorganisation der Instruktionen dieser Fall eintreten kann, dann mag man sich eine Initialisierungsphase eines Programms denken, in der als Erstes 50 identische Threads starten, von denen sich jeder sofort mit instance() den Singleton holen möchte. Das wäre dann genau die Situation, die eigentlich selten eintreten sollte.

Die Kosten der Sperre durch `load()`/`store()` lassen sich noch reduzieren. Das erfordert etwas mehr Handarbeit und die genaue Kenntnis der Zustände im Speicher.

Memory Ordering

Was Sie dazu brauchen, ist eine von der Sprache unterstützte Lösung für die Reihenfolge von Speicheroperationen (*Memory Order*) [6]. Dazu teilen wir Compiler und CPU mit, dass die Lese- und die Schreiboperationen in einer bestimmten Reihenfolge zu erfolgen haben.

```
#include <atomic> // atomic_* memory_order_*
Singleton* Singleton::instance() {
  static mutex m;
  Singleton* result =
    atomic_load_explicit(&pInstance, memory_order_acquire);
  if(result == nullptr) {
    lock_guard<mutex> lock(m);
    if(result == nullptr) {
      result = new Singleton; // erzeugen #e
      atomic_store_explicit(&pInstance, result, memory_order_release);
    }
  }
  return result;
}
```

Listing 54.6 Double-Check Locking mit Memory Order

Wenn ein nicht-`nullptr` in `pInstance` festgestellt wird, dann muss die komplette Erzeugung des neuen Objekts in #e abgeschlossen sein, bevor das Ergebnis wieder nach `pInstance` geschrieben wird.

Durch `atomic_load_explicit()` und `atomic_store_explicit()` sagen wir dem Compiler, dass diese Operationen in einer definierten Reihenfolge passieren müssen. Die Argumente `memory_order_acquire` und `memory_order_release` erlauben dem Compiler, die resultierenden Instruktionen nur in einer bestimmten Weise durchzuführen. Diese beiden sind aber weniger restriktiv als die bei `load()` und `store()` implizite `memory_order_seq_cst` — für eine genaue Besprechung der Optionen verweisen wir auf die Referenz [1] und die Literatur zur Theorie des C++11-Speichermodells, zum Beispiel [10].

Ganz kostenlos ist diese Implementierung auch nicht. Aber Sie können davon ausgehen, dass ein `atomic_load_explicit()` um vieles günstiger ist, als ein kompletter `lock` auf der äußersten Ebene.

Singleton

Dieses spezielle Problem der Initialisierung der Singleton-Instanz lässt sich aber auch einfacher lösen, nämlich mit einer `static`-Variable lokal innerhalb einer Funktion, wie in Kapitel 49, »Parallel arbeiten«, beschrieben. Aber an dem hier besprochenen Beispiel können Sie dennoch etwas über *Memory Ordering* und die dadurch aufgestellten Fences erkennen.

Diese Beispielimplementierungen des Singleton Patterns mit Double-Checked Locking soll darstellen, dass es mit dem neu eingeführten Maschinenmodell von C++11 und den zur Verfügung gestellten abstrakten Operationen auf Memory Ordering nun möglich ist, verlässliche mehrläufige Implementierungen zu schreiben. Viele Autoren argumentieren, das Singleton Pattern selbst sei meist »fragwürdig«, aber das ist eine andere Diskussion.

[+]

Mantra

C++11 definiert ein multithreadingfähiges Maschinenmodell mit passenden Werkzeugen zur garantierten Parallelisierbarkeit.

Verweise

[1] **29.8 Fences [atomics.fences]**, C++11

[2] **Memory Barrier**, Wikipedia,
https://secure.wikimedia.org/wikipedia/en/wiki/Memory_barrier [2011-09-14]

[3] **Design Patterns: Elements of Reusable Object-Oriented Software**, Erich Gamma, Richard Helm, Ralph Johnson, and John Vlissides, Addison-Wesley 1995

[4] **Modern C++ Design: Implementing Singletons**, Andrei Alexandrescu, Addison-Wesley 2001

[5] **C++ and the Perils of Double-Checked Locking**, Scott Meyers and Andrei Alexandrescu, Dr. Dobbs, September 2004,
http://drdobbs.com/cpp/184405726

[6] **Lazy initialization and double-checked locking with atomics**, Just Software Solutions Blog, *http://www.justsoftwaresolutions.co.uk/threading/multithreading-in-c++0x-part-6-double-checked-locking.html* [2011-05-01]

[7] **C++ singleton implementation, double-checked locking (answer)**, Stackoverflow,
http://stackoverflow.com/questions/4986899#4990826

[8] **The Language of Concurrency**, Bartosz Milewski,
http://www.corensic.com/Community/Resources/TheLanguageOfConcurrencyVideo.aspx [2011-09-25]

[9] **Mathematizing C++ Concurrency: The Post-Rapperswil Model**, Batty, Owens, Sarkar, Sewell, Weber, Rev. 5190, 2010-09-01,
http://www.cl.cam.ac.uk/~pes20/cpp/tech.pdf [2011-11-09]

[10] **Multicore Programming: C++0x**, Mark Batty,
http://www.cl.cam.ac.uk/teaching/1011/R204/slides-mjb.pdf

55 Reguläre Ausdrücke

[lib.regex] C++ beherrscht nun von Haus aus *reguläre Ausdrücke (Regular Expressions)*. Mit ihnen können Sie in Zeichenketten nach Mustern suchen und Teile daraus extrahieren.

```
#include <regex>
static const regex rgxMobile(R"(01[567]\d{6,10})"); // Handy 0151-0179
bool isMobilephone(const string& text) {
   return regex_match(text, rgxMobile);              // Passt text ganz?
}
bool containsMobilephone(const string &text) {
   return regex_search(text, rgxMobile);             // irgendwo in text?
}
void listMobilephones(const string &text) {
   sregex_iterator begin{ text.cbegin(), text.cend(), rgxMobile };
   sregex_iterator end;
   for(auto it = begin; it != end; ++it)
     cout << it->str() << " ";                        // Treffertext
} // "xyz01709999 abc 0161887766 uvw" -> "01709999 161887766"
```

Listing 55.1 Übereinstimmung, Suche und Aufzählung mit regulären Ausdrücken

Während `regex_match` prüft, ob ein Text insgesamt auf ein Muster passt, testet man mit `regex_search`, ob ein Muster in einem größeren Text überhaupt vorkommt.[1]

Mit diversen Iteratorklassen wie `sregex_iterator` können Sie über alle Treffer eines Musters in einem String iterieren.

Hintergrund und Beispielcode

Während `regex_match` immer prüft, ob der *gesamte* Text zum Muster passt, findet `regex_search` auch irgendwo im Text enthaltene Treffer [2]:

```
regex muster {"ello"};
string text = "Hello world";
regex_match (text.cbegin(), text.cend(), muster); // false; passt nicht
regex_search(text.cbegin(), text.cend(), muster); // true; gefunden
```

Listing 55.2 Suche und Übereinstimmung

---

1 Der gcc-4.7.0-beta kompiliert regex, aber die Funktionalität ist nicht komplett, siehe auch [5]. Die hier gezeigten Tests können für die Boost-Regex-Implementierung umgeschrieben werden.

Ergebnis und Teile davon

Sie können den Suchfunktionen optional einen Parameter mitgeben, in dem die genauen Details des Ergebnisses abgespeichert werden. Das ist meistens dann interessant, wenn Sie sich für die Start- und Endposition des Treffers oder gar für die überdeckten Teilausdrücke interessieren.

```cpp
cmatch res;                               // für Detailergebnisse
string text = "<h2>Ergebnis und Teile davon</h2>";
regex muster{"<h(.)>([^<]+)"};            // Suchmuster mit Gruppen
regex_search(text.c_str(), res, muster);  // Details nach res
cout << res[1] << ". "                    // ()-Gruppe 1: H-Ebene
     << res[2] << endl;                   // ()-Gruppe 2: H-Text
```

Listing 55.3 Zugriff auf die Trefferdetails

Das Ergebnis wird die Ausgabe `2. Ergebnis und Teile davon` sein: Die 2 ist die Überschriftebene aus `<h2>` und der Rest ist der Text zwischen den spitzen Klammern.

Gefundenes Ersetzen

Ebenso einfach ist es, sich einen neuen String zurückgeben zu lassen, in dem das gefundene Muster mit einem neuen Text ersetzt worden ist:

```cpp
string text = "Titel;Album;Interpret";
regex muster{";"};
string neu = regex_replace(text, muster, string{","});
```

Listing 55.4 Treffer durch neuen Text ersetzen

In dem neuen String `neu` sind dann *alle* Vorkommen des Musters »;« ersetzt durch »,«. Möchten Sie nur den ersten Treffer ersetzt haben, geben Sie `regex_replace` und als weiteren Parameter `regex_constants::format_first_only` mit.

Reich an Varianten

Wir haben schon gesehen, dass der Text, in dem gesucht werden soll, auf unterschiedliche Weisen übergeben werden kann. Die Funktionen sind in der Tat durch zahlreiche Überladungen sehr flexibel für die unterschiedlichsten Bedürfnisse.

Zum Beispiel gibt es von `regex_search` die Varianten, die man informell wie folgt zusammenfassen könnte [7]:

▶ Text, in dem gesucht werden soll, als `string`, `const char*` oder ein Paar Iteratoren

▶ optional `match_results`, wie oben `cmatch`

- das Muster als `regex`, das gesucht werden soll

- optional Flags, die mit dem Default `regex_constants::match_default` belegt werden, wenn man sie weglässt

Ähnliches gilt für `regex_match` und `regex_replace` ebenfalls.

Und damit nicht genug: Die regulären Ausdrücke der Standardbibliothek sind nicht auf Zeichenketten aus `char` beschränkt. Insbesondere `wchar_t` und dessen Stringvariante `wstring` wird unterstützt. Im Hintergrund werkeln allgemeine Templates, von denen das zentralste `regex_traits` ist. Dort werden die Funktionen zur Interpretation von regulären Ausdrücken und Texten zusammengefasst. Im Normalfall müssen Sie hier nicht selbst Hand anlegen, aber im Prinzip spricht nichts dagegen, dass Sie etwas anderes als »Zeichenkette« für einen regulären Ausdruck interpretieren. So erstrecken sich die Definitionen des Standards zum Beispiel nicht auf die neuen Unicodestringvarianten `u16string` und `u32string`. Konzeptionell steht der Verarbeitung dieser Strings jedoch nichts im Wege, erfordert womöglich nur eine gewisse Menge Handarbeit bei der Erweiterung der Templates.

Die Details der Suchergebnisse haben wir in Listing 55.3 in einer Instanz von `cmatch` gespeichert. Das ist aber eigentlich nur ein `typedef` für ein Template von `match_results` für die Suche in einem `string`. Für die anderen Suchtypen gibt es andere vordefinierte `typedef`:

- `smatch` für eine Suche in `string`

- `cmatch` für eine Suche in `const char*`

- `wsmatch` für eine Suche in `wstring`

- `wcmatch` für eine Suche in `const wchar_t*`

Iteratoren

Außerdem haben wir in Listing 55.1 gesehen, dass neben Suche, Match und Ersetzen auch sukzessive über alle Treffer *iteriert* werden kann. Das geschieht mit der Templateklasse `regex_iterator`. Deren Arbeit auf `string` mit der Spezialisierung `sregex_iterator` haben wir schon gesehen. Für `char*`, `wstring` und `wchar_t*` existieren `typdef` mit `c`, `ws` und `wc` statt des `s` am Anfang.

Intern benutzt `regex_iterator` die Funktion `regex_search` zur Suche und ist somit nur eine Adapterklasse für die Iteratoren, die sie zur Verfügung stellt. Daher zeigen die auch »nur« auf entsprechende `mach_result`-Instanzen.

Wenn Sie alle Treffer in einem String aufzählen wollen, empfiehlt sich die Verwendung der Iteratorvarianten gegenüber einer Schleife mit `regex_match`. Es gibt

357

Fälle, in denen Sie sonst eine Endlosschleife produzieren können — dem sorgt `regex_iterator` vor. Daher empfiehlt sich gerade bei Regular Expressions, die auch auf den »leeren String« passen würden, wie `"(abc)*"`: Besser die Iteratorvariante verwenden [1].

Matches

Matches können aber noch mehr als — wie in Listing 55.1 gezeigt — den gefunden String mit `str()` ausgeben.

So können Sie mit `length()` und `position()` herausfinden, wo genau der Treffer im Text vorkommt. Den Text *vor* und *nach* dem Treffer können Sie mit `prefix().str()` und `suffix().str()` erhalten. Teilausdrücke, wie Sie schon in Listing 55.3 gesehen haben, können Sie mit `operator[]` erhalten.

Optionen

Reguläre Ausdrücke gibt es in der Programmierwelt in vielen (mehr oder weniger) unterschiedlichen Varianten. Wenn Sie nichts anderes angeben unterstützt C++11 die *ECMAScript*-Syntax — die man auch von JavaScript her kennt und die von den Grundzügen her einer Perl-Regular-Expression-Syntax verwandt ist. Wer sich mit einer der beiden auskennt, sollte sich in C++11 auch schnell zurechtfinden. Andere Varianten kann die Implementierung optional unterstützen, und die sind dann über den Konstruktoraufruf auszuwählen:

```
regex rgx(R"...", regex_constants::Syntax);
```

Hier ist Syntax eine Bitmaske, um einige unterschiedliche Syntaxvarianten auszuwählen. Der Standard sieht mindestens `ECMAScript`, `basic`, `extended`, `awk`, `grep` und `egrep` »flavor« vor. Implementierungen steht es frei, weitere »Geschmacksrichtungen« anzubieten.

Die Bitmaske kann die Syntax noch durch einige Modifizierer leicht verändern:

▶ `icase` — Groß- und Kleinschreibung ignorieren

▶ `nosubs` — Teilausdrücke nicht im Matchergebnis speichern

▶ `optimize` — Matchgeschwindigkeit präferieren

▶ `collate` — eingestelle Landessprache bei Ausdrücken wie `[a-z]` berücksichtigen

Geschwindigkeit

Bei der `optimize`-Option ist zu beachten, dass der Algorithmus den regulären Ausdruck dabei vorprozessiert. Das kann in manchen Fällen länger dauern und auch viel Speicher verbrauchen. Dafür ist das Ergebnis bei der Ausführung der

Suche schneller. Im Prinzip ist es eine Abwägung, wie oft der reguläre Ausdruck angewendet werden soll:

▶ Wird der Ausdruck nur ein- oder zweimal Funktionen wie `regex_search` oder `regex_match` übergeben, dann lohnt sich der Aufwand von `optimize` nicht.

▶ Wenden Sie ein Duzend Mal oder öfter die Such- und Ersetzfunktionen mit einer Regular Expression an, dann können Sie ingesamt durchaus Zeit sparen.

Im Normalfall müssen Sie sich darüber jedoch keine Gedanken machen. Für eine durchschnittlichen Ausdruck ist der Unterschied gering. Der Fall könnte bei langen, komplexen Ausdrücken auftreten, die viele Mehrdeutigkeiten und Überlappungen mit sich selbst haben. Eine Mehrdeutigkeit wäre zum Beispiel (`abc|abd`), weil `ab` von mehreren Teilausdrücken gematcht wird. Eine einfache Selbstüberlappung kommt in `ababa` vor: Bei `abab` fängt gleichzeitig auch ein neuer möglicher Treffer mit `ab` an. Dennoch sind solche Fälle meistens völlig unkritisch, und der Algorithmus kann sehr gut mit ihnen umgehen, ob »optimiert« oder nicht. Für gigantisch große, unüberschaubare und wenig spezifische Ausdrücke könnte eine Optimierung mal länger dauern und viel Speicher benötigen — aber weil sie dann schneller ausgeführt werden, kann sich der Aufwand bei mehrmaliger Anwendung trotzdem lohnen.[2]

Standardsyntax leicht gekürzt

Da der Default die *ECMAScript-Regular-Expression*-Syntax ist, wollen wir hier eine kurze Zusammenfassung der wichtigsten Elemente der Syntax geben (Tabelle 55.1). Eine ausführliche Syntax finden Sie zum Beispiel in [8] und [10].

ab	a gefolgt von b	a{n,m}	n bis m mal a
a|b	Alternative	( )	Gruppierung
.	beliebiges Zeichen	^ $	Stringanfang und -ende
a?	0 oder 1 mal a	[*klasse*]	Zeichen aus Klasse
a*	0 oder mehr mal	\d \w \s	Klassenkürzel
a+	1 oder mehr mal	\b	Wortgrenze

Tabelle 55.1 Sehr kurzer Überblick über die ECMAScript-Regex-Syntax

Mit [*klasse*] können Sie ein Zeichen aus einer Gruppe beschreiben. Dabei können Sie sowohl Zeichen aufzählen wie [`abcd`], Bereiche definieren [`A-Za-z`], invertieren [`^>`] (alles außer >) als auch *Klassennamen* verwenden wie [[`:alpha:`]].

---

2 Der Algorithmus wandelt den Ausdruck beim Optimieren in einen deterministischen endlichen Automaten (deterministic finite automata, DFA) um. Das kann im schlimmsten Fall quadratisch viel Zeit und Speicher benötigen.

Welche Klassennamen genau unterstützt werden, wird durch den verwendeten `regex_traits` bestimmt. Aber es existieren mindestens `alnum`, `alpha`, `blank`, `cntrl`, `digit`, `graph`, `lower`, `print`, `punct`, `space`, `upper`, `xdigit`, `d`, `s` und `w`. Sie entsprechen den C-Funktionsnamen wie `isalnum()`.

Für einige Klassennamen gibt es Abkürzungen. So können Sie zum Beispiel `\d` statt `[[:digit:]]` schreiben. Im Detail existieren in Tabelle 55.2 Abkürzungen.

`\d`	für `[[:digit:]]`	`\D`	für `[^[:digit:]]`
`\s`	für `[[:space:]]`	`\S`	für `[^[:space:]]`
`\w`	für `[_[:alnum:]]`	`\W`	für `[^_[:alnum:]]`

Tabelle 55.2 Abkürzungen für Zeichengruppen

Damit auch internationale Texte unterstützt werden, gibt es speziell dafür vorgesehene Gruppennamen. Es gibt die *Vergleichsgruppen* (*Collations*) wie `[[.span-ll.]]`. Damit kann im Spanischen `ll` als ein Zeichen gematched werden. Mit den *Äquivalenzgruppen* (*Equivalence Groups*) wie `[[=e=]]` werden im Französichen ein `e` und alle Accentvarianten è, é und ê gematcht.

Unterschiede im Algorithmus

Für die meisten Anwendungen sind die Feinheiten bei der Suche nach dem regulären Ausdruck wahrscheinlich nebensächlich. Wird zuerst ein kurzer String gefunden oder der, der weiter vorne steht? Diejenigen, die eher den Umgang mit Perl- oder POSIX-Ausdrücken gewohnt sind, könnten ins Stirnrunzeln geraten, daher möchten wir hier auf den kleinen Unterschied hinweisen.

Vergleicht man die Ergebnisse einer Suche nach POSIX-Standard und dem nach ECMAScript-Standard, dann ergibt sich Folgendes (Tabelle 55.3) [4]:

Suchmuster	Text	POSIX	ECMAScript
`a|ab`	`"xaby"`	`"ab"`	`"a"`
`.*(a|xayy)`	`"zzxayyzz"`	`"zzxayy"`	`"zzxa"`
`.*([[:alnum:]]+).*`	`" abc def xyz "`	`m[1] == "abc"`	`m[1] == "z"`

Tabelle 55.3 Unterschiede zwischen POSIX und ECMAScript bei regulären Ausdrücken

Die Ergebnisse unterscheiden sich also möglicherweise ein wenig:

▶ **ECMAScript**
Präferiert kürzere Treffer, wenn sie insgesamt zuerst einen Treffer liefern.

▶ **POSIX**
Liefert im Zweifel eher einen längeren Treffer zurück, der weiter links anfängt.

Mit den in Perl verfügbaren erweiterten Suchmöglichkeiten können beide Geschmacksrichtungen nicht mithalten. Im Vergleich zu POSIX bietet die ECMAScript-Variante aber den Vorteil, dass sie dem Autor oft das Schreiben eines intuitiveren Suchmusters erlaubt. Wer hat nicht schon einmal versucht, in einem HTML-Text per Regex ein öffnendes Element passend zum schließenden Element zu finden, also zum Beispiel `<font>...</font>`?

Der Versuch, das mit dem Suchmuster `<font[^>]*>.*</font>` zu erreichen, schlägt in beiden Fällen fehl, weil `.*` so viel Text konsumiert wie möglich. Es würden nicht nur die zueinander passenden Elemente gefunden, sondern alles bis zum letzten `</font>`-Element im Text — einschließlich weiterer `<font>` und `</font>`.

In der ECMAScript-Syntax können Sie im Vergleich zu POSIX (zum Beispiel) einen sich ansonsten »gierig« verhaltenden Teil des Ausdrucks durch Anhängen eines `?` »nicht gierig« machen. So erledigt das Muster `<font[^>]*>.*?</font>` die gestellte Aufgabe. Im Zweifel wird nun `.*` also eher einen Text konsumieren, der so kurz wie möglich ist.

Mantra	[+]

Such- und Ersetzfunktionalität mit regulären Ausdrücken sind nun in der C++-Standardbibliothek mit `regex` schon eingebaut.

Verweise

[1] **Overview of the New C++ (C++11)**, Scott Meyers, Rev. 2011-10

[2] **Getting started with C++ TR1 regular expressions**, John Cook,
http://www.johndcook.com/cpp_regex.html [2011-10-05]

[3] **Regular expressions library**, *http://en.cppreference.com/w/cpp/regex* [2011-10-05]

[4] **A Proposal to add Regular Expressions to the Standard Library**, John Maddock, N1429,
http://www.open-std.org/jtc1/sc22/wg21/docs/papers/2003/n1429.htm

[5] **GCC libstdc++; Implementation Status; C++ 200x**,
http://gcc.gnu.org/onlinedocs/libstdc++/manual/status.html#status.iso.200x

[6] **C++0x Regular Expressions**, Simon Andreas Frimann Lund, May 16, 2008,
http://www.diku.dk/forskning/performance-engineering/Generic-programming/Slides/regex.pdf [2011-10-05]

[7] **28.11.3 regex_search [re.alg.search]**, C++11

[8] **Final Draft Standard ECMA-262**, edition 5.1, march 2011 (rev 6),
http://www.ecma-international.org/publications/standards/Ecma-262.htm

[9] **Regular Expression Flavor Comparison**,
http://www.regular-expressions.info/refflavors.html [2011-10-06]

[10] **Regular Expression Basic Syntax Reference**,
http://www.regular-expressions.info/reference.html [2011-10-06]

56 Ende der Umrechnungsfehler

[lib.ratio] Mit `<ratio>` kommt ein Header in den Standard, mit dem der Compiler bei der Vermeidung von Umrechnungsfehlern von Einheiten helfen kann. In Millisekunden gerechnet, aber aus Versehen als Mikrosekunden interpretiert? In Yard gemessen, aber mit Metern weitergerechnet? Mit `<ratio>` können Sie daraus eine Fehlermeldung während der Übersetzung machen.

Der Header wird im Moment hauptsächlich für `duration` und `time_point` aus `<chrono>` eingesetzt, aber mit den darin verwendeten Ideen, können Sie sich seine eigene sichere Einheitenbehandlung bauen.

Hintergrund und Beispielcode

Hauptsächlich definiert der Header `<ratio>` die Klasse `ratio`, die zur *Übersetzungszeit* Berechnungen und Skalierungen durchführen kann [1]. Sie implementiert eine mathematische Bruchzahl und hat daher die zwei Elemente:

- `num` — *Numerator* oder *Zähler*

- `den` — *Denominator* oder *Nenner*

Ein `ratio<1,100>` stellt also den Faktor 1/100 dar.

Die Standardbibliothek stellt sicher, dass der Bruch immer auf Ganzzahlen normalisiert dargestellt ist. Der Typ `ratio<64,12>` ist also identisch zu `ratio<16,3>`. Denn es sind `ratio<64,12>::num == 16` und `ratio<64,12>::den == 12`.

Darauf aufbauend, lassen sich typsichere Umrechnungen implementieren, wie Sie sie mit `duration` in `<chrono>` finden, siehe Kapitel 57, »Rechnen mit Zeiteinheiten«.

Von klein bis groß

Während Zeiteinheiten mit Sechzigsteln usw. zu tun haben, definiert `<ratio>` eine Menge von SI-Präfixen vor — international standardisierten Namen, um mit einer Größe kombiniert zu werden und so die Einheit zu skalieren (1.000 Gramm sind ein *Kilo*gramm). Die mit »optional« markierten Extreme sind definiert, wenn `intmax_t` sie darstellen kann.

```
typedef ratio<1, 1000000000000000000000000> yocto; // optional
typedef ratio<1, 1000000000000000000000>    zepto; // optional
typedef ratio<1, 1000000000000000000>       atto;
typedef ratio<1, 1000000000000000>          femto;
typedef ratio<1, 1000000000000>             pico;
```

```
typedef ratio<1, 1000000000>                         nano;
typedef ratio<1, 1000000>                            micro;
typedef ratio<1, 1000>                               milli;
typedef ratio<1, 100>                                centi;
typedef ratio<1, 10>                                 deci;
typedef ratio<10, 1>                                 deca;
typedef ratio<100, 1>                                hecto;
typedef ratio<1000, 1>                               kilo;
typedef ratio<1000000, 1>                            mega;
typedef ratio<1000000000, 1>                         giga;
typedef ratio<1000000000000, 1>                      tera;
typedef ratio<1000000000000000, 1>                   peta;
typedef ratio<1000000000000000000, 1>                exa;
typedef ratio<1000000000000000000000, 1>    zetta; // optional
typedef ratio<1000000000000000000000000, 1> yotta; // optional
```

Listing 56.1 Die vordefinierten SI-Skalierungsfaktoren

Skalieren

Ähnlich wie duration können Sie eine Länge Length definieren — als Template-Parameter wird sie mit einem fixen ratio<> versehen. Ein paar typedef am Ende dienen als Beispiel:

```
#include <ratio>
template<typename Scale>
struct Length {
  long long val_;
  Length(long long val) : val_{val} {}
  Length() = default;
  Length(const Length&) = default;
  Length& operator=(const Length&) = default;
  // Konvertierung
  template<typename Scale2>
  Length(const Length<Scale2> &other) // #1
  : val_{ other.val_*(Scale2::num*Scale::den)/(Scale2::den*Scale::num) }
  { }
  // access
  long long value() const { return val_; }
};
typedef Length<ratio<1>> m; // Oder in C++11: using m = Length<ratio<1>>
typedef Length<kilo> km;
typedef Length<milli> mm;
```

Listing 56.2 Ein eigener Längentyp mit Übersetzungszeitkonvertierung

So ausgerüstet, können Sie immerhin schon mal Konvertierungen von km zum Beispiel nach mm durchführen:

```
int main() {
  km len_km = 300;
  mm len_mm = len_km;
  cout << " millimeter:" << len_mm.value() << endl;
  // millimeter:300000000
}
```

Listing 56.3 Einheitskonvertierung zur Übersetzungszeit

Mit einem weiteren `typedef Length<ratio<1000,1094>> yard` erhalten Sie dann mit `yard{len_km}.value()` den Wert 328200.

Der Schlüssel ist vor allem der Konvertierungskonstruktor #1. In dem findet zur Übersetzungszeit die Berechnung des Umrechnungsfaktors statt.

Wie `duration` aus dem Header `<chrono>` vormacht, ist es beinahe nur eine Fleißaufgabe, sich die komplette Arithmetik mit Addition und Multiplikation zu implementieren, siehe Kapitel 57, »Rechnen mit Zeiteinheiten«, und [3]. Der Vorteil ist, dass dann bei Zuweisungen und Berechnungen die Einheit implizit im Typ schon enthalten ist. Ein versehentlicher Vertipper im Quellcode ist dann unwahrscheinlicher. Bei der Anforderung mit `.value()` entscheidet der Typ der Variablen die Einheit.

[+] **Mantra**

Das Template `ratio` bietet eine Basis für die fehlerfreie Einheitskonvertierung, wie `duration` aus `<chrono>` es vormacht.

Verweise

[1] **20.10 Compile-time rational arithmetic [ratio], C++11**

[2] **std::ratio class template** ,
   http://www.stdthread.co.uk/doc/headers/ratio/ratio.html [2011-10-19]

[3] **20.11.2 Header <chrono> synopsis [time.syn], C++11**

57 Rechnen mit Zeiteinheiten

[lib.chrono] Die im Header `<chrono>` umgesetzten Konzepte für *Zeitspannen* und *Zeitpunkte* helfen, häufige Fehler zu vermeiden. Sie bieten eine typsichere Sammlung von Klassen, Funktionen und Operationen. Eine Umrechnung in Sekunden kommt zum Beispiel ohne selbst einkodierte Konstanten aus:

```
#include <chrono>
int main() {
  using namespace chrono;          // seconds, ...
  seconds sec1 = hours(2) + minutes(35) + seconds(9);
  cout << sec1.count() << endl; // 9309
}
```

Listing 57.1 Rechnen mit Zeiteinheiten

Hintergrund und Beispielcode

Mit `steady_clock` steht auch eine Möglichkeit zur Zeitmessung zur Verfügung. Zusammen mit den Typen und Umrechnungsoperationen wird sie zum Beispiel so verwendet:

```
#include <chrono>
using namespace chrono;
template<typename FUNC>
void messen(FUNC zu_messende_funktion) {
  const auto start = steady_clock::now();
  zu_messende_funktion();
  const auto now = steady_clock::now();
  nanoseconds dur_ns = now - start;
  cout << "ns:" << dur_ns.count() << endl;
}
int main() {
  messen( []{ ackermann(3,4); } );
}
```

Listing 57.2 Eine Zeitmessung mit »steady_clock()«

Dabei sind `start` und `now` vom Typ `steady_clock::time_point`. Die Subtraktion `operator-()` ist ebenso wie viele andere arithmetische Operationen definiert.

Sind Nanosekunden (Milliardstelsekunden) übertrieben genau, können Sie die Zeit auch in Millisekunden (Tausendstelsekunden) ausgeben lassen. Die Umrechnung verliert dann an Genauigkeit, und der Compiler lässt dies nur mit einem expliziten Cast zu:

```
microseconds dur_us = duration_cast<microseconds>(dur_us);
```

Listing 57.3 Zeitumwandlung mit Genauigkeitsverlust

Ohne den `duration_cast<>` geht das nur, wenn die Zielzeiteinheit granular genug ist, um das Ergebnis aufzunehmen, wie hier `sec1`:

```
seconds sec1 = hours(2) + minutes(35) + seconds(9);
```

Listing 57.4 Zeitumwandung ohne Genauigkeitsverlust benötigt keine Konvertierung.

Würde links von der Zuweisung `minutes min1` = stehen, würde sich der Compiler beschweren.

Uhren

Insgesamt definiert der Standard die folgenden Uhren:

▶ **system_clock**
Die wirkliche Uhrzeit, wie sie der Wecker auf dem Schreibtisch darstellen könnte; kann wegen Zeitumstellungen oder anderen Systemnotwendigkeiten auch mal Sprünge machen

▶ **steady_clock**
Eine Uhr, die immer mit konstanter Geschwindigkeit vorwärts läuft

▶ **high_resolution_clock**
Eine Uhr mit der höchsten auf dem System verfügbaren Genauigkeit; eventuell Synonym für `system_clock` oder `steady_clock`

Wenn Sie `high_resolution_clock` verwenden, können Sie mit der Methode `is_steady()` prüfen, ob es sich um eine gleichmäßige Uhr handelt.

Welche Genauigkeit eine Uhr theoretisch darstellen kann, verrät deren Typ `period`. Dabei handelt es sich um eine Spezialisierung von `ratio`, die den entsprechenden Bruchteil einer Sekunde darstellt. Da `ratio` Zähler und Nenner des Bruchs in `num` und `den` speichert, können Sie sich die theoretische Genauigkeit zum Beispiel so ausgeben:

```
#include <chrono>
using namespace chrono;
template<typename CLOCK>
void genau(const string &name) {
  typedef typename CLOCK::period PerT;    // ratio-Spezialisierung
  cout << name << " hat eine Periode von "
       << PerT::num << "/" << PerT::den   // ratio::...
       << " s = ";
```

```
// Ohne 'ratio'-Innereien:
typename CLOCK::duration x{1};          // kürzestes Zeitintervall
cout << duration_cast<nanoseconds>(x).count()
    << " ns" << endl;
}
int main() {
  genau< system_clock >("system_clock");
  genau< steady_clock >("steady_clock");
  genau< high_resolution_clock >("     highres");
} // Ausgabe bei gcc-4.7.0-beta/linux64 "1/1000000 s = 1000 ns" für alle Uhren
```

Listing 57.5 Theoretische Genauigkeit von Uhren

Die zweite Variante verwendet `duration`, um in x eine Instanz des kleinstmöglichen Zeitintervalls zu erzeugen. Mit einem `duration_cast` wird x in eine wohldefinierte Zeiteinheit umgewandelt. Mit `count()` bekommen Sie dann die Anzahl der Nanosekunden, die die Uhr als kleinste Einheit speichern kann.

Sollte eine Plattform irgendwann einmal eine picosekundengenaue `high_resolution_clock` liefern, dann fahren Sie sicherer, als »wohldefinierte Zielzeiteinheit« statt `nanoseconds` gleich `duration<double,nano>` zu verwenden: Dann können Sie das Ergebnis in einen `double` konvertieren, und eine Picosekunde würde sich als `0.001 ns` darstellen.

| Mantra | [+] |

Der Header `<chrono>` bietet typsichere Klassen und Operationen zur Manipulation von Zeitspannen und -punkten.

Verweise

[1] **20.11.2 Header <chrono> synopsis [time.syn]**, C++11

[2] **Chrono User Guide**, Boost,
http://www.boost.org/doc/libs/1_47_0/doc/html/chrono/users_guide.html [2011-10-19]

[3] **A Foundation to Sleep On — Clocks, Points in Time, and Time Durations**, Hinnant, Brown, Garland, Paterno, N2661, *http://www.open-std.org/jtc1/sc22/wg21/docs/papers/2008/n2661.htm*

[4] **Mehr als Modellpflege**, Torsten T. Will, c't 2010/7, S. 197, Heise Verlag

[5] **chrono and sge timers**,
https://pimiddy.wordpress.com/2011/08/06/chrono-and-sge-timers/ [2011-12-05]

[6] **How to get the precision of high_resolution_clock?**, Stackoverflow,
http://stackoverflow.com/questions/8386128 [2011-11-05]

58 Wahrscheinlichkeitsverteilungen

[random.distrib] Zufallszahlen können mit unterschiedlichsten Charakteristiken bzw. *Verteilungen* erzeugt werden. Vom einfachen sechsseitigen Würfel bis zu Fließkommawerten.

Bei einem sechsseitigen Würfel sollte jede der Zahlen 1 bis 6 in etwa gleich häufig auftreten. Doch andere Zufallsexperimente verhalten sich anders. Wirft man zehn Münzen (zusammen) und zählt, wie häufig »Kopf« erscheint, dann sind die möglichen Ereignisse 0 bis 10 *binomialverteilt*: Macht man dieses Experiment mehrere Male hintereinander, wird man »0 mal Kopf« seltener sehen als »5 mal Kopf«. Für derartige Versuche brauchen Sie nicht zehn mal die Zahlen 0 oder 1 für »Kopf« oder »Zahl« vom Computer generieren zu lassen, sondern Sie können sich gleich mit `binomial_distribiution` eine Zahl zwischen 0 und 10 mit passender Wahrscheinlichkeit erzeugen lassen.

```
#include <random>
template<typename D>
void experiment(const string &title, D &distrib, size_t size) {
    static default_random_engine e{};        // #2 Zufallsgenerator
    vector<size_t> counts;
    counts.resize(size);
    for(auto i=120*1000; i>0; --i)
        ++counts[distrib(e)];                // #3 Würfel oder Münzen werfen
    cout << title << ":" ;
    for(auto c : counts) cout<<" "<<c;
    cout << endl;
}
int main() {
    uniform_int_distribution<int> w6{0, 5};     // #1 würfelt eine Zahl 0..5
    experiment(" wuerfel", w6, 6);
    binomial_distribution<int> muenzen{10};     // wirft 10 Münzen, 0..10 mal Kopf
    experiment(" muenzen", muenzen, 11);
}
// Beispielausgabe:
// wuerfel: 20019 19843 19865 20345 19959 19969
// muenzen: 119 1175 5228 13941 24661 29648 24495 14189 5261 1175 108
```

Listing 58.1 Zwei verschiedene Wahrscheinlichkeitsverteilungen

Während der Würfel in etwa gleich verteilt ist (je um die 20.000), sind bei den zehn Münzen null- oder zehnmal Kopf nur etwa je 100-mal aufgetaucht, aber etwa 30.000-mal sah man fünf Köpfe.

Hintergrund und Beispielcode

Am häufigsten wird wohl ein zufälliger `int` gleichverteilt über einen Bereich *von-bis* benötigt. Dafür verwenden Sie — wie bei dem Würfel — `uniform_int_distribution<int>` #1. Statt `int` können Sie auch einen beliebigen anderen Ganzzahltypen nehmen. Das gilt übrigens für *alle* Verteilungen: Über einen Template-Parameter können Sie den genauen Datentyp der Zufallszahl festlegen. Die Ausnahme ist nur die `bernoulli_distribution`, die immer `bool` generiert.

Der Konstruktor von `uniform_int_distribution<int>` nimmt dann `von` und `bis` (einschließlich) als Parameter. Für die zehn Zahlen von 95 bis 104 also `uniform_int_distribution<int> wx{95,104};`.

Eine Zahl ermitteln Sie bei allen Verteilungen durch einen Aufruf von `operator()`. Der bekommt einen Parameter: den eigentlichen *Zufallsgenerator* (die *Engine*). Davon müssen Sie sich zunächst eine Instanz erzeugen. Am einfachsten und für die meisten Fälle ausreichend geht das per `default_random_engine e{}` #2, siehe Kapitel 59, »Der richtige Würfel«.

Eine Zahl mit einer *Verteilung* `wx` und einer *Engine* `e` wird dann erzeugt mit `auto ereignis = wx(e);` #3. Dabei ist `ereignis` von dem Typ, den Sie für die Verteilung mit dem Template-Parameter festgelegt haben.

Wollen Sie statt einer Gleichverteilung von `int`-Werten eine für `double` haben, brauchen Sie eine andere Verteilung [3]:

```
default_random_engine e;
uniform_real_distribution<double> unif{3,7};  // im halboff. Intervall [3,7)
double u = unif(e);                           // Zufallszahl ermitteln
```

Listing 58.2 Eine »double«-Zufallszahl

Ob Gleichverteilung oder nicht ist für das eigentliche Generieren von Zufallszahlen gleichgültig. Die Konstruktoren der unterschiedlichen Verteilungen bekommen unterschiedliche Parameter, und die Generierung liefert verschiedene Typen zurück. Die eigentliche Anforderung ist immer gleich: Aufruf von `operator()(e)` mit einer *Engine* `e`.

Dieser Wurf mal anders

Wenn Sie dem Konstruktor von `uniform_int_distribution<int>` schon den Bereich mitgeben müssen in dem die Zufallszahlen generiert werden sollen, müssen Sie dann, wenn sich die Grenzen jedes Mal ändern, immer eine neue Verteilung erzeugen?

Nein, zum Glück nicht. Jede Verteilung hat einen `param_type` mit den gleichen Konstruktorargumenten wie die Verteilung. Sie können dem generierenden Aufruf von `operator()` eine solche `param_type`-Instanz mitgeben und so die Bedingungen für die Generierung von Aufruf zu Aufruf ändern.

```
static default_random_engine e{};
typedef uniform_int_distribution<int> Dstr;      // gleichverteilte `int`
Dstr karte{};                                    // Verteilung erzeugen
for(int n=32; n>=1; --n)
    cout <<" "<< karte(e, Dstr::param_type{1,n} );  // Parameter erst hier
cout << endl;
// Ausgabe zum Beispiel:
// 1 5 23 14 15 6 2 17 17 22 9 11 17 1 1 10 11 1 6 1 6 8 6 9 7 4 1 4 2 3 2 1
```

Listing 58.3 Generierungsparameter für jede Zufallszahl einzeln ändern

Hier wird simuliert, dass der Kartenstapel mit jedem Ziehen einer Karte um eins kleiner wird. Ausgegeben wird die Kartennummer in dem immer kleiner werdenden Stapel.

Verteilungen über Verteilungen

Während die genauen Formeln aller Verteilungen natürlich im Standard unter [4] genannt sind, gibt es in [5] eine schöne Übersicht, wie die Verteilungen zusammenhängen und was ihre Parametrisierungen bedeuten.

Für eine mathematisch nicht exakte Übersicht über die verfügbaren Verteilungen werfen Sie einen Blick in Anhang B, »Wahrscheinlichkeitsverteilungen«. Dem mathematisch Interessierten werden die Namen wahrscheinlich mehr sagen, als die symbolischen Abbildungen im Anhang. Für diejenigen sind wohl eher die Parametrisierungen der Verteilungsfunktionen von Interesse. In Tabelle 58.1 steht »Real« für einen reellen Zahlentyp wie `float` oder `double`. Ein »Int« steht für einen ganzzahligen Typ, zum Beispiel `int`.

Verteilung	Verteilungsparameter
`uniform_int_distribution`	Int a = 0, Int b = max()
`uniform_real_distribution`	Real a = 0.0, Real b = 1.0
`bernoulli_distribution`	double p = 0.5
`binomial_distribution`	Int t = 1, double p = 0.5
`geometric_distribution`	double p = 0.5
`negative_binomial_distribution`	Int k = 1, double p = 0.5
`poisson_distribution`	double mean = 1.0

Tabelle 58.1 Parameter der Verteilungsfunktionen

Verteilung	Verteilungsparameter
`exponential_distribution`	Real lambda = 1.0
`gamma_distribution`	Real alpha = 1.0, Real beta = 1.0
`weibull_distribution`	Real a = 1.0, Real b = 1.0
`extreme_value_distribution`	Real a = 0.0, Real b = 1.0
`normal_distribution`	Real mean = 0.0, Real stddev = 1.0
`lognormal_distribution`	Real m = 0.0, Real s = 1.0
`chi_squared_distribution`	Real n = 1
`cauchy_distribution`	Real a = 0.0, Real b = 1.0
`fisher_f_distribution`	Real m = 1, Real n = 1
`student_t_distribution`	Real n = 1
`discrete_distribution`	initializer_list<double> wl
`piecewise_constant_distribution`	initializer_list<R> bl, Op1 fw
`piecewise_linear_distribution`	initializer_list<R> bl, Op1 fw

Tabelle 58.1 Parameter der Verteilungsfunktionen (Forts.)

Mantra	[+]

Gleichverteilte `ints` kannst du mit `uniform_int_distribution<int>` erzeugen. Die Standardbibliothek bietet auch viele andere Verteilungen an.

Verweise

[1] **A Proposal to Add an Extensible Random Number Facility to the Standard Library (Revision 2)**, Jens Maurer, N1452,
http://www.open-std.org/jtc1/sc22/wg21/docs/papers/2003/n1452.html

[2] **On Random-Number Distributions for C++0x**, Marc Paterno, N1588

[3] **Random number generation using C++ TR1**, John Cook,
http://www.johndcook.com/cpp_TR1_random.html [2011-10-08]

[4] **26.5.8 Random number distribution class templates [rand.dist]**, C++11

[5] **Clickable diagram of distribution relationships**, John Cook,
http://www.johndcook.com/distribution_chart.html [2011-10-08]

59 Der richtige Würfel

[random.engine] In C++11 hat man die Wahl zwischen unterschiedlichen *Zufalls-generatoren* — bei gleichbleibender *Verteilung*. Das heißt, auch wenn das Ergebnis gleichverteilt oder binomialverteilt bleibt, können Sie zwischen unterschiedlichen *Engines* wählen, die Zufallszahlen mit unterschiedlicher Geschwindigkeit und von unterschiedlicher Qualität erzeugen:

```
#include <random>
template<typename ENGINE>
void wuerfel(const string &title, ENGINE &engine) {
  vector<size_t> counts{0,0,0,0,0,0};
  uniform_int_distribution<int> w6{0, 5};
  for(auto i=1200*1000; i>0; --i)
    ++counts[w6(engine)];    // würfeln; in 'engine' steckt die Qualität
  cout << title << ":" ;
  for(auto c : counts) cout<<" "<<c;
  cout << endl;
}
int main() {
  { default_random_engine e{}; wuerfel(" default", e ); }
  { random_device e{};         wuerfel("  device", e ); }
}
```

Listing 59.1 Zufallsgeneratoren unterschiedlicher Qualität mit gleicher Verteilung verwenden

Um Ihnen die Qual der Wahl zu erleichtern, hier ein paar Auswahlkriterien:

▶ Schnell geht es mit `minstd_rand`, sie führt intern eine Rechnung wie `(a*b+c)` `mod c` durch.

▶ Von den vorkonfigurierten Engines erzeugt `ranlux48` die aufwändigsten Zufallszahlen.

▶ `random_device` ist eher langsam, liefert aber (als einziges) »echte« Zufallszahlen.

▶ Für den Hausgebrauch sollte `default_random_engine` ausreichen — hier wählt die Implementierung einen Mittelweg aus den zur Verfügung stehenden Pseudozufallszahl-Generatoren.

Benutzer können bestehende Engine-Klassen durch Parameter konfigurieren, durch *Adapter* lassen sie sich noch weiter kombinieren und modifizieren. Und zu guter Letzt kann der Benutzer eigene Engines schreiben und nahtlos integrieren.

Hintergrund und Beispielcode

Eine Engine implementiert `operator()`, der eine zufällige »rohe« Bitfolge zurückliefert. Mit der Sie können für wirkliche Experimente noch nicht viel anfangen. Erst kombiniert mit einer *Verteilung* (*Distribution*) wird daraus eine Zufallszahl im korrekten Zahlenbereich, siehe Kapitel 58, »Wahrscheinlichkeitsverteilungen«.

Die Verteilung — wie `uniform_int_distribution<int> w6{0,5}` — hat ebenfalls den `operator()` überladen. Wenn Sie diesem die `engine` als Parameter mitgeben, dann wird aus der Bitfolge eine passende Zufallszahl — bei `w6` im Zahlenbereich zwischen 0 bis 5 (inklusive) — mit jeder `engine`.

Qualität

In der Qualität der Bitfolge, die sie zurückliefern, unterscheiden sich die Engines. Diese Qualität ist mit mathematischen Mitteln berechenbar und in einigen Szenarien enorm wichtig. Mit wirklichem Zufall haben unsere deterministischen Computer ihre Schwierigkeiten. Daher erzeugen die Algorithmen nur *scheinbaren* Zufall, sogenannte »Pseodo-Zufallszahlen«.

Das Problem, die (Pseudo-)Zufallszahlen auf die richtige Art und Weise zu erzeugen, darf man nicht unterschätzen. Um mal eben einen sechsseitigen Würfel fallen zu lassen, reicht `std::rand()%6+1` sicher aus. Doch die Ansprüche aus dem Bereichen

▶ Sicherheit und Kryptografie,

▶ Generierung geeigneter Testmengen,

▶ Simulationen kleiner und großer Art (zum Beispiel Wetter)

▶ und Spielen, Karten mischen oder »intelligente« Computergegner

sind sehr unterschiedlich und vielfältig [1]. Mal geht es um Geschwindigkeit, mal um Qualität und mal um Reproduzierbarkeit.

All dies fließt in die *modulare* und *erweiterbare* Architektur zur Generierung von Zufallszahlen ein:

▶ Der Benutzer kann zwischen Geschwindigkeit und Qualität wählen.

▶ Die Algorithmen sind portierbar, so dass — wenn gewünscht — die gleichen Zahlensequenzen auf unterschiedlichen Plattformen erzeugt werden. Das kann bei verteilten Systemen als implizit übertragener Kanal wichtig sein.

▶ Der Zustand eines Zufallsgenerators ist serialisierbar — somit kann er gespeichert oder übers Netz übertragen werden, um dann später oder auf einem anderen System fortgesetzt zu werden.

▶ Benutzer können ihre eigenen *Zahlengeneratoren* schreiben, die dann transparent in den anderen Komponenten — wie *Wahrscheinlichkeitsverteilungen* — verwendet werden können.

▶ Neben den computertypischen Pseudozufallszahlen werden auch »echte« Zufallszahlen unterstützt, was unerlässlich in der starken Kryptografie ist.

Schnell

Echte Zufallszahlen zu erzeugen, ist meist zeitaufwändiger als eine Folge von Pseudozufallszahlen.[1] Für Erstere werden meist physische Geräte verwendet, die mehr oder weniger von der Umwelt beeinflusst werden. Um aus diesen Umwelteinflüssen echte Zufallszahlen zu erzeugen, bedarf es Zeit. Pseudozufallszahlen werden mit einem Startzustand (mehr oder weniger zufällig) initialisiert und liefern dann von Anfrage zu Anfrage eine auf diesem Zustand aufbauende, aber reproduzierbare Folge von Zahlen. Das geht meist schneller. Auch ist es eine hohe Kunst, möglichst zufällig *aussehende* Sequenzen zu erzeugen.

```cpp
#include <random>
#include <chrono>    // system_clock
#include <iomanip> // setw
using namespace chrono;
const size_t LOOPS = 10*1000*1000;
template<typename ENGINE>
void messen(const string &title, ENGINE &engine) {
  const auto start = steady_clock::now();
  /* hart arbeiten */
  unsigned long long checksum = 0;;
  size_t loops = LOOPS;
  while(loops-- > 0)
    checksum += engine();
  const auto now = steady_clock::now();
  nanoseconds dur_ns = now - start;
  cout << "  " << title << ": "
       << setw(5) << (dur_ns.count() / LOOPS) << " ns/loop  "
       << setw(12) << dur_ns.count() << " ns  " // << "\t("<<checksum<<")"
       << endl;
}
```

Listing 59.2 Geschwindigkeiten der Zufallsgeneratoren

Mit der Funktion `messen()` können Sie der Reihe nach die verschiedenen Zufallsgeneratoren durchlaufen lassen und bekommen dabei ihre Geschwindigkeit.

---

1 Für eine ausreichend ungenaue Definition von »echt« — ohne Zugang zu einer Quantenquelle, sondern nur zu einer Tastatur, der Maus und Ethernetpaketen.

```
int main() {
  { default_random_engine e{}; messen("        default", e ); }
  { random_device e{};         messen("         device", e ); }
  { minstd_rand0 e{};          messen(" minstd_rand0", e ); }
  { minstd_rand e{};           messen(" minstd_rand ", e ); }
  { mt19937 e{};               messen("    mt19937   ", e ); }
  { mt19937_64 e{};            messen("    mt19937_64", e ); }
  { ranlux24_base e{};         messen("ranlux24_base", e ); }
  { ranlux48_base e{};         messen("ranlux48_base", e ); }
  { ranlux24 e{};              messen("ranlux24     ", e ); }
  { ranlux48 e{};              messen("ranlux48     ", e ); }
  { knuth_b e{};               messen("       knuth_b", e ); }
  {
    typedef unsigned long long  wide_t;
    independent_bits_engine<ranlux48, sizeof(wide_t)*8, wide_t> e{};
    messen("indep<ranlux>", e );
  }
  {
    typedef unsigned long long  wide_t;
    independent_bits_engine<default_random_engine,
                            sizeof(wide_t)*8, wide_t> e{};
    messen("indep<default>", e );
  }
}
```

Listing 59.3 Der eigentliche Geschwindigkeitsvergleich

Der Lauf erzeugt dann die Ausgabe (*3Ghz x86, Gnu C++ 4.7.0-beta*):

```
user@user-desktop:~/gcc/buch/samplecode$ ./lib-random-speed.x
        default:   20 ns/loop     209579000 ns
         device:  648 ns/loop    6489243000 ns
   minstd_rand0:   21 ns/loop     211869000 ns
   minstd_rand :   20 ns/loop     200616000 ns
      mt19937  :   25 ns/loop     256933000 ns
      mt19937_64:   48 ns/loop     484310000 ns
  ranlux24_base:   23 ns/loop     234117000 ns
  ranlux48_base:   28 ns/loop     283744000 ns
  ranlux24     :  221 ns/loop    2219431000 ns
  ranlux48     :  948 ns/loop    9487869000 ns
        knuth_b:   49 ns/loop     498403000 ns
  indep<ranlux>: 2253 ns/loop   22532053000 ns
 indep<default>:  372 ns/loop    3727473000 ns
```

Listing 59.4 Geschwindigkeiten unterschiedlicher Engines

Enthropie

Sollte es einer Implementierung nicht möglich sein, »echte« Zufallszahlen zu erzeugen, weil sie keinen Zugang zu einer echten Zufallsquelle hat, dann kann sie auf eine der anderen Engines zurückgreifen.

Sie können mit der Funktion `enthropy()` von `random_device` prüfen, ob `random_device` wirklich zufällige Zahlen erzeugen kann. Wenn das Ergebnis `0.0` ist, wird auf eine andere — deterministische — Engine zurückgegriffen.

[+]

Mantra

Die `default_random_engine` wird für die meisten Zufallszahlen ausreichen. Echte Zufallszahlen kannst du mit `random_device` erzeugen.

Verweise

[1] **A Proposal to Add an Extensible Random Number Facility to the Standard Library (Revision 2)**, Jens Maurer, N1452, *http://www.open-std.org/jtc1/sc22/wg21/docs/papers/2003/n1452.html*

[2] **On Random-Number Distributions for C++0x**, Marc Paterno, N1588

[3] **26.5.3 Random number engine class templates [rand.eng]**, C++11

60   Hierarchie der Exceptions

[lib.exceptions] Die neuen Exceptionklassen in C++11 sind:

- ► `(exception)`
  - ► `(runtime_error)`
    - ► `system_error`: verwendet in *Threads* und als Hilfe für `errno`-Behandlung
      - ► `ios_base::failure`: nicht neu, aber verschoben; war zuvor direkt von `exception` abgeleitet
    - ► `regex_error`: bei einem fehlerhaften *regulären Ausdruck* [1]
  - ► `(logic_error)`
    - ► `future_error`: Exceptions aus *Futures* und *Promises*
  - ► `bad_function_call`: bei einem `operator()`-Aufruf ohne `this`-Pointer
  - ► `bad_weak_ptr`: beim Versuch einen `shared_ptr` aus einem »abgelaufenen« `weak_ptr` zu kopieren [2]
  - ► `(bad_alloc)`
    - ► `bad_array_new_length`: geworfen von `new[N]`, wenn `N` zu groß oder zu klein ist

Hintergrund und Beispielcode

Als große neuere Hauptgruppe könnte man die Exception `system_error` sehen, denn sie wickelt eine ganze Familie von Fehlern ab (siehe Kapitel 61, »Fehlerfälle mit Fehlercode«). Insbesondere diese ist auch zur Erweiterung durch den Benutzer gedacht. Wenn Sie selbst eine neue Exceptionklasse entwerfen wollen, stellt sich wie immer die Frage, wo in die Hierarchie Sie sie einklinken sollten. Vielleicht hilft ja die folgende Sichtweise [6]:

- ► *Erwartete Ausnahmen:* Wenn wir dem Programmierer/Benutzer mit der Interfacebeschreibung mitteilen, dass eine Exception vorkommen kann. Der Nutzer sollte sich darauf vorbereiten und sie behandeln. Die Angabe von `noexcept` bedeutet, er muss sich auf nichts vorbereiten. Ansonsten fallen viele `runtime_error`-Exceptions in diese Kategorie, ebenso wie natürlich eine `bad_alloc`.

- ► *Fehler bei der Benutzung:* Dieser tritt auf, wenn der Benutzer ein falsches oder ungültiges Argument übergeben hat. In diesem Fall hat der *Benutzer* den »Vertrag« gebrochen, den die (gute) Interfacebeschreibung impliziert. In diesen Fällen könnte ein `runtime_error` ausgelöst werden.

▶ *Designfehler:* Wenn der Autor der Funktion einen Fehler in seinem Code hat, dann passt das zu einem `logic_error`, denn der Autor bricht den Interface-»Vertrag«.

▶ *Systemfehler:* Ist für Fehler, bei denen das System seinen »Vertrag« nicht einhalten konnte, also eine Ressource nicht bereitstellen konnte – etwas, das außerhalb der Kontrolle des eigenen Programms liegt, zum Beispiel Fehler beim Erzeugen eines Threads oder einige Fehler im Umgang mit Dateien.

Die komplette Liste der Exceptionklassen ist in Tabelle 60.1 zu sehen.

Klasse	Beschreibung	Header
exception	Basisklasse	`<exception>`
bad_alloc	geworfen von new bei Speichermangel	`<new>`
bad_array_ new_length	geworfen von new[] bei Speichermangel	`<new>`
bad_cast	von dynamic_cast<> geworfen	`<typeinfo>`
bad_typeid	von typeid() geworfen	`<typeinfo>`
bad_exception	nicht in throw-Liste	`<exception>`
logic_error	potenziell schon vor dem Starten des Programms bemerkbare Fehler	`<stdexcept>`
domain_error	von einigen mathematischen Funktionen geworfen	`<stdexcept>`
invalid_argument	zum Beispiel wenn ein ungültiger String in ein bitset umgewandelt wird	`<stdexcept>`
length_error	zum Beispiel wenn ein vector länger als max_size() wird	`<stdexcept>`
out_of_range	zum Beispiel bei vec[n] mit ungültigem n oder aus bitset	`<stdexcept>`
future_error	Exceptions für Futures und Promises [4]	`<future>`
runtime_error	zur Laufzeit auftretende Fehler	`<stdexcept>`
range_error	zum Beispiel bei der Stringumwandlung mit Codepages	`<stdexcept>`
overflow_error	für einen arithmetischen Überlauf, aber auch wenn ein bitset zu groß wird	`<stdexcept>`
underflow_error	für einen arithmetischen »Unterlauf«	`<stdexcept>`

Tabelle 60.1 Hierarchie der Exceptionklassen

Klasse	Beschreibung	Header
`runtime_error`		
`range_error`	zum Beispiel bei der Stringumwandlung mit Codepages	`<stdexcept>`
`overflow_error`	für einen arithmetischen Überlauf, aber auch wenn ein `bitset` zu groß wird	`<stdexcept>`
`underflow_error`	für einen arithmetischen »Unterlauf«	`<stdexcept>`
`system_error`	verwendet in der Threadbibliothek und zur Ergänzung zur `errno`-Behandlung	`<system_error>`
`ios_base::failure`	war zuvor direkt von `exception` abgeleitet	`<ios>`
`regex_error`	für ungültige reguläre Ausdrücke [1]	`<regex>`
`bad_function_call`	bei einem `operator()`-Aufruf ohne `this`-Pointer [3]	`<functional>`
`bad_weak_ptr`	von `shared_ptr<Y>::shared_ptr(const weak_ptr<Y>&)` [2]	`<memory>`

Tabelle 60.1 Hierarchie der Exceptionklassen (Forts.)

Mantra	[+]
Die größte Neuerung bei den Exceptions ist die auf Portabilität und Erweiterbarkeit ausgelegte Klasse `system_error`.	

Verweise

[1] **28.6 Class regex_error [re.badexp]**, C++11

[2] **20.7.2.1 Class bad_weak_ptr [util.smartptr.weakptr]**, C++11

[3] **20.8.11.1 Class bad_function_call [func.wrap.badcall]**, C++11

[4] **30.6.2 Error handling [futures.future_error]**, C++11

[5] **C++ Tutorial: Exceptions**,
     http://www.cplusplus.com/doc/tutorial/exceptions/ [2011-05-01]

[6] **Is there a good use case for noexcept?**, c++.moderated,
     http://groups.google.com/group/comp.lang.c++.moderated/msg/f8fd5443b95523bf

61 Fehlerfälle mit Fehlercode

[lib.syserr] Fehler, die vom Betriebssystem oder einer ähnlich tiefen Ebene verursacht werden und beim Programm ankommen, werden dem Aufrufer typischerweise als *numerischer Wert* zurückgeliefert. Auf einem POSIX-System wird der Fehler »Zugriff verweigert« zum Beispiel mit dem Fehlercode 1 (Konstante `EPERM`) gemeldet.

Um portablen Code zu schreiben, müssen Sie diese »Codes« in allgemeine — portable — Repräsentationen übersetzen. Dabei müssen Sie sich um viele mögliche Systeme kümmern. Und schon um das tun zu können, müssen Sie auch wieder auf die systemspezifischen Codes zugreifen können. Einerseits will man also eine portable Übersetzung, andererseits einen systemspezifischen Low-Level-Zugriff.

Die neue Exceptionklasse `system_error` versucht diesen Spagat: Sie enthält leichtgewichtige `error_code`-Objekte, die einerseits systemspezifische `int`-Fehlercodes enthalten, aber andererseits auf abstraktere und portable `error_condition`-Objekte verweist.

Diese Fehlerobjekte kommen auch ohne die Exceptionklasse aus, worüber sich Entwickler freuen können, die in ihrer Umgebung ohne Exceptions arbeiten (müssen).

Der Erweiterbarkeit wird dadurch Rechnung getragen, dass diese beiden Felder jeweils einer `error_category` zugeordnet sind. Hier kann der Benutzer eigene Fehlergruppen hinzufügen oder vom System definierte erkennen.

Hintergrund und Beispielcode

Der Header `<system_error>` definiert hauptsächlich die folgenden Komponenten [7]:

▶ **class error_code**
Repräsentiert einen *(system-)spezifischen* Fehlerwert, der von einer Operation zurückgeliefert werden kann, zum Beispiel dem Aufruf einer Systemfunktion.

▶ **class error_condition**
Eine *generische* Fehlerbedingung, gegen die man in seinem *portablen* Code prüft.

▶ **class error_category**
Einteilung von Fehlern in *Gruppen/Familien*, außerdem eine abstrakte Basisklasse für die Übersetzung in lesbaren Text.

► **class system_error**

Ist eine Exceptionklasse, die einen `error_code` enthält, wenn ein Fehler per Ausnahme weitergereicht wird.

► **enum class errc**

Ist eine Aufzählung allgemeingültiger, vom POSIX-Standard abgeleiteter `error_condition` Werte.

► **is_error_code_enum<>, is_error_condition_enum<>, make_error_code, make_error_condition**

Implementieren einen Mechanismus, um enum class-Werte in einen `error_code` oder eine `error_condition` umzuwandeln.

► **generic_category()**

Liefert eine `error_category`-Instanz zurück, mit der die auf errc basierenden *Codes* und *Conditions* interpretiert werden können.

► **system_category()**

Liefert eine Instanz, um Fehler aus dem Betriebssystem zu interpretieren.

Prinzipien

Auch wenn `system_error` eine eigene Exceptionklasse definiert, ist das Werfen einer Ausnahme nicht immer der richtige Weg, einen Fehler zu behandeln. Manchmal liefert der zusätzliche Rückgabewert einer Funktion einfach Information, die man in seinen Kontrollfluss des Programms regulär einbauen möchte. Eine zusammengebrochene Verbindung zu einem Netzwerkserver mag als Ausnahme weitergereicht werden, aber wenn man beim Verbindungsaufbau erst einmal mehrere Server durchprobiert, sollte man das in der Schleife nicht zwangsläufig mit Exceptions implementieren. Und nicht zu vergessen, dass in manchen Bereichen Ausnahmen ganz unerwünscht sind: In *Realtimesystemen* sind die Anforderungen an das deterministische Zeitverhalten so groß, dass Implementierer Ausnahmen manchmal ganz vermeiden. Und in *Embedded-Systemen* darf der Speichermehrverbrauch, den manche Exceptionimplementierungen mitbringen, nicht vernachlässigt werden. Daher unterstützt C++11 ganz undogmatisch beide Arten der Fehlerbehandlung, Rückgabewerte mit Fehlercodes ebenso wie Ausnahmen, und verbindet die beiden Welten.

Bei einem Fehler speichert sehr häufig die `errno`-Variable genauere Informationen über die Art des Fehlers. Viele Funktionen aus `<stdio>` und `<math>` speichern hier im Fehlerfall einen Fehlercode ab. Und auf POSIX-kompatiblen Plattformen geben viele Systemfunktionen in `errno` Auskunft über Details bei Misserfolg eines Funktionsaufrufs. Unter Windows verwendet man häufig zusätzlich oder stattdessen `GetLastError`. Und je mehr Bibliotheken Sie verwenden, desto mehr Quellen, aus denen Fehlercodes ermittelt werden können, kommen hinzu. C++11 berücksichtigt die Möglichkeit, dass Fehlercodes aus unterschiedlichen Quellen ausgewertet werden müssen, und unterstützt, dass diese durch Bibliotheken auch erweitert werden können. Und wenn das passiert, dann darf sich das Interface bestehender Funktionen nicht ändern.

Wenn dem Benutzer und Drittanbietern so das Mittel an die Hand gegeben wird, das Fehlercodesystem erweitern zu können, dann müssen irgendwo sowohl die — womöglich von System zu System verschiedenen — »Lowlevel«-Fehlercodes abgebildet werden als auch dem Benutzer eine portable Interpretation angeboten werden. Wer zum Beispiel einen HTTP-Server implementiert, der will für jeden verständlich die im RFC-Standard definierten Fehlercodes weiterreichen, muss dafür aber auf betriebssystemspezifische Fehlercodes zurückgreifen. Das zeigen wir exemplarisch in einem Beispiel in Kapitel 62, »Eigene Fehlerwerte erstellen«. Ursprünglich war angedacht, dass Bibliotheken (die Standardbibliothek, aber auch die von Drittanbietern) dem Benutzer nur die schon interpretierten Fehlercodes anbieten. Die ursprüngliche Information ist aber zu guter Letzt auch zur Problemanalyse wichtig und deswegen muss sie in *Bugreports* oder *Logging* irgendwie vorhanden sein. Also muss die Fehlercodebehandlung beides anbieten: Lowlevel-Fehlercodes und interpretierte/portable Werte.

error_code und error_condition

Beim Lesen des Standards fällt es dem einen oder anderen vielleicht auf, dass `error_code` und `error_condition` beinahe identisch aussehen. Dabei handelt es sich nicht um einen Copy-&-Paste-Fehler der Autoren. Vielmehr kommt es darauf an, was Sie erreichen möchten. Hier ein Beispiel abgeleitet aus [7]:

```
#include <system_error> // error_code
void create_dir(const string& pathname, error_code& ec);
void run() {
  error_code ec;
  create_dir("/some/path", ec);
  if(!ec) {    // Erfolg...
  } else {     // Misserfolg...
  }
}
```

Listing 61.1 Sehr einfaches Beispiel, wie man den Erfolg einer Operation prüfen kann.

Hier sind wir nur am Erfolg oder Misserfolg interessiert, deswegen ist `error_code` per `if(!ec)` einfach in einen `bool` konvertierbar. Dieses Verhalten ist davon abgeleitet, dass man mit dem Rückgabewert einer Funktion prüft, ob ein Fehler vorlag — leider bei jeder Funktion anders, zum Beispiel `FILE *f=fopen("f.txt", "r"); if(f==NULL)`...

Den `error_code` können wir zusätzlich dazu verwenden, im Fehlerfall noch mehr Informationen zu bekommen: Haben wir keine Berechtigung, existiert der Dateiname schon, ist der Pfadname zu lang, existiert das Elternverzeichnis nicht etc. In jedem Fall enthält `ec` dafür einen systemspezifischen Wert — ähnlich, wie die `errno`-Variable in althergebrachtem Code (aber nur im Fehlerfall).

Angenommen, es interessiert uns genauer, ob es schon eine Datei oder ein Verzeichnis mit dem Namen gibt. Dann könnten wir dies mit `if(ec.value() == EEXIST)` ermitteln — das wäre aber der falsche Weg! Das würde auf einer POSIX-Plattform funktionieren, aber auf Windows müsste man `if(ec.value() == ERROR_ALREADY_EXISTS)` vergleichen.

Als Faustregel gilt daher: *Wenn man* `value()` *aufruft, macht man wahrscheinlich etwas verkehrt.*

Aber wie testet man stattdessen den systemspezifischen Fehlercode (`EEXIST` oder `ERROR_ALREADY_EXISTS`) gegen das Ereignis »existiert schon«? Dies geschieht mittels der `error_condition`.

Den zurückgegebenen `error_code ec` können Sie direkt per `==` oder `!=` mit `error_condition`-Instanzen vergleichen. In diesem Fall wird dann nicht auf die exakte Identität verglichen, sondern auf die *Äquivalenz* (*equivalence*) — also auf »meint das Gleiche«.

Was Sie in C++11 also tun müssen, ist, dass Sie den `error_code ec` mit einem `error_condition`-Objekt vergleichen, das »existiert schon« repräsentiert — nämlich `errc::file_exists`. Man betrachte für den Moment `errc::file_exists` (und alle anderen Elemente der `enum class errc`) als »Platzhalter« für eine Konstante des Typs `error_condition`. Der genaue Mechanismus wird dann im weiteren Verlauf klar.

```
#include <system_error> // error_code, errc
void create_dir(const string& pathname, error_code& ec);
void run() {
  error_code ec;
  create_dir("/some/path", ec);
  if(ec == errc::file_exists) { // speziell ...
  } else if(!ec) {              // Erfolg ...
  } else {                     // Misserfolg ...
  }
}
```

Listing 61.2 Vergleich von »error_code« mit »error_condition«

Damit der Vergleich möglich ist, sind die freien Funktionen `operator==` überladen:

```
bool operator==
   (const error_code&      lhs, const error_code&      rhs) noexcept;
...(const error_code&      lhs, const error_condition& rhs) noexcept;
...(const error_condition& lhs, const error_code&      rhs) noexcept;
...(const error_condition& lhs, const error_condition& rhs) noexcept;
```

Listing 61.3 Überladungen von »operator==()« (abgekürzt)

Mit diesen wird dann indirekt sichergestellt, dass von `error_code` jeweils sowohl `EEXIST` als auch `ERROR_ALREADY_EXISTS` mit der `error_condition errc::file_exists` als äquivalent verglichen werden kann.

Die Implementierung ist dafür verantwortlich, den allgemeinen `error_condition`-Fehlerkategorien systemspezifische `error_codes` zuzuordnen.

Enumeratoren als Konstanten für Klassen

Die *Enum-Klasse* `errc` ist wie folgt definiert:

```
enum class errc {
  address_family_not_supported,
  address_in_use,
  ...
  value_too_large,
  wrong_protocol_type,
};
```

Listing 61.4 Definition von »enum class errc«

Es scheint, als fände eine *implizite Konvertierung* des `errc`-Elements in eine `error_condition`-Instanz statt, wenn wir dann den Vergleich `ec == errc::file_exists` anwenden. Fast, aber nicht ganz: Damit das ganze System erweiterbar wird, muss irgendwie die `error_category` von `ec` berücksichtigt werden. Denn es gibt ja Überschneidungen von Fehlerwerten. 66 kann bei Dateioperationen das eine bedeuten, aber bei Speicheroperationen etwas ganz anderes. Dies wird durch den `error_category`-Mechanismus gelöst. Außerdem repräsentiert hier `errc` eine Menge von Konstanten für `error_condition`. Aber die Bibliothek unterstützt auch den umgekehrten Weg, also ein Enum-Element, das für einen `error_code` steht, mit einer `error_condition`-Instanz zu vergleichen.

Daher sind für den Äquivalenz-Check zwei Schritte nötig:

1. Stellt `errc` eine Enum-Klasse für spezifische Error-Codes oder generische Error-Conditions dar?

2. Assoziieren Sie den Wert mit einer `error_category`.

Für Schritt 1 werden die *Type-Traits* `is_error_code_enum` und `is_error_condition_enum` verwendet. Standardmäßig ergeben `is_error_code_enum<E>::value` und `is_error_condition_enum<E>::value` den Wert `false`. Die Standardbibliothek spezialisiert nun `is_error_condition_enum` und definiert so `is_error_condition_enum<errc>::value == true`:

```
template <>
struct is_error_condition_enum<errc>
  : true_type {};
```

Listing 61.5 Spezialisierung von »is_error_condition_enum« für »errc«

Die implizite Konvertierung kann dann durch die »Templatisierung« des Konstruktors von `error_condition` stattfinden, also durch `template <class E> error_condition(E e)`[1]. Wenn wir dann `ec == errc::file_exists` schreiben, wählt der Compiler die Überladung `bool operator==(const error_code& a, const error_condition& b)`, weil es mit dem Konstruktor eine Möglichkeit zur Konvertierung des Enums in eine `error_condition` gibt. Damit ist es für uns einfach, einen gegebenen `error_code` gegen eine bestimmte `error_condition` zu testen — auch wenn diese nur durch ein Enum-Element dargestellt ist.

Wege zur Fehlerkategorie

Nun folgt Schritt 2. Die passende `error_condition` wurde ja durch die Konvertierung mit einem Konstruktor erzeugt. Darin wird die freie Funktion `make_error_condition()` aufgerufen. Auch diese ist mit `errc` überladen:

```
error_condition make_error_condition(errc c) noexcept {
  return error_condition(
      static_cast<int>(e),
      generic_category());
}
error_condition make_error_condition(io_errc c) noexcept /*...*/
error_condition make_error_condition(future_errc c) noexcept /*...*/
```

Listing 61.6 Unter den Überladungen von »make_error_condition« ist auch eine mit »errc«.

---

1 E steht hier für die Enum-Klasse, und die Überladung darf nur dann gefunden werden, wenn `is_error_condition_enum<errc>::value` gleich `true` ist. Die genaue Implementierung ist der Bibliothek überlassen, ist aber mit Standardmethoden des Template-Metaprogrammings möglich.

Die anderen beiden sind `io_errc` (siehe `ios_base::failure`) und `future_errc` (siehe `future_error`).

Und hier wird dann die Verbindung mit der passenden `error_category` hergestellt. `generic_category()` liefert eine Referenz auf eine solche Instanz zurück und könnte zum Beispiel als *Singleton* implementiert sein.

Für den Endanwender kann auch die `make_error_code()`-Funktionsfamilie interessant sein. Zum Beispiel wenn Sie portablen Code schreiben und die Fehlercodes systemspezifische Werte nutzen sollen:

```
void create_dir(const string& pathname, error_code& ec) {
#if defined(_WIN32)
    // Windows-Implementierung, mit Windows-Fehlercodes
#elif defined(linux)
    // Linux-Implementierung, mit Linux-Fehlercodes
#else
    // Allgemeingültiger 'generischer' Fall
    ec = make_error_code(errc::not_supported);
#endif
}
```

Listing 61.7 Erzeugung systemspezifischer Fehlercodes in einem portablen Programm

[+]

> **Mantra**
>
> Die Klasse `system_error` ist ein erweiterbares Framework für ein detailliertes Fehlersystem.

Verweise

[1] **30.2.2 Thread support library, Exceptions [thread.req.exception]**, C++11

[2] **Revised system_error, Revision 2**, Benjamin Kosnik, N2303,
http://www.open-std.org/jtc1/sc22/wg21/docs/papers/2007/n2303.html

[3] **Diagnostics Enhancements for C++0x (Rev. 1)**, Beman Dawes, N2241,
http://www.open-std.org/jtc1/sc22/wg21/docs/papers/2007/n2241.html

[4] **Filesystem Library Proposal for TR2 (Revision 3)**, Beman Dawes, N1975,
http://www.open-std.org/jtc1/sc22/wg21/docs/papers/2006/n1975.html

[5] **27.5.3.1.1 Class ios_base::failure [ios::failure]**, C++11

[6] **15.2 Boost Error handling**, Boost,
http://en.highscore.de/cpp/boost/errorhandling.html

[7] **System error support in C++0x**, Chris Kohlhoff,
http://blog.think-async.com/2010/04/system-error-support-in-c0x-part-1.html

62   Eigene Fehlerwerte erstellen

[lib.errown] Ein wichtiges Kriterium bei dem im Header `<system_error>` enthaltenen System für Fehlerwerte ist die Erweiterbarkeit durch Benutzer. Wollen Sie eigene Fehlerwerte erstellen, werden Sie typischerweise die folgenden Schritte vornehmen:

- eine eigene `enum class` erstellen, deren Elemente je `error_code` darstellen

- Konvertierung der `enum class` in `error_code`-Instanzen ermöglichen

- für jeden `error_code` einen aussagekräftigen Text definieren

- möglicherweise eine eigene Fehlerkategorie einführen

Hintergrund und Beispielcode

Wie schon erwähnt, ist die Erweiterbarkeit durch den Benutzer eines der Schlüsselelemente von `<system_error>`. Angenommen, wir wollten eine HTTP-Bibliothek schreiben, welche die dort üblichen Fehlercodes verwendet – zum Beispiel 404 für »Seite nicht gefunden«. Als Erstes benötigen wir dafür eine `errc` ähnliche `enum class` (siehe Kapitel 34, »Klassen-Enums sind typsicher«) [1], das die in HTTP möglichen Fehlerwerte darstellt [2]:

```
enum class http_error {
  continue_request   = 100,
  switching_protocols = 101,
  ok      = 200,
  created  = 201,
  accepted = 202,
  ...
  forbidden = 403,
  not_found = 404,
  ...
};
```

Listing 62.1 Eine eigene Enum-Klasse für neue Fehlercodes

Eine `error_code`-Instanz benötigt aber neben einem (Zahlen-)Wert (den wir mit dem Enum ja haben) auch eine Fehlerkategorie. Durch die Verknüpfung mit einer eigenen `error_category` können wir unterscheiden, ob die Zahl 100 eine http_

---

1   Sie könnten hier auch einen einfachen `enum` verwenden. Um aber die Elemente mit `http_error::` ansprechen zu können, müssten Sie sie dann in eine eigene Klasse oder einen eigenen Namensraum einbetten.

`error::continue_request` oder eine `errc::network_down` (unter Linux die `errno` mit dem Wert `ENETDOWN`, sehr wahrscheinlich 100) darstellt. Diese neue Klasse wird von der abstrakten Basisklasse abgeleitet und überschreibt mindestens die zwei Methoden `name` und `message`:

```
#include <system_error> // error_category
class http_category_impl : public std::error_category {
public:
  const char* name() const noexcept override { return "http"; }
  std::string message(int ev) const override;
};
const std::error_category& http_category() {
  static http_category_impl instance;
  return instance;
}
```

Listing 62.2 Eine eigene Fehler-Kategorie für HTTP-Fehler

Der Vorgabe der Standardbibliothek folgend, implementieren wir auch eine Funktion, um eine Referenz auf unsere neue Kategorie zu erhalten. Diese Funktion nennen wir `http_category` und — damit es keine Namensüberschneidung gibt — die eigentliche Klasse `http_category_impl`. Man könnte sie stattdessen auch in einen eigenen Namensraum wie `detail::` verfrachten; das ist eine Methode, die in Boost häufig verwendet wird. Beachten Sie, dass seit C++11 die Initialisierung einer statischen lokalen Variable wie `instance` *threadsafe* ist (siehe Abschnitt »Lazy Initialization« in Kapitel 53, »Mutexe, Locks und mehr«).

Im Klartext

Für aussagekräftige Fehlermeldungen müssen wir `int`-Fehlerwerte in Strings umwandeln. Hierbei nutzen wir aus, dass ein `int` implizit in ein `enum class http_error` umgewandelt werden kann:

```
string http_category_impl::message(int ev) const {
  switch ((http_error)ev) {
  //...
  case http_error::ok:       return "OK";
  case http_error::created:  return "Created";
  case http_error::accepted: return "Accepted";
  //...
  default: return "Unknown HTTP error";
  }
}
```

Listing 62.3 Fehlerwerte in Text umwandeln

Mit der Implementierung dieser Funktion können Sie `error_code::message()` aufrufen, welche dann die obige virtuelle Funktion verwendet, um die lesbare Fehlermeldung zu produzieren.

Leider haben Sie zur Erstellung der Meldungen keine weitere Informationen vom Ort des Fehlers. Wo Sie vielleicht sonst eine vom Seitennamen abhängige Fehlermeldung »Seite index.html nicht gefunden« geschrieben hätten — womöglich mit einem %s als Platzhalter für den Seitennamen — müssen Sie hier damit auskommen, dass die zurückgelieferten Strings vom Kontext losgelöst sein müssen.[2]

Kleinere Aufgaben

Zum Einbetten in das Framework von `<system_error>` fehlen nur noch ein paar kurze Hilfsfunktionen aus Kapitel 61, »Fehlerfälle mit Fehlercode«:

▶ `make_error_code` wandelt ein `enum`-Element aus `http_error` in einen `error_code` um und stellt dabei die Verbindung zur neuen `http_category` her.

▶ `make_error_condition` macht aus einem `http_error` enum-Element eine `error_condition` und sollte der Vollständigkeit halber mit implementiert werden.

▶ Eine Spezialisierung für `is_error_code_enum<http_error>` markiert der Standardbibliothek, dass implizite Konvertierungen eines `http_error`-Elements beim Vergleich mit einem `error_code` oder einer `error_condition` verwendet werden können.

```
error_code make_error_code(http_error e) {
  return error_code(static_cast<int>(e), http_category());
}
error_condition make_error_condition(http_error e) {
  return error_condition(static_cast<int>(e), http_category());
}
namespace std {
  template <>
  struct is_error_code_enum<http_error>
    : public true_type {};
}
```

Listing 62.4 Einbetten ins Framework für Konvertierungen und Vergleich

---

2 Auch Mehrsprachigkeit eines Programms kann hier nicht implementiert werden. Soll ein Programm mehrere »Localizations« unterstützen, muss dies auf anderer Ebene implementiert werden.

Verwendung

Wie verwenden wir unsere Fehlercodes nun? Setzen und Vergleichen kann auf allerlei Wegen passieren:

```
void load_resource( ..., error_code& ec) {
  ...
  int response_code;
  parse_response(..., &response_code);        // #1
  if(...) {
    ec.assign(response_code, http_category()); // #2
  } else {
    ec = http_error::ok;                       // #3
  }
}
void prepare() {
  error_code ec;
  load_resource("http://some/url", ec);        // #4
  if (ec == http_error::ok) ...                // #5
}
```

Listing 62.5 Die Verwendung des neuen »http_error« und seiner Verwandten

Beachten Sie besonders:

▶ Die Funktion parse_response #1 steht für eine Funktion mit altem API, die mit int-Werten arbeitet.

▶ Bei ec.assign() #2 nutzen wir aus, dass die int-Werte mit denen unseres http_error-Enums identisch sind. Daher können wir den response_code direkt übernehmen, müssen nur die Verbindung zur passenden Kategorie herstellen.

▶ Wir können aber auch mit http_error::ok #3 eine direkte Zuweisugen machen, dann wird für die passende Kategorie automatisch Sorge getragen.

▶ Wenn wir die neue Funktion #4 aufrufen, geben wir ihr eine error_code-Instanz mit.

▶ Danach können wir mit einem einfachen Vergleich #5 gegen unsere enum-Elemente das Ergebnis testen.

Äquivalenz zu bestehenden Fehlern

Es könnte ja sein, dass manche Fehler aus dem http_error-Enum genau das Gleiche bedeuten wie solche Fehlerwerte, die der Standard-Enum errc auch schon bereitstellt, dass sie äquivalent sind. Zum Beispiel steht der HTTP-Fehler 403 ebenso für »Zugriff verboten« wie errc::permission_denied.

Dafür müssen Sie nur die virtuelle Methode `default_error_condition` von `http_category_impl` passend überschreiben und alle Äquivalenzen gesondert behandeln:

```
error_condition http_category_impl::default_error_condition(int ev)
  const noexcept
{
  switch((http_error)ev) {
  case http_error::forbidden:
    return errc::permission_denied;    // äquivalenter Sonderfall
  default:
    return error_condition(ev, *this);
  }
}
```

Listing 62.6 Äquivalenz zu bestehenden Fehlerwerten

Und schon kann der Vergleich des Rückgabe-Fehlerwertes diese Äquivalenz nutzen:

```
void prepare() {
  error_code ec;
  load_resource("http://some/url", ec);
  if       (ec == http_error::ok) { ...
  } else if (ec == errc::permission_denied) { ...
  } else { ... }
}
```

Listing 62.7 Äquivalentes mit Hilfe von »==« vergleichen

Eigene error_condition

Ebenso wie es möglich ist, eine eigene `error_code`-Behandlung zu implementieren, können Sie das Framework auch um eigene Error-Conditions erweitern. Das werden Sie benötigen, wenn Sie ein portables API schreiben, wenn die Benutzer nicht systemspezifische Error-Codes abfragen sollen, sondern von Ihnen zusammengefasste Kategorien.

Im Prinzip ist das Vorgehen gleich. Sie erstellen eine eigene `enum class` und eine passende Kategorie, sorgen dafür, dass passende Fehlertexte erzeugt werden können, und assoziieren die Elemente des `enum` mit der neuen Kategorie mit einer Handvoll Hilfsfunktionen. Der Dreh-und-Angelpunkt ist die Implementierung der `equivalent()`-Methode der neuen Kategorie. Hier symbolisch für eine Fehlerfamilie mit dem Namen `api_error` und `api_category`, die einige Fehlercodes aus `errc` zusammenfassen sollen:

```
bool api_category_impl::equivalent(
  const std::error_code& code, int condition) const
{
  switch (condition)   {
  case api_error::low_system_resources:
    return code == std::errc::not_enough_memory
        || code == std::errc::resource_unavailable_try_again
        || code == std::errc::too_many_files_open
        || code == std::errc::too_many_files_open_in_system;
    ...
  case api_error::no_such_entry:
    return code == std::errc::no_such_file_or_directory;
  default:
    return false;
  }
}
```

Listing 62.8 Gruppieren von Fehlerwerten in Fehlerkategorien

Die Tests und Vergleiche können beliebig komplex und auch systemabhängig sein
(#ifdef etc).

Die Verwendung ist dann ebenso einfach wie bisher. Und wenn die http_
category durch das Überschreiben von default_error_condition() selbst Äquivalenzen mit errc-Fehlerwerten implementiert hat, können Sie nun ganze Gruppen von Fehlern portabel testen:

```
void prepare() {
  error_code ec;
  load_resource("http://some/url", ec);
  if        (ec == http_error::ok) { ...
  } else if (ec == api_error::low_system_resources) { ...
  } else if (ec == errc::permission_denied) { ...
  } else { ... }
}
```

Listing 62.9 Auch neue Fehlerkategorien können Sie auf Äquivalenz testen.

[+] | **Mantra**

Eigene Fehlerwerte nach dem Vorbild aus <system_error> zu definieren, stellt Typsicherheit dar und ist gut wartbar.

Verweise

[1] **System error support in C++0x**, Chris Kohlhoff,
http://blog.think-async.com/2010/04/system-error-support-in-c0x-part-1.html

[2] **Hypertext Transfer Protocol – HTTP/1.1**, Network Working Group, RFC2616,
http://tools.ietf.org/html/rfc2616

ANHANG

A   Abgewöhnen

[deprecated.api] Es sind nur ganz wenige Dinge, die einen C++11-konformen Compiler bisherigen C++-Code nicht mehr übersetzen lassen. Kritisch sind neu eingeführte Schlüsselwörter, die in einem Programm möglicherweise bisher als Identifier verwendet wurden. Kompiliert ein Programm nicht, weil Sie eine Variable `nullptr`, `constexpr`, `decltype`, `static_assert` oder `noexcept` genannt haben, werden Sie das schnell erkennen und korrigieren können.

auto

Prominent ist aber die Umdefinition von `auto`. Bisher beschrieb dieses Schlüsselwort eine *Speicherklasse*, nun lässt es den Compiler bei einer Variableninitialisierung den Typ der Variable festlegen. Zum Glück war die Speicherklasse `auto` innerhalb von Funktionen ohnehin der Default, weswegen sich kaum jemand die Mühe gemacht hat, es hinzuschreiben. Außerhalb von Funktionen war `auto` gar nicht erlaubt. Treffen Sie im Quelltext trotzdem auf eine »alte« Verwendung von `auto`, wird der Compiler dies als Fehler melden können — es existieren keine Mehrdeutigkeiten zwischen dem alten und dem neuen `auto`. Die wenigen Diskrepanzen, die passieren könnten, lassen sich also schnell beheben.

Der Tipp zum Migrieren von altem Code lautet also, den gesamten Quellcode nach »auto« zu durchsuchen und die gefundenen Stellen zu inspizieren. Was Sie hierbei übersiehehen, können Sie getrost dem Compiler überlassen.

Veraltet

Einige Dinge definiert der neue Standard als *deprecated* (*veraltet*). Benutzen Sie sie trotzdem, wird das Programm nicht ungültig, aber der Compiler kann eine Warnung ausgeben. In einer kommenden Sprachversion kann es sein, dass das entsprechende Feature ganz entfernt wird und ein Programm ungültig macht. Möglicherweise ein guter Grund, die einen oder anderen Dinge schon jetzt nicht mehr zu verwenden [1].

▶ `auto_ptr`
  Der wichtigste Vertreter ist hier `auto_ptr`. C++11 wurde im Kern um *Verschiebesemantik* erweitert. Das behebt dessen Achillesferse, nämlich dass das Argument der Kopieroperationen nicht konstant ist. Der neue `unique_ptr` implementiert *Verschiebesemantik* (und hat noch andere Vorteile) und deckt alle bisherigen Einsatzgebiete von `auto_ptr` ab. Die Empfehlung lautet daher: den Quellcode nach `auto_ptr` durchsuchen und an den meisten Stellen durch `unique_ptr` ersetzen. Alle bisherigen Kopien sollten nun zu Verschiebungen werden — wo das nicht der Fall ist, wird sich der Compiler beschweren.

▶ **Impliziter Kopierkonstruktor**

Im Moment ist es noch so, dass der Compiler einen *Kopierkonstruktor* synthetisiert, auch wenn der Benutzer den Zuweisungsoperator oder einen Destruktor definiert. In einem kommenden Standard könnte dies entfernt werden. Bei den Verschiebeoperationen hat man dies schon umgesetzt: Wenn Sie die *Verschiebezuweisung* implementieren, dann generiert der Compiler nicht automatisch den *Verschiebekonstruktor*. Das Gleiche gilt, wenn der Benutzer einen eigenen Destruktor definiert.

▶ **Um Streams herum**

In der Streambibliothek sind in `ios_base` einige Member, wie zum Beispiel `io_state`, `open_mode` und `seek_dir`, nun veraltet. Das gilt auch für den gesamten Header `<strstream>` mit seinen Klassen `strstreambuf`, `istrstream` und `ostrstream`.

▶ **bool inkrementieren**

Sie sollten in Ihren Programmen nicht mehr `bool` inkrementieren. Code wie `bool b = false; ++b;` sollten Sie je nach Fall entweder auf `int` oder Boolesche Operationen umschreiben.

▶ **C-Header**

Die Verwendung der Standard-C-Header der Form `#include <name.h>` ist veraltet. Das gilt für alle jene Header, für die ein `#include <cname>` existiert. Also verwenden Sie zum Beispiel besser `<cassert>` statt `<assert.h>` und `<cstdlib>` statt `<stdlib.h>`.

▶ **register**

Das Schlüsselwort `register` ist deprecated.

▶ **throw(...)**

Die Angabe einer *dynamischen Exceptionspezifikation* mit `throw(...)` bei Funktionen und Methoden ist veraltet, ebenso wie die damit verbundenen `get_`- und `set_unexpected()`.

▶ **bind1st und bind2nd**

Da `bind` genereller ist, sollte das Ersetzen dieser alten Funktionen kein großes Problem sein. Zusammen mit Lambdas und `function` erübrigen sich in Zukunft auch Funktionsadapter wie `ptr_fun` und `mem_fun`.

Verweise

[1] Annex D (normative) Compatibility features [depr], C++11

B   Wahrscheinlichkeitsverteilungen

[distribs.demo] Die zuerst genannte Verteilung ist in Tabelle B.1 jeweils mit einer durchgezogenen Linie dargestellt. Weitere Beispiele sind gestrichelt.

Die Darstellungen sind nur symbolisch und keineswegs mathematisch exakt. Die genaue mathematische Definition finden Sie im Standardtext.

Verteilung	Darstellung

Uniforme Verteilungen
`uniform_int()`
`uniform_real()`	

Bernoulli-Verteilung
`bernoulli_distribution(p = 0.25)`
`bernoulli_distribution(p = 0.6)`	

Bionomialverteilung
`binomial_distribution(p = 0.3)`
`binomial_distribution(p = 0.6)`	

Geometrische Verteilung
`geometric_distribution(p = 0.5)`
`geometric_distribution(p = 0.3)`	

Negative Binomialverteilung
`negative_binomial_distribution(p = 0.45, k=5)`
`negative_binomial_distribution(p = 0.45, k=6)`	

Poisson-Verteilung
`poisson_distribution(3.5)`
`poisson_distribution(4.5)`	

Tabelle B.1 Wahrscheinlichkeitsverteilungen mit ihren symbolischen Darstellungen

Verteilung	Darstellung

Exponential-Verteilung
`exponential_distribution(lambda=1.0)`
`exponential_distribution(lambda=2.0)`	

Gamma-Verteilung
`gamma_distribution(1.0)`
`gamma_distribution(2.0)`	

Weibull-Verteilung
`weibull_distribution(1.0, 1.0)`
`weibull_distribution(2.0, 3.0)`	

Extremwert-Verteilung
`extreme_value_distribution(-1.0, 1.0)`
`extreme_value_distribution(1.0, 1.5)`	

Normalverteilung `normal_distribution()`	

Lognormalverteilung
`lognormal_distribution(0.0, 1.0)`
`lognormal_distribution(0.5, 0.75)`	

Chi-Quadrat-Verteilung
`chi_square_distribution(1)`
`chi_square_distribution(2)`
`chi_square_distribution(3)`	

Tabelle B.1 Wahrscheinlichkeitsverteilungen mit ihren symbolischen Darstellungen (Forts.)

Verteilung	Darstellung

Cauchy-Verteilung
`cauchy_distribution(0.0, 1.0)`
`cauchy_distribution(2.0, 0.6)`
	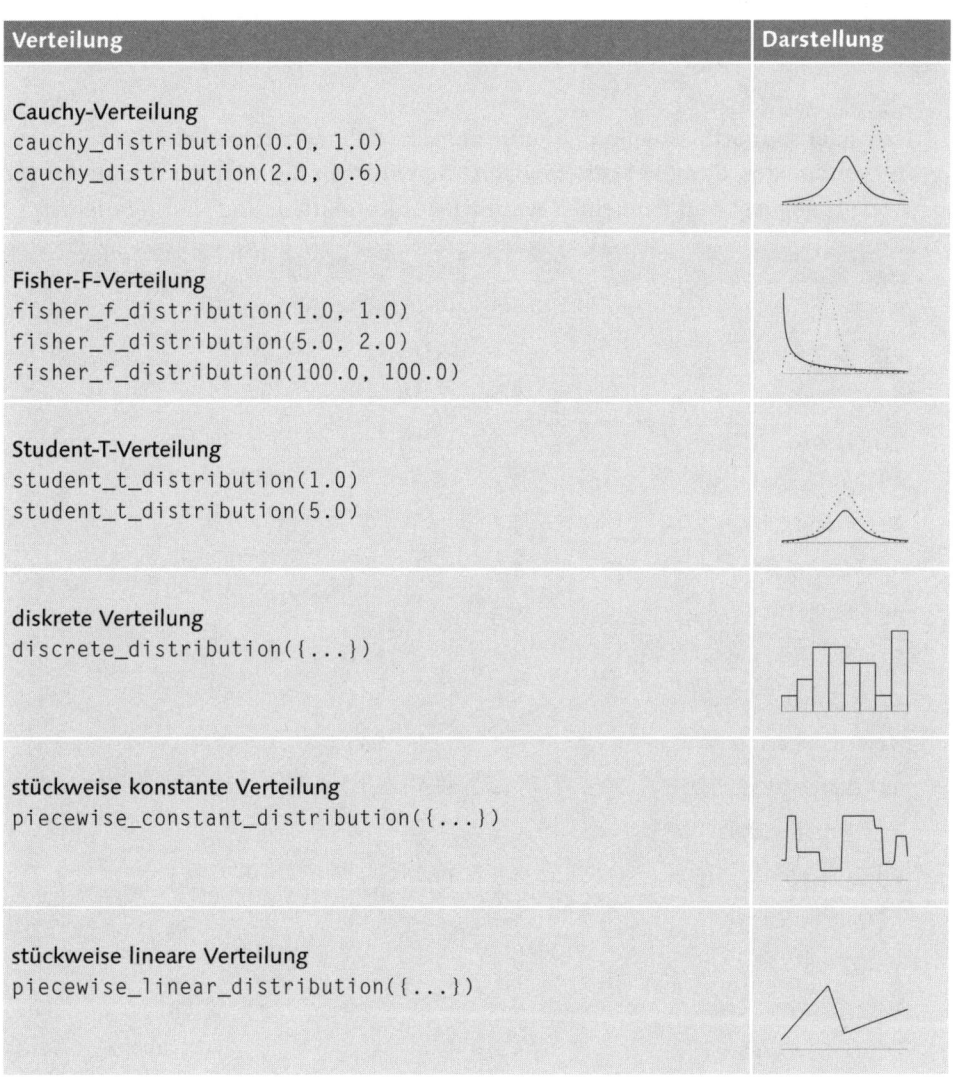

Fisher-F-Verteilung
`fisher_f_distribution(1.0, 1.0)`
`fisher_f_distribution(5.0, 2.0)`
`fisher_f_distribution(100.0, 100.0)`	

Student-T-Verteilung
`student_t_distribution(1.0)`
`student_t_distribution(5.0)`	

diskrete Verteilung `discrete_distribution({...})`	
stückweise konstante Verteilung `piecewise_constant_distribution({...})`	
stückweise lineare Verteilung `piecewise_linear_distribution({...})`	

Tabelle B.1 Wahrscheinlichkeitsverteilungen mit ihren symbolischen Darstellungen (Forts.)

C   Compilersupport für C++11

[compiler.support] Tabelle C.1 kann nur ein »Schnappschuss« dessen sein, was die verfügbaren Compiler unterstützen. Sie wird von der Community im *Apache Wiki* [1] gepflegt und hat keinen Anpruch auf Korrektheit und Vollständigkeit.

Feature	aCC	eccp	GCC	Intel	MS	XLC	Sun	XE2	DM	CI
auto		4.1^2	4.4	11.0^2	10.0^2	11.1				ja
C99 preprocessor			4.3	11.0	Ja^3	10.1	5.9		ja	ja
constexpr			4.5							
decltype		4.1^2	4.3^2	11.0^2	11.0	11.1^2		ja		2.9
=default =delete		4.1	4.4	12.0						3.0
Delegating C'tor			4.7			11.1				3.0
explicit Cast			4.5					ja		
Initializer Lists			4.4							
Lambda expressions		4.1^2	4.5^2	12.0^2	11.0					
Local Unnamed Types			4.5	12.0	10.0					2.9
New func decl		4.1	4.4	12.1	10.0					2.9
nullptr			4.6	12.1^1	10.0					2.9
Raw String Literals			4.5							ja
Unicode Literals			4.4	11.0^1			5.7	ja		3.0
R-Value References		4.1^2	4.3^2	12.0^2	11.0			ja		ja
static_assert		4.1	4.3	11.0	10.0	11.1		ja		2.9
Strongly-typed Enums			4.4	12.0	11.0			ja		2.9
Template aliases			4.7	12.1						3.0
Thread-local Storage			4.4^3	11.1^3	10.0^3		5.9^3			2.9^3
Unrestricted Unions			4.6							3.0
Built-in Type Traits	6.16	4.0	4.3	10.0	8.0			ja		
Variadic Templates		4.1^2	4.3^2	12.1^2		11.1^2				ja
Range-For			4.6							3.0
override/final			4.7	12.0^2	10.0^2					2.9
Member-Init			4.7							3.0
Regular Expressions⁴			4							

Tabelle C.1 Compilersupport für C++11

Anmerkungen zu Tabelle C.1:

▶ [1] über Compilerschalter

▶ [2] ja, aber noch nicht finale Version des Standards

▶ [3] teilweise

▶ [4] nur Informationen für *gcc* bekannt; Implementierung in *gcc-4.7.0-beta* nur teilweise

Die folgenden Abkürzungen für Compiler werden in Tabelle **??** verwendet (teilweise eingetragene Warenzeichen):

▶ *aCC* für den *Hewlett Packard aCC*

▶ *ecpp* für *Edison Design Group ecpp*

▶ *GCC* für den *Gnu C++ Compiler* [3] [4]

▶ *Intel* für *Intel C++*

▶ *MS* für *Microsoft Visual C/C++* [5]

▶ *XLC* für *IBM XLC++*

▶ *Sun* für *Sun/Oracle C++*

▶ *XE2* für *Embarcadero C++Builder XE2*

▶ *DM* für *Digital Mars C++*

▶ *Cl* für *Clang/LLVM*, ab MacOS 10.7 der Standardcompiler in XCode 4.x

C++11-Schalter

Wenn Sie Ihren eigenen Code mit einem »alten« Compiler übersetzen können möchten, aber einige Features, die der Compiler schon unterstützt, nutzen wollen, dann werden Sie mit Makros und Defines testen wollen, auf was für einem Compiler Sie sich befinden.

Das Makro __cplusplus könnte sich dafür eignen [8]. Es sollte auf den Wert 201103L oder größer gesetzt sein.

Weil der Gnu C++ Compiler so verbreitet ist, sei erwähnt, dass dieser bis vor Kurzem __cplusplus stattdessen auf 1 definiert hatte. Dies konnte in der Version 4.7.0 endlich behoben werden [9] und ist darin 201103L. Ein anderer Ansatz verwendet die __GNUC__-Define-Familie für den Test [10].

Verweise

[1] **C++0x Compiler Support**, Apache Wiki, *https://wiki.apache.org/stdcxx/C%2B%2B0xCompilerSupport* [2011-09-09 (rev. 39)]

[2] **Intel C++**, *http://software.intel.com/en-us/articles/c0x-features-supported-by-intel-c-compiler/*

[3] **GCC**, *http://gcc.gnu.org/projects/cxx0x.html*

[4] **GCC libstdc++; Implementation Status; C++ 200x,**
     http://gcc.gnu.org/onlinedocs/libstdc++/manual/status.html#status.iso.200x

[5] **C++11 Features in Visual C++ 11**, Visual C++ Team Blog, 12 Sep 2011 9:00 AM,
     https://blogs.msdn.com/themes/blogs/generic/post.aspx?WeblogPostID=10209291 [2011-11-13]

[6] **Clang**, *http://clang.llvm.org/cxx_status.html*

[7] **IBM C++**, *http://www-01.ibm.com/software/awdtools/czos/*

[8] **16.8 Predefined macro names [cpp.predefined]**, C++11

[9] **__cplusplus defined to 1, should be 199711L,**
     http://gcc.gnu.org/bugzilla/show_bug.cgi?id=1773 [2011-09-23]

[10] **C++11 New Features Cross Reference**, George Flanagin,
     http://www.georgeflanagin.com/c++11/c++11.features/ [2011-10-03]

D   Kompilierfähigkeit der Listings

[compile.log] Die Listings im Buch wurden zur Prüfung mit dem *Gnu C++ Compiler*, Version 4.7.0 (»Stage 3, only bugs and docs«, 2011-12-06), kompiliert. Manchen Listings wurden zur Übersetzung noch Definitionen und Includes hinzugefügt.

Listings in **fett** wurden erfolgreich übersetzt, somit ist zumindest die syntaktische Korrektheit vom *gcc* attestiert. Listings in grau wurden nicht übersetzt: In (runden Klammern) angegebene werden vom *gcc* noch nicht unterstützt, in *kursiv* kompilieren nicht, weil das Beispiel einen Fehler erklärt und ohne Klammern sind nicht zur Übersetzung gedachte Fragmente. Sollten sich trotz dieser Prüfung auf korrekte Syntax ein Fehler eingeschlichen haben, bitten wir das zu entschuldigen.

0.1 **0.2 1.1 1.2 1.3 1.4 1.5 1.6 1.7** *2.1* **2.2 2.3 3.1 4.1 4.2 4.3**
4.4 4.5 4.6 5.1 *5.2* **5.3 5.4 5.5 5.6 6.1 6.2 6.3** *6.4* **6.5 6.6 6.7**
6.8 6.9 (6.10) **6.11** *6.12* **6.13 6.14 7.1 7.2** *7.3 7.4* **7.5** *7.6 8.1*
8.2 8.3 8.4 8.5 8.6 9.1 *9.2 9.3* **9.4 9.5 9.6 10.1 10.2 10.3 10.4**
10.5 10.6 10.7 11.1 11.2 11.3 11.4 11.5 11.6 11.7 11.8 11.9 11.10
11.11 *11.12* 11.13 11.14 **11.15 11.16 11.17 11.18** *12.1* 12.2 **13.1**
13.2 13.3 13.4 13.5 13.6 14.1 14.2 14.3 14.4 *14.5* 14.6 **14.7 15.1**
15.2 15.3 15.4 15.5 (16.1) **16.2 16.3 16.4 16.5 17.1 17.2 17.3 17.4**
17.5 17.6 17.7 17.8 *17.9* **17.10 17.11 17.12 17.13 18.1 18.2 18.3**
18.4 18.5 18.6 19.1 19.2 *19.3 19.4* **19.5 19.6** *19.7 19.8* **19.9 20.1**
20.2 20.3 **20.4 20.5 20.6 20.7** (21.1) (21.2) **22.1 22.2 22.3 22.4**
22.5 **23.1 23.2 23.3 23.4 23.5 23.6** *23.7 23.8* **23.9** *23.10* 23.11
24.1 24.2 *24.3* **24.4 24.5 24.6** *24.7* **25.1 25.2 25.3 25.4** *25.5* **25.6**
25.7 25.8 *25.9* **25.10** *25.11 25.12* **26.1** (26.2) 26.3 *26.4* **26.5** 26.6
26.7 **26.8** *26.9* **26.10 27.1 27.2 27.3** *27.4 27.5* **28.1 28.2 28.3 28.4**
28.5 28.6 28.7 28.8 28.9 28.10 29.1 29.2 29.3 29.4 (30.1) (30.2)
(30.3) (30.4) **31.1** *31.2* **31.3 31.4 31.5 31.6 31.7 32.1 32.2 32.3**
32.4 32.5 32.6 32.7 33.1 *33.2 33.3* **33.4 34.1 34.2** *34.3 34.4 34.5*
35.1 *35.3 35.4* **36.1** (36.2) (36.3) **37.1 37.2 38.1 38.2 38.3 38.4**
38.5 39.1 39.2 39.3 39.4 39.5 40.1 40.2 41.1 42.1 42.2 42.3 42.4
42.5 42.6 42.7 42.8 42.9 42.10 42.11 42.12 43.1 43.2 43.3 43.4
43.5 43.6 43.7 43.8 44.1 44.2 44.3 44.4 44.5 44.6 44.7 *45.1 45.2*
46.1 46.2 46.3 47.1 47.2 *47.3 47.4* **47.5 47.6 48.1 48.2** *48.3* **48.4**
48.5 48.6 **49.1 49.2 49.3** (49.4) **50.1 51.1 51.2 51.3 51.4 51.5 52.1**
52.2 52.3 52.4 52.5 53.1 53.2 *53.3 53.4* **53.5 53.6 53.7** *54.1 54.2*
54.3 54.4 54.5 54.6 55.1 55.2 55.3 55.4 *56.1* **56.2 56.3 57.1 57.2**
57.3 57.4 57.5 58.1 58.2 58.3 59.1 59.2 59.3 61.1 61.2 *61.3 61.4*
61.5 61.6 **61.7** *62.1* **62.2 62.3 62.4** *62.5* **62.6** *62.7 62.8 62.9*

Index

Spracheinführung,
Programmiertechniken,
Praxisbeispiele

Professionelle Windows-
Programmierung mit C++/CLI

Inkl. OOP, GUI- und Datenbankentwicklung, Debugging, Deployment
u. v. m.

André Willms

Visual C++ 2010

Das umfassende Handbuch

Alles, was Sie über Visual C++ 2010 wissen müssen, finden Sie in diesem
Buch. Egal, ob objektorientierte Programmierung mit ANSI-C++ und
C++/CLI, GUI- und Datenbankentwicklung oder die professionelle
Entwicklung mit Visual Studio - alles wird verständlich und an typischen
Beispielen erklärt.

931 S., 2011, mit DVD, 49,90 Euro
ISBN 978-3-8362-1639-5

>> www.galileocomputing.de/2422

Das Lehr- und Nachschlagewerk

Für Einsteiger: ANSI C++ verstehen und anwenden

Für Profis: UML, Netzwerk-programmierung, GUI- und Multimedia-Bibliotheken

Jürgen Wolf

C++ von A bis Z

Das umfassende Handbuch

Dieses Buch bietet einen sehr ausführlichen Einstieg in die Sprache C++ und die Objektorientierung. Darüber hinaus enthält es Kapitel zu Profi-Themen, wie Socket- und Cross-Plattform-Entwicklung oder GUI- und Multimedia-Programmierung. Die Praxisnähe und die herausragende fachliche Qualität machen es zu einem unentbehrlichen Begleiter in Studium und Beruf.

1247 S., 2. Auflage 2009, mit CD, 39,90 Euro
ISBN 978-3-8362-1429-2

>> www.galileocomputing.de/2156

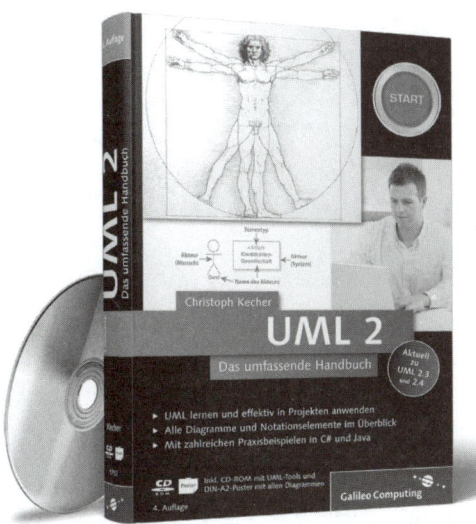

UML lernen und effektiv in Projekten anwenden

Alle Diagramme und Notationselemente im Überblick

Mit zahlreichen Praxisbeispielen in C# und Java

Programmierkenntnisse erwünscht

Christoph Kecher

UML 2

Das umfassende Handbuch

Von den Grundlagen bis zum professionellen Einsatz erfahren Sie alles, was Sie für eine erfolgreiche Softwareentwicklung wissen müssen. Die UML 2-Superstructure, alle Diagrammtypen, Konzepte und Elemente werden ausführlich vorgestellt und jederzeit durch Praxisbeispiele veranschaulicht. Das Buch behandelt den aktuellen UML-Standard.

448 S., 4. Auflage 2011, mit CD und Poster, 29,90 Euro
ISBN 978-3-8362-1752-1

>> www.galileocomputing.de/2647

Galileo Computing

EDV-Grundlagen, Programmierung, Mediengestaltung

Praxisorientiertes Lehr- und Nachschlagewerk

Für Fachinformatiker der Bereiche Anwendungsentwicklung und Systemintegration

Sascha Kersken

IT-Handbuch für Fachinformatiker

Der Ausbildungsbegleiter

Das Buch vermittelt alle Grundlagen der Informationstechnik wie sie Fachinformatiker in Ihrer Ausbildung benötigen: Computerhardware, Betriebssysteme, Netzwerktechnik, -protokolle und -anwendungen sowie Grundlagen der Programmierung werden ebenso wie das Thema Datenbanken und Multimedia berücksichtigt.

1172 S., 5. Auflage 2011, 34,90 Euro
ISBN 978-3-8362-1744-6

>> www.galileocomputing.de/2839

In unserem Webshop finden Sie unser aktuelles
Programm mit ausführlichen Informationen,
umfassenden Leseproben, kostenlosen Video-Lektionen –
und dazu die Möglichkeit der Volltextsuche in allen Büchern.

www.galileocomputing.de

Galileo Computing

Wissen, wie's geht.